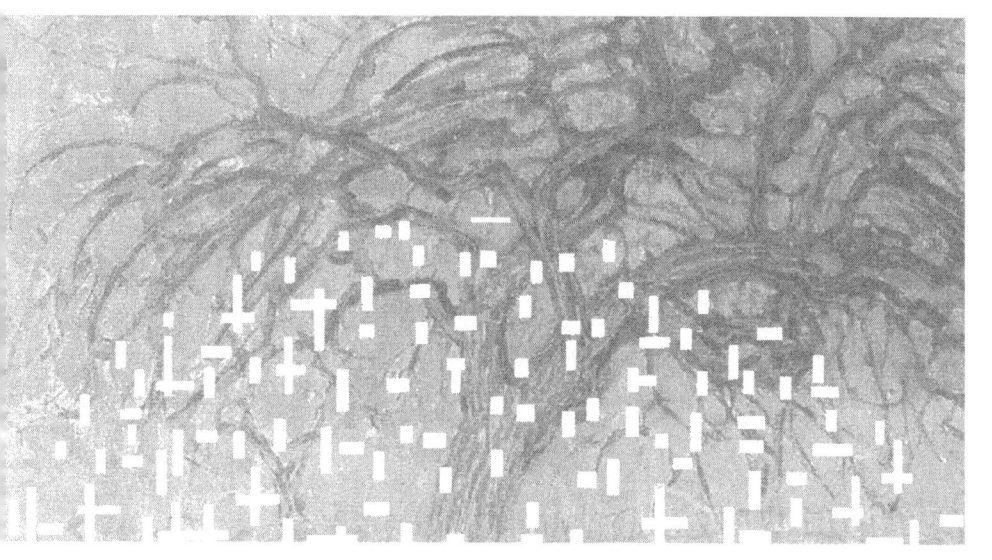

하이데거의 사이-예술론

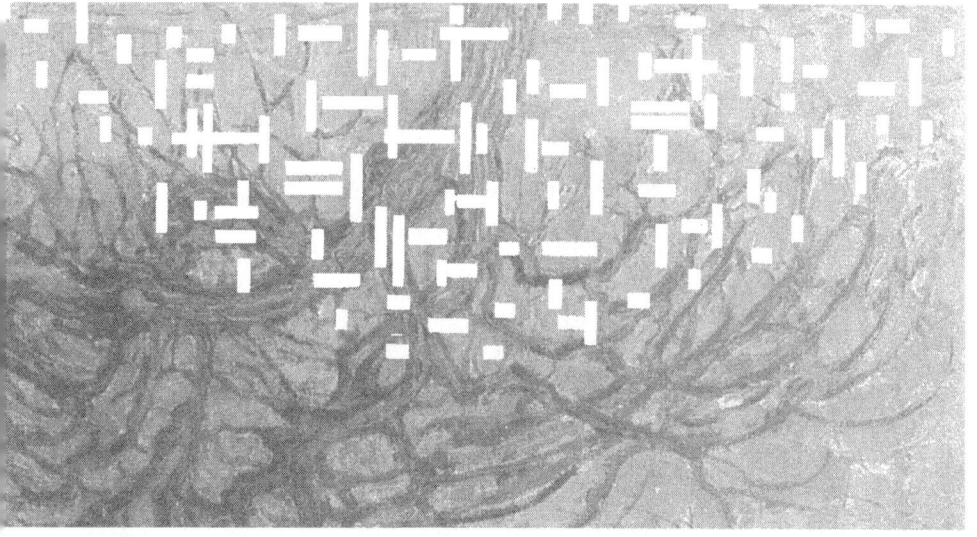

철학의 정원 1
하이데거의 사이-예술론 —예술과 철학 사이

초판1쇄 펴냄 2009년 2월 15일
초판5쇄 펴냄 2023년 10월 31일

지은이 김동규
펴낸이 유재건
펴낸곳 (주)그린비출판사
주소 서울시 마포구 와우산로 180, 4층
대표전화 02-702-2717 | **팩스** 02-703-0272
홈페이지 www.greenbee.co.kr
원고투고 및 문의 editor@greenbee.co.kr

편집 이진희, 구세주, 송예진, 김아영 | **디자인** 이은솔
마케팅 육소연 | **물류유통** 유재영, 류경희 | **경영관리** 유수진

저작권법에 의하여 한국 내에서 보호를 받는 저작물이므로 무단전재와 무단복제를 금합니다.
책값은 뒤표지에 있습니다. 잘못 만들어진 책은 구입처에서 바꿔 드립니다.
ISBN 978-89-7682-323-6 04100

독자의 학문사변행學問思辨行을 돕는 든든한 가이드 _(주)그린비출판사

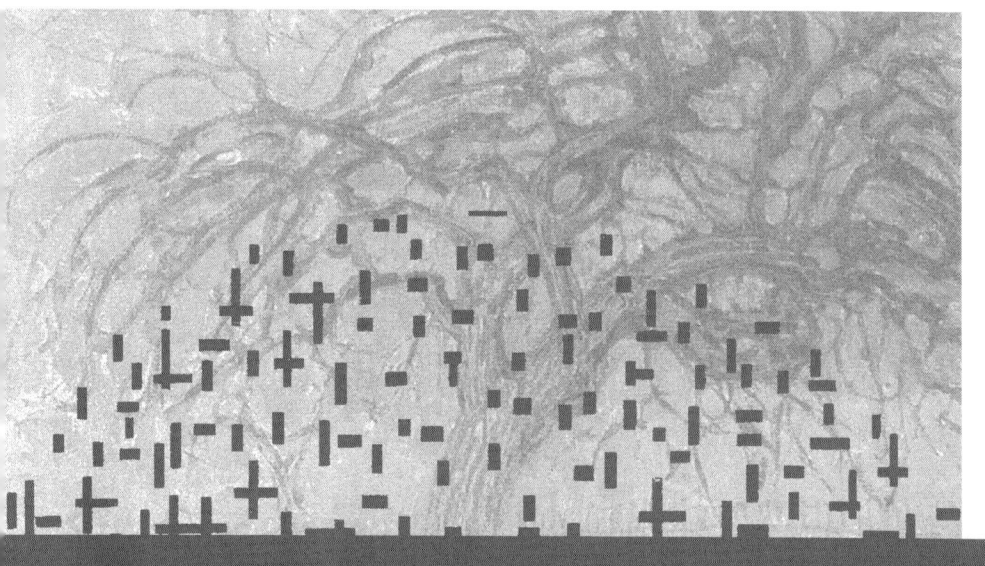

하이데거의 사이-예술론

예술과 철학 사이 | 김동규 지음

철학의 정원
001

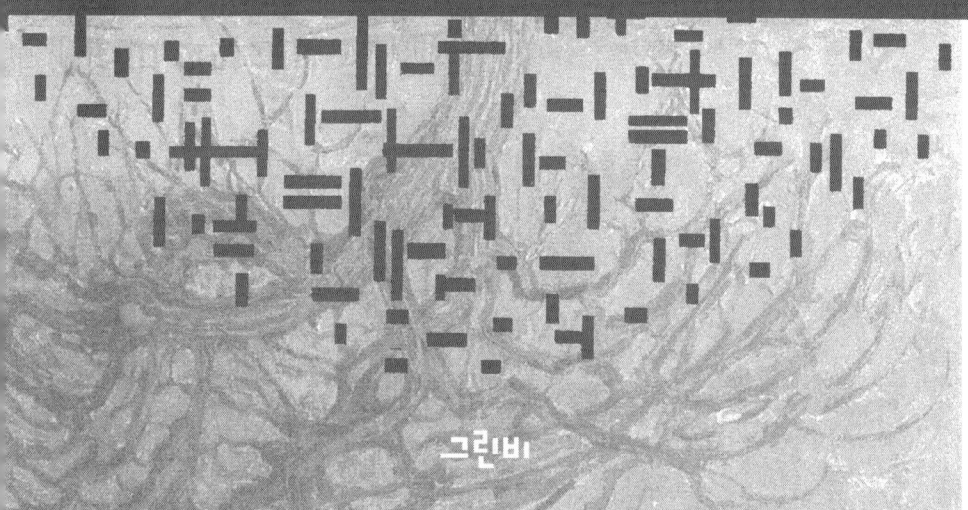

그린비

모든 해석의 마지막 발걸음이자
가장 어려운 발걸음은
시의 순수한 존립 앞에서
해석의 해명들과 함께 사라져 버리는 데 있다.

철학의 본질을 경험하는 것은
시(Poesie)와의 관계를 사유하는 것이다.

―마르틴 하이데거―

감사의 말

글을 시작하기에 앞서 이 글의 내력을 밝히고 글의 출간을 도와주신 분들께 감사의 마음을 표현하고 싶습니다. 이 글은 원래 2003년 여름 연세대학교 철학과 박사학위 논문으로 제출되었던 글에 뿌리를 두고 있습니다(원제는 『시 짓기와 사유하기 사이: 후기 하이데거 예술철학 고찰』). 그동안 사정이 여의치 않아 출판하지 못하고 있다가, 2007년 한국학술진흥재단에서 추진하는 박사논문 출판지원 사업에 응모했다가 다행히 지원을 받게 되어 이렇게 세상 빛을 보게 되었습니다.

대략 5년 사이, 저의 생각도 조금 바뀌었고 하이데거 예술철학에 관한 연구서들이 몇 권 나온 바 있어 이번에 책으로 내면서 그런 점을 반영하려고 했습니다. 여러 곳을 보완하고 수정·교정하였습니다. 그러나 글의 기본 뼈대는 그대로 유지하려고 했습니다. 기왕 출판하는 김에 이 주제에 관심 있는 전문 연구자들뿐만 아니라, 교양 있는 일반 독자를 위해 전체적으로 글을 다시 다듬으려고 했습니다. 그러나 워낙 처음부터 학술논문으로 출발한 글인지라 전문용어와 난해한 개념들을 쉽게 풀어쓰는 데에는 한계가 있었습니다. 부끄럽지만 정확히 말씀드리자면, 전문용어를 일상어로, 또 일상어를 전문용어로 자유롭게 번역할 수 있는 제 사유 역량에 분명한 한계가 있었습니다. 그렇지만 독자 여러분들이 하이데거 예술철학의 전체 밑그림을 두루 살펴보시고 이해하시는 데에 그리 큰 어려움은 없을 거라 생각됩니다.

플라톤은 『향연』에서 한 권의 책을 "영혼의 자식"에 빗댄 바 있습니다.

영혼의 에로틱한 사랑, 영혼의 황홀한 잉태와 고통스런 분만을 통해 책의 기원을 설명한 것입니다. 그런데 출산의 고통 속에는 언제나 존재에 감사하는 마음이 깃들기 마련입니다. 갓 태어난 핏덩이가 아무리 못났더라도, 그것에게 미지의 어떤 존재이유나 존재의미가 있을 것이라 믿으며, 그것이 존재한다는 사실 하나만으로 감사하고 환대하는 것이 낳은 이가 해줄 수 있는 전부인 듯싶습니다.

이번에 처음 모자란 글을 냈습니다. 그것이 모자란 것은 모두 저의 모자람 때문입니다. 그렇지만 갓 출생한 존재를 부정하거나 외면하고 싶지는 않았습니다. 그렇다고 거짓으로 미화하고픈 생각은 더욱이 없었습니다. 그러나 도저히 눈앞에 '있는' 제 글에 직접 감사의 마음을 가질 수는 없었습니다. 그러다가 감사는 눈앞에 보이는 '존재자'가 아니라 그것을 있게 해준 근원적인 '존재'에게 하는 것이며, 이 경우 존재는 존재자를 둘러싸고 있는 복수의 타자들로 현상한다는 생각을 하게 되었습니다. 이런 작은 깨우침에서 제 글을 있게 해준 고마운 분들께 자그마한 지면으로나마 감사의 마음을 전하고 싶었습니다.

그해 봄과 여름, 이 글을 지도해 주신 박순영, 이기상, 권순홍, 장욱, 이승종 선생님께 다시 한번 진심으로 감사드립니다. 선생님들의 심원한 가르침과 따뜻한 격려는 평생 잊지 못할 것입니다. 학창 시절부터 저의 척박했던 사유를 이만큼이나마 비옥하게 해주신 다른 여러 선생님들, 선후배와 친구들, 한마디로 저와 철학적 '사이'를 맺어 온 모든 분들께 기대에 한참 못 미치는 결실을 내놓게 되어 대단히 송구스러운 마음만을 전할 따름입니다. 특히 '아름겨움'의 벗들인 김의태, 구자범, 장철환, 한영정에게 고마움과 부끄러움을 전합니다. 그리고 책 출판을 재정적으로 지원해 준 '한국학술진흥재단'에 감사드립니다. 끝으로 모자란 글 무더기를 한 권의 어엿한 책으로 만들어 주신 출판사, '그린비' 여러분께 감사드립니다.

2009년을 열며, 김동규

차 례

- 감사의 말 6
- 프롤로그_ 하이데거 개념들의 성좌 11

1장_ 사이-예술론의 오래된 기획 21

1. 하이데거의 사이-존재론 22
2. 사이-예술론의 현상학적·해석학적 재구성 35

2장_ 예술의 본질 43

1. 예술의 종언과 「예술작품의 근원」 44
2. 사물, 도구, 작품의 비교와 그것들의 사이 57

   사물화된 작품 이해 57 | 전승된 세 가지 사물 해석 61 | 도구와 작품 '사이'의 차이 66

3. 작품 속에 현상하는 세계와 대지 75

   세계의 '올려세움' 78 | 대지의 '이쪽으로 세움' 82

4. 예술작품의 통일성 89

   투쟁의 틈 92 | 창작과 보존 103

5. 예술의 본질과 시 117

3장_ 차-이의 언어 123

1. 전통 언어론 비판 127
2. 언어가 명명하는 두 가지 133

   사물의 부름 139 | 사방세계의 말함 143

3. 차-이의 품어 냄 153

4장 _ 예술-언어 : 시 169

   1. 시적 언어의 본질 172

      놀이하는 언어 175 | 치명적 모험의 언어 187

   2. 성스러움과 시인 : 신들과 인간 사이 198

   3. 시짓기의 시간·공간적 성격 209

      역사의 기반 짓기 : 축제의 시간 209 | 인간 거주의 장소 짓기 221

5장 _ 시짓기와 사유하기의 *사이* 233

   1. 시짓기와 사유하기의 차이점 237

   2. 시를 대하는 사유의 태도 249

   3. 시짓기와 사유하기 *사이*의 본질 257

      나란히 이웃하는 사이 257 | 가까운 사이 : 언어관계 265

   4. 창조적 불화 : 디아포라에 대한 하이데거적 재해석 272

6장 _ 종결되지 않은 사이 281

- 에필로그 _ 회고와 비판 그리고 전망 296
- 후주 306
- 참고문헌 337
- 찾아보기 349

| 일러두기 |

1 하이데거 글의 인용문은 국내 번역본을 참조하되 의존하지 않고, 글쓴이의 주관에 따라 재번역하였다. 그외의 이차문헌은 이 책에서 통일한 용어를 제외하고는 국내 번역본을 그대로 인용하였다. 인용문에 글쓴이가 첨가한 내용은 대괄호([ ])로 표시하였다.

2 강조는 원저자의 것은 고딕체로 표시하였으며, 하이데거 자신의 인용 및 그의 주요 개념에 대한 강조표시(낫표)는 큰따옴표로 표시하였다. 이 책의 중심 개념인 '사이'는 전문 철학용어로서 의미를 강조하는 경우 이탤릭체로 표시하였다.

3 주석은 각주와 후주로 구분하였다. 각주는 본문과 긴밀히 읽어야 될 내용에 한했으며, 인용 출처를 포함한 대다수의 주석은 후주로 처리하였다.

4 하이데거 글의 인용 서지사항은 본문 괄호 안에 전집 번호와 쪽수(예: GA1, 20)로 간략히 표시하였다. 전집 한 권 내에 여러 논문들이 있는 경우에는 인용된 문맥 내에서 해당 논문의 제목을 명기했다. 다만 전집으로 발간되지 않은 글의 서지사항은 후주로 표시하였다. 본문에 사용된 전집은 다음과 같다.

GA 1 *Frühe Schriften*, 1914~1916.(초기 저작들)　　GA 2 *Sein und Zeit*, 1927.(존재와 시간)
GA 3 *Kant und das Problem der Metaphysik*, 1929.(칸트와 형이상학의 문제들)
GA 4 *Erläuterung zu Hölderlins Dichtung*, 1944.(횔덜린의 시 해명)　　GA 5 *Holzwege*, 1950.(숲길)
GA 7 *Vorträge und Aufsätze*, 1954.(강연과 논문들)　　GA 8 *Was heißt Denken?*, 1954.(사유란 무엇인가?)
GA 9 *Wegmarken*, 1919~1961.(이정표)　　GA 10 *Der Satz vom Grund*, 1957.(근거율)
GA 11 *Identität und Differenz*, 1956~1958.(동일성과 차이)　　GA 12 *Unterwegs zur Sprache*, 1959.(언어에로의 도상)
GA 13 *Aus der Erfahrung des Denkens*, 1951~1969.(사유의 경험으로부터)
GA 14 *Zur Sache des Denkens*, 1969.(사유의 사태로)　　GA 15 *Seminare*, 1970.(세미나들)
GA 16 *Reden und Andere Zeugnisse eines Lebensweges*, 1910~1976.(연설과 삶의 길의 다른 증거들)
GA 21 *Logik. Die Frage nach der Wahrheit*, WS 1925/26.(논리학: 진리에 대한 물음)
GA 24 *Die Grundprobleme der Phänomenologie*, SS 1927.(현상학의 근본 문제들)
GA 29/30 *Die Grundbegriffe der Metaphysik:Welt-Endlichkeit-Einsamkeit*, WS 1929/30.(형이상학의 근본 개념들: 세계-유한성-고독)
GA 38 *Logik als die Frage nach dem Wesen der Sprache*, SS 1934.(언어의 본질에 대한 물음으로서 논리학)
GA 39 *Hölderlin Hymnen Germanien und Der Rein*, WS 1934/35.(횔덜린의 찬가: 《게르마니아와 라인 강》)
GA 40 *Einführung in die Metaphysik*, SS 1935.(형이상학 입문)
GA 43 *Nietzsche: Der Wille zur Macht als Kunst*, WS 1936/37.(니체: 예술로서 힘에로의 의지)
GA 45 *Grundfragen der Philosophie*, WS 1937/38.(철학의 근본 물음들)
GA 50 1. *Nietzsches Metaphysik*, WS 1941/42(ankündigt, aber nicht gehalten).(니체의 형이상학)　2. *Einleitung in die Philosophie. Denken und Dichten*, WS 1944/45(abgebrochene Vorlesung).(철학에로의 인도: 사유하기와 시짓기)
GA 52 *Hölderlins Hymne Andenken*, WS 1941/42.(횔덜린의 찬가 《회상》)
GA 53 *Hölderlins Hymne Der Ister*, SS 1942.(횔덜린의 찬가 《이스터》)　　GA 54 *Parmenides*, WS 1942/43.(파르메니데스)
GA 55 *Heraklit*, SS 1943/SS 1944.(헤라클레이토스)　　GA 65 *Beiträge zur Philosophie (vom Ereignis)*, 1936~1938(철학에의 기여)
GA 77 *Feldweg-Gespräche*, 1944/1945.(들길-대화들)
GA 79 *Bremer und Freiburger Vorträge*, 1949/1957.(브레멘과 프라이부르그 강연들)

프롤로그_ 하이데거 개념들의 성좌*

태초에 사이가 있었다.

아니, 시작도 끝도 없다. 오직 사이만 있다.

처음과 끝, 존재와 무無, 선과 악, 미와 추, 자기와 타자 기타 등등,

대립하는 모든 이원성의 사이가 사이 양항을 결정짓는다.

사이 속에서 모든 것들이 생성하고 소멸하고 변화한다.

인간 역시 그가 연루된 사이 속에서

자기 정체성을 얻고 잃기를 반복한다.

요컨대 사이 항들이란 '하나'로 '있는' 사이가 일으키는

자기 분절 운동(차이운동)의 '마디'일 뿐이다.

---

* 이 부분은 처음 논문을 기획하고 구상할 당시에 쓴 글입니다. 긴 논문의 시작을 알린 미미한 초안(草案/初案)인 셈입니다. 늪과 같은 하이데거 철학에 빠져 갈피를 잃고 허우적대면서 그의 철학을 어떻게 해석할지를 고민하던 중 떠올랐던 생각을 써 본 글이었는데, 결국 논문의 '보이지 않는' 뼈대 역할을 했습니다. 길을 잃지 않기 위해 뱃사공이 밤하늘에 무수히 흩어진 별들 속에서 별자리를 그리듯, 여기에서는 어지럽게 흩어진 하이데거 개념들 속에서 어떤 그림을 그려 보려 했습니다(프롤로그에서 큰따옴표로 표시한 개념들은 모두 하이데거의 주요 개념들입니다). 떠오른 아이디어를 가감없이 그려 보려는 것이 최대의 목표였기 때문에, 이 글에서는 논증 없는 단언, 선언, 암시와 비유 등을 거침없이 사용했습니다. 때문에 엄밀한 논증을 요구하는 학위 논문에서는 당연히 빠진 부분입니다. 그러나 원석(原石)처럼 다듬어지지 않은 거칠고 소박한 생각도 그런대로 볼만한 구석이 있을 뿐 아니라, 도리어 보다 선명한 이해를 도울 수 있다는 생각에서 책에는 삽입하기로 했습니다.

칸딘스키(Wassily Kandinsky)의 「반대되는 소리」(Contrasting Sounds)
차이항의 고유성은 차이나는 것 사이에 의존하며 거기에 속해 있다.

사이가 있다.

무수히 많은 사이들이 있다. 때와 장소 그 사이 사이마다 사이가 있다. 예를 들어 우선 가까이에 펜을 쥐고 있는 내 손과 책상 위에 놓인 백지 사이가 있고, 창밖으로 보이는 나뭇가지들 사이도 있으며, 그 틈새 너머로 보이는 달과 별 사이도 있다. 정확하게 측정되는 어떤 시점과 시점 사이도 있으며, 쉴 새 없이 바쁘다가 잠깐 차 한잔을 마시는 사이도 있다. 이런 공간과 시간의 거리, 간격, 동안, 겨를 등을 뜻하는 사이 말고도, 사람들 간의 '관계'를 뜻하는 사이도 있다. 너랑 나 사이, 우리 사이, 친구 사이, 사랑하는 사이, 허물없는 사이 등등. 이런 사이는 사람과 사람이 맺어지고 엮여 있는 관계 또는 그 방식을 뜻한다. 그런데 사이는 단지 사람과 사람 간의 관계만으로 제한되지 않는다. 사람이 관계 맺고 있는 것은 무엇이든지 사이가 된다. 길가의 돌 한 덩이, 풀 한 포기, 나무 한 그루 모두, 우리와 어떤 사이에 놓여 있다. 그렇다면 도처에 매 순간 있다고 여겨지는 모든 것들은 사이에 있다. 있는 것은 모두 사이에 있으며, 사이로 말미암아 있다. 사이가 없는 것은 없다. 없음도 있음 사이에 있다. 결국 사이만 있고 오직 하나의 사이가 있다.

'하나'의 사이가 있다. 그것은 처음과 끝의 사이이자, 처음과 끝을 규정하며 지배하는 사이이다. 처음은 사이에서 처음이 되고 끝은 사이를 통해 끝이 된다. 이미 진행 중인 사이에서 처음과 끝이 가늠되는 것이다. 물론 처음과 끝이 없을 수도 있다. 그렇다고 사이는 사라지지 않는다. 끝없이 순환하는 사이만 남을 뿐이다. 그렇다면 진정한 의미에서 사이 자체가 "시원"Anfang이다. 사이가 처음과 끝 양자를 지배하는 것처럼, 하나의 사이가 둘을 결정한다. 사이 양항은 오직 하나의 사이가 있고 난 뒤, '추후'追後에 그 사이를 통해 결정될 뿐이다. 예컨대 너와 나 사이에서 너와 내가 먼저 있고, 그 다음 사이가 맺어지는 것이 아니다. 오히려 '우리 사이'에서 너와 내가 결정된다. 너와의 사이가 없다면, 나는 나일 수도 없고, 그래서 홀로일 수도 없으며, 그래서 고독할 수도 없다. 이런 이유에서 자신과 맞대면하는 "고독"Einsamkeit(어원적으로 "함께"라는 의미소sam를 함축. sam＜Sama＜$ἅμα$)은 오직 우리 사이가 깊어질 때에만 그 깊이를 더할 수 있다.

사이에는 "깊이"가 있다. 사이들 가운데에는 무관한 듯 보이는 사이가 있고, 허울뿐인 사이도 있으며, 얄팍한 사이도 있다. 그에 반해 서로 떼려야 뗄 수 없는 "친밀한"innig 사이도 있다. 서로가 서로에게 속해 있어, 자신의 존재 근거를 사이 상대에게 두고 있는 그런 깊은 사이가 있다. 그런 사이는 깊이를 내며 서로를 하나로 모아들이는 "소용돌이"Wirbel의 "중심축"Pol＜$πόλος, πόλις$과 같다. 사이가 깊어진다는 것은 둘 모두 그 사이 속에 깊숙이 휘말리는 것을 뜻한다. 사이에 휘말리는 것들은 그 소용돌이 속에서 자신을 상실한다. 그러나 동시에 그 상실 속에서 새로운 자기가 배태된다. 사이에서, 깊은 사이의 심연에서 또 다른 자기가 잉태된다. 그렇다면 "자기"das Selbst는 타자와의 사이에, 그것도 자기 상실과 자기 회복이 반복되는 사이, 그 잠시 머무는 "겨를"Weile에 있다.

사이에는 "가까움"Nähe이 있다. 가까움과 멂의 사이에서 존재한다. 상식적인 관점에서 볼 때, 가까움은 멂의 반대항이다. 그리고 그것은 시·공간의 수학적·객관적 거리를 상대·주관적으로 표현한 것에 불과하다. 만일 이런 객관적 거리가 설정될 수 있다면, 가까움은 반대항인 멂의 제거를 통해 손쉽게 얻어진다. 사이(수치화된 거리 또는 간격)를 벌리면 멀어지고, 사이를 좁히면 가까워진다. 그러나 어떤 방식의 가까움이든 멂이든 간에 그것들은 사이에서 존재하며, 그 속에서 가늠된다. 더욱이 가까움 자체가 멂과의 사이에 있다. 그래서 멂을 제거한다고 해서 가까워지는 것은 아니며, 도리어 가까움마저 제거된다. 가까움은 멂과의 사이를 유지할 때에만 존립 가능한 것이다. 이런 이유로 사이에서는 가까워질수록 멀어지고, 멀어질수록 가까워지는 현상, 즉 사이의 역설적인 수축·이완 운동을 볼 수 있다. 사이가 수축할수록 가까워 보이지만, 실은 수축을 통한 사이 "접힘"Falt 때문에 많이 은폐·억제·비축되어 있다. 이와는 반대로 사이가 이완할수록 멀어 보이지만, 실은 이완을 통해 접혀 있던 사이가 펼쳐지기entfalten 때문에 사이의 "단순함"Einfalt을 가깝게 접할 수 있다. 이렇듯 멀고 가까움은 사이가 빚어 내는 그것의 야누스적 모습일 뿐이다. 예를 들어 가까운 사이의 사람들은 그 가까움 때문에 서로를 잘 알고 있다고 쉽게 착각한다. 그러나 사이가 가까울수록 사이는 복잡하게 접혀 다중화vielfältig되어 점점 더 서로를 알 수 없는 국면을 맞이할 수밖에 없다. 반면 뜻하지 않은 이별離別처럼 사이가 멀어지면, 접힘이 펼쳐 내는 원거리 속에서 상대방에 대한 단순하고 가까운 전망을 얻게 된다. 결국 사이가 가깝다는 것은 사이를 여러 겹으로 접는 것, 그래서 동시에 잠재적인 많의 반발력을 감추고 있는 것일 따름이다. 이와 같이 사이를 내는 운동 속에 가까움과 많이 함께 속해 있다. 그래서 그런 사이의 운동이 없으면, 가까움도 많도 사라진다. 가까울 수도 멀 수도 없는 사이는 가장 피상적인 사이이고 궁핍한 사이이자, 사이일 수조차 없는 그런 사이이다.

사이에는 "차이"가 있다. 둘의 사이에는 둘의 나눔이 있고 "차-이" Unter-Schied(사이-나눔)가 있다. 둘을 둘로서 구분 짓는 사이에는 둘의 차이가 있으며, 사이에서 차이는 지워지는 것이 아니라 오히려 더욱 선명해진다. 그러나 이 경우 차이는 둘을 갈라 세우고 떨어뜨려, 서로 무관하게 만드는 차이가 아니다. 그와는 반대로 차이는 둘을 나누면서 동시에 잇는 차이이다. 이런 차이가 중첩되면 될수록, 둘은 차이(개별화)나면서도 동시에 더욱 결속(통일)된다. 또한 사이 속의 차이는 사이에 있는 것들을 차이 지으며 변용한다. 다시 말해서 차이나는 것과의 사이에서 변용되기 때문에 사이항들 자신의 고유성은 차이나는 것과의 사이에 의존하며, 거기에 속해 있다. 그래서 사이에 있는 차이는 서로의 같음을, 즉 둘이 같음에 속해 있음을 밝혀 주는 차이이다. 사이에서 차이는 "동일화하는 차이"Austrag이고, 역으로 같음은 "차별화하는 같음"Ereignen이다. 왜냐하면 차이는 동일성과의 사이에 있기 때문이다.

사이에는 "사건"Er-eignis이 있다. 사이에서 사건이 일어나고, 사건으로서 사이가 발생한다. 모든 사건은 '눈' 깜짝할 시-간時-間, Zeit에 일어나고 우리가 거주하고 있는 공-간空-間, Raum에서 일어난다. 때로 '눈'에 띄지 않게 오랜 시간 동안 진행 중인 사건도 있지만, 그것이 하나의 사건으로 한 '눈'에 확인되는 것은 순간이다. 그런 사건이 우리 사이에서 우리의 기대와 예측을 뛰어넘으며 일어나는 것이다. 사람과 사람 사이, 사물과 인간 사이, 신과 인간 사이, 궁극적으로 존재와 존재자 사이에서 다채로운 사건들이 일어난다. 이렇게만 말하면 사건의 가능조건으로서 사이를 이해할 수도 있다. 그러나 엄밀히 말해서 사이의 일어남, 그 자체를 하나의 사건으로 보는 것이 실상에 가깝다. 왜냐하면 사이는 어떤 것의 "가능조건"Bedingung이나 "지평"Horizont으로 확고히 "표상"Vorstellen될 수 있는 것이 아니기 때문이다. 사이의 사건, 그 속에서 존재하는 모든 것들이 각기 제 모습을 가지고 나타난다.

사이의 사건은 "눈맞춤"Ereignis(어원상 눈Auge이라는 의미소를 함축한다. Ereignis＜Er-äugen)의 사건이다.* 모든 사건은 눈맞춤에서 시작된다. 연인과의 눈맞춤, 사물과의 눈맞춤, 신과의 눈맞춤, 결국 존재와의 눈

---

* 하이데거가 자신의 개념, 존재사건(Ereignis)을 어원적으로 눈(Auge)과 연결 짓는 부분은 논리적 비약이 심해서, 그것을 이해하는 데 철학적 상상력이 많이 요구되었습니다. 상상의 나래를 펼치며 이 (독일어) 용어가 지시하는 사태에 대한 적절한 (한국) 언어를 찾던 중, 시인 장철환의 도움을 받았습니다. "눈맞춤"이라는 말은 그의 조어(造語)임을 밝힙니다.

맞춤에서 모든 사건은 시작된다. 이렇게 말할 수 있으려면 일단 다음의 비유를 받아들여야 한다. 사실 이 비유는 새롭게 고안된 비유는 아니다. 그것은 단지 파르메니데스 이래, 존재의 진리를 '빛' Licht과 '눈' Auge으로 빗대었던 서구 전통의 한 변형일 뿐이다. 물론 비유는 비유로서 이해해야 하며, 특히 존재자가 아닌 존재를 비유할 때에는 비유의 한계를 함께 사유해야 한다.

파르메니데스의 말처럼 존재는 존재자 전체를 '하나' 로 감싸고 있는 완전한 구球이다. 그런데 그 구는 실상 거대한 눈동자, 안구眼球이다. 존재의 눈동자는 끝을 헤아릴 수 없는 심연의 깊이를 가지고 있으며, 그 심연의 깊이에서 어두운 빛을 발한다. 존재의 눈빛이 모든 존재하는 것들을 비추고 있으며, 그 눈망울에 모든 것들이 투영되어 있다. 그런데 다른 존재자들과는 달리, 인간은 존재의 눈을 응시할 수 있는 또 다른 눈을 가지고 있다. 인간에게 이런 눈이 없었더라면 눈맞춤의 사건은 없었을 것이다. 존재와 인간 사이의 눈맞춤에서 사건은 일어난다. 시선이 부딪히는 "순간" Augen-blick, 눈빛의 충돌이 일어나고 눈길이 서로 뒤엉킨다. 존재의 눈과 인간의 눈, 그 양자 사이의 눈맞춤 사건 때문에, 존재의 눈에는 인간이, 인간의 눈에는 존재가 아로새겨진다. 팽팽히 시선을 맞추는 사이에 인간은 존재의 인간이 되고, 존재는 인간의 존재가 된다. 그럼으로써 존재는 비로소 존재 자신이 되고 인간은 인간 자신이 된다.

그러나 인간의 눈빛에 비해 존재의 눈빛은 압도적으로 깊고 강렬해서 그 눈맞춤은 언제나 존재의 눈빛에 인간 시선이 빨려드는 형국으로 일어난다. 그렇지만 존재의 시선에 압도되고 매혹될수록 시력을 상실하기는커녕 인간의 눈은 더욱 맑고 투명해진다. 투명해진 눈으로 인간은 존재의 눈에 자신을 맞추고 응시할 수 있으며, 그럼으로써 존재의 눈 속에 더욱 깊숙이 빠져든다. 모든 것의 현존과 부재를 허락하는 존재의 눈동자는 어두운 빛das dunkle Licht(자기 은폐의 밝힘Lichtung des Sichverbergen)이 감도는 "고요"Ruhe와 "적막"Stille의 깊이를 담고 있다. 이런 알 수 없는 존재의 깊이에 인간의 시선은 마냥 빠져드는 것이다.

인간의 눈이 존재의 눈 안으로 휘말리면서 이제 양자의 사이는 존재 눈망울 내부의 깊이가 된다. 다시 말해서 따로따로 존재하는 존재의 눈과 인간의 눈, 둘 사이가 아니라(존재는 존재자가 아니고, 인간은 존재의 지배를 받는 존재자이기 때문에 이런 사이는 사실상 불가능하다) 양자의 사이는 존재의 눈망울 속에서 끊임없이 차이를 내며 존재 내부로 운동하는 깊이가 된다. 사이가 깊이로 이해될 수 있기 때문에, 존재의 눈망울에 휘말려 들어갔다고 해서 인간의 시선이 완전히 존재와 합일되었다고 할 수는 없다. 즉 존재와 인간 사이가 지워진 것은 아니다. 왜냐하면 존재의 눈망울은 다름 아닌 인간 시선이 빠져들면 들수록 뒤로 물러나는 깊이의 "심연"Abgrund이기 때문이다. 그리고 이 심연이 곧 사이이고 차이이다. 그 고요한 차이의 깊이가 인간을 부르며 눈짓한다.

인간이 존재의 눈을 바라보기 이전부터, 존재의 눈은 인간의 시선을 부르고 있었다. 또한 존재의 눈망울이 바닥을 알 수 없는 심연 또는 어두운 빛이기 때문에, 즉 끊임없이 차이를 산출하는 사이 그 자체이기 때문에, 인간은 존재의 깊이를 모두 읽어 낼 수는 없으며, 다만 그때그때마다 그 눈짓에 따라 말할 수 있을 뿐이다. 다시 말해서 인간이 존재를 완전히 파악할 수 없는 것은 존재자가 '아닌' 존재가 결국 끝없이 이어지고 중첩되는 '차이의 깊이'이기 때문이며, 결국 존재가 사이 양항(잠정적으로 규정된 "존재"와 존재자인 인간)을 선사하는 사이이기 때문이며, 그런 사이가 스스로를 고유固有, eignen화하는 눈맞춤의 사건 자체이기 때문이다.

우리 인간은 매번 차이나는 존재의 눈길을 따라간다. 그럼으로써 존재와의 완전한 합일 대신, 주름(차이) 접히는 가까움을 얻는다. 그래서 존재의 눈길을 따라가는 사이에 존재와 가깝고 친밀한 사이가 된다. 차이의 깊이에서 배어나는 그늘진 눈빛에 눈맞추며 인간은 본래적인 자신의 길을 간다. 존재의 눈과 인간의 눈, 그 사이의 눈맞춤 사건, 그 사건의 긴 이음새(사이)가 인간이 걸어야 할 길이다. 결국 존재와 인간 사이가 인생(삶)의 "길"Weg이며, 인간은 그 길의 "나그네"Wanderer일 수밖에 없으며, 그래서 인간의 "고향"Heimat은 길의 최종 목적지가 아니라, 바로 그 길 위에 있다.

그 사이 길 양편에 "시인"Dichter과 "사유가"Denker가 서 있다. 시인과 사유가는 인간들 가운데 처음으로 존재의 눈을 응시한 자들이다. 인간의 운명, 곧 존재와의 눈맞춤을 자신의 운명으로 자각한 사람들이 시인과 사유가다. 언어, 즉 "존재의 집"Haus des Seins을 지키는 "파수꾼"Wächter이기도 한 이들은 존재의 눈짓을 각기 다른 방식의 언어로 번역한다. 그런데 존재의 언어는 심연의 깊이에서 전해 오는 "적막의 울림"das Geläut der Stille이기 때문에 인간의 언어로 번역하기 쉽지 않다. 시인과 사유가 단독으로는 존재의 언어를 온전히 번역할 수 없다. 그래서 시인과 사유가는 존재의 눈길을 따라 나란히 걷는 "이웃"Nachbar으로서 서로 둘 사이의 진솔한 대화를 필요로 하며, 상대방이 번역한 것을 다시 자신의 언어로 다시 번역할 필요가 있다. 시적 언어와 사유의 언어가 서로 "번역"übersetzen되는 그 *사이*에 존재언어가 충실하게 인간의 언어로 번역된다.

1장

사이―예술론의 오래된 기획

1. 하이데거의 사이-존재론

이 글의 핵심어로 사용되고 있는 *사이*라는 말은 단순한 수사적 표현이 아닙니다. 마찬가지로 하이데거도 그 용어를 결코 가볍게 여기지 않는다. 하이데거 철학에서 등장하는 독일어 'Zwischen'(사이)이라는 용어는 별다른 의미 없이 사용되는 평범한 전치사가 아니라, 하이데거가 자기 고유의 철학적 용어로 개념화한 말이다. 그것의 우리말 번역어 *사이*는 의미상 큰 변형이나 손실 없이 번역될 수 있는, 몇 안 되는 하이데거의 핵심 용어 가운데 하나이다. 독일어와 한국어에서 *사이*는 공간空-間과 시간時-間의 '거리, 간격, 동안, 겨를', 또는 차이나는 것들의 '관계'를 뜻한다. 하이데거는 이런 사전적 의미를 최대한 활용하는 동시에, 그것이 함축하고 있는 철학적 의미를 되새기면서 이 용어를 사용한다.

이후 본론에서 자세히 살펴보겠지만, 하이데거의 *사이* 개념이 함축하고 있는 몇 가지 중요한 의미를 미리 언급하면 다음과 같다. 첫째 사이는 사이항에 **앞서 존재하는** '관계'를 뜻한다. 상식적으로 이해되는 "사이"의 관계는 이미 존재하는 두 항들을 하나로 엮어 주는 관계이다. 그러나 역으로 하이데거의 *사이*는 사이 양항보다 선행先行해서 일어나는 "존재사건"Ereignis을 뜻한다. 사이 양항은 오직 어떤 사이의 사건이 있고 난 뒤, "추후적으로"nachträglich 그 사이를 통해 결정된다. 둘째 사이는 차이나는 것들이 서로 친밀하게 결속해 있는 관계를 뜻한다. *사이*의 두 항은 양자의 차이 때문에 대립할 수밖에 없고 "투쟁"할 수밖에 없다. 그럼에도 불구하고 양자는 그저 서로 무관하게 양립해 있는 것이 아니라, 서로에게 밀접하게 속해 있다. 그래서 사이 상대가 없으면, 나머지 다른 한쪽마저 존립할 수 없다. 사이에서 벌어지는 투쟁 속에서 사이항들은 자신의 정체성을 이루며, 서로의 "친밀성"을 확인한다. 결국 사이는 한갓 양자의 연결고리가 아니라, 친소親疎의 밀도를 나타내는 개념이다. 셋째 이런 사이 관계는 사이항들의 존재를 선사하는 "밝힘"Lichtung의 시-공간이다. 오직 이런 "밝힘"의 *사이*에서만, 사이의 존재자들은 그 자신으로 존재할 수 있다. 넷째 사이는 궁극적으로 차-이(사이-나눔Unter-Schied)이다. 이 경우 차-이는 하나의 단일한 차이 활동이면서 동시에 자신을 나누는(차별화시키는) 존재의 이중적 운동을 뜻한다. 이런 차-이로서의 *사이*는 스스로를 나누면서 동시에 잇는다. 그리고 사이항들을 차이 짓는 사이에, 차-이는 사이항들을 변용한다. 결국 차-이는 모든 차이들을 생성시키며, 자기 속에 "품어 내는"austragen 근원적인 차이를 뜻한다. 다섯째 *사이*가 차이를 생성하는 존재사건이라면, 그 *사이*에서는 예측불허의 우연偶然이 지배한다. 이런 *사이*는 인간의 조작·통제가 불가능한 시점(지점)이다. 다시 말해서 인간 사유의 관점에서 볼 때 *사이*는 심연처럼 어두운 (시)공간이다. 그 불확정적 유동성 때문에, 또 무엇이라 확언할 수 없는 무성無性 때문에, *사이*는 우리에게 불안을 불러일으키고 고통스러운 기다림을 요구한다.

그러나 하이데거가 처음부터 *사이*의 이름으로 그의 존재론을 개진한 것은 아니다. 또한 하이데거가 처음으로 사이의 문제를 개진했던 철학자도 아니다. 그는 전통 형이상학에서 이미 설정해 온 "사이"라는 문제가 철학의 핵심적인 문제임을 인정한다. 그러나 하이데거는 그것에 대한 충분한 존재론적 고찰이 선행되지 않은 상황에서 그 용어를 사용할 경우,

프란츠 마르크(Franz Marc)의 「숲 속의 사슴」(Deer in the Forest)

철학은 화석화된 '철학'이 아니라 '철학함'이다. 살아 숨쉬는 철학은 어떤 추상화된 사유의 틀이 아니라 변화 속에서 살아 꿈틀대는 실존의 활동이다. 하이데거의 예술철학도 마찬가지다. 청년기 하이데거가 주력한 것은 철학에 생명을 불어넣는 것이었고 점차 그 연장선상에서 철학과 예술의 친근성 문제가 그에게 하나의 결정적인 철학적 문제가 되면서 예술에 보다 깊은 관심을 가지게 되었다. 초기 하이데거는 예술을 일종의 '재현'으로 보는 전통적인 견해에 동의하지만, 1930년대 이후 그 개념과 결별한다. 그렇다고 그는 의식적으로 재현을 거부한 추상예술을 옹호하지도 않는다. 하이데거가 흠모했던 화가들, 즉 고흐, 세잔, 클레 등은 모두 재현의 흔적이 남아 있는 작품을 남겼다. 전통 형이상학의 입장에서 보면, 하이데거는 새로운 재현 개념을 제시했다고 볼 수 있다. 물론 하이데거 입장에서 보면, 재현과는 철저히 다른 존재론적 맥락에서 예술을 바라보았다고 말해야 하지만 말이다(예컨대 세계와 대지의 투쟁 및 틈). 초기 하이데거는 칸트의 도식론과 관련하여 프란츠 마르크의 그림을 예시했다.

전통 형이상학이 빠져든 존재망각의 늪에 빠질 것을 우려한다.

전기 하이데거의 대표작 『존재와 시간』에서 "안에-있음"을 해명하며 그는 다음과 같이 말한다.

> 그렇다면 이러한 현상으로서 표현되고 있는 것은 하나의 눈앞에 있는 주체와 하나의 눈앞에 있는 객체 사이에서 눈앞에 전개되는 교류가 아니고 다른 무엇이겠는가? 이 해석은 그것이 "현존재는 이러한 '사이'의 존재이다"라고 말할 때 이미 현상적 사태에 가까워진 셈이다. 그럼에도 불구하고 이 '사이'에 대한 방향 정립이 잘못된 채 남아 있다. …… 그 '사이'가 이미 두 개의 눈앞에 있는 것들의 화합의 결과로서 개념 파악되고 있다. 그러나 이러한 화합이라는 선행적인 단초는 언제나 이미 현상을 폭파해 버리며, 그때마다 폭파된 파편에서 이 현상을 다시 결합하는 것은 가망이 없는 일이다. …… 존재론적으로 결정적인 것은 현상의 폭파를 미리 앞서 막는 데에, 다시 말해서 그 현상의 긍정적인 현상적 사태를 확보하는 데에 있다.(GA2, 176)

눈앞의 존재(전재자Vorhandensein)로 파악되는 주체와 객체, 감성적인 것과 초감성적인 것 등등의 "사이"는 현상적 사태에 가까이 있지만, 미리부터 전제된 눈앞의 존재 "사이"를 메우는 일은 "가망 없는 일"이며, 도리어 사태의 현상을 "폭파시키는 것"에 불과하다. 이러한 이유로 전통 형이상학적 의미의 "사이"가 현상적 사태에 아무리 가깝다 하더라도, *사이*를 통한 논의 전개는 신중하게 자제되어야 할 것으로 하이데거는 판단한다.

그러나 눈앞의 존재, 손안의 존재(용재자Zuhandensein), 현존재의 존재 방식을 존재론적으로 충분히 구분하게 되면서, 그리고 존재물음에 더욱 천착하게 되면서 하이데거는 『존재와 시간』에서는 자제했던 *사이*라는 용어를 적극적으로 사용한다. 1930년대에 쓰여진 『철학에의 기여』에서 '사이'는 "현-존재Da-sein의 거기Da", "진리", "최초의 시원과 다른 시원의 사이", "존재와 존재자의 차이"Unterscheidung von Sein und Seienden, "존재사건", "밝힘" 등의 의미로 규정된다.¹ 그리고 이런 일련의 흐름은 예술과 시에 대한 논의와 병행된다. 특히 횔덜린 시를 해명하면서 하이데거는 "성스러움"과 "시인"을 *사이*의 존재로 규정한다.

하이데거 생존시에 이미 문학사가 알레만Beda Allemann은 하이데거의 *사이*와 횔덜린의 '사이'를 비교한 바 있다. 그가 이런 선구적인 연구 업적을 이룰 수 있었던 것은 다른 어느 곳보다 *사이* 개념이 중요하게 다루어진 하이데거의 횔덜린 시 해명에 그가 누구보다도 일찍 관심을 갖고 있었기 때문일 것이다. 물론 피상적인 수준이기는 하지만, 1950년대에 이미 *사이*라는 용어의 중요성을 간파한 것만큼은 놀라운 일이 아닐 수 없다. 그의 연구 이후 지금까지 *사이* 개념을 주제화한 연구들은 거의 찾아볼 수 없다는 점에서도 그의 선구적·독보적인 업적은 평가할 만하다. 알레만은 *사이*에 대한 하이데거와 횔덜린의 "놀라운 상응"을 말하면서, 마치 『존재와 시간』에서 쿠라cura 신화가 염려의 선존재론적 증거이듯이, 후기 하이데거의 "밝힘" 개념이 횔덜린의 *사이* 개념에서 유래한다고 보고 있다.²

한국 학자로는 이기상 교수가 거의 유일하게 *사이*에 주목하고 있다. 그는 여기에서 "고대 서양의 사유가 **실체론적 경향**을 띠고 있었다면, 그와는 다르게 고대 동양의 사유는 **관계론적 경향**을 띠었다"³고 말하면서, 우선적으로 존재를 '사이에 있음'으로 규정하고 있다. 또 다른 곳에서 그는 다음과 같이 말한다. "우리말에서 가장 중요한 것의 하나는 *사이*이다. 하이데거가 인간을 규정하는 말은 '세계-안에-있음'이지만 우리말에서는

'사이-안에-있음'이라 할 수 있다. 인간의 사이-안에-있음이란 때 사이, 빔 사이, 사람 사이, 하늘과 땅 사이라는 네 사이 안에 인간이 있음을 지칭한다. 때-사이는 시간이고, 빔-사이는 공간, 사람-사이는 인간이며 하늘과 땅-사이는 천지간이다."[4] 그의 글은 하이데거 존재 사유의 핵심어를 *사이*로 잡았다는 점에서, 또한 우리말 *사이*에 천착해서 존재사건을 읽어 내려 했다는 점에서 이 글의 선구적인 연구라고 할 수 있다.

하이데거의 *사이* 개념은 결국 『언어에로의 도상』Unterwegs zur Sprache에 수록된 「언어」라는 글에서 "차-이"Unter-Schied로 엄밀하게 개념화된다. 더욱이 존재와 언어를 "관계 자체"das Verhältnis selber라고 이해하면서 *사이*에 대한 이해는 더욱 심화된다. 이런 심화 과정 속에서 "시짓기와 사유하기 사이"가 사태의 핵심부로 등장하게 된 것이다.

서양 철학자 하이데거에게 '시짓기와 사유하기 사이'[*]는 각별한 의미를 갖는다. 왜냐하면 이 사이는 (서양) 철학이 성립하던 순간부터 '시와 철학' Poesie und Philosophie이라는 이름으로 서양의 지성사를 구속한 문제이기도 하거니와, 철학이 자신의 내적 한계에 부딪힐 때마다 번번이 상기할 수밖에 없던 문제이기도 하기 때문이다. 전자의 경우 '뮈토스' mythos와 '로고스' logos의 대결 양태로 논의가 전개되었고, 후자의 경우 철학 체계 내적인 문제의 해결방법으로 논의가 전개되었다. 후자의 경우를 좀더 상술한다면, 서양 철학에서 각각 고대와 근대를 대표하는 플라톤과 칸트는

---

[*] 이후 상세히 서술하겠지만, 여기에서 언급되는 시짓기와 사유하기는 통상 이해되는 것과는 다른 내용을 갖는다. 다시 말해 누군가 시를 짓는다든지 사유한다든지 하는 우리가 익숙히 알고 있는 내용뿐 아니라, 하이데거의 전문용어로서 그것은 인간이 존재를 개방시킬 수 있는 최고의 두 가지 (언어)방식을 뜻한다. 헤겔이 절대정신의 세 가지 계기로서 예술·종교·철학을 들었던 것처럼, 하이데거는 두 가지 지고의 존재 개방 방식으로 시짓기와 사유하기를 거론하고 있는 것이다. 만일 이런 맥락에서 이 두 가지를 이해하지 않는다면, 시짓기와 사유하기의 병치가 부자연스럽게 보이는 것은 물론이고, "시를 지을 때에도 사유하지 않는가?"라는 식의 우문(愚問)을 던질 수 있다.

각기 철학적으로 양분된 두 세계 *사이*를 잇는 문제에 봉착하면서 예술을 끌어들인다. 플라톤은 감성적인 현실 세계와 초감성적 이데아계 사이의 간극 χωριsόs을 "미의 에로스"를 통해 메우려고 한다.

에로스 Ἔρωs는 미와 추, 지혜와 무지, 선과 악, 풍요와 궁핍, 불사와 가사, 존재와 무의 *사이*에 있는 '사이존재'(중간자 μεταξύ)이기 때문에, 자신의 결핍을 보충하려는 욕망을 가진 정령 δαίμων이며, 양자 사이를 오가는 전령이다. 이 사랑의 욕망은 생식과 출산을 통해서(육체와 영혼에 모두 적용된다) 자신의 결핍을 메우려는 욕망이다. 이 생식과 출산의 욕망, 불멸의 욕망(사랑)에서 포이에시스와 테크네가 유래한다. 플라톤에 따르면, 처음 에로스는 어떤 특정한 아름다운 육체를 사랑하고, 다음으로 모든 아름다운 육체를 사랑하며, 다음으로 영혼의 아름다움을 사랑하며, 그것은 지혜에 대한 사랑으로 이어진다. 이와 같은 에로스의 수직 상승운동은 『파이드로스』편에도 잘 나타나 있다. 여하튼 플라톤에게 에로스는 육체/영혼, 가변/불변, 감성/지성 등으로 분열된 세계를 다시 하나로 통합하는 중간자 역할을 하고 있다.[5]

같은 형이상학적 맥락에서 칸트는 필연과 자유의 세계를 역시 "심미적·반성적 판단력"을 통해 메우려 한다.

『판단력비판』은 『순수이성비판』과 『실천이성비판』을 통일적인 전체 체계로 연결 지으려는 기획에서 집필되었다. 다시 말해 『판단력비판』은 『순수이성비판』과 『실천이성비판』, 즉 자연/자유, 필연/자유, 감성적 세계/초감성적 세계, 이론이성/실천이성이라는 두 가지 "영역" ditio *사이*의 "조망할 수 없는 간극" unübersehbare Kluft[6]을 메우려는 시도이다. 이런 시도는 "규정적 판단력"과 대비되는 "반성적 판단력", 즉 보편(규칙, 법칙)이 주어지지(규정되지) 않은 경우에 내리는 판단력 개념을 발굴함으로써 수행된다.[7] 이 판단력은 '자연'에 적용되는 '오성'의 '합법칙성' Gesetzmäßigkeit이나 '자유'에 적용되는 '이성'의 '궁극목적' Endzweck과 마찬가지로 '합목적성' Zweckmäßigkeit이라는 "선천적 원리" Prinzip a priori를 가지고 있다. 그래서 자신만의 선천적 원리를 통해 움직이는 판단력은 자율성 Autonomie을 갖는다. 단 합목적성의 원리는 객관적인 오성의 합법칙성의 원리 또는 실천이성의 원리로도 설명할 수 없는 우연성의 공간(자연과 자유의 사이)에 적용되는 원리이기 때문에, 칸트는 그것을 주관 안에 자리한 반성의 원리로 규정한다. 이런 의미에서 반성적 판단력의 자율성은 "자기 자율성" Heautonomie으로 명명된다(EEU, 225). 이런 반성적 판단력에는 ① 주관적 subjektiv · 형식적 formal 합목적성을 쾌·불쾌의 감정에 의하여 판정하는 능력인 "심미적 판단력" ästhetische Urteilskraft과 ② 자연의 객관적 objektiv · 실재적 real 합목적성을 오성과 이성에 의하여 판정하는 능력인 "목적론적 판단력" teleologische Urteilskraft(그래서 각기 『판단력비판』의 1부와 2부를 구성한다)이 있다. 그런데 『판단력비판』에서 예술과 관계되는 심미적 판단력이 목적론적 판단력보다 더욱 중요하다. 칸트에 따르면,

> 판단력의 비판에 있어서, 이 비판에 본질적으로 속하는 것은 심미적 판단력을 내포하고 있는 부문이다. 왜냐하면 판단력이 선천적으로 자연에 대한 그의 반성의 기초로 삼고 있는 원리, 즉 자연이 그의 특수한 (경험적) 법칙들에 따라 우리들의 인식 능력에 대하여 가지는 형식적 합목적성의 원리를 포함하고 있는 것은 오직 심미적 판단력이요, 이 형식적 합목적성이 아니면, 오성은 자연을 이해할 수 없을 것이기 때문이다.[8]

다시 말해서 『판단력비판』이 이론과 실천 사이의 간극을 메우기 위한 시도라면, "철학의 이론적 부분에 속하는"[9] 목적론적 판단력이 아니라, 양자 어디에도 속하지 않는 형식적·심미적 판단력이 이 책, 곧 『판단

력비판』의 목적에 보다 잘 부합하기 때문이다. 따라서 칸트의『판단력비판』은 플라톤에 이어 전체 철학 체계의 내적 모순을 해소하기 위해 예술을 반성한 모범적인 사례라고 할 수 있을 것이다. 예술은 이들 철학자들에게 메울 수 없는 *사이*를 연결 짓는 가교의 역할을 해왔던 것이다. 예술, 즉 (좁은 의미의) 이성을 초월하여 심연의 사이 위에 가교를 건축하는 테크네가 철학 자체 내에서 요구되었던 것이다. 이렇듯 철학이 성립한 이래로, 철학의 안과 밖에서 예술과의 *사이* 문제가 끊임없이 논의되어 왔기 때문에, 서구 지성사를 회상하는 하이데거에게도 역시 '시짓기와 사유하기 사이'는 각별할 수밖에 없다.

  서양 형이상학을 극복하고자 하는 많은 사람들에게도 예술은 특별한 관심의 대상이었다. 왜냐하면 예술에 대한 형이상학의 인식 내용은 형이상학적 인식의 한계를 드러내 보여 주는 리트머스지와 같은 역할을 하기 때문이다. 전통 형이상학을 통해 예술은 처음부터 한갓 '하위 인식'의 대상에 불과한 '감성적 대상'으로 규정된다. 그런데 이런 형이상학적·미학적 규정은 예술의 본질적 측면을 드러내지 못한다. 도리어 그런 규정을 통해서(예술에 대한über 미학적 언명을 통해서) 자신의 한계, 즉 형이상학적 이해력의 한계만을 보여 줄 뿐이다. 이런 의미에서 예술은 형이상학의 무능력이 폭로되는 **형이상학의 아킬레스건**이다. 그래서 형이상학 비판자들은 대개 비판의 화살을 형이상학의 아킬레스건인 예술론·미학에 맞춘다. 대표적인 사람으로는 이미 18세기에 형이상학을 비판한 칸트로부터 니체, 하이데거, 아도르노, 데리다, 들뢰즈 등이 여기에 속한다.[10]

  특히 니체에게서 이런 점이 두드러지게 나타난다. 이미 니체는 서양 형이상학을 플라톤주의로 파악하고, 그런 흐름 속에서 니힐리즘이 유래한다고 보았으며, 이런 형이상학을 극복하고자 "플라톤주의의 전도"를 감행한다. 이때 플라톤주의를 통해 '위'가 아닌, '아래'에 위치할 수밖에 없었던 예술이 전면에 부상하게 된다. 니체는 예술을 플라톤주의의 전도를 실행하고 완수하는 장소로 이해한다. 왜냐하면 형이상학적 위계 질서를 통해 억압되고 왜곡된 것들을 대표하는 것으로 예술을 파악하기 때문이다. 이런 니체 철학과의 연장선에서 하이데거는 예술을 이해한다. 하이데거는 니체의 예술관을 다음의 다섯 가지 명제로 요약한다. 예술은 ① 힘에로의 의지를 표현하는 가장 선명하고 잘 알려진 방식이고, ② 예술가로부터 파악되어야만 하며, ③ 예술가의 확장된 개념에 따라, 모든 존재자의 근본적인 일어남이고, ④ 니힐리즘에 반대하는 탁월한 운동이며, ⑤ 진리보다 더 가치가 있다(GA43, 80~89). 물론 하이데거는 니체를 마지막 형이상학자라 규정했지만, 형이상학을 극복하려는 니체와 마찬가지로 형이상학을 극복하는 대결의 장으로 예술을 삼은 것은 분명하다. 하이데거의 미학 비판은 이런 맥락에서 이해될 수 있으며, 이후 시짓기와 사유하기 *사이*의 모색은 예술과 더불어 탈형이상학적 길을 모색하는 맥락으로 이해될 수 있다.

하이데거는 *사이*를 철두철미하게 사유했던 서양 최초의 철학자이다. 사실 동양 전통에서는 별반 낯선 것이 아님에도 불구하고, 서양 지성사의 흐름 속에서 이 사유 방식은 새롭고, 낯설고, 이질적인 것으로 나타난다. 서양인들이 하이데거 철학을 대하면서 얻게 되는 곤혹스러움이나 하이데거 스스로 서양적 사유의 다른 가능성을 모색하는 사유자로 자신을 규정하고 있는 것만을 보아도 *사이*를 사유하는 것이 서양인들에게 얼마나 낯설고 어려운 일인가를 짐작할 수 있다. 그러나 하이데거의 *사이*에 대한 사유는 철저히 서양 전통과 대결하면서, 또한 그 전통을 전유하며 얻은 결과이기도 하다. 때문에 그것을 성급하게 동양의 어느 사상과 연관 지어 설명하기보다는, 서양 지성사, 특히 형이상학의 역사와 맺고 있는 연관 관계를 먼저 밝혀내는 것이 중요하다. 더구나 *사이*가 '차-이'를 뜻하는 이상, 무차별적인 유사 관계를 밝히는 대신에, **차이를 내는 대화**Zwiesprache 의 방식으로 하이데거 철학을 접근하는 편이 옳을 것이다.

하이데거는 서양인뿐 아니라 동양인에게도 난해한 철학자이다. 동양인에게 유독 하이데거가 어려운 이유는 다른 무엇보다도 "존재의 집"으로 이해되는 언어, 즉 서양 고전어와 독일어를 공유하고 있지 못하다는 점에 있을 것이다. 하이데거는 철저하게 자신이 속해 있는 언어 속에서 존재를 읽어 내려 한다. 서양 언어의 잠재적 가능성을 최대한 되살리는 독특한 사유 방식 덕분에, 그가 구사하는 언어의 집은 외부인에게는 굳게 잠겨 있다. 일단 그 집안으로 진입하면 풍요롭게 창궐하는 존재의 세계가 펼쳐지지만, 문밖으로 나오자마자 모든 것이 허공으로 사라진다.

누구나 인정하듯이, 하이데거의 텍스트는 손쉬운 번역을 완강히 거부한다. 굳게 잠긴 집안으로 들어가는 데 일단 성공한다 하더라도, 그 집에서 나오는 출구를 찾기 힘들며, 출구를 찾더라도 그의 텍스트는 우리에게 빈 몸으로 나갈 것을 강요한다. 그 강요를 뿌리치고 하이데거 텍스트를 우리말로 옮기려면, 그가 서양어(독일어와 그리스어)를 사유했던 것 못지않게 우리말을 깊이 사유해야 한다. 또한 두 언어 *사이*를 자유롭게 넘나들 수 있어야 하는 것은 물론이거니와, 번역과 해석은 서로를 전제한다는 하이데거 번역론*이 아니더라도, 사전적 의미에 준해서 단순히 단어들Wörter을 대치하는 것이 아니라, 말 하나, 문장 하나를 몸소 이해하고 해석해야 한다. 요컨대 동양인이 하이데거 텍스트를 읽고 번역한다는 것은 두 사유, 두 세계, 두 언어, 두 문명 *사이*를 넘어가는 일에 다름 아니다.

---

* 하이데거의 말을 직접 인용하면, "모든 번역은 해석이고, 해석하는 모든 것은 번역하는 것이다."(GA53, 79) 하이데거는 번-역(옮겨-놓음; Über-setzen)이란 말을 매우 폭넓은 의미로 이해한다. 하이데거의 번역론에 관한 상세한 논의는 이 글의 본문 말미에서 전개될 것이다.

그래서 하이데거는 동양인에게는 더욱더 낯설 수밖에 없는 철학자이다.

이 글은 몇 개의 전제 위에서 구성될 것이다. 그 가운데 가장 중심적인 전제는 하이데거 사유의 핵심어를 사이로 삼은 것이다. 그래서 하이데거가 얼마나 수미일관 사이를 사유하고 있는지, 그런 사유를 통해서 어떻게 철학적 문제들을 해결하고 있는지를 보여 주는 것이 이 글의 소원疏遠하지만 궁극적인 목적이다. 그러나 여기에서 하이데거의 방대한 저작들과 변화무쌍한 지적 편력을 온전히 따라갈 수는 없기 때문에 제한적인 논의를 하지 않을 수 없다. 연구 주제에 준해서 보자면 하이데거의 예술철학(혹은 시학)에, 시기적으로 보자면 「예술작품의 근원」과 이후 하이데거의 글들이 주된 연구 대상으로 한정된다.

「예술작품의 근원」 이전에 예술 혹은 시에 관한 언급을 하이데거 문헌 속에서 전혀 찾아볼 수 없지는 않지만, 대개가 거의 미미한 수준으로 논의되고 있다. 하이데거는 1925~1926년 겨울학기 강의(『논리학: 진리에 관한 물음』)에서 칸트 도식론을 설명하면서 프란츠 마르크Franz Marc의 그림을 언급한다(GA21, 364). 여기에서 예술은 단순히 재현Darstellung의 차원에서 논의된다. 1927년 여름학기 강의(『현상학의 근본문제들』)에서 하이데거는 시와 관련하여 다음과 같이 말한다. "시짓기는 근본적으로 낱말로 드러냄Zum-Wort-Kommen 이외에 그 어떤 것이 아니다. 즉 시짓기는 세계-속에-있음으로서의 실존의 밝혀짐 이외에 그 어떤 것도 아니다. 발언된 것과 더불어 세계는 그 이전에는 전혀 알지 못했던 타자에게 비로소 드러나게 된다."(GA24, 244) 『존재와 시간』에서는 두 곳 정도에서 시를 언급한다. 첫번째로 '처해 있음'을 다루면서 '시'와의 연관을 예고하고 있다. "처해 있음의 실존론적 가능성을 함께 나누는 것, 다시 말해서 실존을 열어 밝히는 것이 '시짓는 dichtend 말의 고유한 목표가 될 수 있다."(GA2, 216) 또한 하이데거는 염려의 "선존재론적 증명"vorontologischer Beleg으로서 '쿠라 신화'를 도입하고 있다(GA2, 261~265 참조). 이 부분 역시 시에 대한 암시적 생각, 즉 신화 혹은 시가 선존재론적 증명이 될 수 있다는 생각을 암시하는 데 그치고 있다. 대표적으로 헤르만F.-W. Herrmann 은 전자를 집중적으로 부각시켰으며, 알레만과 다스튀François Dastur는 후 자에 주목하고 그것을 시와 연관 지어 상술한다.[11] 그러나 시짓기가 전혀 다른 의미, 즉 '자의성'과 병치되는 의미로 사용되는 것만 보아도 알 수 있듯이, 전기 하이데거에게 예술과 시에 대한 관심은 그리 크지 않았다고 할 수 있겠다. "그런 기획투사가 **한낱 시적이고 자의적인 구성**nur dichtende willkürliche Konstruktion을 벗어나기 위해서는 무엇이 필요한가?"(GA2, 345) 이 구절만 보아도 알 수 있듯이, '시짓기'란 용어는 한갓 '허구적'이라는 의미로 사용되고 있다. 따라서 하이데거에게 예술과 시에 대한 관심이 증폭된 것은 1935년 예술작품의 근원에 대한 강연과 횔덜린 강의(『횔덜린의 찬가: 게르마니아와 라인 강』)를 통해 비로소 시작되었다고 할 수 있다.

이 글에서 주요하게 부각되는 *사이*는 "시짓기와 사유하기의 사이"이다. 이 *사이*를 통해서 존재의 근원 현상Urphänomen인 *사이* 현상이 좀더 구체적이면서도 실감나게 분석될 것이다. 후기 하이데거 사유를 지배하는 시짓기와 사유하기 *사이*라는 물음 아래에 그 물음을 받혀 주고 지탱해 주고 있는 여러 세부 *사이*들이 있다. 열거해 보자면, ① 사물과 작품 사이의 도구, ② 세계와 대지 사이의 작품, 창작자와 보존자 사이의 예술, ③ 언어와 예술 사이의 시, ④ 세계와 사물 사이의 언어, ⑤ 자유와 구속 사이의 놀이, ⑥ 신들과 인간들 사이의 시인과 성스러움, ⑦ 이행의 사이(겨를)로서 축제의 시간 등이 이 글에서 보여 주는 세부 *사이*들이다. 이 모든 사이는 *사이* 자체인 '차-이'의 다양한 모습이다. 이런 사이들이 해명되면서 '시짓기와 사유하기'의 *사이*가 보다 선명하게 드러날 수 있을 것이다.

2. 사이-예술론의 현상학적·해석학적 재구성

서두에서 이미 밝힌 바 있듯이, 이 글이 지향하고 있는 연구 목적은 다음과 같다. 첫째 후기 하이데거 사유 속에서 보이는 '예술철학'(시학)을 재구성하는 것이다.[12] 이 글은 「예술작품의 근원」에서 『언어에로의 도상』을 지나 『예술과 공간』으로 이어지는 후기 하이데거 예술론의 전모를 그려 보는 것을 일차적인 목표로 삼는다.[13] 그 과제를 이행하는 방법은 시기별로 하이데거 저작을 정리하는 것이 아니라, 후기 저작들을 통해서 「예술작품의 근원」이란 텍스트를 재구성하고 보충하는 방식으로 진행된다. 이런 방법을 택한 이유는, 첫째 이미 「예술작품의 근원」 속에 이후 전개되는 예술론의 맹아가 간직되어 있기 때문이고, 둘째 이 글이 통일적인 하이데거 예술론의 재구성을 목적으로 하기 때문이다.

하이데거의 예술론을 재구성하는 것은 단순히 기존의 미학적 논의의 틀로 그의 예술론을 재단하는 것을 뜻하지 않는다. 차라리 그것이 의미하는 바는 하이데거가 예술에 대해, 정확히 말해서 예술**로부터** 듣고 말한 것 일체, 즉 하이데거가 예술과 했던 대화 전체를 재구성하는 것에 다름 아니다. 바꿔 말하면 하이데거 예술론은 곧바로 '시짓기와 사유하기 사이'의 문제와 직결된다. 왜냐하면 하이데거에게 예술 τέχνη과 시 ποίησις는 근원적으로 같은 것이며, 예술론이 예술을 사유하는 것을 뜻한다면, 곧

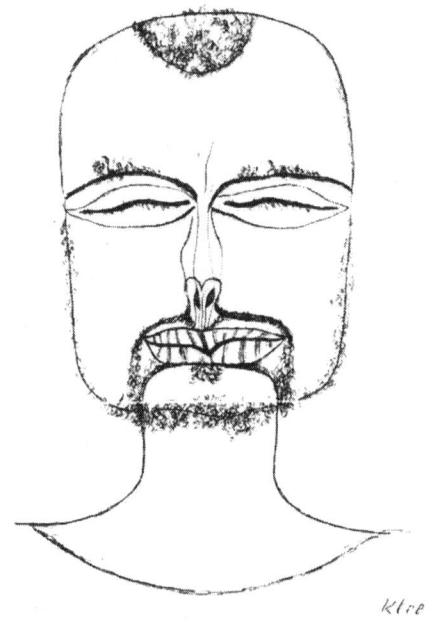

클레(Paul Klee)의 「깊은 생각에 잠겨」(*Lost in Thought*)

근대인들은 생각의 주체로서 자아를 설정했다. 무엇인가 독립적이고 실체적인 것이 있어, 그것이 생각을 통제하고 지배할 수 있다고 본 것이다. 그에 반해 하이데거의 관점에서 볼 때, '자아'가 생각하는 것이 아니라 '생각'이 생각한다. 자아는 그런 생각의 미미한 파생물일 뿐이다. 이것은 한갓 철학적 사변이 아니다. 흔히 우리가 경험하듯이, 생각을 주도하는 주체로서의 자아는 생각 속에서 스스로를 잃는다. 클레의 그림 제목처럼, 때때로 우리는 생각에 깊이 잠기면서 그 생각의 심연 속에 용해되어 흩어진다.

예술론은 시를 사유하는 것이자, 시를 사유하는 필연적 이유를 밝히는 것이며, 동시에 시와의 관계를 사유하는 것을 뜻하기 때문이다. 그래서 하이데거 예술론을 재구성하는 것은 하이데거의 사유가 시와 나눈 대화를 살펴보는 것이고, 하이데거 사유를 통해 간직된 시의 모습을 그려 보는 것이며, 하이데거 사유와 시 사이, 즉 그 관계를 조명해 보는 것을 의미한다. 한마디로 하이데거 예술론의 재구성은 하이데거 내부에서 일어났던 시와 사유의 만남을 *사이*라는 열쇠말로 재구성하는 것을 뜻한다.

이 글의 두번째 목적은 후기 하이데거 사유에서 진행되는 예술과 언어를 통합적으로 이해하는 데 있다. 지금껏 하이데거 언어론에 대한 관심은 지대했지만, 예술과의 연관성, 즉 예술과 언어 사이의 연관성은 충분히 밝혀지지 않았다. 이 글은 예술론을 검토하면서 아직 충분히 밝혀지지 않은 예술과 언어 사이의 동근원적인 관계를 드러내 보이고자 한다.

「예술작품의 근원」에서 하이데거는 존재의 진리가 일어나는 다섯 가지 방식을 말하면서 그 가운데 하나를 예술로 설정한다. 그에 따르면, 진리가 드러나는 다섯 가지 본질적인 방식은 다음과 같다. ① 진리의 작품-안으로의-자기-정립das Sich-ins-Werk-setzen der Wahrheit, ② 국가를 기초 짓는 행위die staatgründende Tat, ③ 결코 어떤 존재자가 아닌, 존재자의 가장 존재적인 것die Seiendste des Seienden, 그것의 가까움, ④ 본질적인 희생, ⑤ 사유자의 묻기das Fragen des Denkers(GA5, 49 참조). 여기에서 '② 국가를 기초 짓는 행위'는 이후 더 이상의 언급이 없지만, '④ 본질적 희생'은 '성스러움'과 '존재'에 헌신하는 '시인'과 '사유자'에 관한 논의로 반복되고, ①의 예술은 '시짓기'로, '③ 그것의 가까움'은 언어의 본질인 "말"Sage로, '⑤ 사유자의 묻기'는 '사유하기'로 논의가 이어진다. 다시 말해서 후기 하이데거에게 존재의 진리는 시짓기와 사유하기 그리고 그 양자에 선행하는 것이자, 양자를 나누면서 이어 주는 *사이*인 '언어'에서 발생한다.

이런 맥락에서 예술(시짓기)과 사유하기 그리고 언어는 진리의 토포스로서 서로 긴밀한 연관을 맺고 있다.

하이데거가 보기에, "예술의 본질은 시"(GA5, 63)이다. 이 말은 우선은 독단적인 철학자의 망언처럼 들린다. 왜냐하면 수많은 예술 장르들을 오직 한 가지 장르로 환원하려는 시도로 이해되기 때문이다. 그런데 하이데거는 이런 오해의 위험을 알고 있었음에도 불구하고 "예술의 본질은 시"라고 말한다. 그가 이렇게 주장할 수 있었던 배경에는 크게 두 가지 서구의 지적 전통이 깔려 있다.

첫째 하이데거가 언급하고 있는 예술과 시는 모두 시원적인(그리스적인) 의미로 이해된다. 상식적으로 예술은 인간의 다양한 활동 가운데 하나이고, 특히 문화의 한 분야이며, 시는 그 예술의 하위 단위로서 특정한 언어 예술을 뜻한다. 그러나 예술과 시에 대한 이런 자명한 이해는 단지 근대의 산물일 뿐이며, 그보다 훨씬 이전, 오랜 시간 동안 서구에서는 이와는 전혀 다르게 예술과 시를 이해하였다. 주지하듯이, 예술은 라틴어 아르스$_{ars}$〉art, 희랍어 테크네$_{τέχνη}$technik의 번역어이고, 시$_{Poesie}$는 희랍어 포이에시스$_{ποίησις}$의 번역어이다. 테크네는 광의의 기술, 앎을 뜻하는 말이었으며, 포이에시스는 넓은 의미에서 '없는 것으로부터 있는 것으로 옮겨 가는 원인이 되는 일', 즉 모든 기술을 포괄하는 창작 일반을 뜻하는 말이었다. 이런 점에서 두 개념은 서로 밀접한 연관을 가지고 있으며, 하이데거는 이런 시원적인 의미로 그 용어들을 사용한다.

둘째 하이데거는 진리가 일어나는 장소로서 인간을 이해하며, 그런 의미에서 현-존재라는 용어를 사용한다. 그런데 서양에서 인간은 전통적으로 '초온 로곤 에혼'$_{ζῷον λόγον ἔχον}$(이성적 동물)으로 규정되어 왔다. 이 규정에서 하이데거는 로고스를 단순히 이성적 능력으로 해석하는 대신에, 존재와 언어를 모두 포괄하는 용어로 해석하며, 결국 서구 전통의 연장선에서 인간을 '언어적 존재'로 이해한다. 다시 말해서 하이데거에게 언어는 인간의 언어이기에 앞서 존재의 언어이며, 인간은 그 존재의 언어에 응답할 수 있다는 점에서 언어적 존재로 규정된다.

전기 하이데거가 진리의 장소로서 인간의 실존을 파악했다면, 후기 하이데거는 예술과 언어를 그런 장소로 파악한다. 현존재의 실존론적 분석을 통해 존재에 접근하려는 시도가 여전히 인간중심적 형이상학의 흔적을 남기고 있다고 판단한 하이데거가 후기에 이르러 예술과 언어를 존재 사유의 장으로 삼았다고 해석할 수도 있을 것이다. 그러나 사실 예술과 언어 모두 현-존재를 규정하는 용어라고 볼 수 있기 때문에, 후기 하이데거 사유에서도 궁극적으로 현존재 개념은 폐기되지 않는다고 보아야 할 것이다. 왜냐하면 하이데거에게 진리는 어떤 경우든 존재와 인간 *사이*에서 하나의 사건으로서 일어나는 것이기 때문이다. 이런 점에서 예술과 언어 그리고 언어-예술인 '시'는 존재진리가 일어나는 장소일 뿐 아니라, 인간을 규정짓는 것이기도 하다. 그렇다면 인간을 규정짓는 말로서 회화적·음악적 존재라는 말보다는 언어와 연관된 '시적 존재'라는 말이 서구 철학자 하이데거에게 더 설득력 있게 다가왔다고 볼 수 있을 것이다.

후기 하이데거에게 예술은 어떤 의미를 던져주는 언어**로서**als 이해되고, 언어는 단순히 의사소통의 수단으로서가 아니라 폭넓은 의미로, 즉 무언無言의 예술(존재진리의 토포스)로서 이해된다. 그리고 **예술**-언어이자 **언어**-예술인 '시' Dichtung는 예술의 본질이자 인간을 규정하는 핵심어로서 자리 잡게 된다. 그래서 하이데거는 횔덜린의 시에 나오는 "인간은 이 땅에서 시적으로dichterisch 거주한다"라는 말을 진지하게 사유한다. 이런 맥락에서 하이데거 예술철학은 예술을 사유하는 것이자, 예술의 본질인 '시'를 '사유'하는 것이며, 시짓기와 사유하기 "사이", 곧 '언어'를 사유하는 것을 뜻한다.

이 글의 두번째 목적을 위해서 긴 우회로를 거칠 것이다. 우선 2장에서는 「예술작품의 근원」에 나오는 '세계와 대지 사이의 틈'을 살펴보고, 그것이 어떻게 언어론의 논의 구조로 이행되는지를 보기 위해 3장에서 '세계와 사물 사이의 차-이'를 연관 지어 살필 것이다. 그리고 마지막으로 시짓기와 사유하기의 *사이* 관계에 대한 논의가 어떤 의미를 갖는지를 살펴볼 것이다.

두번째 목적을 보완하는, 이 글의 마지막 목적은 하이데거 예술론과 언어론은 기본적으로 시론을 통해 심화된다는 점을 밝히는 것이다. "예술의 본질이 시"이고, "언어는 본질적으로 시"라는 하이데거의 말을 따르더라도 이 전제는 성립 가능하다. 또한 사실상 하이데거 예술론·언어론이 양적인 면에서나 질적인 면에서 심화된 것은 모두 시론을 통해서라고 하지 않을 수 없다. 이 점은 4장에서 시적 언어의 특성과 시적 대상(정확히 말하면 시지어진 것Gedichtete), 시인론 그리고 마지막으로 시를 통해 역사와 인간 거주의 기초가 마련된다는 하이데거 논의를 통해서 다루어진다.

이 글의 연구방법은 하이데거가 그러했던 것처럼 현상학과 해석학적 방법론을 따른다. 특히 다음과 같은 하이데거적 이해의 방법을 따르고자 한다. 하이데거는 딜타이의 '설명' Erklären과 '이해' Verstehen를 조금 다르게 해석한다.[14] 그에 따르면, "어떤 것을 설명한다는 것은 그것을 우리에게 명백한 것, 즉 여기에서는 우리가 움켜쥐고 다룰 수 있는 것에로 소급하는 것"을 뜻하며, 이에 반해서 이해는 "설명할 수 없는 것에 대한 앎"이다. 그러나 이 경우 이해의 앎은 설명할 수 없는 것을 우리에게 이미 알려진 것에로 소급해, 미지를 해소하는 앎이 아니라, 설명할 수 없는 것을 그 자체로 남겨 두는 앎이다. 그래서 "우리가 더 근원적으로 이해하면 할수록, 설명되지 않은 것과 설명할 수 없는 것 자체는 더 광범위해지고 더욱 더 숨김없이 드러난다."(GA39, 246~247) 요컨대 설명과 이해가 결정적으로 갈라지는 지점은 기지既知를 앎의 토대로 삼느냐, 미지未知를 앎의 준거로 삼느냐에 달려 있다. 자연과학(또는 자연과학적 설명의 방법을 따르는 학문)의 설명 방식은 이미 알고 있는 지식의 기반 위에서 새로운 지식을 축적한다. 이런 축적이 가능한 것은 흔들리지 않는 토대로서의 기지에 미지를 환원할 수 있다는 믿음 때문이다. 반면 이해는 미지를 통해 기지를 '재해석'하는 앎의 방법이다. 이 방법을 택하는 편에서 보면, 우리가 쌓은 기지는 압도적으로 밀려 오는 미지의 존재에 비하면 그렇게 대수로운 것이 아니다. 그래서 언제나 새롭게 도래하는 미지를 통해 기지는 해체될 수 있고 해체되어야 할 것에 불과하다. 이렇듯 미지와 부딪히면서 기지를 해체하고 재구성·재해석하는 앎의 방법이 하이데거적 이해의 방법이다.

만약 설명과 이해가 위에서 언급한 대로 기지와 미지를 대하는 방법상의 차이라고 할 수 있다면, 이 글의 연구방법은 원칙적으로 하이데거적 이해의 방법을 따르고 있다. 왜냐하면 이 글이 사유의 사태로 삼고 있는 것은 기지로 환원될 수 없는 창조적인 예술·시이기 때문이고, *사이*라는 예측불허의 존재사건이기 때문이다. 또한 기지로 고착된 기존의 하이데거 해석들 역시 이런 방법론 수행의 예외가 될 수는 없다. 그러나 그렇다고 해서 하이데거를 가깝게 이해하기 위해 앵무새처럼 그의 말들을 단순히 되풀이할 수도 없다. 다음과 같은 하이데거의 말은 하이데거 자신을 해석하는 일에도 예외 없이 적용된다.

한 사유자를 그 자신으로부터 이해하고자 한다는 것은 한 사유자의 물음을 그가 생각했던 물을 만한 가치가 있는 것Fragwürdigkeit에로 물어 들어가려는 시도와는 별개의 일이다. 전자의 일은 불가능하다. 후자의 일

은 드문 일이면서 가장 어려운 일이다.(GA8, 113)

이처럼 누군가를, 무엇인가를 이해하는 일은 언제나 어렵다. 그 어려운 상황에서도, 불가능한 일을 하기보다는 차라리 실패 가능성이 높은 일을 하는 편이 현명할 것이다. 따라서 이 글에서 추구하게 될 이해 방법은 하이데거가 묻고 대답하려 했던 사태, 여전히 침묵하고 있는 사태와의 앞선 대면을 통해 하이데거의 말들을 '다시' 해석하는 이해의 방법이 될 것이다. 이미 언급했던 전제와 목적들은 이런 이해의 '앞선-구조' Vor-struktur 일 뿐이다. 이 장에서 제시된 이 앞선-구조의 기투가 어느 정도 하이데거 예술론을 해명해 줄지, 그리고 그것들이 어느 정도의 타당성을 갖는지는 다음 장부터 가려질 것이다. 그리고 해석학적 이해의 순환 구조 속에서 각 장들은 순환의 작은 고리를 구성하며, 글 전체를 이룰 것이다.

2장

예술의 본질

1. 예술의 종언과 「예술작품의 근원」

현대 서구의 많은 지성인들은 예술에 대한 물음을 포기하고 있다. 수많은 예술 장르와 예술 현상들을 하나의 보편적인 개념으로 정의하기 힘들다는 것이 그들의 공통된 견해이다. 현대인의 눈으로 보기에, 고전적인 예술 규정 방식, 즉 제작적 기술이나 신적 직관의 산물 등으로 손쉽게 예술을 규정할 수 없다. 왜냐하면 하루에도 수많은 종류의 작품들이 쏟아져 나오고 있고, 그 가운데에는 레디메이드 작품처럼 고도의 기술을 요하지 않는 예술작품도 많으며, 지금은 탈신화화된 시대이기에 거짓된 신비로 사람들을 현혹시켜서도 안 되기 때문이다. 또한 다양한 문화 속에 상이한 체험이 반영된 무수한 예술작품들이 존재하며, 예술이 끊임없이 자기 변신을 하고 있기 때문에 예술을 규정하는 것은 애초부터 불가능하다는 것이다.[1] 이런 지적 흐름 속에서 하이데거의 「예술작품의 근원」이란 논문은 제목부터 이미 시대착오적이며, 현대적 상황에 대한 무지에서 유래한 지적 오만함의 극치로까지 여겨진다. 그런데 과연 예술작품의 근원을 묻는 하이데거의 물음이 그렇게 간단히 치부될 수 있을까? 진정 하이데거는 이런 시대적 흐름을 전혀 포착하지 못한 것일까?

예술의 "정의 불가능성"은 사실 예술 영역의 확대나, 예술의 창조적 자기 변신에만 그 원인이 있는 것은 아니다. 보다 더 근본적인 이유는 예술(정확하게 말하자면 서양 예술)이 점점 힘을 잃어 죽어 간다는 점에 있다.[2] 다시 말해서 예술의 규정 불가능성은 그것의 자기 완결적 지점, 즉 예술이 자기 존재의 끝Ende에 도달해 이제 더 이상 규정할 만한 어떤 것도 존재하지 않는다는 사실에서 유래한다. 하이데거는 우리 시대에 예술이 처한 이런 상황을 한마디로 "예술부재성"(무예술성Kunstlosigkeit; GA65, 505)이라고 규정한다.

그러나 다른 한편으로 예술의 부재에 대한 앎은 하이데거에게 긍정적인 현상이다. 마치 현대인들이 존재를 망각하고 있다는 사실마저 망각하고 있으며, 사유하고 있지 않다는 것마저 사유하지 못하는 것처럼, 이 시대는 예술이 부재한다는 사실마저 모르고 있다고 하이데거는 진단한다. 그런데 사람들이 예술이 부재한다는 사실을 모르는 것은 어찌 보면 당연한 일이다. 왜냐하면 그 어느 때보다도 예술이란 이름으로 수많은 작품들이 쏟아져 나오고 있기 때문이며, 예술·문화 산업이 지금처럼 번성한 적은 없었기 때문이다. 그러나 하이데거적 관점에서 볼 때, 그런 현대의 예술과잉 현상은 예술부재의 또 다른 모습일 뿐이며, 더 나아가 그것은 예술의 부재를 더욱 심화시킬 뿐이다.

이런 점에서 현존의 찬란한 빛에 매혹되기보다는, 그 현존 속에 드리워 '있는' 궁핍과 부재를 아는 일이 하이데거에게는 중요하다. 그에 따르면, "역사주의를 통해 많은 것, 더 나아가 모든 것을 알고 있는 시대는, **예술-부재**Kunst-los 역사의 어떤 순간이, 예술경영Kunstbetrieb이 확장된 시대보다 더욱 역사적이고, 더욱 창조적일 수 있다는 사실을 포착하지 못할 것이다."(GA65, 505) 이런 의미에서 예술의 부재는 단순히 현대 예술의 "무능력과 몰락"에서 유래한 것이 아니다. 도리어 그것은 '일어났던' 예술, '부재하는' 과거의 예술과 연관하여 지금의 예술을 파악하는 '앎'에서 유래한 것이다. 또한 예술부재에 대한 앎은 우리 시대에 볼 수 있는 수

"헤겔의 금언(예술의 죽음)에 대한 결정은 아직 내려지지 않았다. 왜냐하면 이 금언 배후에는 그리스 이래 서구의 사유가 놓여 있기 때문이다. 그리고 그 사유는 이미 일어났던 존재자의 진리에 상응하기 때문이다. 그 금언에 대한 결정은 이런 존재자의 진리로부터, 그 진리에 대해 결정될 때에 내려진다. 그때까지 그 금언은 유효하게 남아 있다"_하이데거.
사진은 「예술의 죽음」(The death of art, 출처: http://flickr.com).

많은 '문화 현상'들과 예술 '작품'을 사칭하는 '제품'들의 범람과 대중 예술의 만개滿開 등이 **예술이 존재한다**는 사실과 무관하다는 앎에 기초하고 있다. 때문에 이 시대에 예술이 부재한다는 사실을 안다는 것은 "존재 진리를 결정하는 예술 본질의 근원적 필연성Notwendigkeit이 어떤 궁핍(위기Not)에서 강요된다"는 것을 아는 것이고, 예술의 "다른 근원의 비-범함Un-gewöhnliche과 부-자연스러움Un-natürliche"을 준비하는 것에 다름 아니다(GA65, 503~506 참조).

사실 이런 시대 진단은 거의 백 년 전에 이미 헤겔이 자신의 미학 강의에서 선취했던 결론이다. 다시 말해서 하이데거의 "예술의 부재"는 이미 헤겔을 통해 "예술의 종언"Ende der Kunst 테제[3]로 파악된 역사적 사실이다. 헤겔은 『미학 강의』Vorlesung über die Ästhetik에서 예술이 고대 희랍 시대에는 최고의 정신적 형식으로서 지성의 헤게모니를 장악했던 '과거'가 있기는 하지만, 헤겔 자신의 시대에는 철학이 예술을 능가한다고 술회한다. 이것은 진리의 발생 장소가 예술에서 철학으로 옮겨 갔음을 뜻한다. "예술적인 창조나 예술작품들이 지닌 독특한 방식들은 더 이상 우리의 최고 욕구unser höchstes Bedürfnis를 충족시켜 주지 못한다. 우리는 예술작품을 신처럼 존중하고 숭배하던 단계를 이미 넘어섰다. …… 사상과 반성이 아름다운 예술을 능가했다."[4] 헤겔이 보기에 예술은 더 이상 과거에 자신이 누렸던 영광과 지위를 누릴 수 없다. 왜냐하면 미숙한 정신의 단계에서나 가능했던 예술의 시대는 이미 오래전에 끝났으며, 내면적인 종교, 기독교의 시대를 거쳐, 벌써 '성숙한' 계몽의 시대가 무르익고 있기 때문이다. 이런 상황에서 고대 그리스에서나 가능했던 예술의 시대를 복원하려는 '낭만주의적' 시도는 가능하지도 않을뿐더러, 한갓 시대착오적인 시도일 뿐이다. "그러므로 우리가 살고 있는 현재의 시대는 그 일반적 상황으로 볼 때, 예술에게 유리한 시대가 아니다. …… 예술은 그 최고의

규정의 측면에서 볼 때, 우리에게 지나간 과거의 것Vergangenes이고 과거의 것으로 남아 있다."⁵

헤겔에 따르면, 현대 예술은 더 이상 정신의 최고 욕구를 만족시키지 못하고 종교와 철학으로 지양될 운명을 안고 있다. 정신의 욕구는 너무 커져 버렸고, 더 이상 예술은 비대해진 정신의 욕구를 충족시킬 수 없다. 이제 오직 철학만이 그것을 감당할 수 있다. 비록 "아름다운 예술의 영역이 절대정신absoluter Geist의 영역"⁶이기는 하지만, 예술은 절대정신의 역사적 전개에 따라서 역사의 뒤안길로 사라질 수밖에 없다. "예술의 부재"를 절감했던 하이데거는 헤겔의 이런 주장을 부인하지 않는다. 도리어 매우 진지하게 사유한다. 왜냐하면 헤겔의 그 말은 고대 그리스 이래 지금까지 서양 형이상학과 동거해 온 서양 예술의 운명을 담고 있는 말이어서, 손쉽게 반박될 수 있는 것이 아니기 때문이다.

하이데거를 통해 "서양 형이상학의 완성자"로 규정되는 헤겔은 매우 정교한 형이상학적·사변적·변증법적 논리로 예술의 종언을 설명한다. "예술은 감각적인 예술형상화의 형식 속에서 **진리**를 드러내고 화해된 대립들을 표현하는 소명을 지니며, 따라서 예술은 자신 속에, 그리고 예술이 표현하고 드러내는 것 자체 속에 그 궁극적인 목적을 갖고"⁷ 있고, "종교나 철학과 같은 영역에 머물러"⁸ 있기는 하지만, "예술은 그 내용이나 형식상 정신의 진정한 관심사를 의식시켜 주는 최고이자 절대적인 방식은 아니다."⁹ 이런 결론은 헤겔이 예술을 규정지을 때부터 이미 예정된 것이다. 헤겔에 따르면, 예술은 플라톤·칸트와 마찬가지로 감성적인 세계와 초감성적인 세계를 연결 짓는 중간자이다.

······ 즉 정신은 외적이고 감각적이고 일시적인 것과 그와 반대되는 순수한 사상을 화해시키는 중간자, 즉 자연으로서의 유한한 현실과 무한

한 자유를 지닌 개념적 사유를 서로 화해시키는 최초의 중간자das erste versöhnende Mittelglied로서, 바로 정신 자신으로부터 예술작품을 산출해 내는 것이다.[10]

이런 중간자로서의 예술 규정에는 '정신', '사상', '사유' 뿐 아니라, '감성'과 '가상' Schein이라는 개념도 포함된다. 그리고 헤겔은 이전 철학자들과는 달리 감성과 가상을 진리의 필연적인 계기로 이해한다. "**가상 그 자체는 본질에 본질적이다**"Doch der Schein selbst ist dem Wesen wesentlich.[11] 그래서 예술을 하위(모방적) 인식 단계로 이해했던 전통 형이상학과는 달리, 헤겔은 예술을 종교와 철학과 함께 절대정신의 한 가지 형식으로 인정할 수 있었다. 그러나 감성이나 가상은 형이상학 개념 체계의 내적 법칙에 따라 상위의 개념, 고차적인 정신성으로 지양되고 고양될 것을 요구받는다. 감성의 흔적을 지울 수 없는 예술은 결국 점점 더 고차적인 정신성의 형식, 즉 '표상'의 종교와 '개념'의 철학으로 지양될 수밖에 없는 운명을 짊어지고 '정신으로부터' 태어난 것이다. '정신의 소산'이자 동시에 정신의 '소외' Entfremdung이며 '외화' Entäußerung인 예술은 "정신의 가장 본질적인 본성을 형성하는 사유Denken"[12]로 '지양' 될 수밖에 없고, 자기가 유래했던 근원으로 복귀할 수밖에 없다.

이와 같이 서구 형이상학을 완성한 헤겔은 플라톤, 칸트를 비롯한 이전 형이상학자들과 마찬가지로 감성과 초감성, 외부와 내부, 자연과 정신 등등의 형이상학적 개념을 통해 예술을 사유한다. 그런데 이런 개념들은 특정한 '존재 이해'에서 유래한 것이다. 그리고 예술에 대한 이런 개념들의 운동, 즉 형이상학적 사유 운동의 최종 종착지가 바로 '예술의 종언 테제'인 것이다. 이런 맥락에서 헤겔의 테제는 단순히 그것을 거부하는 것만으로는 반박되지 않는다. 또 단순히 한 철학자의 예술관을 반박하는 문제로 국한되지 않는다. 왜냐하면 헤겔 테제를 반박한다는 것은 결국 그 테제 배후에 놓인 서구 형이상학 전체와 대결한다는 것을 뜻하며, 그 속에서 형이상학을 극복한다는 것을 의미하기 때문이다.

하이데거가 보기에, '미학' Ästhetik은 형이상학이 예술을 포착하는 특수한 이해 방식이다. "예술과 아름다움의 본질에 대한 철학적 숙고는 이미 미학으로서 시작한다."(GA43, 92) 바꿔 말하면 형이상학Metaphysik, 곧 철학Philosophie이 예술에 '대해' über 말해 온 방식이 미학이다. 바움가르텐에 의해 하나의 학문으로서 18세기에 처음 등장한 미학은 고·중세 형이상학이 완성의 정점으로 치닫는 지점, 즉 헤겔 식으로 말하자면, 예술이 점점 힘을 잃고 종언을 예고하는 시점에서 탄생한 학문이다. 이런 맥락에서 주목할 만한 점은 헤겔이 예술의 '과거성'을 언급한 뒤 바로 연이어, 예술에 대한 학적 고찰의 정당성, 즉 미학의 정당성과 필요성을 언급한다는 사실이다.

> 우리 시대에 와서는 예술이 예술 자체로서 이미 충분한 만족을 주었던 옛 시대와는 달리 이제 예술에 대한 학문이 더욱 필요해졌다. 예술은 우리로 하여금 [예술 스스로를] 사유하며 고찰하도록 인도해 가고 있다. 더구나 이것은 예술을 다시 회생시키려는(불러내려는hervorrufen) 목적에서가 아니라, 예술이 무엇인지를 학문적으로 인식하기 위해서이다.[13]

이러한 미학은 이제 예술을 '학문적 대상'으로 만든다. 미학은 예술의 존재 방식을 "대상적으로 표상할 수 있는 것" das gegenständliche Vorstellbare 으로 규정한다(GA65, 503). 미학이 예술 종언의 필연적 귀결인지, 아니면 예술의 미학적 대상화가 예술의 종언을 초래했는지는 분명하지 않지만, 이런 점에서 '예술의 종언'과 '미학의 탄생'은 어떤 동일한 사태의 두 모습이라고 할 수 있을 것이다.

　이런 맥락 속에서 하이데거에게 '형이상학 극복'의 문제는 '미학 극복'의 문제로 쉽게 전환된다. 뿐만 아니라 존재망각의 정점에 미학이 위치하고 있다는 점에서, 형이상학적 결론인 '예술의 종언' 테제는 형이상학 극복의 길 위에서 피할 수 없는 현대 철학의 문제로 부각된다. 하이데거에 따르면, "미학의 극복은 다시 형이상학 자체와의 역사적 대결에서 필연적으로 일어난다. 이것[형이상학]은 존재자에 대한 근본 태도와 지금까지 서양 예술과 예술작품의 근거도 함께 포함하고 있다."(GA65, 503~504) 형이상학의 극복을 위해 치열하게 고민했던 1930년대의 하이데거는 미학을 그 극복의 중심지로 삼을 수밖에 없었으며, 미학의 탄생 배경인 '예술의 종언' 테제를 대결의 실마리로 잡았던 것이다.

　하이데거는 서구 형이상학의 시작과 완성을 존재망각의 역사로 이해한다. 그의 통찰에 따르면, 존재가 망각되면서 형이상학이 출현하고 존재망각이 깊어질수록 형이상학은 완성의 정점에 근접한다. 그런데 존재망각의 힘, 곧 형이상학의 지배력에서 서양 예술은 자유로울 수 없다. 왜냐하면 서양 정신사에서 예술과 철학은 언제나 서로 영향을 미치면서 자신을 형성시켜 왔기 때문이다. 하이데거가 보기에 예술이 종언을 고하게 된 것은 예술이 단지 감각적인 측면을 지니고 있기 때문이 아니다. 도리어 예술이 형이상학과 함께 존재망각의 늪에 빠져 버렸기 때문이다. 그래서 하이데거는 예술에 대한 헤겔의 진단이 과연 계속 타당성을 갖게 될 것인지, 아니면 다시 그 근원을 되찾아, 그 속에서 예술이 새롭게 소생할 수 있는지를 「예술작품의 근원」이란 작은 글에서 묻고 답해 보려 한다. 이런 의미에서 헤겔의 '예술의 종언' 테제는 「예술작품의 근원」 전체를 지배하는 문제의식이다.

시대 진단의 측면에서 볼 때, 하이데거의 '예술의 부재'와 헤겔의 '예술의 종언'은 유사한 듯 보인다. 그러나 하이데거는 헤겔의 테제에 결코 동의하지 않는다. 1960년 4월 25일 루돌프 바르도니Rudolph Krämer Bardoni 에게 보낸 편지에서 하이데거는 다음과 같이 자신의 입장을 정리한다.

만일 내 논문의 후기에서 내가 인용한 헤겔의 말, 즉 예술이 "최고 규정의 측면에서 우리에게 지나간 과거의 것"이라는 생각에 내가 동의한다면, 이것은 헤겔의 예술 개념에 동의하는 것도, 예술이 끝났다는 단언에 동의하는 것도 아닙니다. 차라리 나는 예술의 **본질**이 우리가 물을 가치가 있는 것이라고 말한 것입니다. 나는 **결코** 헤겔 곁에 서 있을 수 **없습니다**. 왜냐하면 나는 그 곁에 결코 서 있지 않았기 때문입니다. 이것[그 곁에 서는 것]은 '진리'의 본질을 규정하는 데 있어, 심연의 차이에 의해 방해받고 있지요.[14]

편지에 적은 대로 하이데거는 「예술작품의 근원」 후기Nachwort에서 헤겔의 『미학강의』에 나오는 유명한 세 구절(흔히 '예술의 종언' 테제라 불리는 구절)을 인용한다(GA5, 68). "우리에게 예술은 더 이상 진리가 자신에게 현존Existenz을 부여하는 최고의 방식으로 간주되지 않는다."[15] "우리는 예술이 점점 더 상승하여 완성될 것을 희망할 수 있지만, 그것[예술]의 형식은 정신의 최고의 욕구이기를 멈추었다."[16] "이런 모든 관련들 속에서 예술은 그것의 최고 규정의 측면에서 볼 때, 우리에게 지나간 과거의 것Vergangenes이고 과거의 것으로 남아 있다."[17] 하이데거는 1828/29년의 헤겔 강의 이후 수많은 예술가들과 새로운 예술작품들이 배출되었다는 역사적 사실도 헤겔의 테제를 반증하지는 못한다고 말한다. 그리고 하이데거는 헤겔의 테제가 여전히(심지어 「예술작품의 근원」 이후에도) 유효함을 주장한다.

헤겔의 금언에 대한 결정은 아직 내려지지 않았다. 왜냐하면 이 금언 배후에는 그리스 이래 서구의 사유가 놓여 있기 때문이다. 그리고 그 사유는 이미 일어났던 존재자의 진리에 상응하기 때문이다. 그 금언에 대한 결정은 이런 존재자의 진리로부터, 그 진리에 대해 결정될 때에 내려진다. 그때까지 그 금언은 유효하게 남아 있다.(GA5, 68)

「예술작품의 근원」은 헤겔 테제와 대결하는 가운데 작성되었다. 그러나 헤겔 테제와의 진정한 대결은 단순히 헤겔 미학과의 대결만이 아니라, 서양 형이상학 전체와의 대결을 의미한다. 때문에 하이데거는 그 논문에서 헤겔 테제를 충분히 극복했다고 말할 수 없었던 것이다. 그래서 헤겔의 테제는 심지어 「예술작품의 근원」 이후에도 여전히 유효하다. 왜냐하면 형이상학 극복의 작업이 아직 미진하다고 하이데거는 판단하기 때문이다. 이후인 1956년에 작성된 보탬말Zusatz에서 하이데거는 다음과 같이 말한다.

「예술작품의 근원」 전체 논문은, 의도적으로, 그러나 언표되지 않게, 존재의 본질에 대한 물음의 길 위에서 움직이고 있다. **예술**이 무엇이냐에 대한 숙고는 오직 **존재**에 대한 물음을 통해서만 전체적으로 규정되고, 결정적으로 규정된다. …… 그로부터 예술은 비로소 '존재의 의미'(『존재와 시간』과 비교)가 규정되는 **존재사건**에 속해 있다. (GA5, 73)

이미 언급하였듯이, 존재에 대한 기존의 이해를 깨트리지 못하면, 헤겔의 테제는 언제까지나 유효하다. 『철학에의 기여』Beiträge zur Philosophie를 쓰면서 하이데거의 형이상학 극복은 새로운 국면으로 접어든다. 횔덜린과 니체 강의를 통해, 그리고 "시원의 사유자들"인 헤라클레이토스와 파르메니데스, 아낙시만드로스 등의 연구를 통해, 그리고 1950년대 언어에 대한 집중적인 연구를 통해 하이데거는 비로소 「예술작품의 근원」의 '보탬말'(1956)에 예술을 "존재사건"에 귀속시킬 수 있었다. 이는 하이데거 사유의 길에서 "존재사건"이란 개념을 필두로 형이상학의 극복과 변형이 진일보했음을 의미한다. 그래서 헤겔의 테제가 새롭게 극복되고 변형되었음을 의미한다. 이런 맥락에서 이후 하이데거는 '**철학으로 지양되어 과거로 사라진 예술**'이 아니라, '**사유와 이웃하는 시**'(새롭게 도래하는 미래의 예술)를 말할 수 있었다.

　예술의 종언·죽음 등으로 회자되는 예술의 위기는 사실 예술 자체만의 위기는 아니다. 하이데거의 진단에 따르면, 이 시대는 총체적 위험에 처해 있다. 서양적 삶의 어느 한 부분 위태롭지 않은 곳이 없다. 핵전쟁의 위협, 자연 파괴, 인간 소외 등 거의 모든 부분에서 이전에는 상상도 할 수 없었던 문명의 위기를 노출하고 있다. 그런데 하이데거는 이 위험을 존재사적인 지평에서 이해한다. 왜냐하면 다른 어떤 지평도 이보다 더 근본적으로 넓고 깊을 수는 없기 때문이다. 그런데 모든 위기 가운데 예술의 위기는 하이데거에게 각별한 의미를 갖는다. 왜냐하면 예술은 한때 서양에서 존재 진리가 일어났던 장소이기 때문이다. 서양에서는 종교나 철학보다 먼저 예술이, 특히 시詩가 존재의 진리를 밝혔다. 그리스인들은 예술작품 속에서 모든 존재자의 존재를 보았고, 그곳에서 신의 현존을 목도하였다. 예컨대 고대 그리스인들은 호메로스의 서사시를 통해서 세계와 인간, 신과 자연의 이치를 자연스럽게 배웠다. 이런 예술이 이제는 더 이상 존재 진리의 장소로서가 아니라, 개인적 주관의 감정, 체험, 향유의 문제가 되거나, 그것을 확대 재생산하며 소비시키는 '문화산업'의 상품으로 전락하는 상황까지 이르게 된 것이다. 미학사적인 측면에서 말하자면, 예술의 "자율성"Autonomie이란 명목 하에서 예술은 좁은 "주관적" 차원의 순수한 "감정"이라는 울타리에 갇히게 되었고, 더 나아가 그 울타리는 예술을 보호한다는 명목으로 세워진 것이지만, 예술의 고립과 죽음을 초래하는 올가미가 되었다. 이런 예술의 전락은 서양 형이상학의 흥기와 동반되는 사건이다.* 하이데거도 헤겔과 마찬가지로 예술의 죽음과 (예술)철학의 탄생을 연결 짓는다. 그러나 하이데거는 헤겔과는 달리, 형이상학을 본질로 삼는 철학, 그것의 종언**을 선언하면서 동시에 예술(또는 시짓기)과 사유의 새로운 *사이*를 모색한다. 그 관계 모색 속에서 사유는 자기 본질의 새로운 가능성을 찾게 된다.

하이데거는 예술의 본질을 한마디로 "진리의 작품-안으로의-정립" das Ins-Werk-Setzen der Wahrheit(GA5, 74)이라고 단정한다.[18] 예술에 대한 하

---

* 하이데거는 서양 역사에 있어 예술에게 일어났던 "여섯 가지 근본 사실"을 다음과 같이 진술한다. ① 위대한 그리스 예술의 시대에는 미학이 불필요했다. 왜냐하면 그것 없이도 그리스인들은 예술을 비롯한 모든 것에 대해 너무나 잘 알고 있었기 때문이다. ② 형이상학을 시작한 플라톤과 아리스토텔레스의 사유에서 비로소 미학적인 예술에 대한 물음이 전개되었고, 그 결과 그들이 정립한 "형상-질료"의 개념틀이 이후 서양의 지성을 구속하게 되었다. ③ 근대에 이르러 예술은 "문화현상"(Kulturerscheinung), 즉 인간 주체의 활동 산물로 이해되었다. ④ 근대 형이상학을 완성하는 헤겔에 이르러 예술은 "지나가 버린 과거의 것"으로서, 즉 정신의 절대적 욕구를 더 이상 충족시키지 못한 것으로 파악된다. ⑤ 19세기 미학의 대표 격인 바그너의 "총체예술을 향한 의지"(Wille zum Gesamtkunstwerk)가 출현하는데, 이것은 헤겔의 예술의 종언 이후, 억지로 고대로 회귀하려는 의지로서 과거 원시 종합예술이 성취했던 시·음악·회화·건축 등의 통일을 피상적으로 다시 실현하려는 헛된 시도일 뿐이다. 여기에서 언어 예술인 시는 근원적 힘을 회복하지 못한다. ⑥ 마지막으로 서양 형이상학의 필연적 귀결, 즉 니힐리즘에 대한 반대 운동으로서 예술을 주창하는 니체가 있다. 그러나 그의 시도 역시 하이데거가 보기에 형이상학의 내부에서 움직일 뿐이며, 형이상학을 완성하는 마지막 발걸음일 뿐이다 (GA43, 89~108 참조).

** 하이데거에게 철학은 곧 서구 형이상학을 뜻하며, 그것도 그리스적인 의미에서 형이상학이고, 그런 철학의 종언(das Ende der Philosophie)은 "형이상학의 완성"(die Vollendung der Metaphysik)을 뜻한다. 이 경우 완성은 단순한 완전성(Vollkommenheit)과는 의미를 달리한다. 왜냐하면 하이데거에게 끝(Ende)은 어떤 것의 존재 가능성 전체가 한자리에 모이는 장소(Ort)를 뜻하기 때문이다. 그래서 "철학의 종언이란 철학의 역사 전체가 그 극단적 가능성으로 모이는 그런 장소이다."(GA14, 61~63 참조)

하이데거의 이 말을 이해하는 것이 하이데거 예술론과 시론으로 들어가는 출발점이다. 앞으로 이 장에서는 「예술작품의 근원」을 네 가지 점에 강조를 두면서 요약할 것이다. 첫째 사물과 도구 그리고 작품 *사이*를 비교의 수준에서 논할 것이며, 둘째 작품에서 현상하는 세계와 대지 개념을 살펴보고, 셋째 세계와 대지 *사이*의 "투쟁"과 "틈" 개념의 철학적 함의를 추적하면서, 마지막으로 예술의 본질로 "시"가 설정되는 지점에 논의의 초점을 맞출 것이다. 이런 논의를 통해 어떻게 예술이 진리의 토포스(장소)로서, 즉 "진리의 작품-안으로의-정립"으로서 규정되는지를 밝힐 것이다.

2. 사물, 도구, 작품의 비교와 그것들의 사이

어떤 것의 정체성(동일성Identität)을 확인하는 가장 손쉬운 길은 다른 것과의 비교 속에서 차이점에 주목하는 것이다. 그러나 비교의 길(방법)은 손쉬운 대신 일정한 한계 속에서 움직일 수밖에 없다. 비교는 언제나 비교 이전에, 비교되는 각각의 것에 대한 정체성 확인을 전제하지 않을 수 없기 때문이다. 그래서 무엇을 비교하든지 간에 자기 동일성Selbstidentität에 대한 천착은 피할 수 없다. 자기 동일성을 확인하는 길은 어떤 것을 다른 것과의 비교가 아닌, 그 자체로 받아들이는 사유의 길이다. 그런데 가장 단순하고 손쉬워 보이는 이 일이 가장 어렵다. 왜냐하면 우리의 사유는 대개 피상적인 비교의 수준에서 만족하기 때문이다. 더구나 그 비교마저 전승된 편견에 사로잡혀 평균적인 이해에서 끝나기 마련이다. 이런 이유로 예술의 정체성을 확인하는 하이데거 사유의 길에서, 처음 부딪히는 가장 큰 장애물은 오랜 세월 누적된 전통적 예술 이해의 완고함이다. 그래서 하이데거는 먼저 전승된 선입견을 해체함으로써 보다 자유로운 '시선'의 가능성을 마련하고자 한다.

사물화된 작품 이해

하이데거에 따르면, 서양 미학에서 예술작품은 줄곧 '사물적'으로 이해

고흐(Vincent van Gogh)의 「한 켤레의 구두」

고흐의 신발 그림은 하이데거 덕에 유명해졌다. 한 명의 감상자가 작품을 작품으로 만든 대표적인 사례이다. 단지 고흐의 소품으로만 여겨져 온 작품을 하이데거가 자신의 글에서 멋있게 되살렸고, 바통을 이어 예술사가 샤피로(M. Schapiro)는 하이데거 해석의 문제점을 지적했으며, 이어 해체주의 철학자 데리다가 두 사람의 견해를 날카롭게 비판했다. 일련의 굵직한 문인들이 이 회화작품에 관심을 기울인 결과, 이 작품은 고흐의 다른 어느 작품 못지않은 사랑을 받게 된 것이다. 우리의 시인, 나희덕도 어느 글에서 이렇게 말한 적이 있다. "고흐의 대표작도 아닌 이 그림에 관심을 가지게 된 것은 하이데거의 강연록 「예술작품의 근원」을 읽으면서였다."

되었다. 다시 말해서 작품을 이해할 때면 언제나 사물을 '통해서', 사물을 '거쳐서', 사물과 '함께', 사물'로서' 이해하였다는 것이다. 사람들이 이와 같이 사물을 통해 예술작품에 접근한 데에는 나름의 이유가 있다. 무엇보다도 작품의 사물적 측면은 작품의 현실성을 보증해 주면서, 예술의 구체성을 확보해 주는 토대가 된다고 생각했기 때문이다. 아무리 난해하고 포착하기 힘든 예술도 그것이 사물적 토대를 가지고 있다는 사실만큼은 자명하며, 이 자명성을 토대로 예술을 이해하려고 했던 것이다.

사실 예술의 '현실성' 문제는 언제나 미학자들을 골치 아프게 했다. 한 폭의 그림 속에 담긴 세계, 음악의 선율이 만들어 내는 세계, 시 한 편에 구축된 세계는 도대체 어떤 세계인가? 또 이런 세계와 함께 작품은 어디에, 어떻게 있다고 보아야 하는가?

「예술작품의 근원」이 처음 쓰여진 해(1935) 여름 학기에 하이데거는 '형이상학 입문'이라는 강의를 하였다. 거기에서 하이데거는 「예술작품의 근원」에서 예로 들고 있는 대표적인 작품인 반 고흐의 「한 켤레의 구두」(1886)의 존재 방식을 묻고 있다. "그곳에는 무엇이 존재하고 있는가? 화폭이? 붓의 터치가? 물감 얼룩이?"(GA40, 38) 다양한 존재자들의 존재 방식은 제각각 근본적으로 문제시될 수 있지만, 특히 예술작품의 존재 방식은 형이상학적 용어로 말하자면, 존재와 무 '사이', 즉 있는 것도 없는 것도 아닌 '가상'이라고 규정될 정도로 철학자들에게 골치 아픈 사유거리였다. 때문에 한 철학자의 존재론적 사유의 깊이는 작품의 존재 방식을 어떤 식으로 해명하느냐에 따라서 가늠될 수 있다고 말할 수 있다.

이런 물음에 직면하여 전통 철학자들은 가장 안전한 곳에서 출발하려고 했으며, 가장 확실하게 예술의 현실성을 확인할 수 있는 곳으로 사물을 선택하였던 것이다. 물론 사물이 곧바로 예술작품은 아니다. 그렇지만 사물적 토대 위에 예술적인 것이 안착安着하고 있는 것은 분명해 보이기 때문에, 그 토대 위에 세워진 예술적인 것은 언제나 사물적인 것을 바탕으로 성립되었던 것이다. 그래서 하이데거는 '알레고리' Allegorie와 '상징' Symbol이란 미학 용어가 전통적 예술작품론의 기저에 놓인 이런 생각을 잘 대변한다고 보고 있다(GA5, 4).

하이데거에 따르면, 예술작품에 대한 전통적 이해는 서구 형이상학에 상응한다. 예컨대 서구 형이상학은 육체와 영혼, 감각적인 것과 정신적인 것, 의존적인 것과 독립적인 것 등의 이분화된 구분틀로 존재자를 파악한다. 이것에 따라 예술작품 역시 '사물적인 것+비사물적인 것(예술적인 것)'으로 파악된다. 이 같은 점을 여실히 잘 보여 주는 것이 유력한 미학 개념인 '알레고리'와 '상징'이다. 알레고리는 '알로 아고레우에이' ἄλλο ἀγορεύει라는 그리스어에서 유래하는데, 이 말은 "다른 것을 개방하고 알려준다"라는 의미를 갖고 있다. 'ἀγορεύε'이란 말은 공동체 구성원들이 한곳에 모일 수 있는 열린 장소, 광장인 아고라ἀγορά와 같은 어원을 공유하고 있다. 상징은 그리스어 쉼바레인 συμβάλλειν에서 유래하는 말로서 우정의 징표로 반지의 반쪽을 나눠 갖고 이별하여, 훗날 그것을 맞춰 봄으로써 우정을 확인하는 풍습에서 유래한 말이다. 말 그 자체로는 "함께 가져오다"라는 뜻이다. 반지의 반쪽을 함께 가져와 맞추어 봄으로써 (감각적인 것) 우정(정신적인 것)을 확인하는 것을 뜻하게 되면서, 지금 통용되는 상징이란 의미를 갖게 되었다(GA53, 17~19 참조). 참고로 19세기 상징과 알레고리 개념사에 관한 가다머의 연구에 따르면, 원래 알레고리는 "담화나 로고스의 영역에 속하며, 따라서 수사학적 혹은 해석학적 어법"이며, 상징은 "로고스의 영역에 한정되지 않는다." 그에 따르면, 어떤 것이 다른 것에 의해 대표된다는 구조적 공통점과 종교적 영역에서 상용되었다는 공통점을 가지고 있는 두 개념은 18세기까지 혼용되다가, 주관주의 천재 미학이 발흥하면서 상징이 우세한 개념으로 선택되었다고 한다. 해석학적 미학을 기획하는 가다머는 여기에서 '알레고리의 복권'을 시도한다. 그런데 이런 가다머의 시도는 상징과 알레고리에 대한 하이데거의 급진적 비판을 충분히 고려하고 있지 않기 때문에, 칸트 식의 주관주의 미학을 비판하는 헤겔의 논의를 그대로 수용하는 것에 그치고 만다. 따라서 가다머의 '알레고리의 복권'은 단지 해석학적 미학을 위한 미봉책으로 남을 수밖에 없다.[19]

그렇다면 전통적 사물 개념이 과연 그렇게 확실하고 자명한지, 또 그것이 예술의 현실성을 진정 확보해 줄 수 있는 것인지가 관건이라 할 수 있겠다.

전승된 세 가지 사물 해석

작품을 이해할 때, 사물에서 출발하는 또 다른 이유는 사물이 우리와 맺고 있는 가까움 때문일 것이다. 우리와 관계 맺고 있는 것은 무엇이든 '사물' das Ding, thing이라 불린다(사실 우리말에서는 '~것'이 더 적절한 번역어[*]이다). 우리 주위의 모든 것들이 어찌 보면 모두 사물이고, 사물이라고 부를 수 있다. 길 위에 나뒹구는 돌맹이, 잡초, 나무, 고양이나 인간, 신 그 모든 것들이 사물이다. 그러나 사람들은 신이나 인간 그리고 살아 있는 생명체는 사물이라고 부르기 꺼려 하는 것도 사실이다. 그래서 대개 사물이라고 하면 '자연사물' Naturding과 '사용사물' Gebrauchsding로 한정되고, 그

---

* 어원상, 옛 독일어로 Ding은 thing, dinc이며, '모음(모임Versammlung), 그것도 담론에 있어 요건, 쟁점을 토의하기 위한 모음'을 뜻한다. 이것에 준하는 영어는 thing이며, 프랑스어는 la chose(이 말은 라틴어 causa에서 유래한 것으로서 causa는 지금은 보통 '원인'이라는 뜻으로 사용되지만 원래는 '사물'이라는 뜻을 가지고 있다)이다. 이 말의 라틴어 번역어는 res로서 '관계하는 것'(das Angehende)이라는 뜻이다. 또 그리스어 번역어로는, $εἰρω(ῥητός, ῥῆρα, ῥῆμα)$이며, "어떤 것에 관해 말하다, 그것에 대해 협의하다"를 뜻한다(GA7, 167~168). 어원적 의미를 되돌이켜 볼 때, 사물이란 용어는 단지 눈앞에 있는 것을 지칭하기만 하는 말이 아니라, 그보다 폭넓은(우리말의 '~것'에 해당되는) 의미로 사용되어 왔음을 확인할 수 있다.

것의 순수성을 더 분명히 따지자면 '자연사물'에만 한정된다. 그러나 좀 더 포괄적으로 본다면, 사물은 서양 철학적 문맥 내에서 "존재자"로 파악된다. 하이데거에 따르면, 사물 개념은 'res', 'ens', 'ein Seiendes'라는 명칭으로 불리었다(GA5, 6). 그래서 사물에 대한 전승된 해석은 존재자에 대한 해석과 사실상 동일하다.

전승된 사물 해석을 하이데거는 간명하게 세 가지로 압축한다. 첫째는 "특징들의 담지자" Träger von Merkmalen, 즉 '실체'와 '속성'으로 사물을 이해하는 방식이고, 둘째는 "감각적 다수성의 통일"로 사물을 이해하는 방식이며, 셋째는 '소재와 형식' Stoff und Form의 틀로서 사물을 이해하는 방식이 그것이다. 이렇게 압축된 사물 해석을 각각 다음과 같이 하이데거는 비판적으로 바라본다. 첫번째 해석은 순수한 사물과 그렇지 않은 존재자(예컨대 도구나 작품)를 구분할 수 없을 정도로 지나치게 폭넓은 개념이기 때문에, 사물 이해에 별반 도움을 주지 못한다. 두번째 해석은 감각을 추상하여 사물을 파악하려 하기 때문에 도리어 직접적으로 생생하게 현상하는 사물들이 사라진다. 마지막으로 세번째 해석은 한마디로 사물 존재가 아니라, "유용성" Dienlichkeit에 기반을 둔 도구존재에 대한 규정이다.

이런 논의 과정에서 하이데거는 사물에 대한 자신의 견해를 암시한다. 그런데 글자 그대로 암시에 지나지 않기 때문에, 여기에서 충분히 논의하는 것은 어렵다. 사물에 대한 논의는 「예술작품의 근원」이 쓰인 뒤[20] 한참 후에나 본격적으로 이루어진다.[21] 그래서 여기에서는 단지 사물을 작품 및 도구와 비교하는 수준에서 논하기로 한다. 하이데거에 따르면 "사물들의 사물적 측면" das Dinghafte der Dinge은 "자생성" das Eigenwüchsige, "자기 내에 고요히 머묾" das Insichruhende, "아무것에도 강요되지 않음" das zu nichts Gedrängte이다(GA5, 9, 14).

하이데거의 사물 규정에 따르면, 사물은 인간이 만든 것도 아니고, 어떤 존재(예컨대 신)에 의해, 특정한 목적으로 만들어진 피조물도 아니다. 그런 사물의 움직임은 다른 어떤 것, 특히 인간에 의해 강요되어서 움직이는 것이 아니라, 고유하게 자신을 위해 움직이고 성장한다. 그렇기에 움직임 속에서도 언제나 사물은 자기 안에서 안식하며, 고요히 머물 수 있다. 이와 같이 사물을 이해하는 하이데거에게 전승된 첫번째, 세번째 사물 해석이 "사물을 습격"Überfall auf das Ding하는 것처럼, 두번째 사물 해석이 "과도한 시도"로 보이는 것은 당연한 일이다(GA5, 11, 15). 왜냐하면 이런 해석들은 모두 사물의 자생성을 살리지 못하고, 사물을 사물 아닌 다른 것을 통해 보고 있기 때문이다. 여기에서 하이데거는 전승된 해석이 사물에게 폭력을 가하는 듯한 느낌을 말하면서 그것을 소중히 여긴다. 왜냐하면 이 느낌*이 사유를 "더 사유적으로"denkender 변모하게끔 하기 때문이다.

비밀을 간직한 것, 감추는 것으로서, "자생성", "자기 내에 고요히 머묾", "아무것에도 강요되지 않음" 등으로 규정되는 사물 개념은 이전의 서양 철학적 전통 내에서나 초기 하이데거 철학 내에서도 찾아보기 힘들

---

* 하이데거에게 느낌(Gefühl)은 사유를 준비하고, 언제나 사유에 동반되는 앎의 중요한 부분이다. 예컨대 전승된 사물 해석이 어떤 폭력을 휘두르는 느낌을 받았을 때, 당장 사물에 대한 충분한 논의는 할 수 없다손 치더라도, 사물을 손쉽게 단정하여 더 이상 사유하지 못하도록 만들어서는 안 된다. 그래서 미묘한 이 느낌이 중요하다. "그렇지만 아마도 우리가 여기에서, 그리고 그와 유사한 경우들에서 느낌 또는 기분이라고 명명하는 것은 더욱더 이성적이다. 다시 말해 더욱 받아들일 만한 것(vernehmender)이다. 왜냐하면 그 사이 라치오(ratio)가 되어 버려 합리적(rational)이라고 오해된 모든 이성(Vernunft)보다 존재에 더 개방적이기 때문이다."(GA5, 9) 하이데거에게 느낌이나 기분(Stimmung)은 중요하다. 하이데거가 비합리론자이고 감상주의자이기 때문에 그것이 중요한 것이 아니라, 존재를 이해하는 데 그것이 언제나 동반하며, 존재 이해를 어떤 식으로든 규정하기(be-stimmen) 때문에 그러하다. 더욱이 전승된 존재론을 해체하면서 새로운 길을 모색할 때, 어떤 느낌이나 기분은 사유를 더욱 사유하게 하고, 중도에서 그치지 않고 철저히 사유하게 하는 파토스로서의 역할을 한다. 그래서 아리스토텔레스가 말했던 존재의 "경이"(θαυμάζειν)를 그는 철학의 아르케로서, 그것도 철학의 처음과 끝을 지배하는 정조로 이해한다. 한마디로 "철학은 그때마다 어떤 근본 기분 안에서 일어난다."(GA29/30, 10)

다. 그래서 사물 개념의 변화는 하이데거 후기 철학의 한 징표로서 파악되어야 할 것이다. 하이데거는 앞으로 논의하게 될 대지와 사물을 연결 짓는다. 다시 말해서 작품 속에서 현상하는 대지와의 관계 속에서 사물을 이해해야 한다고 본다. "사물들의 사물적 측면에 대한 해석을 위해 결정적이고 중심적인 앞선 시선은 사물의 대지에로의 귀속성Zugehörigkeit des Dinges zur Erde을 향해 가야 한다."(GA5, 57) 여기에서 하이데거는 대지를 사물과 동일하게 "어떤 것으로도 강요되지 않는 것"(GA5, 57)으로 이해하고 있다. 전승된 사물 해석이 해체된 곳에 작품에서 현상하는 대지, 바로 그것이 사물을 본래적으로 이해할 수 있는 토대로서 자리 잡는다. 그리고 이런 견해는 또 한 번의 변형을 거치면서 '사방'Geviert과 관계하는 사물로 전개된다. 이 점은 이후에 자세하게 다루게 될 것이다.

전승된 사물 해석을 분석한 결과, 예술작품을 사물적으로 이해하는 전통적 미학은 실은 도구적으로 작품을 이해한 셈으로 판명된다. 가장 비중 있고 광범위하게 유포된 세번째 사물 해석, 즉 소재와 형식으로 사물을 이해하는 방식은 "**모든 예술 이론과 미학을 위한 절대적인 개념 도식**"(GA5, 12)인데, 그 도식은 도구존재에나 어울리는 개념이기 때문이다. 가령 순전한 사물로서 볼품 없이 굴러다니는 '화강암 덩어리'의 경우, 그것의 형식은 무엇이고 소재는 무엇인가? 어디까지가 형식이고 소재인가? 이런 자연사물의 경우, 형식과 소재를 나누어 그 사물을 설명하는 것은 전혀 무의미하며 자의적이고, 궁극적으로 불가능한 일이다. 이 경우 형식이란 "특정한 윤곽을, 즉 그 덩어리의 윤곽을 결과로 갖는 소재의 공간적·장소적 배치와 질서"(GA5, 13)를 의미할 따름이다. 그런데 이런 의미의 형식은 언제나 임의적일 수밖에 없다. 왜냐하면 임의로 주어진 소재의 배치에 따라, 소재의 우연한 질서에 의해 형식이 결정되기 때문이다. 그런데 이것은 '소재-형식'의 개념틀에 위배된다. 언제나 소재-형식의 개념틀에서는 형식이 소재에 '규정적인' 위치에 있으며, 형식에 '따라' 소재가 '선발' 되고, 그 소재 위에 형식이 '각인' 되는 것으로 이해된다. 그러나 그와는 반대로 자연적 사물의 경우에는 형식이라 말할 수 있는 것이 소재를 통해 규정된다. 따라서 소재-형식의 개념 도식은 자연사물이 아닌 인공물, 그것도 도구에나 어울리는 개념들이다.

> 형식부여뿐 아니라 그와 함께 앞서 주어지는 소재 선택 그리고 소재-형식 개념들의 지배가 그런 유용성에 근거해 있다. 유용성 아래 놓여 있는 존재자는 언제나 어떤 제작의 산출품이다. 그 산출품은 어떤 것을 위한 도구로서 제조된다. 따라서 존재자를 규정하는 소재와 형식, 그것들의 고향은 도구의 본질에 있다.(GA5, 13)

우리가 어떤 존재자를 소재와 형식의 틀로 이해할 때에는 그것이 존재 또는 사유의 변함없는 법칙이기 때문에 그렇게 이해하는 것이 아니다. 그래서 어떤 존재자든 상관없이 무차별적으로 그 개념들을 들이대도 무방한 그런 개념이 아니다. 형식의 '규정성'과 소재의 '수동성'으로 특징 지을 수 있는 존재자는 어떤 목적을 위해 제작된 생산물일 뿐이다. 창밖에 서 있는 나무는 그 자체 그냥 나무일 뿐이고 길가의 돌맹이는 그저 돌맹이일 따름이다. 그것들 자체에서 날카롭게 소재와 형식을 가르고 구분하는 것은 불가능하며 무의미한 일이다. 형식은 단지 유용성의 시선에 입각해서 정해지고, 그렇게 정해진 형식에 의해 소재가 결정된다.

소재와 형식의 틀, 다시 말하면 "도구의 도구존재"das Zeugsein des Zeuges (GA5, 32)에 입각할 경우, 중요한 것은 "유용성"이다. 사물이 유용성을 통해 이해되면서, 모든 존재자들이 그곳으로 수렴되어 이해된다. 사물이 한갓 사용되기 위한 소재로 전락하면서, 사물은 자기 고유의 빛깔을 잃게 된다. 예컨대 목수에게 나무는 오직 제작될 책상이나 선반의 소재로만 나타날 뿐이다. 유용성이라는 한 가지 배타적인 관점을 통해서, 사물의 다양한 질적 특성들이 탈색된다. 유용성의 빛을 통해서만 조명됨으로써, 사물의 다양한 존재 의미가 망각된다. 한마디로 말해서 유용성의 시야 속에서 '자생하는' 사물은 사라진다. 이것은 사물이 오용되고 남용된다는 것을 뜻한다. 왜냐하면 사물은 오직 유용성의 잣대가 허용하는 한에서만, 의미 있는 것으로 현상하기 때문이다.

도구와 작품 '사이'의 차이

서양 지성사에서 유용성의 시선이 단지 도구적 존재자에만 한정되지 않고 모든 존재자를 해석하는 눈이 되어 버렸다고 하이데거는 진단한다. 그리고 그런 역사적 진행 방향을 형성하게 된 배경에 대해 잠정적으로 두 가지 이유를 찾는다. 하나는 도구가 순수한 사물과 작품 *사이*에 있어, 양자를 모두 도구적으로 해석한다는 것이고, 다른 하나는 신과 신이 '제작한' 피조물ens creatum의 관계로 모든 것을 바라보려는 신앙의 힘 때문에 그러하다는 것이다(GA5, 14). 여기에서는 우리 글의 목적상, 첫번째 이유에만 주목하기로 한다. 도구는 존재론적 위상도를 그려 보았을 때, 사물과 작품 '사이'에 존재한다. 그 사이에 도구가 위치해 있기 때문에, 도구가 아님에도 불구하고 '사이' 양편에 있는 것들을 도구로서 파악하게 하는 '경향'을 낳았다는 것이다.

도구는, 예를 들어 신발이라는 도구는 제작된 것으로서 순수한 사물처럼 역시 자기 안에 고요히 머문다. 그러나 그것은 화강암처럼 그렇게 자생적인 것이 아니다. 다른 측면에서 도구는 인간의 손에 의해 산출된 것이라는 점에서, 예술작품과 친화력을 보여 준다. 그러나 예술작품은 그것의 자기 충족적 현존함을 통해서, 다시 자생적이고 어느 것에도 강요되지 않은 순수한 사물과 유사하다. …… 그래서 도구는 반은 사물이다. 왜냐하면 유용성을 통해 규정되어 (사물보다) 더 많이mehr 규정되기 때문이다. 동시에 도구는 반은 예술작품이지만 그보다 적게 weniger 규정된다. 왜냐하면 예술작품의 자기 충족성Selbstgenügsamkeit이 없기 때문이다. 만일 그렇게 계산 섞인 배열eine solche verrechnende Aufreihung이 허락된다면, 도구는 사물과 작품 **사이**에 고유하게 서 있다.(GA5, 13~14)

이런 비교를 통해서 하이데거는 사물, 도구, 예술작품 모두의 정체성을 어느 정도 암시하고 있다. 우선 하이데거가 보기에 예술작품은 인간이 산출한 것임에도 불구하고 자기 충족적인 존재 방식을 갖는다. 여기에서 자기 충족적이라는 말은 어떤 외부의 목적이나 원인(특히 작용인으로서 예술가, 목적인으로서 유용성)에 의존하지 않는 것을 뜻한다. 이런 점에서 작품의 자기 충족성은 칸트의 자율적인 "심미적 판단"에 대한 근본규정인 '무관심성', '무개념성', '무목적성'과 연관된다.[22] 근대 철학자 칸트는 인과성 개념이나 목적 개념을 통해 예술(또는 자연)이 해명되지 않는다는 것을 알고 있었다. 그러나 형이상학을 새롭게 정초 지으려 했던 칸트는 형이상학적 개념들을 통해서, 또 그 개념들에 의지하여 예술을 해명한다. 그래서 그는 심미적 판단을 무관심적ohne Interesse · 무개념적ohne Begriff · 무목적적ohne Zweck이라는 부정적인 방식으로 규정하지 않을 수 없었던 것이다. 어떤 존재자가 그 자체로 자기 안에서 충족한다는 것은 그것 외부에 놓여 있는 어떤 목적에 봉사하지 않는 것을 뜻한다. 예를 들어 '하나의 도구'는 그것 홀로는 존재할 수 없으며, 그 밖의 어떤 지시 연관 전체 속에서만 의미를 갖는 반면, 작품은 그 자체로 충족적이며, 그런 의미에서 무연관적이다. 요컨대 인간의 손을 거쳤음에도 불구하고 자연사물 같은 자기 충족적인 존재 방식을 가지고 있는 것이 예술작품이다.

그에 비해서 도구는 유용성에 따라 인간이 산출한 것이어서 사물이나 작품과는 달리 자기 충족적이지 못하다. 언제나 그것은 무엇인가를 '위한' 수단이고 도구일 따름이다. 도구는 사물에 인간의 손길이 더해졌다는 점에서 사물 '이상' 이지만, 인간의 손길이 더해졌는데도 여전히 자기 충족적인 예술에 비하면 그보다 못한 것이다. 그래서 도구는 사물과 작품의 양 사이에 위치한다고 볼 수 있다. 여기에서 주목해야 할 점은 사물, 도구, 작품 세 개념의 위상이 정확히 어떻게 그려질 수 있는가 하는 점이다. 앞 장의 인용문에서 하이데거는 비교급을 사용하여, 도구를 규정하는 것이 사물보다는 많고 작품보다는 적다고 말한다. 다시 말해서 도구가 사물보다 더 많은 존재 규정을 갖는 것은 유용성이란 규정이 더해졌기 때문이고, 작품보다 못한 것은 작품이 자기 충족성이라는 규정까지 더 포함하고 있기 때문이다. 이런 이해 방식에 따르면 결국 "순수 사물"das bloße Ding은 단지 본래적인 도구 성격, 즉 유용성과 제작성이 **결여된** '**도구**' 일 뿐이고, 작품은 "자기 충족성" 또는 "심미적 가치"가 **부가된** '**도구**' 일 뿐이다(GA5, 24).

이렇게 보았을 때, "계산 섞인 배열이 허락될 경우" 도구와 작품의 토대가 되는 사물이 가장 밑바닥에 위치하고, 다음으로 유용성이라는 존재 규정이 더해진 도구가 위치하며, 마지막으로 인위가 가해지고 유용할 수도 있지만 거기에 자기 충족성까지 포함된 예술작품을 위치시킬 수 있을 것이다. 그런데 이런 "계산 섞인 배열"은 전혀 새로운 배열 방식이 아니다. 도리어 지금껏 서구 전통 미학이 통상 해왔던 배열방식이다. 이 배열은 사물과 작품 사이에 도구를 위치시킨다. 이 배열에 따르면, 사물과 작품 사이에는 존재론적으로 심원한 차이가 존재한다. 그 사이를 메워 주는 것이 도구존재이다. 도구를 통해 사물과 작품은 매개되고 연결된다. 다시 말해서 '자연' 사물과 고차적인 '정신'의 산물인 예술작품이 저차적인 산물, 곧 도구를 통해서 하나로 연결된다. 이런 점에서 세 가지 주요 개념을 계산하여 배열하는 일은 형이상학 체계 내부의 사이를 메워 주고, 차이를 제거하는 중간항, 매개항을 설정하는 것에 다름 아니다. 배열의 중간항, 그 사이를 도구가 점하고 있다. 그런데 도구가 이 사이의 위치를 점함으로써, 사이 양편, 즉 사물과 작품을 모두 도구적으로 이해하려는 경향이 생겨난다.

> 소재-형식이라는 틀, 우선 도구존재가 규정되는 그 틀은 모든 존재자를 직접 이해하는 구성틀Verfassung로서 쉽게 주어진다. 왜냐하면 여기서 제작하는 인간 자신이 이 일에, 즉 하나의 도구를 존재하게 하는 방식에 관여하고 있기 때문이다. **도구가 순수 사물과 작품 사이에서 사이위치**Zwichen stellung**를 받아들이는 한에서**, 도구존재(소재-형식-틀)의 도움을 통해 도구적이지 않은 존재자마저도 파악하는, 즉 사물들과 작품들, 결국 모든 존재자들을 파악하는 것이 가까이 자리 잡고 있다.(GA5, 14)

단지 하나의 경향성의 이유를 밝히는 문맥이기 때문에, 하이데거는 이 문제를 확정적인 어조로 더 이상 상술하지 않는다. 다만 하이데거가 보기에, 인간은 제작하는 존재자로서 누구나 제작에 관여하고 있고, 때문에 제작된 산물인 도구는 인간에게 친숙한 존재자로서 손쉽게 순수한 자연사물과 작품 사이에 위치할 수 있었다.[23] 이런 점에서 보자면, 사물과 작품 '사이'는 우리에게 가장 익숙한 장소로 규정될 수 있다. 인간의 손이 닿지 않은 낯선 사물과 또 다른 의미에서 낯설고도 드물게 볼 수 있는 예술작품, 그 양자를 연결 짓는 다리로서 도구를 이해할 수 있으며, 그 친근한 도구를 '통해' 사물과 작품을 파악하게 되었다고 볼 수 있다. 그러나 도구가 친근한 존재이기 때문에 쉽게 *사이*에 들어올 수도 있지만, 그 역으로도 말할 수 있다. 다시 말해서, 사이에 위치하고 있기 때문에 사물과 작품을 포함한 모든 존재자를 도구적으로 파악할 수 있었다고 볼 수도 있다. 왜냐하면 이 경우 *사이*는 사이 양편의 것들을 중계하고 연결 짓고 동일화시킬 수 있는 최적의 '매개 장소'를 뜻하기 때문이다.

그런데 하이데거의 논의 전개 과정에서 주목할 만한 점은 순수한 사물과 예술작품이 유사하다는 사실이다. 하이데거가 이 점을 언급하지 않았더라면 도구는 쉽게 사물과 작품 사이에 놓일 수 있었을지도 모른다. 하이데거가 사물과 작품의 유사성에 주목하지 않았다면, 사람들이 지금껏 그래 왔듯이, 그 사이에 있는 도구를 통해 사물과 작품 모두를 해석했을지도 모른다. 그런데 하이데거가 보기에 사물은 작품과 유사하다. 사물은 자생적이고 어느 것에도 강요되지 않는 것이며, 그런 사물은 자기 충족적인 작품과 유사하다. 이렇듯 사물과 작품 사이의 유사성을 인정한다면, 사물과 작품 사이에 도구가 위치하는 것이 아니라, 도리어 작품이 그 사이를 점한다고도 할 수 있다. 자기 충족성을 갖는다는 점에서 작품은 자생적인 사물과 유사하고, 인공적으로 제작되었다는 점에서 작품은 도구와 유사하다. 작품은 사물과도 유사하고 도구와도 비슷하다.

사물과 작품의 유사성을 해명하는 지점에서 결정적으로 사물, 도구, 작품에 대한 피상적인 비교는 실패로 끝난다. 왜냐하면 비교의 와중에 사물도, 예술작품도 모두 각각의 정체성이 불명료해졌기 때문이다. 그러나 비교를 통해 아무런 소득이 없었던 것은 아니다. 비교를 통해 도리어 지금껏 분명하다고 여겨졌던 사물과 도구와 예술작품의 경계, 배열 방식이 불분명해졌고 이런 불분명함이 초래하는 사유의 혼란스러움은 망각을 초래하는 자명함보다 사태의 실상에 더욱 육박해 있다는 점에서 유익하기 때문이다. 지금껏 도구적 존재를 통해 도구는 물론이거니와 사물과 예술작품이 이해되어 왔다는 사실은 밝혀졌다. 이런 이해 속에서 논의되는 사물, 도구, 작품 사이의 경계는 해체될 필요가 있다. 왜냐하면 모든 것이 무차별하게 도구존재로 이해되는 상황에서 논의되는 차이는 국부적이거나 피상적이거나, 또는 더 나아가 진정한 차이를 은폐하는 것일 수 있기 때문이다. 당연히 피상적인 비교를 통해 확립된 "계산 섞인 배열"도 역시 와해될 수밖에 없다.

    그러나 하이데거는 일단 도구가 사물과 작품 사이에 설정된다는 것을 받아들인다. 그에 따르면, "그렇게 그 존재에 있어 친숙한 존재자, 도구는 동시에 사물과 작품 사이에 어떤 고유한 사이위치를 가지고 있다." (GA5, 17) 사물과 작품 사이에 있다는 이유로[24] 하이데거는 먼저 도구의 도구적 측면을 새롭게 조명한다. 그가 보기에, 우리에게 가장 친숙한 도구를 우선적으로 새롭게 고찰할 필요가 있다. 이런 맥락에서 하이데거는 도구의 "고유한 사이위치"를 인정하는 듯 보인다. 그러나 만일 사이가 사이 양편의 존재자들을, 더 나아가 모든 존재자의 존재를 규정하는 자리로 규정할 수 있다면, 때문에 도구가 그런 사이에 위치함으로써 모든 존재자를 도구적으로 이해하게 된 것이라면, 도구는 언제까지 그 사이에 위치할 수 있을까?

    하이데거는 도구존재 방식의 다른 가능성을 찾는다. 그는 그 가능성을 예술작품, 즉 고흐의 「한 켤레의 구두」 그림(58쪽)에서 찾는다. 물론 처음에는 단순히 어떤 도구를 떠올리기 쉽게 하기 위해(GA5, 18 참조), 그 작품이 도입된다. 그러나 고흐의 작품을 도입하는 데에는 이미 작품에서 존재의 진리가 일어난다는 믿음을 전제하고 있다. 본래적인 도구의 도구존재는 작품 속에서 나타난다. "도리어 작품을 통해서 비로소 그리고 오직 작품 내에서만 도구의 도구존재는 고유하게 드러난다."(GA5, 21) 도구는 작품을 통해 도구로서 드러난다. 사물도 마찬가지이다. "사정이 그와 같다면, 작품의 사물적 측면의 현실성die dinghafte Wirklichkeit을 규정하기 위한 길은 사물을 지나 작품으로 향하는 것이 아니라, 작품을 지나 사물로 향해 있다."(GA5, 25) 물론 사물에 대한 논의는 이후 「예술작품의 근원」에서 더 이상 찾아보기 어렵다. 단지 "대상으로 파악된 작품에 있어, 사람들 입에 자주 오르내리는 사물 개념의 의미로 사물적 측면처럼 보이는 것은 작품으로부터 경험하자면 작품의 대지적 측면das Erdhafte des Werkes"(GA5, 57)이라고만 언급될 뿐이다. 그렇지만 이런 언급만으로도 작품을 통해 사물이 사물로서 드러난다고 말할 수 있을 것이다.

만일 그렇다면, 도구 대신에 작품이 그 *사이*의 위치에 들어선다고 가정해 볼 수 있을 것이다. 그래서 *사이*의 작품을 통해 사이 양편의 사물과 도구가 참되게 이해된다고 할 수 있을 것이다. 물론 이 경우 *사이*는 이전의 도구에서처럼 단순히 **사이 양항을 획일화시키는 매개 장소**는 아닐 것이다. 도리어 이때 *사이*는 **사이 양항을 있는 그대로 존재하게 해주는 밝힘의 장소, 개현의 장소**를 뜻한다. 그렇다면 도대체 여기에서 *사이*란 어떤 것인가? 또 그 *사이*를 새롭게 점하게 된 예술작품은 어떤 존재인가? 여기에서는 하이데거를 통해 처음으로 *사이* 문제가 도구와 사물 그리고 작품을 비교하면서 거론되었던 것을 확인하는 수준에서 만족하기로 한다. 이후 하이데거 예술론은 철저히 *사이*를 통해 엮여 있음을 보게 될 것이다.

작품을 통해서 도구는 새롭게 규정된다. 하이데거는 진리가 일어나는 작품, 곧 고흐의 그림 속에서 도구마저도 새롭게 규정한다.[25] 도구는 유용성의 지평에서만 이해될 것이 아니다. 그에 따르면,

도구의 도구존재는 그것의 유용성에 있기는 하다. 그러나 유용성 자체

는 본질적인 도구존재의 충만 속에서 안식한다. 우리는 그것을 **신뢰성** Verläßlichkeit이라 명명한다. 그것의 힘으로 말미암아 시골 아낙네는 이 도구를 통해서 **대지**의 침묵하는 부름 속에 이르는 것이 허용되고, 도구의 신뢰성 때문에 그녀는 자신의 **세계**를 확신한다. 세계와 대지는 그녀에게 그리고 그녀와 함께 그녀처럼 살아가는 사람들에게 단지 그렇게 거기에서만, 즉 도구 속에서만 존재할 뿐이다. 우리는 '단지'라고 말했는데 그 경우 잘못된 것이다. 왜냐하면 도구의 신뢰성이 비로소 단순히 세계를 보호해 주고 대지에게 그것의 지속적인 쇄도의 자유를 보장해 주기 때문이다.(GA5, 19~20)

이제 하이데거에게 도구는 단순한 유용성의 시선 안에서만 파악될 것이 아니다. 도구는 보다 더 풍부한 규정 속에서 근원적으로 이해되어야 한다. 하이데거는 그것을 "신뢰성"이라고 말한다. 도구는 단지 유용성의 대상만이 아니다. 인간만을 위한 유용성 이전에, 도구에 대한 신뢰 속에서 세계(단순히 도구적 세계만이 아닌 존재역운적 세계)가 보호되고, 대지의 부름에 이르는 것이 허용된다. 세계와 대지를 만나면서 오랜 시간의 시험을 통해 신뢰를 얻은 것만이 친숙해질 수도 있고 유용해질 수도 있다. 또한 믿고 신뢰할 수 있기 때문에 그대로 내맡길 수 있으며, 그래서 눈에 잘 안 뜨일 수도 있다. 도구는 바로 그런 신뢰성을 자신의 본질로 삼고 있다. 이런 맥락에서만 유용성의 도구가 가능하다.

이후 하이데거는 더 이상 도구 개념을 비중 있게 다루지 않는다. 신뢰성으로 이해되는 도구는 새롭게 이해된 사물과 거의 다를 바가 없기 때문이다. 다시 말해서 근본적으로 유용성이 아닌 신뢰성으로 이해된 도구는 더 이상 사물과 날카롭게 구별될 수 없기 때문이다. 도구를 단순히 유용성의 관점에 입각하여 '제작된 사물'이라고 보지 않음으로써, 또한 엄밀히 말해 인간과 전적으로 무관한(인간과의 *사이* 사건이 일어나지 않은) 사물은 이미 사물이 아님을 보임으로써(이미 『존재와 시간』에서 "사물" $πραγματα$을 언급할 때부터 이 견해는 견지됨), 도구와 사물과의 구분은 이제 무의미해졌기 때문이다. 이런 이유로 '사물론'을 전개하면서 노년의 하이데거는 일종의 '도구'라 볼 수 있는 '주전자' Krug를 그 사례로 들고 있다. 그러나 사물과 예술작품과의 차이는 이후에도 여전히 유지된다. 예술작품은 이후 '시'로, 더 나아가 '언어'로 이해되며, 사물은 언어를 해명하는 주요 계기로 남는다.

3. 작품 속에 현상하는 세계와 대지

지금까지 살펴본 바처럼, 사물이라는 우회로를 거쳐 작품을 해명하려는 시도는 실패하였다. 전승된 사물 개념은 사물을 온전하게 드러내지 못할 뿐더러, 작품의 현실성 역시 보증해 주지 않는다. 도구를 통한 작품 접근 방식도 마찬가지다. 도구존재에 첨가된 작품성·예술성을 아무리 선명하게 규명하고자 하더라도, 그런 접근 방식은 종국에는 도구적 존재 이해의 테두리에서 크게 벗어날 수 없다. 더구나 사물이나 도구와의 비교를 통해 작품을 해명하려는 시도는 각각의 정체성이 불분명한 상황에서는 궁극적으로 불가능하며, 기껏해야 피상적일 수밖에 없는 임시방편의 사상누각砂上樓閣에 불과하다. 때문에 이제 존재하고 있는 작품 현상에 주목하는 것이 요구된다. 이미 반 고흐의 작품을 통해서 하이데거는 사물이나 도구 역시 작품 내에서 새롭게 조명될 수 있다는 힌트를 얻는다. 하이데거가 보기에, 작품존재에로의 현상학적 접근, 그것만이 작품의 근원[26]으로 향하는 유일한 길이다.

그렇다면 작품을 직접 주시할 때, 그곳에는 무엇이 있는가? 아니 무엇이 없지 않고 있기나 한 것인가? 우리가 작품을 하나의 사물로 이해하지 않고, 그 속에서 현상하는 것에 주목할 때, 무엇이 보이는가? 만일 자신을 드러내고 있는 무엇인가가 있다면, 그것은 어떤 존재 방식을 갖고

브뤼헬의 「장님을 인도하는 장님」(The Blind Leading the Blind)

누가 누구를 인도한단 말인가? 우리를 지도하고 이끌고 교육할 수 있는 사람은 과연 누구일까? 신과 같은 절대적인 시력(視力)에 비추어 본다면, 인간은 모두 장님이 아니던가? 그래서 누군가를 이끈다는 것은 결국 장님이 장님을 인도하는 꼴이 아니던가? 하이데거 예술철학에는 엘리트적·귀족적 요소가 남아 있다고들 한다. 엄밀히 말해 그의 철학에는 분명 선지자 또는 선각자의 자취가 남아 있다. 이 글에서 논의되는 시인과 사상가, 혹은 예술가와 철학자가 그 대표적인 모습이다. 그러나 간과하지 말아야 할 점은 하이데거에게 이들은 지식을 전수하고 가르치는 자들이 아니라, 본인 스스로 깨치는 것을 도울 수 있는 자들이라는 점이다. '철학입문'을 강의하면서 하이데거가 했던 말을 들어보자. "인간존재는 이미 철학함을 의미한다. 인간 현존재 자체는 이미 그 본질상 우연적이든 아니든 철학 안에 들어서 있다. …… 입문은 지금 밖에 서 있다가 철학의 영역으로 이끌어 들인다는 의미가 더 이상 아니다. 입문한다는 것은 이제 철학함을 일으킴, 우리 안에 철학이 사건이 되도록 하는 것을 의미한다. 철학입문은 철학함을 야기함, 즉 일으킴이다."

있는가? 이런 물음을 통해 하이데거는 전혀 다른 각도에서 작품을 볼 수 있는 시선의 이동, 사유의 운동을 요구한다.

전통 미학에서는 예술을 모방, "미메시스"μίμησις로 이해해 왔다. 이 뿌리 깊은 생각은 플라톤이 자신의 이상 국가에서 시인을 추방할 때 내건 죄목이기도 하다. 플라톤이 보기에 예술은 현실의 모방이다. 그런데 상식적인 의미의 이 현실은 플라톤이 생각하는 참된 현실, 즉 이데아를 모방하고 있기 때문에, 예술은 참된 현실에서 두 단계나 떨어져 있는 거짓에 불과하다. 이런 플라톤 생각의 이면裏面에는 언제나 모방된 것이 원본에 '준準해서', 그것을 '통해서' 존재하는 것이기 때문에 존재론적으로 파생적인 지위를 모면하기 어렵다는 신념이 깔려 있다. 이후 아리스토텔레스를 비롯하여 많은 철학자들이 예술의 모방적 성격을 승인하면서도 예술의 가치와 존재 이유를 찾으려고 애썼지만, 예술이 모방인 한에서 그것의 존재론적 지위 강등은 불가피하다고 할 수 있다. 결국 전통 미학에 따르면, 예술작품에서 보이는 것은 '가상의 현실'이며, '현실의 모방'으로서 예술은 가상의 방식으로 '존재'할 뿐이다.

칸트에 이르러서야 비로소 예술은 모방의 굴레에서 벗어난다. 칸트가 보기에 예술은 모방의 산물이 아니라, 창조적 상상력의 산물이다. 예술작품은 "자연의 총아"Günstling der Natur인 "천재"Genie, 곧 왕성한 상상력이 창조해 낸 전무후무한 산물이다.[27] 이후 많은 낭만주의자들을 비롯한 후대인들은 이런 칸트의 생각에 크게 영향을 받는다. 그런데 문제는 예술이 모방의 굴레에서는 벗어났지만, 다시 주관의 덫에 사로잡히고 말았다는 점이다. 칸트에 따르면, 예술작품도 심미적 감정도 아름다움도, 모두 주관적인 것이다. 물론 그 주관성의 보편성을 찾지 않는 것은 아니지만, 근대 이후, 특히 칸트 이후 미학은 "모방"이란 멍에 대신 "주관성"이란 멍에를 짊어진다. 주관적 영역이라는 한계 내에서만 예술의 유효성 또는 지고성이 인정된다. 그래서 예술의 현실성은 주관적 현실성으로 제한된다. 하이데거 식으로 말해서 한마디로 이런 동향은 서양의 존재사적 운명을, 다시 말해서 존재망각의 역사를 극명하게 보여 줄 뿐이다.[28] 만일 예술이 모방도 아니고 주관성의 산물도 아니라면,[29] 도대체 무엇인가? 하이데거는 이 물음을 어떻게 풀어 가는가?

하이데거는 작품의 '있음'에 주목하라고 권한다. 이 경우 다시 한번 언급해야 하는 주의 사항이 있다. 그것은 말하자면 작품으로 시선을 돌릴 때, 전승된 사물 개념으로 오도된 사물에서 작품의 현실성을 성급하게 찾으면 안 된다는 점이다. 사물적인(혹은 도구적인) 존재 이해로 작품 현상을 차폐해서는 안 된다. 우리 앞에 있는 그 작품이 어떻게 우리에게 다가오는지 그 현상을 그대로 살려 내야 한다. 하이데거는 작품 속에서 현상하는 두 가지 특징을 찾아낸다. 그것이 바로 그 유명한 "세계"와 "대지"[30]이다. 작품은 세계와 대지를 세워 드러낸다. 그리고 세계와 대지를 작품 속에 세우는 상이한 두 방식, 즉 "올려세움"Aufstellen과 "이쪽으로 세움" Herstellen을 우리는 작품 속에서 경험하게 된다.

세계의 '올려세움'

작품에서 처음에 드러나는 것은 세계이다. 작품 속의 세계는『존재와 시간』에서 말하는 '도구적 주위 세계'가 아니며,[31] 그렇다고 하이데거 스스로 누누히 비판하고 있듯이 "존재자들의 총체"나, "세계관"으로서의 세계도 아니다. 더욱이 현실 세계와 대비되어 현실 세계의 반영 내지 모방으로 간주되는 "가상의 세계" 또한 아니다. 하이데거 사유 내에서도 새롭게 규정되는 세계는 다음과 같은 것이다.

신전 작품은 자기 주위에 그 속에서 탄생과 죽음, 불행과 축복, 승리와 저주, 인내와 멸망이 인간에게서 **인간 운명**(역운歷運, Geschick)**의 형태를 얻는 그런 행로와 연관**Bahnen und Bezüge**들의 통일성**을 비로소 짜 맞추면서 동시에 모아들인다. 이런 **열린 연관들의 지배적인 폭이 이 역사적 민족의 세계**이다. 세계로부터 그리고 그 내에서 민족은 처음으로 자신의 사명을 완수한다.(GA5, 27~28)

이런 하이데거의 세계 규정에서 주목할 만한 것은 단지 실존하는 개별 현존재의 세계만이 아닌 역사적 민족의 세계로 세계 개념이 확대되었다는 점이다. 이전의 저작에서 세계가 개개 현존재의 실존론적인 차원에서 다루어진 데 비해, 여기에서는 공동체 단위인 민족의 차원에서 다루어지고 있다.[32] 이것은 하이데거가 현실 정치에 관심을 두었던 1930년대의 지배적 상황을 보여 주는 한 단면이라고 볼 수 있다. 그러나 몇 가지 차이점이 있다고 하더라도, 하이데거 사유 내에서 문제가 되는 세계란 기본적으로 현-존재의 거기Da, 즉 존재자를 의미 있는 것으로서 개방시키는 존재연관들이라는 점에는 변함이 없다.

인간은 어떤 식으로든 연관들 속에서 살아간다. 이미 태어나면서부터 특정한 연관들 속에 던져지고[被投], 가능한 연관의 그물 속에 자신을 던진다[企投]. 예컨대 사람은 태어나면서 이미 특정 민족과 공동체에 소속되고, 이런저런 일에 연루되어 행복과 불행을 겪게 되며, 어떤 사물과 일에서 의미를 찾아 그것에 몰두하기도 하다가, 이내 죽음을 맞이한다. 이렇게 인간의 삶 자체가 관계 맺고 있는 연관들의 연속이고 연관들의 그물망 속에서 진행된다.[33] 그 연관들 속에서 삶의 다양하고 의미 있는 사건들이 명멸明滅하는 것이다. 이런 의미 연관들의 개방성 속에서만 인간에게 어떤 일이 일어날 수도, 이해될 수도 있다. 이렇게 한 인간이 일생 동안 소속되어 관계 맺고 있는 그 연관들 전체를 그의 운명이라 칭할 수도 있을 것이다. 마찬가지로 민족적 단위로 그 범위가 확대되어도 사정은 동일하다. 하나의 집단적 단위이자 동시에 개체적 단위인 특정 공동체가 겪는 운명도 이와 같다. 그래서 이제 세계는 민족의 역사적 운명과 사명을 드러내는 것으로 확대 규정된다.

이런 세계는 역사적이다. 언급된 것처럼, 세계가 "열린 연관들의 지배적인 폭"이라고 했을 때, 그 연관 자체가 공시적 연관인 동시에 통시적 연관이다. 다시 말해서 연관들은 특정 시간의 단면에 존재하는 것들 간의 관련일 뿐 아니라, 시간적 통일성을 형성하는 시간적 연관이기도 하다는 것이다. 예컨대 탄생과 죽음 *사이*에서 벌어지는 시간적 연관들의 총체가 한 인간의 삶과 공동체의 존속을 구성하며, 각각은 단지 계기적 연속을 이루는 것만이 아니라, 과거·현재·미래의 시간적 통일성 속에서 일어나는 연관들로 이해되어야 한다. 이런 현-존재의 시간적인 차원에서 세계는 역사적이고 그 역사적 지평 위에서 세계의 "개방성"이 가능하다.

작품 속에서 처음 보이는 것은 바로 이런 특정한 세계이다. 우리는 작품에서 한 작가, 더 나아가 그 작가가 속해 있는 특정 시대, 특정 공동체의 세계를 만난다. 이런 만남이 가능한 것은 작품 속에 하나의 세계가 세워졌기 때문이다. 하이데거에 따르면, "작품존재란 하나의 세계를 올려세우는 것aufstellen"을 뜻한다. 독일어에서 'aufstellen'은 통상 작품을 전시하고 진열할 때 사용하는 동사다. 하이데거는 이런 용례에서 그 말을 따오지만, 그것과는 다른 의미로 그 용어를 규정한다. 그에 따르면 "올려세움"은 두 가지 의미, 즉 '봉헌함' Weihen과 '찬미함' Rühmen이란 의미를 내포하고 있다. 봉헌함이란 "성스러운 것을 성스러운 것으로 개방하고 신이 그 현존성의 열림 속으로 불린다는 의미에서 성스럽게 하는 것"(GA5, 30)이다. 찬미함이란 봉헌함에 속하는 것으로서 "신의 품위와 빛남, 그것의 진가를 인정하는 것"이다.[34] 그리고 이때 신의 품위와 빛남은 신의 속성이 아니라, 그 속에서 비로소 신을 임재하게 하는 것이다. 요컨대 봉헌하고 찬미하는 '올려세움'이란 봉헌하고 찬미함으로써 신을 현존하도록 하는 것, 즉 성스러움을 작품 속으로 불러오는 것을 뜻한다.

이후 하이데거는 횔덜린 시 분석을 통해 신을 현존하게 하는 성스러움에 대해 본격적인 논의를 펼친다. 그리고 성스러움은 대지 위에서 거주하는 인간의 척도로서, 인간 삶의 조건으로 제시된다. 이와 관련하여 여기 「예술작품의 근원」에서도 그것은 다음과 같이 간략하게 언급된다. "이런 빛남[신의 빛남]의 반사 속에서 우리가 세계라 명명했던 것이 빛난다, 말하자면 밝혀진다. 올려세움이란 본질적인 것이 지시들을 주는 지시하는 척도weisende Maßes, 그것을 따른다는 의미에서 정의Rechte를 개방하는 것이다."(GA5, 30) 그래서 '죽을 자들'[可死者, die Sterbliche]인 인간은 예술작품이 제시해 주는 그 신성한 척도에 따라 대지 위에서 거주한다.

하나의 세계를 올려세운다는 이 말은 어떤 허구의 세계를 가공하여 구축한다는 것을 뜻하지 않는다. 작품 세계는 한갓 공상의 허구가 아니다. 여기에서 허구와 대비되는 현실 세계는 대체로 어떤 대상적인 것들의 총체를 뜻한다. 만일 현실을 이렇게 규정할 수만 있다면, 작품에서 현상하는 세계는 허구일 수도 있다. 그러나 세계가 만일 그러한 것이 아니라면, 즉 대상적으로 포착할 수 있는 것이 아닐 뿐 아니라, 도리어 대상을 대상으로 존재하게 하는 것이라면, 그것은 단순한 허구는 아닐 것이다. 그러나 '단순한 허구가 아닌'이라는 이런 표현도 아직 세계의 허구적 성격을 완전히 지우지는 못한다. 왜냐하면 작품 세계와 대비되는 '현실의 자명성'을 궁극적으로 포기하지 못했기 때문이다. 그래서 작품 세계를 "허구적 현실"로, 즉 현실에 기초한 상상적 세계라는 생각에 머무르고 있다. 그런데 문제는 그런 이해가 존재론적으로 충분히 검토되지 않은 이해 방식이라는 점이다. 어떤 식으로든 자명한 현실성을 토대로 작품 세계의 허구성을 인정하고, 그렇게 인정된 작품 세계를 다시 현실 개념을 통해 구제하고자 시도한다면, 그것은 만회할 수 없는 존재론적 오해의 길로 접어들었다고 할 수 있다.

작품 세계는 눈앞에 놓인 사물들의 모음도 아니고, 우리와 맞서 있는 어떤 대상도 아니다. 그래서 하이데거는 세계가 "비대상적인 것"das Ungegenständliche이며, 그럼에도 불구하고 우리에게 친숙한, "파악 가능하고 인지 가능한 것보다 더 존재적"seiender als das Greifbare und Vernehmbare (GA5, 30)인 것이라고 말한다. 세계는 차라리 대상을 대상으로 존재하게 해주는 것이기 때문에 그 자체는 대상일 수 없으며, 더 나아가 대상적으로 파악된 것을 포함하는, 존재하는 모든 존재자들을 개방시키는 어떤 의미 연관들이기 때문에 다른 어떤 존재자들보다 더욱 '존재적'seiender이다. 이런 세계는 다른 어떤 것을 통해서 설명되거나 정초될 수 없다. 왜냐하면 그것은 단순히 인간 사유가 무능해서가 아니라, "원인Ursache이나 근거Grund와 같은 것이 세계의 세계화에 적합하지 않기 때문이다."(GA79, 19) 그런 사태를 두고서 하이데거는 "세계가 세계화하는 한에서, 세계는 본재한다"Welt west, indem sie weltet(GA79, 19)고 말한다.

대지의 '이쪽으로 세움'

예술작품은 세계 이외에 그와는 전혀 다른 것을 이끌어 세운다. 바로 그것이 '대지' Erde다. 하이데거가 그리스 신전 작품을 예로 들면서 잘 보여주고 있듯이, 작품을 통해서 작품에 등장하는 온갖 사물들이 자기 본연의 모습을 회복한다. 이미 도구와의 비교에서도 언급하였듯이, 도구가 사물을 소재로 간주하여 그것을 낭비하고 오용하는 것과는 달리, 작품은 사물을 더 이상 형식의 소재로서 사용하지도 않을 뿐만 아니라, 그와는 전적으로 다른 차원의 대지를 드러낸다. 통상 하이데거의 대지는 후기 사유의 길에서 중요한 이정표로서 평가된다. 그것은 특히 횔덜린 시와의 조우 속에서 형성된 개념으로 간주된다.[35] 또한 그리스적 사유, 특히 자연φύσις에 대한 그리스적인 사유의 경험이 대지를 중요한 사유의 언어로서 확정 짓는 데 일조했음은 물론이다. 그렇다면 작품 속에서 사물은 어떻게 대지로 변모하여 현상하는가? 먼저 작품을 통해 현상하는 대지의 모습이 하이데거의 눈에 어떻게 포착되는지를 살펴보기로 하자.

그곳에 그렇듯 서 있는 건축작품은 바위의 지반 위에서 안식하고 있다. 그렇게 작품을 안치함으로써 작품은 볼품없지만 어떤 것에도 강요되지 않는 떠받침의 어두움을 바위로부터 이끌어 내고 있다. 그리고 그곳에 서 있는 건축작품은 그 위를 광란하며 휘몰아치는 폭풍우에 맞섬으로써 비로소 위력적인 폭풍우 그 자체를 보여 준다. 겉보기에 오직 태양의 은총 자체만을 통해 나타나는 듯한 암석의 광채와 빛남은 한낮의 빛과 하늘의 너비와 밤의 암흑을 비로소 나타나게 한다. 또한 선명한 [신전의] 부각浮刻이 볼 수 없던 대기의 공간을 내보인다. (GA5, 28)

이후에도 신전이 "파도의 광란"을, "나무와 풀, 독수리와 황소, 뱀과 귀뚜라미"를 "비로소 드러낸다"고 하이데거는 말한다. 작품을 통해 그와 연관된 모든 사물들이 감추어진 자신의 모습을 드러낸다. 작품과 만나기 이전에는 그냥 스쳐 지나쳤던 사물들이, 익숙함의 어둠에 갇혀 미동도 없던 사물들이 작품 속에서 생동生動하며 선명하게 나타난다. 작품은 존재의 빛이 되어 사물의 어둠을 비추고, 그 빛 속에서 사물은 자신의 자태를 온전히 드러낸다. 예컨대 건축물 한 채가 주위 환경과 절묘하게 어울려서 그것이 없을 때에는 보이지 않던 강물의 유장함과 산 능선의 부드러움을 제대로 살리고 있다면, 그런 건축물이 바로 하이데거가 생각하는 예술작품이다. 그런데 이처럼 "출현하고 피어오르는 것 자체, 그리고 그 전체"(GA5, 28)를 고대 그리스인들은 "퓌시스"Φύσις(자연)라 명명하였는데, 그 퓌시스가 스스로를 숨기고 간직하고 보호하는 측면을 하이데거 자신은 "대지"라 부른다. 하이데거의 대지는 세계와 마찬가지로 특정 대상을 지칭하는 개념이 아니다. 그것은 "피어오름이 모든 피어오르는 것과 그것도 그 자체로서 되돌아가 숨는 그곳"이고 "간직하는 것"das Bergende(GA5, 28)이며 또한 "아무것으로도 강요되지 않는, 힘들지 않으면서 지칠 줄 모르는 것"das zu nichts gedrängte Mühelose-Unermüdliche(GA5, 32)이자 "인간이 자신의 거주를 그 위에, 그리고 그 가운데 근거 짓는 곳"이다(GA5, 28).[36]

대지는 자기 품 안에 모든 것을 간직하며 감춘다. 봄·여름·가을 동안 지상에 출현하는 모든 생명들이 겨울이 되면 다시 대지의 품속에서 안식하듯이, 대지가 내놓은 모든 것들을 감추는 것은 그것들을 보호하기 위함이다. 속속들이 들추어진 것들은 보호될 수 없다. 노출된 것은 위험 속에 맡겨졌음을 의미하기 때문이다. 그래서 감추는 대지는 자기 안으로의 어떤 침입도 불허한다. 예컨대 돌의 무거움을 알고자 돌을 잘게 부수고, 저울에 달아보아도 돌의 무거움은 설명되지 않는다(GA5, 33 참조). 도리어 무거움은 사라진다. 마찬가지로 봄에 피는 목련꽃 빛깔을 그것의 파동수로 계측하려는 시도는 그 빛깔을 사라지게만 할 뿐이다. 사정이 이러한 것은 대지가 모든 설명으로부터 스스로를 끊임없이 폐쇄verschließen하기 때문이다. 이런 대지의 자기 폐쇄성 덕택에 대지는 "이루 다 길러 낼 수 없는 충만함"(GA5, 34)을 보존할 수 있다. 그렇다면 인간은 왜 이렇게 자기 폐쇄적인 대지에 침입하여 그것을 드러내려고 하는가? 하이데거는 인간의 과도한 인식 욕망을 현대 과학과 연관 지어 다음과 같이 말한다.

대지는 자기 안으로 밀려드는 모든 침입을 자기 곁에서 분쇄한다. 그것은 계산적이기만 한 집요한 시도 모두를 좌절시켜 버린다. 이런 집요함이 자연의 기술적·학문적 대상화라는 모습을 띤 채 설혹 지배와 진보라는 가상으로 나타날지라도, 이러한 지배는 실로 〔자연을 진정 그대로 드러내고자 하는〕 의욕의 무기력에 지나지 않는다.(GA5, 33)

인간이 계산하는 이성을 대지에 들이대면, 대지는 사라진다. 다시 말해서, 대지는 그런 이성 앞에서 스스로를 감추어 버린다. 아무리 대지에 가까이 가려고 애를 써도 계산하는 이성은 대지에 접근할 수 없다. 도리어 멀어져만 갈 뿐이다. 그럼에도 불구하고 계산적 이성은 사태의 심각성을 숙고하지 않는다. 도리어 대지를 지배하고 있다는 확신에 차 있다. 그러나 대지는 지배되고 정복된 것이 아니라, 계산적 이성의 시야에서 빠져나가 자신을 감추고 있을 따름이다. 다시 말해서 계산적 이성은 자연을 지배하기는커녕, 그것을 있는 그대로, 곧 "자신을 폐쇄하는 것"das Sichverschließende(GA5, 33)으로조차[37] 드러내지 못한다.

대지를 있는 그대로 드러내는 길은 대지의 자기 폐쇄성을 깨트리면서까지 합리적으로 설명하려 데 있지 않다. 도리어 모든 것을 들추어 내려는 설명의 욕구를 단념*해야 한다. 대지의 자기 폐쇄성을 인정하고 따르는 길만이 대지를 참되게 현상하게 할 수 있다. 스스로를 감추고 폐쇄

---

* 현대인에게 가장 어려운 일 가운데 하나는, 모든 것을 계산적 합리성의 잣대로 설명하려는 욕구를 **단념**(Verzicht)하는 일이다. 여기에서 단념한다는 말은 부정적·소극적 의미가 아니라, 적극적·능동적 의미로 이해해야 한다. 왜냐하면 이 일의 성격상 단순히 쉽게 포기하고 체념할 수 있는 수동적 일이 아닐뿐더러, 단념 자체가 무엇인가를 말해 주는 역할을 하기 때문이다. 슈테판 게오르게(Stefan George)의 시를 해명하면서 하이데거는 단념하기를 '보여 주다', '말하다'와 연관 짓는다(GA12, 210). 즉 단념하기는 또 다른 방식의 보여 주기, 말하기를 뜻하며, 특히 대지(또는 사물)를 현상케 하는 중요한 말하기의 방식이다. 이와 관련하여 파덴(Gerhard Faden)은 『들길』(Feldweg)에서 "단념은 받아들이지 않는다. 단념은 준다"라는 하이데거의 말을 인용하며, "이것이 예술에 대한 하이데거의 전체 숙고를 위해 주도적으로 쓰인 말"이라고 주장한다. Gerhard Faden, Der Schein der Kunst: zu Heideggers Kritik der Ästhetik, Königshausen+ Neumann, 1986, p. 20.

하는 것은 그런 존재 방식대로 남겨 두어야만, 은폐하고 있는 모습 그대로를 드러낸다. 하이데거에 따르면, "그것[대지]은 은폐되고 설명되지 않은 채 남아 있을 때에만, 자신을 내보인다."(GA5, 33) 사실 이런 일은 우리의 일상 속에서 쉽게 찾아볼 수 있다. 왜냐하면 우리는 이런 대지와 더불어 그 토대 위에서 살고 있기 때문이다. "우리는 우선은 본래적으로 감각들의 쇄도, 예컨대 음향이나 소음들을 받아들이는 것은 결코 아니다. 오히려 우리는 굴뚝 속에서 바람이 피리 부는 소리를 …… 듣는다. 그런 사물들 자체는 그 어떤 감각들보다 우리에게 훨씬 가깝다."(GA5, 10) 이처럼 대지는 일상에서도 어느 정도 드러난다고 할 수 있다. 그러나 대지를 불러오는 작품 속에서 그것은 두드러지게 현상한다.

 과학을 신봉하는 현대인들은 기계를 통해 확인할 수 있는 음향의 진동수가 '객관적' 진리이며, 하이데거가 말하는 소리들은 '주관적' 인 것이라고 말할 것이다. 그렇다면 예를 들어 "태양이 동쪽에서 떠올라 서쪽으로 진다"는 말에서 확인할 수 있듯이, 일상에서 만나는 대부분의 지식들은 모두 주관적인 신념 체계에 지나지 않을 것이다. 하물며 예술작품이 보여 주는 것은 일상의 그것보다 더 주관적이라고 여길 것이다.[38] 사실 이런 생각의 배후에는 과학적이라 불리는 것 이외에는 모두 주관의 영역에 속하고 궁극적으로 그런 것은 거짓에 불과하거나 참·거짓을 논할 수 없는 종류의 것이라는 믿음이 놓여 있다. 그러나 그것은 과학적 시선의 독선일 뿐이다. 다시 말해서 한쪽 방향만을 바라볼 수밖에 없는 과학적 시선의 시각 장애에서 유래한 것일 뿐이다. 그런 편협하고 획일화된 시선 속에는 대지가 현상하지 않는다. 대지는 오직 자신의 폐쇄성을 훼손하지 않는 시선에게만 감춰진 자신을 드러내 보인다.

 독일어 Herstellen은 보통 어떤 원료나 소재를 가지고 상품, 도구, 작품을 제작한다는 의미로 사용된다. 하이데거는 이 용어를 그대로 받아들이되, 전혀 다른 의미로 사용한다. 다시 말해 작품에 사용된 사물들을 그것들의 고향인 대지에로 되돌려 보낸다는 의미로 사용한다. 이미 언급한 것처럼 도구에 사용된 사물은 도구의 유용성 속으로 사라진다. 사물 그 자체로는 아무런 의미가 없으며, 오직 유용성의 시각에서 사물은 다루어진다. 반면 하나의 세계가 올려세워진 작품에서 "소재는 사라지지 않고, 오히려 맨 처음 출현하고 더구나 작품 세계의 개방성 안에서 출현한다."(GA5, 32) 그래서 작품의 사물들은 모두 선명한 빛을 얻게 된다. 그런데 그 모든 것은 작품이 자신을 소재에(정확히 말하자면, 간직하는 대지에) "되돌려 놓음"Zurückstellen으로써 가능하다. 왜냐하면 사물이 속해 있는 대지에게로 되돌아가 작품을 세워 놓음으로써 동시에 그것은 은폐하는 대지를 이리로 불러오는 셈이 되기 때문이다.

> 작품이 돌의 육중함과 무거움, 나무의 단단함과 유연함, 광석의 견고함과 광채, 색의 빛남과 어두움, 음향의 울림, 낱말의 명명력Nennkraft 속으로 스스로를 되돌려 놓음으로써, 이 모든 것들은 출현한다.(GA5, 32)

작품이 대지를 이쪽으로her 세운다stellen는 것은 대지로부터 작품 소재를 가까이 가져왔지만, 다시 작품 소재를 그 소재의 근원인 대지로 되돌려 놓는다는 것을 뜻한다. 그것은 또한 자기 폐쇄적인 대지를 억지로 들춰내려 한다거나 유용성의 목적에 따라 일방적으로 규정하려 하지 않고, 차라리 비밀스런 대지의 폐쇄성을 그대로 출현시킨다는 것을 뜻한다. 그래서 작품은 그 소재를 대지로 되돌려 세워 대지의 자기 폐쇄적인 모습 그대로를 이쪽으로 가져온다. 작품의 이런 대지로 되돌려 놓는 "이쪽으로 세움"[39]이 아니라면, 대지는 결코 출현할 수 없다. 왜냐하면 대지는 "출현하며 간직하는 것"Hervorkommende-Bergende(GA5, 32)이기 때문이다. 한 가지 덧붙이자면, 위 인용문에서 돌, 나무, 광석, 색, 음향, 낱말 등은 통상 작품의 소재로 잘 알려진 것들이다. 그 가운데 '낱말' Wort이 속해 있다는 점에 주의할 필요가 있다. 어떻게 생각하면, 낱말과 대지를 연결시키기 어려울 수도 있다. 여기「예술작품의 근원」(1935/36)에서는 충분히 논의되지 않지만, 이후「언어의 본질」(1957/58)에서 횔덜린의 시에 나오는 "입의 꽃"die Blume des Mundes이라는 시구를 통해 언어를 발화하는 신체(입)가 대지에 속한다는 것이 논의되고 있다(GA12, 194). 거기에서도 여전히 대지는 "그[대지] 속에서 우리 죽을 자들이 번성하고 그로부터 우리는 토착성Bodenständigkeit의 견실함을 받아들인다"(GA12, 194)라고 규정된다.

 대지는 자기를 폐쇄하고 감춘다. 그런 대지는 인간의 그 어떤 시선과 작위를 통해서도 관통되지 않는다. 침입을 거부하는 단단함, 그 비밀의 베일[40] 속에서 대지는 모든 것을 보호한다. 대지가 보호하는 것 가운데 인간도 예외일 수 없다. 인간은 대지의 단단한 토대 위에서 거주한다. "대지 위에서, 그리고 그 안에서 역사적 인간은 세계 내의 거주함을 근거 짓는다."(GA5, 32) 인간은 발 디딜 곳 없는 투명한 하늘에서가 아니라, 오직 불투명한 대지 위에서, 곧 인식의 빛이 투과 불가능한 대지 위에서만 자신의 거주 공간을 마련한다. 왜냐하면 어떤 침입도 불허하는 단단한 지반만이 인간 거주의 근거가 될 수 있기 때문이다.

4. 예술작품의 통일성

작품은 사물적인 존재 방식이나 도구적인 존재 방식으로서가 아니라, 작품 고유의 존재 방식으로 존재한다. 그 고유한 존재 방식을 살펴볼 때, 작품은 세계를 '위'로 올려세우며, 저 '아래' 대지로 되돌려 세운다. 세계와 대지를 세우는 상이한 방식 사이에 작품은 존재한다. 다시 말해서 세계와 대지라는 상반되는 힘의 역학 *사이*에 작품은 존재한다. 세계는 역사적 민족의 운명을 밝히는 어떤 개방성이며, 그에 반해서 대지는 스스로를 폐쇄하며 감추는 것이기 때문에, 양자는 서로 충돌할 수밖에 없다.[41] 그래서 작품 안으로 이끌려진ziehen 두 가지 상이한 특징Züge들 사이에 투쟁이 벌어진다. 그러나 만일 투쟁이 단순한 불화나 반목에 불과하다면, 그것은 '하나'의 작품이 될 수 없을 것이다. 왜냐하면 대립되는 것들이 서로 반목하는 수준에 머물고 있는 이상, 그것은 둘이지, 하나로 존재하는 작품일 수 없기 때문이다.

만일 작품이란 것이 있다면, 하나의 작품으로 존재한다. 다시 말해서 그 내적 통일성을 확보할 수 있어야 작품이 존재할 수 있다. 어떤 종류의 통일성이든 그 하나임이 확보되어야 작품의 있음이 확인된다. 하이데거에 따르면, '하나'의 작품은 "자기 안에 섬"das Insichstehen으로서, "스스로에 기인하는 그런 닫혀 있는 단일한 고요"jene geschlossene einige Ruhe des

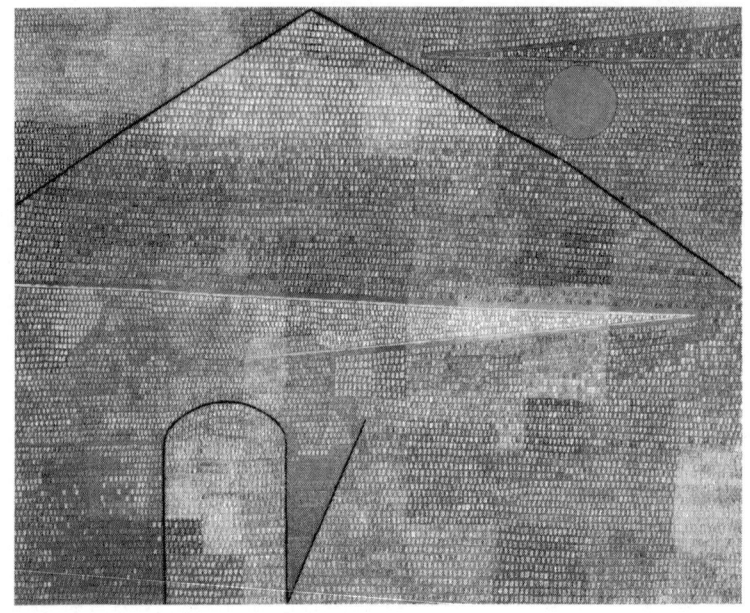

클레, 「파르나수스 산을 향하여」(*Ad Parnassum*)
파르나수스 산은 아폴론과 뮤즈의 공간으로서, 시와 예술을 상징한다. 또한 이 작품은 클레가 화음에 관한 자신의 연구를 이미지로 재구성하고 번역한 것이다. 다른 음과의 팽팽한 긴장 속에서만 어떤 음의 고유성 및 화음이 발생하듯이, 만물은 상이한 것과 투쟁하고 자신을 주장하는 가운데 자신을 회복한다.

Aufsichberuhens(GA5, 34)로서 존재한다. 이런 작품존재의 하나임을 해명하기 위해서는 대립적인 세계와 대지를 어떤 방식으로든 통일적으로 해명할 수 있어야 한다. 하이데거는 "공속성"Zusammengehörichkeit이란 개념으로 이 문제를 푼다. "그러나 그것들[한 세계의 올려세움과 대지의 이쪽으로 세움]은 작품존재의 통일성에서 공속한다."(GA5, 34) 그렇다면 여기에서 투쟁, 공속성, 통일성이 어떤 의미를 갖는지, 어떤 관계를 맺고 있는지를 해명하는 것이 주요 관건이라 하겠다.

통일적인 하나의 작품은 고요하게 존재한다. 이 경우 작품의 고요함은 상식적으로 알고 있는 평범한 고요함, 즉 운동성과 반대되는 그런 고요함이 아니다. 작품의 고요함은 "운동의 친밀한 모음"이어서 "최고의 운동성"을 뜻한다(GA5, 34~35 참조). 그것은 고요한 가운데 어떤 격렬한 움직임이 있는 것이자 속도감 있게 운동하지만 고요를 잃지 않는 것[靜中動, 動中靜]이다. 비유컨대 작품의 이런 고요함은 태풍의 눈과 같다. 엄청난 규모의 구름과 바람을 거느리며, 그것들을 움직이게 하면서도 그 자신은 정작 고요함을 유지하는 중심, 그 태풍의 눈과 같은 고요함이 작품의 고요함이다. 때문에 하이데거 사유에서 "소용돌이"라는 이미지는 매우 중요하다. 사유가 사태 주위를 돌며 그 중심으로 도약하는 해석학적 순환을 논할 때나, 고요와 운동을 연결 지을 때에도 이 이미지는 사유의 도식으로서 큰 역할을 한다. 또한 한 편의 감동적인 시를 읽을 경우, 우리는 하이데거가 다음과 같이 그려 보이는 경험을 하곤 한다. "그 시는 이제 명백한 의미를 담고 있는 바로 이전의 텍스트가 아니다. 차라리 이 언어 구조는 우리를 어디론가 잡아채 가는 **소용돌이**Wirbel이다."(GA39, 45) 작품은 우리를 그 속에 빠져들게 하는 힘을 가지고 있다. 그 힘은 고요한 중심을 향해 회전 운동하는 작품의 소용돌이 성격에서 유래한다.

투쟁의 틈

작품에서 출현하는 세계와 대지는 서로 투쟁할 수밖에 없다. 왜냐하면 하나의 작품 속에서 서로 너무 다를 뿐 아니라, 그것도 상반되는 방향으로 움직이고 있기 때문이다. 세계는 모든 것을 위로auf 열어젖히는 개방성인 반면에 대지는 그 아래의 유래her 속에 자신을 감추는 것이다. 그래서 세계는 대지를 개방시키려 하지만, 그럴수록 대지는 자신을 더욱 완강하게 감춘다.

> 세계는 대지 위에 자신을 안치함으로써 대지를 보다 높이려고 한다. 스스로를 개방하는 것으로서 그것은 어떤 폐쇄된 것도 참지 못한다. 그러나 대지는 간직하는 것으로서 그때마다 세계를 자기 속에 연루시켜 억류하려는 경향이 있다.(GA5, 35)

세계는 개방성이고, 그것도 "존재자 그 자체로서 전체에서 개방함"이다. 『존재와 시간』의 용어로 말하자면, 세계의 개방성은 "의미"Sinn의 지평이다. 그 의미 지평 속에서 존재자가 이해될 때(밝혀질 때), 비로소 모든 존재자는 하나의 의미를 갖게 된다. 하이데거에게 의미란, "이해하는 열어 밝힘에서 분절할 수 있는 것"이고, 이해의 앞선-구조Vor-struktur를 통해 "그로부터 어떤 것을 어떤 것으로서 이해하게 되는 기투의 그곳 Woraufhin des Entwurfs"(GA2, 201)이다. 그래서 어떤 사물이 개방성 속에 열린다는 것은 세계와의 연관 속에서 유의미한 존재자로 출현하는 것을 뜻한다. 그런데 대지에 속해 있는 사물은 자신을 감추고 폐쇄한다. 그래서 그것은 인간에게 쉽게 자신을 허용하지 않는다. 다시 말해서 사물은 인간에게 하나의 의미 있는 것으로서 자신을 개방하지 않는다. 사물에 의미를 부여하는 세계와 자신을 그 의미의 틀 속에 가두지 않는, 즉 자신을 세계에 넘겨주지 않으려는 대지는 이처럼 서로 대립되는 방향으로 향하고 있다. 그럼에도 불구하고 그 양자는 서로 분리되지 않는다. 양자의 차이에도 불구하고 서로는 항시 같이 있다. 왜냐하면 세계와 대지 모두 서로를 필요로 하기 때문이다. 하이데거에 따르면, "세계는 대지 위에 자신을 근거 짓고, 대지는 세계를 뚫고 솟아난다durchragen." (GA5, 35) 달리 표현해서 대지가 없으면 세계는 자신의 근거를 상실하는 셈이고, 세계가 없으면 대지는 자기 폐쇄적인 모습마저 현상할 수조차 없다. 그래서 투쟁하면서도 서로가 서로를 요구한다. 결국 세계와 대지 양자는 서로의 차이 때문에 투쟁하지만, 무엇보다 자신의 존립을 위해서 맞서 있는 상대를 필요로 한다.

그러나 본질적인 투쟁에서 투쟁하는 것들은 하나가 다른 하나를 그것들 본질의 자기 주장에 이르기까지 고양한다. 그러나 본질의 자기 주장은 결코 어떤 우연적인 상태로 자신을 고착시키는 것이 아니다. 오히려 그것은 고유한 존재의 유래, 그것의 숨겨진 근원성으로 스스로를 넘겨주는 것이다.(GA5, 35)

사실상 하이데거에게 투쟁은 단순히 세계와 대지의 투쟁으로 한정되지 않는다. 그에게 투쟁은 존재 전체의 참된 모습이다. "진리의 본질은 그 자체 내에서 근원투쟁Urstreit이며, 그 근원투쟁 속에서, 존재자가 안에 들어서고 그로부터 그 자체 내로 되돌려 세워지는, 그런 열린 중심jene offene Mitte이 쟁취된다."(GA5, 42) 인용문의 여백주석을 보면, 1960년 레클람 판본에서 근원투쟁은 '존재사건'으로 대치되었다. 다시 말해서 근원투쟁은 존재Sein에 해당하는 후기 하이데거의 용어, 곧 존재사건Ereignis으로 이해된다. 이런 근원투쟁이 진리의 본질Wesen*이다.

여기에서 복잡하게 전개되는 하이데거의 진리 개념을 상술할 수는 없다. 다만 논의 진행을 위해서, 즉 "투쟁" 또는 "진리의 작품-안으로의-정립"이란 말을 이해하기 위해서 그의 진리 개념을 간단하게 요약하는 것으로 만족하기로 하자. 우선 하이데거에게 진리는 그리스적 의미의 알레테이아Ἀλήθεια로 이해된다. 하이데거는 그리스어 알레테이아가 라틴어 veritas로 번역되고 독일어 Wahrheit로 번역되면서 의미의 변화가 있었다고 보고 있다. 이런 의미 변화는 존재 이해의 변화이자, 하이데거가 보기에 존재망각의 심화이다. 더 나아가 그것은 단순한 인간 이해 방식의 변화만이 아니라, 존재 드러남의 변화로 파악된다. 그러나 이런 의미 변화에도 불구하고, 형이상학이 성립한 시점부터 알레테이아는 "인식과 사태의 일치"Übereinstimmung der Erkenntnis mit der Sache로 이해되었다. 이런 이해를 시원적인 알레테이아의 망각으로 간주하는 하이데거는 Ἀ-λήθεια를 독일어 Un-verborgenheit(우리말로는 '비-은폐성')[42]로 번역한다. 이런 번역을 통해 하이데거가 초점을 맞추는 부분은 알레테이아 속에 감추어져 있는 '레테'이며, 비은폐성과 은폐성의 사이(―)이며, 그 *사이*의 투쟁이다.

「예술작품의 근원」에서는 은폐Verbergung를 두 가지로 구분한다. 하나는 '거절하기' Versagen이고 다른 하나는 '위장하기' Verstellen이다. 전자는

---

* 주지하다시피 하이데거에게 Wesen은 전통 형이상학에서 말하는 essentia를 뜻하지 않는다. '무엇'이라는 물음에 대한 형이상학적 사유는 존재를 존재자성(Seiendheit)으로, 즉 존재자의 '실체', '근거'로서 포착하고, 그것을 Wesen이라 칭하였다. 그러나 하이데거는 Wesen을 먼저 시간과 호응하는 동사적 의미로 독해한다. 특히 퓌시스, 즉 자연을 규정할 때처럼, '피어오름' (aufgehen)이란 의미로 읽고 있다. 고고 독일어로 Wesen은 'wesan'이며, '지속하다 (während), 머물다' 라는 의미를 갖고 있다. 같은 어원의 고대 인도어로는 vásati로서, 그 말은 '그가 거주하다, 머물다' 라는 뜻이다(GA8, 143 참조). 이런 의미의 Wesen은 동사 '있어 옴' (ge-wesen), '현존하다' (an-wesen)와 '부재하다' (ab-wesen)를 거느리고 있는 어간이기도 하다. 이런 여러 의미를 내포하고 있기 때문에 여타 하이데거 개념들처럼 Wesen은 번역하기 쉽지 않지만, 이 글에서는 '본질'이라는 번역어를 그대로 사용할 것이며, 하이데거적 의미를 좀 더 강조하고자 할 경우에는, '본재(本在)라고 번역할 것이다.

존재자가 자신을 내보이기를 거부하는 것을 뜻한다. 반면 후자는 존재자가 자신을 내보이기는 하지만, 있는 바와는 다르게 현상하는 것을 뜻한다. 은폐는 이런 거절과 위장의 이중적인 은폐이며, 알-레테이아의 투쟁, 그 투쟁에서 쟁취된 밝힘은 "오직 이런 이중적인 은폐하기로서 일어난다."(GA5, 41) 그래서 투쟁은 근본적으로 밝힘과 은폐의 근원투쟁이다. 진리는 이런 근원투쟁의 장이며, 이런 진리가 작품 안으로 정립하며 발생한다. 외견상 밝힘과 은폐의 근원투쟁과 세계와 대지의 투쟁은 유사해 보인다. 그러나 하이데거는 양자를 구분한다. 그에 따르면, 전자가 후자보다 더 근원적인 심급의 개념틀이다. "그 열림das Offene에는 하나의 세계와 대지가 속한다. 그러나 세계는 단순히 밝힘에 상응하는 열림이 아니고, 대지는 은폐에 상응하는 폐쇄된 것이 아니다."(GA5, 42) 전자의 개념들은 후자보다 더욱 근원적이며, 선행적인 개념들이다. 그래서 밝힘과 은폐의 근원투쟁이 일어나야만, 세계와 대지의 투쟁도 가능하다.

다시 예술작품에서 일어나는 세계와 대지의 투쟁으로 되돌아가자면, 투쟁하는 것들은 차이나는 것과 부딪히면서 자신의 정체성을 주장한다. 그런데 대개의 경우 투쟁 속에서 행해지는 하나의 자기 주장은 독단으로 떨어지고, 자신의 편협한 면만을 고수하기 마련이다. 그에 비해 하이데거가 말하는 본질의 자기 주장은 자기를 포기하는 것이다. 물론 궁극적인 의미에서 자기 부정은 아니다. 그것은 자기처럼 보이는 것들을 모두 포기하고, 자신의 숨겨진 근원성에 스스로를 넘겨주는 것이다. 그래서 투쟁하면서 일어나는 본질의 자기 주장은 투쟁하는 당사자들의 자기 정체성을 확보해 준다. 다시 말해서 상이한 것과 투쟁하고 자신을 주장하면서 싸움의 당사자들은 망각된 자신을 회복한다.

투쟁이 점점 더 격렬하게 자립적으로 자기를 강조하면 강조할수록, 투쟁하는 것들은 한층 더 굽힘 없이 단순한 상호 귀속의 친밀성die Innigkeit des einfachen Sichgehörens 안으로 해방된다.(GA5, 35)

투쟁하는 것들이 투쟁하면서 자신의 정체성을 찾게 되는 동시에, 서로에게 귀속한다. 여기에서 주목해야 하는 것은 자기 동일성 확보와 투쟁 상대에로의 귀속함이 함께 일어난다는 것이다. 그것을 가능케 하는 것은 투쟁하는 것들, 즉 세계와 대지 모두 홀로 존재할 수 없으며, 언제나 자기 존재의 근원을 투쟁 상대에, 엄밀히 말해, 투쟁 자체에 두고 있다는 점에 있다. 그래서 오직 투쟁 속에서만 양자는 존재할 수 있고 자기 동일성을 확보할 수 있다. 이런 점에서 자기 동일성은 타자성을 배척·배제함으로써 확보될 수 있는 것이 아니다. 도리어 그것은 그 근원에서부터 타자성을 함축하고 있으며, 이질적인 그것을 견뎌 내는 과정 가운데만 확보될 수 있다. 단순한 반목이나 불화가 아닌 진정한 투쟁은 이처럼 투쟁 속에서 상호간의 결속을 확인한다. 하이데거는 투쟁하는 것들 사이에서 일어나는 어떤 같음*에의 결속을 "친밀성"이라 부른다. 결국 참된 투쟁의 원동력은 서로 '같은 하나'에 속하고 있다는 친밀성에서 기인한다. 투쟁하는 것은 같음의 친밀성에 서로 함께 속한다. 여기서 "함께 속한다"Zusammengehören는 하이데거의 말을 그의 진의대로 이해하는 것이 중요하다. 하이데거가 보기에, 이 용어는 대립되는 것들을 통일한다는 뜻으로 피상적으로 이해

---

* 하이데거는 똑같음(das Gleiche)과 같음(das Selbe)을 구분한다. 같음이 차이를 전제하고, 차이 속에서만 확인되는 것이라면, 똑같음은 차이나는 것을 통일하고 일치시키기 위해 차이를 제거하고 평준화시켜 획득된 것이다. 그에 따르면, "똑같음은 모든 것이 그 속에서 일치하기 위해 언제나 무차별적인 것(Unterschiedlos)에 몰두한다. 그에 반해 같음은 차이를 통한 모음에서 유래하는 차이나는 것의 공속함이다. 차이가 사유될 때에만 같음이 말해질 수 있다."(GA7, 187) 같음을 이렇게 이해한다면, 같음이란 차이를 어떤 근원적인 통일로, 즉 차이나면서도 분리되지 않도록 한곳에 모으는 것을 뜻한다고 하겠다. 결국 하이데거의 같음은 똑같음의 획일화·평준화를 거부하면서 동시에 어떠한 의미의 동일성도 용납하지 않는 차이 역시 거부한다.

될 수 있다. 만일 그렇게 이해된다면, 전통 형이상학이 수행했던 이해와 동일하게 취급될 위험이 있다. 전통 형이상학은 상이하고 대립하는 모든 것들의 통일성을 확보하기 위해 차이를 배제하고 제거해 나가는 방법을 추구한다. 다시 말하면, 모든 것의 통일성, 동일성은 곧바로 수많은 차이의 제거로 이해되었던 것이다. 그리고 차이를 제거해서 얻은 동일성을 보편적이라고 간주했다. 하이데거는 이것을 "함께 속함"의 "함께"Zusammen에만 주목한 형이상학의 편파성이라고 평가한다. 그리고 자신은 "속함" gehören에 강조점을 둔다고 말한다. 이 경우 "속함"은 차이를 받아들인다는 의미를 갖는다. 이런 점에서 하이데거는 "속함"을 우선, 차이를 받아들이는 "듣기"hören로서 파악한다(GA11, 16~17; GA55, 260 참조).[43]

차이를 제거하는 동일성 확보 방식, 즉 전통 형이상학에서 시도했던 대립되는 것들의 화해 방식은 차이를 제거함으로써 투쟁을 종료시키기 위한 것이기 때문에, '강요된 화해' 내지 '맥 빠지는 일치'로 귀착된다. 이와는 반대로 헤라클레이토스의 입장에서[44] 하이데거는 진정한 투쟁은 종식될 수 없고, 그럴 필요도 없으며, 도리어 차이를 산출하며 벌어지는 투쟁이 투쟁하는 것들을 하나로 묶어 준다고 본다. 그래서 그에 따르면, "작품이 그 투쟁을 김빠진 타협에로 누그러뜨리고 중재하기 위해서 일어나는 게 아니라, 오히려 투쟁이 하나의 투쟁으로서 남아 있기 위해서 이것〔투쟁의 선동〕이 일어난다"(GA5, 36) 작품은 이런 세계와 대지의 투쟁이 일어나는 전쟁터이며, 동시에 이 투쟁을 끊임없이 가열시키는 일종의 "선동"Anstiftung의 역할을 한다(GA5, 36). 작품은 세계의 개방성을 올려세우면서도 동시에 감추는 대지를 불러들여 "이쪽으로 세움"으로써, 양자를 충돌시키고 투쟁케 한다. 그런데 이미 살펴보았듯 세계와 대지의 이런 투쟁의 와중에도 작품은 자신의 고요를 잃지 않는다. 왜냐하면 이 경우 투쟁은 결국 투쟁하는 것들의 친밀성에서 기인하고, 투쟁케 하는 그 친밀성이 바로 참된 화해이자 양자의 통일성이며, 이런 친밀성의 중심은 언제나 고요하기 때문이다. 그래서 하이데거는 "투쟁의 친밀성 가운데에서 자신 안에 안식하는 작품의 고요가 그것의 본질을 갖는다"(GA5, 36)고 말한다. 따라서 작품은 세계와 대지의 투쟁이 고요히 일어나는 장소이다.

지금까지 하이데거의 논의를 정리해 보면 다음과 같다. 사물 또는 도구를 통해서가 아니라, 작품 고유의 존재 방식대로 작품을 바라볼 때, 작품에서 보이는 두 가지 특징이 세계와 대지이고, 이 양자는 서로의 상반된 차이로 말미암아 충돌하며 싸우고 있다. 그런데 그 투쟁은 서로의 친밀성에서 유래한 것이며, 그 친밀성 때문에 투쟁은 계속된다. 그렇다면 이제 남는 문제는 친밀성이 어디에, 어떤 모습으로 존재하는지를 밝히는 데 있다. 하이데거는 그것을 "틈"der Riß이라는 개념으로 설명한다. 결론부터 말하자면, 작품의 통일성을 가능케 하는 친밀성은 틈의 *사이*에 존재하며, 틈새 그 자체이다.

투쟁은 단순히 갈라진 채 찢겨져 있는 것으로서의 분열이 결코 아니다. 오히려 투쟁은 투쟁하는 것들이 상호 귀속하는 친밀성이다. 이 틈은 마주 향한 것들을 단일한 근거에서부터 그것들의 통일성의 유래 속으로 맞부딪히게 한다. 그래서 그것은 평면도平面圖, Grundriß이다. 그것은 존재자의 빛이 비쳐 오르는 근본 특징을 표시해 주는 입면도立面圖, Aufriß이다. 이런 틈은 마주 향한 것들을 서로 허물어뜨리는 것이 아니다. 그것은 단일한 윤곽Um-riß 속으로 척도와 경계의 마주 향함을 가져온다.(GA5, 51)

여기에서 틈은 투쟁하는 것들의 경계로 이해된다. 그 투쟁의 경계에서 투쟁하는 것들은 자기 본질을 얻는다. 그 경계에 서기 전까지 세계는 아직 세계가 아니며 대지도 역시 마찬가지이다. 오직 투쟁하는 것들 사이, 그 싸움의 경계에서만 투쟁하는 각각은 자신의 정체성을 확인할 수 있다. 그래서 경계의 틈은 투쟁하는 각각에게 그 본질의 척도를 가져다주는 것이다. "경계는 예술작품 자체 안에서 척도가 된다."⁴⁵

여기에서 경계는 단순히 넘어서야 될 극복의 대상이 아니며, 단지 어떤 것이 중단되는 지점도 아니며, 빗장을 걸어 자신을 폐쇄하는 것을 뜻하지 않는다. 그리스적 의미로 경계$πέρας$란 "이쪽으로 앞에 데려온 것 hervorgebrachte 자체로서 현존하는 것을 비로소 빛나게 한다."(GA5, 71)* 이런 의미의 경계는 경계 지어진 것을 비로소 현상하게 한다. 경계의 틈 사이는 경계 양편을 윤곽 짓는 빛이다. 하이데거의 규정대로 아름다움이 "작품 속으로 짜맞추어진 빛남"이자, "비은폐성으로서 진리가 본재하는 한 방식"(GA5, 43)이라면, 세계와 대지의 투쟁, 그 투쟁의 틈 사이에서 아름다운 진리의 빛**이 밝혀지고, 그 빛을 통해 세계와 대지는 자기 본질의 경계가 선명하게 드러난다고 말할 수 있을 것이다.

서로의 자기 정체성을 확인해 주는 투쟁은 근본적으로 친밀함에서 기인한다. 친밀함에서 기인하지 않는 투쟁은 투쟁의 동력을 이내 상실할 수밖에 없다. 왜냐하면 계속 싸워야 하는 이유도 없을뿐더러, 싸움의 원

---

* 이런 의미에서 경계를 이해한다면, 그리스적인 자연 역시 경계를 통해 규정될 수 있다. 자연이란 "스스로 그때마다의 경계 속으로 피어오르는 것, 그리고 그 속에서 머무는 것"이다. 그렇다면 인간의 행위와 함께 경계를 내는 테크네와 자연은 서로 대립하는 것만이 아니라, 어떤 동일한 기반 위에서 서로 공속한다고 할 수 있다. 하이데거는 양자가 "비밀스러운 방식"으로 공속한다고 말하면서도, 결국 알레테이아, 즉 스스로를 은폐하는 비은폐성(Unverborgenheit im Sichverbergen)에 테크네와 퓌시스가 공속하는 것으로 보고 있다(GA13, 138~149 참조).
** 하이데거는 틈 사이 어둠 속에서 일어나는(건너오는) '진리의 빛'과 연관 지어 아름다움을 다음과 같이 규정한다. "아름다움(Schönheit)이란 진리 본질의 역운(ein Geschick des Wesen der Wahrheit)이다. 이 경우 진리란 스스로를 은폐하고 있는 것이 그 은폐로부터 벗어난다는 말이다. 쾌적한 것이 아름다운 것이 아니고, 언제까지나 나타나지도 않고 그래서 보이지도 않던 것이 가장 선명하게 현상하여 나타나게 될 때 일어나는(sich ereignen) 그 같은 진리의 역운 아래에 들어오는 것이 바로 아름다운 것이다."(GA8, 8)

동력 또한 외부에서 임시적으로 주어진 것일 수밖에 없기 때문이다. 오직 양자의 공속성에서 유래하는 투쟁만이 지속될 수 있다. 그런데 이런 공속성을 드러내 보여 주는 것이 틈이다. 투쟁하는 양자가 얼마만큼 공속적인지, 어떻게 공속적인지는 투쟁의 과정 중에 드러내는 틈을 통해 알 수 있다. 투쟁이 심화될수록 양자의 접경 지역이 선명해진다. 그렇게 형성되는 틈의 이어짐이 투쟁하는 양자의 전체, 즉 투쟁하는 것들이 서로 같이 속해 있는 친밀성의 "윤곽"으로 나타난다.

틈은 경계이고 윤곽이다. 그리고 윤곽은 어떤 형태를 그림 그린다. 그래서 하이데거는 독일어의 언어놀이를 통해 틈을 "평면도", "입면도", "투시도"Durch-riß, "윤곽도"라는 그림과 연관 짓고, 이내 "형태"Gestalt와 연결 짓는다. 그에 따르면, "틈 속으로 가져와서 대지로 되돌려 놓고 그와 함께 확립된 투쟁은 **형태**이다."(GA5, 51)[46] 이제 투쟁하는 양자가 함께 속해 있는 친밀함은 막연하고 추상적인 어떤 것이 아니다. 그것은 분명한 형태를 갖고 존재한다.

틈은 투쟁하는 것들 사이에서 일어난다. 그 사이는 벌어져 건물 전체를 붕괴시키는 사이가 아니다. 그 사이는 양자를 분리시키는 틈, 그래서 극복해야 될 대상으로서의 한계가 아니다. 도리어 그 사이는 양자를 서로 붙들어 두는 "이음새"die Fuge(잇는 사이)*이다(GA5, 51). 그 이음새는 양자를 서로 나누면서 동시에 이어 준다. 바꿔 말하면 그것은 차이를 배제

---

* 헤라클레이토스 강의(1943/44)에서 하이데거는 자신이 종전에 하르모니아(ἁρμονία)를 조화(Einklang)로 번역했던 것을 포기하고 짜맞춤(Fügung)으로 번역한다. 그는 그 이유를 다음과 같이 밝힌다. "하르모니아의 본질적인 것은 울림과 음조의 범위가 아니라, 하르모스(ἁρμός), 즉 이음새(Fuge)이며, 이것은 둘 모두 이음새 속에 순응하여(sich fügen) 결국 짜맞춤이 존재하는 그런 곳에서, 그 곁에 하나가 다른 하나에 맞추어진 것과 같은 것을 말한다."(GA55, 141) 이처럼 하이데거는 짜맞추다(fügen)라는 동사에서 파생된 짜맞춤(Fügung), 이음새(Fuge), 유순한(fügsam)이란 어휘의 의미들을 잘 조합하고자 한다. 이런 맥락에서 볼 때, 예술작품의 이음새는 헤라클레이토스적 자연, 즉 하르모니아에서 유래한 것이라고 할 수 있다.

하지 않으면서, 도리어 그 차이를 통해 통일을 이루는 것이다. 물론 틈이나 이음새를 존재자적으로만 이해해서는 안 된다는 전제 조건에서 이렇게 말할 수 있다.

우리가 실생활에서 경험하는 틈은 한갓 균열, 분열 또는 파열일 뿐이고, 그래서 대개 통일을 깨는 것이다. 그런데 하이데거의 틈은 이와 반대이다. 그것은 화해를 해치는 분열이 아니라, 진정한 통일, 즉 투쟁하는 것들의 친밀성의 모습이다. 또한 투쟁의 단순한 결과로서 틈이 생겨나는 것이 아니라, 틈의 자기 형성 속에서 투쟁의 모습이 확인된다. 만일 우리가 세계와 대지를 어떤 눈앞의 존재로 파악한다면, 그런 것들의 투쟁 속에서 틈이 생겨난다고 말하는 것이 옳을 것이다. 다시 말해, 상이한 대상이 앞에 놓여 있고, 양자의 부딪힘 때문에 그 사이에서 틈이 발생한다고 말이다. 그러나 하이데거적 의미의 틈은 언제나 대립하는 양자보다 선행하는 사건이며, 대립하는 양자(세계와 대지)와 틈 모두 대상으로 파악되는 눈앞의 존재가 아니다. 세계와 대지가 각기 나뉘어 존립하기 위해서는 그 이전에 틈의 사건이 있어야 한다. 그 틈 사이에서 투쟁하는 각각은 비로소 고유한 자기 모습을 얻을 수 있다.[47]

작품 속에서 우리는 처음 세계와 대지를 본다. 그리고 그 양자의 투쟁을 보며, 그 투쟁 속에 존재하는 작품의 통일성의 윤곽을 본다. 논의의 순서는 이렇게 진행되었다. 그러나 사실 순서가 뒤바뀌었다. 우리가 처음 작품을 볼 때, 우리는 그 작품 전체의 윤곽부터 본다. 우리는 작품의 생생한 윤곽을 먼저 바라본다. 그리고 투쟁하며 절묘하게 힘의 균형을 이루고 있는 세계와 대지를 만난다. 이때 팽팽한 긴장이 감도는 작품의 형태가 우리에게 말을 건다.

여기에서 "형태가 우리에게 말을 건다"라는 말은 단순한 수사적 표현이 아니다. 다시 말해서 한낱 "은유"Metapher가 아니다. 하이데거에 따르면, 은유는 "감각적인 것"과 "비감각적인 것"의 구분을 전제로, 전자를 후자로 "전용하는"übertragen(번역하는) 수사적 표현이다. 때문에 이런 구분 속에서 움직이는 은유는 "오직 형이상학의 내부에서만 존재한다." (GA10, 89) 만일 이런 의미의 은유적 표현이 아니라면, 어떻게 형태가 말을 할 수 있을까? 하이데거의 입장에서 그렇게 주장할 수 있는 근거는 이후 그의 언어론과 시론을 살펴보면서 구체적으로 제시될 것이다. 하이데거가 예술의 본질을 언어 예술인 시로 소급할 수 있었던 것도 이와 맞닿아 있다. 여기에서는 그 근거를 간단하게 두 가지만 제시해 보기로 한다.

첫째, 이미 언급한 것처럼, 하이데거가 작품을 설명하면서 말하는 투쟁은 헤라클레이토스적 의미를 담고 있다. 「예술작품의 근원」과 같은 시기에 강의한 『형이상학 입문』(1935)에서도 하이데거는 헤라클레이토스를 번역하고 해석한다. 그의 번역에 따르면, 여기에서 폴레모스Πόλεμος는 "대결"Auseinandersetzung──폴레모스는 여러 가지 독일어로 번역된다. 예컨대 Streit, Kampf, Krieg, Auseinandertreten 등이 그것이다──이다. 그런데 하이데거에 따르면, "대-결Aus-einandersetzung 속에서 세계가 생성한다(대결은 통일을 분리시키는 것도 아니며, 파괴시키는 것도 아니다. 그것은 통일을 형성하는 것이어서 모음 '로고스' λόγος이다. Πόλεμος와 λόγος는 같은 것이다)."(GA40, 66) 이런 하이데거의 해석을 좀더 확장시켜 보면, 투쟁은 모든 것을 모으는 로고스이고, 로고스는 '언어'와 '존재'를 함께 뜻했던 말이다. 그렇다면 한 걸음 더 나아가 투쟁은 존재의 언어를 뜻한다. 때문에 투쟁 속에서 발생하는 작품의 형태는 일종의 존재 언어이며, 그 언어를 우리가 듣는 셈이다.

둘째, 다른 한편 이런 귀결이 가능한 것은 하이데거의 신체 현상학에 이론적 근거를 두고 있다. 그에 따르면 보기와 듣기는 눈과 귀를 통해서 구분될 수 있는 것이 아니다. 우리는 눈과 귀라는 신체 기관 때문에 보고 듣는 것이 아니다. 물론 눈과 귀는 보고 듣는 데 필요하다. 그러나 "우리Wir 가 듣는 것이지 귀가 듣는 것이 아니다. 물론 우리는 귀를 통해서durch 듣지만, 귀를 가지고mit 듣는 것은 아니다. …… 우리의 청각 기관Gehörorgan 은 어떤 점에서 …… 듣기의 필요 조건이기는 하지만, 결코 충분 조건은 아니다."(GA10, 87~88) 이런 맥락에서 감각 기관을 통해 듣기와 보기를 구분할 수는 없다. "만일 우리의 인간적-가사적인 듣기와 보기가 한갓 감관적인 감각 속에서 그것의 본래적인 면을 가지고 있지 않다면, 사유하기가 들으면서 보고 보면서 듣는 것이라면, 들을 수 있는 것Hörbares이 동시에 보여질 수 있다는 사실이 전대미문의 것은 아닐 것이다."(GA10, 89) 이런 이유에서 작품의 형태가 우리에게 말을 건넨다고 할 수 있다.

    그런 연후에나 그 작품에서 일어나는 세계와 대지를 볼 수 있다. 중요한 것은 그 틈의 윤곽이, 또는 그런 윤곽을 가지고 있는 작품이 정말 없지 않고 '있다'는 사실이다. 세계와 대지의 사이, 그 틈의 윤곽, 그리고 그 윤곽의 선명함으로 말미암아 작품은 존재한다. 그것도 다른 어떤 존재자보다도 확실하게 존재한다.

창작과 보존

하이데거 예술 창작론의 두드러진 특징 가운데 하나는 작품의 창작 과정이나 창작자를 거의 고려하지 않는다는 점이다. 전통적인 의미에서 창작론이란 작품이 창작되는 과정의 순차적인 단계, 제작 과정의 메커니즘, 작품 창작의 원리 및 규칙 등을 다루는 학문을 의미한다면, 하이데거의 예술철학에서 그런 의미의 창작론이라 칭할 만한 것은 없다고 하겠다. 그가 창작 과정이나 창작자를 자신의 창작론에서 주목하지 않는 이유는 그런 설명 방식이 전통 형이상학, 특히 주체 중심의(인간 중심/제작자 중심의) 형이상학에 의해 움직이고 있다고 파악하기 때문이다. 그런 전승된 창작론은 작품존재를 해명하는 데 도움이 안 될뿐더러, 설사 그것이 도움을 준다 하더라도 그럴 수 있기 위해서는 그 역의 방식, 즉 작품존재에 준해서 창작 과정과 창작자를 해명하는 방식을 택해야 한다는 것이 하이데거의 기본 입장이다. 과학적 설명 방법에 준해 창작 과정의 원칙과 규칙을 마련하려는 시도나 천재·영감 등의 신비적 개념에 의존하려는 시도는 작품을 이해하고 작품 창작을 해명하는 데 실패할 수밖에 없다. 왜냐하면 그 모든 해명이 가장 큰 관건인 작품존재를 놓치고 있기 때문이다. 작품의 '있음'에까지 육박하지 못하는 모든 해명은 결국 그 작품의 존재 앞에서 무너질 수밖에 없기 때문이다.

하이데거가 보기에, 사람들은 '창작'을 '제작'과 혼동한다. 사람들이 혼동을 범하는 까닭은 한 개인의 지적 부주의에만 있는 것은 아니다. 그 혼동은 역사가 길며, 역사가 긴 만큼 검질기게 우리를 구속하고 있다. 그 혼동은 다음과 같은 생각에서 유래한다. 예술작품은 인간이 만들어 낸 것이며, 인간이 무엇인가를 만들어 낼 때에는 일정한 법칙 하에서 만들며, 즉 설계도면과 같이 따르고 준수해야 하는 어떤 규범을 가지고 제작한다. 그래서 누구나 창작 법칙을 정확하게 인식하고 몸으로 숙련될 때까지 기술을 연마하기만 하면 작품을 창작할 수 있다는 자연스런 추론을 도출한다. 그래서 작가 지망생들은 창작의 원리 및 규범들을 먼저 공부한 다음 기술을 숙련한다. 그러나 이런 창작론은 만일 작품과 도구의 구분이 유효하다면, 결국 '작품 창작론'이 아니라 '도구 제작론'일 뿐이다. 기본적으로 무엇인가를 **인간**이 **만든**다는 생각이, 그 자명한 선입견이 작품과 도구 사이의 차이를 망각하게 하고, 그 결과 자연스럽게 도구 제작 방식을 작품 창작에 확대 적용한 셈이다. 한마디로 대개의 전통 규범미학은 궁극적으로 작품 창작론이 아닌 도구 제작론이며, 기껏해야 그것의 다양한 변형태에 불과하다.*

하이데거에게 예술은 "진리의 작품 안으로의 정립"이다. 작품 안에서 진리가 일어나도록 하는 것이 예술이다. 그래서 작품을 창작한다는 것은 작품에서 진리가 일어나도록 하는 것이며, 진리를 작품 안으로 가져오도록 하는 것이다. 바꿔 말해서 세계와 대지의 투쟁 속에서 틈새의 존재 사건을 작품 안으로 가져오는 것이다. 여기에서 주의해야 할 점은 "세움", "가져옴"이란 말을 모두 주체의 자발적·능동적인 제작이란 의미로 이해해서는 안 된다는 점이다. 물론 창작자는 존재하며, 창작자가 있어야만 작품이 가능한 것도 사실이다. 하지만 하이데거에게 창작자는 창작의 '주체'라기보다는, 일어나는 존재의 진리를 청종하며 그것을 작품 안으로 가져오는 또 다른 창작 '매체'에 가깝다. 이 점을 정확히 파악하는 것이 하이데거 예술 창작론을 이해하는 데 관건이다.

창작론은 작품 창작에 대한 분별적인 이해에서 출발한다. 먼저 도구의 '제작' Anfertigen과는 차이나는 작품 '창작' Schaffen의 본질을 제시할 수 있어야 한다. 그러나 이미 언급했듯이, 도구 제작이나 작품 창작을 인간의 만듦 Machen이란 일종의 유개념으로 평준화해서 양자의 차이를 희석해서는 안 된다. 왜냐하면 하이데거에게 작품 창작은 진리의 일어남과 관련되지만, 제작이나 만듦은 그렇지 않기 때문이다. 이처럼 작품의 존재 방식은 제작품의 그것과는 결정적으로 구분되기 때문에, 창작과 제작 자체도 엄격하게 구분되어야 한다는 말이다.

---

* 미학사에서 이런 규범미학에 반발하며 나온 것이 천재론이다. 칸트를 위시한 많은 낭만주의자들은 규범미학의 한계를 극복하기 위해, 즉 도구 제작론이 아닌 작품 창작론을 내놓기 위한 돌파구로서 '천재', '창조적 상상력' 등의 개념을 도입한다. 그러나 하이데거가 보기에, 이런 시도 또한 작품 창작을 해명하는 데 불충분하며, 보다 중요하게는 이것 역시 주체-객체의 도식 속에서 움직이고 있기 때문에 종국에는 도구 제작론으로 귀착될 수밖에 없다. 그래서 여전히 낭만주의적 입장도 작품 창작과 도구 제작을 구분하지 못하고 있는 전통 형이상학에 포섭된다. 그렇지만 낭만주의적 천재 개념과 근대적 주체 사이의 변별 지점을 확보할 수 있다면, 예를 들어 칸트가 정의하듯, '자연의 총아'인 천재를 주체의 자발적 활동만이 아니라, 자연이 보내는 선물이자 호의로 이해할 수 있다면, 그런 천재론은 하이데거의 시인론에 근접하는 것도 사실이다.

예술이란 말은 고대 그리스 언어로는 테크네이다 ── 포이에시스 $ποίησις$는 (예술) 창작을 뜻하는 말이다. 이 말은 지금은 '기술'로 번역되며, 고대 그리스 당시에는 지금의 예술과 장인의 기술이 혼합된, 미분화된 의미군을 거느리고 있는 말로 이해되었다. 그러나 하이데거는 테크네를 이와 같은 통념과는 조금 다르게 이해한다. 하이데거는 테크네를 일종의 앎으로 이해하면서, 그것을 작품 "산출" Hervorbringen과 연관 짓는다. 그리고 지금의 통념과는 다른 것을 생각하도록 번역어에 약간의 변화를 준다.[48]

> **테크네는 그리스적으로 경험된 앎**Wissen**인데, 존재자를 산출한다는 것이 현존하는 것을 그 자체로서 은폐성으로부터**her **고유하게 그 외관의 비은폐성 안으로, 그 앞으로**vor **가져온다는**bringen **것을 뜻하는 한에서 그러하다. 테크네는 결코 만듦의 행위**Tätigkeit eines Machens**를 의미하지 않는다.**(GA5, 47)

테크네는 일종의 앎이다. 그리고 이때의 앎은 존재자를 은폐의 어둠으로부터 진리의 빛 속으로, 즉 있음의 비은폐성 속으로 가져오는 것을 뜻한다. 오직 이런 의미에서만 도구나 작품의 창작은 그리스적 테크네가 될 수 있다. 그런데 서양의 역사는 이런 테크네의 본래적 의미를 망각하고 오직 인간의 만듦 행위에 입각해서 테크네를 이해하였다. 테크네는 무엇인가를 반복해서 제작할 수 있는 지식이라는 의미로 정착되고 고착되었다. 그래서 근대 이후 예술의 자율성이 확립되고, 제작과 창작을 구분하는 것이 통념이 된 시대에도 여전히 테크네의 본래적인 의미는 망각된 채, 창작을 제작의 측면에서 이해하고 있다. 여기에 반해서 하이데거는 예술 창작에는 여전히 시원적인 테크네의 자취가 남아 있다고 보고 있으며,* 그래서 제작과 창작의 변별 작업이 필요하다고 본다.

이처럼 창작이란 말의 해명을 통해서도 예술 창작은 온전히 해명되지 않은 채 남아 있다. 그렇다고 창작 과정이나 창작자의 심리 상태, 작품의 창작 배경 등을 모두 참조한다고 해도 창작의 성격을 드러내는 데에는 한계가 있다. 다시 말해서 그런 것들은 창작을 이해하기 위한 필수 조건일 수 있을지언정, 충분 조건은 될 수 없다. 더구나 작품이 단순한 제작물이 아닌 이상, 그래서 창작자가 일종의 "작용인"causa efficiens 으로만 파악되지 않는 이상, 창작자에 대한 어떤 해명도 작품 해석의 결정적인 요인으로 간주될 수는 없다. 하이데거에게 남은 마지막 길은 작품을 통해 창작을 해명하는 길이다. 그에 따르면, "작품이 창작의 수행 속에서 비로소 현실화되기에 작품의 현실성에 있어 작품은 창작에 의존하기는 하지만, 창작의 본질은 작품의 본질을 통해 규정된다."(GA5, 47)

이미 우리는 작품에서 현상하는 투쟁과 틈의 사건, 진리의 사건을 살펴보았다. 작품을 창작한다는 것은 다름 아닌, 그 사건을 작품 안으로 가져와 확고하게 세우는 것을 뜻한다. 하이데거에 따르면, "작품의 창작된 존재는 형태 속으로 진리가 확고히 세워진 존재를 뜻한다."(GA5, 51) 이렇게 확고하게 세우는 일은 원칙상 '현존재'인 인간이면 누구나 할 수 있는 일이지만, 그렇다고 모든 사람이 언제나 그 일을 하는 것도, 뜻대로 쉽게 할 수 있는 것도 아니다. 왜냐하면 그것은 결코 한 개인의 의지나 능력

---

* 후기 하이데거 사유의 길에서 예술(또는 시)은 주지하다시피 매우 중요한 사유거리이다. 그리고 그것은 현대 과학기술 문명 비판, 즉 서양 형이상학의 극단화된 형태로 이해되는 과학기술에 대한 비판과 병행한다. 그 과정에서 횔덜린 시의 한 구절, 즉 "위험이 자라는 곳에 구원이 자란다"는 구절을 문제 해결의 실마리로 삼는다. 궁핍한 시대로 명명되는 이 시대 최고의 위험이 과학기술이라면, 구원은 다른 곳에 있는 것이 아니라 과학기술 그 자체에 있다고 할 수 있다. 그렇다고 이 말은 결코 과학기술이 초래한 문제들마저 과학기술의 지속적인 발전을 통해 해결 가능하다는 "과학만능주의"를 뜻하지 않는다. 그런 의미가 아니라, 과학기술의 본질적 유래, 즉 지금껏 망각되어 온 시원적 의미의 테크네에 구원의 길이 있다는 것이다. 그렇다면 테크네의 본래적 의미에 가까이 있는 예술에서 하이데거는 그 구원의 가능성을 찾았다고 볼 수 있을 것이다.

만으로 간단하게 성취될 수 있는 일이 아니기 때문이다. 더구나 세계와 대지의 투쟁을 감당하고, 틈 사이에서 일어나는 진리의 빛을 오래도록 견딜 수 있어야만 작품을 창작할 수 있는데 그 일은 매우 어렵고 드문 일이기 때문이다. 앞서 말했듯이, 하이데거의 작가론, 즉 창작자에 대한 언급은 거의 없는 것이 사실이지만, 우리는 뒤에 그의 시인론을 접하면서 창작자에 대한 어느 정도의 윤곽은 잡을 수 있을 것이다. 여하간 일어나는 진리, 곧 존재자의 존재를 확고하게 작품의 형태 속으로 가져오는 것, 그것이 바로 하이데거가 생각하는 창작의 의미다.

이렇게 창작된 존재는 도구와 크게 두 가지 점에서 구별된다. 그 중 하나는 이미 언급한 적이 있듯이, 사물을 소재로 파악하여 그것을 오용하는 도구와는 달리, 창작된 존재는 사물을 한갓 소재로 사용하지 않는 것은 물론이고, 더욱이 사물을 그 본래의 고향인 대지로 되돌려 놓는다는 점을 들 수 있다. 그래서 작품 창작에서 대지를 사용하는 것은 "그것[대지]을 비로소 그것 자체를 향해 자유롭게 한다."(GA5, 52) 다시 말해서 도구를 제작할 때에는 사물이 대지가 아닌 한갓 소재로 전락하는 반면, 작품을 창작할 때에는 사물이 그것의 고유성과 자생성을 간직하고 있는 대지로 현상한다는 것이다. 비록 도구와 창작이 겉으로는 유사해 보이기는 하지만, 대지를 드러내지 못한다는 점에서, 도구는 창작된 존재와 결정적으로 갈라진다. 한마디로 말하자면, "도구의 제작은 결코 직접적으로 진리 일어남의 성취가 아니다."(GA5, 52)

창작된 존재가 도구와 갈라지는 또 다른 지점은 창작된 존재 그 자체의 "충격"Anstoß에 있다. 하이데거가 보기에 진정 위대한 작품은 그것이 누가 창작했든 관계없이, 즉 창작자 '이름'의 권위에 힘을 빌리지 않더라도, 그 창작된 작품 자체가 존재하고 있다는 사실만으로도 하나의 충격을 줄 수 있어야 한다.[49]

"아무개가 만들었다"N.N.fecit라는 점이 널리 알려져야 할 것이 아니라, 오히려 '사실이 있다' factum est는 단순함이 작품 속에서 열려야 한다. 즉 존재자의 비은폐성이 여기서 일어났으며, 이런 일어남으로 비로소 발생한다는 이 사실, 즉 도대체 그러한 작품이 '있으며', 더욱이 없지 않고 있다는 이러한 사실이 열려야 한다. 작품이 이러한 작품으로서 존재한다는 충격과 그리고 이러한 눈에 띄지 않는, 부단한 부딪힘Stoß이 작품에 있어 자기 안에 안식함Insichruchen의 지속성을 형성한다. 예술가와 작품 생성의 과정과 내막이 알려지지 않은 바로 그곳에서, 이러한 충격이, 즉 이런 창작된 존재의 '사실' Daß이 가장 순수하게 작품에서부터 솟아 나온다.(GA5, 52~53)

우리가 작품 속에서 부딪히는 것은 창작된 존재이다. 당연한 말이겠지만 작품에 물리적으로 부딪히는 것이 아니라, 작품 안에서 현상하는 어떤 '있음'에 부딪힌다. 창작자의 입장에서 보면, 작품 창작은 그저 지각될 수 있는 어떤 사물을 만드는 것이 아니다. 창작자는 진리가 일어나는 작품만의 고유한 내부를 창작해야 한다. 그래서 하이데거는 이런 창작을 "안으로 창작하다"hineinschaffen(GA5, 52)라는 용어로 표현한다. 이처럼 안으로 창작된 존재에서 우리가 부딪히는 것은 존재사건의 일어남, 바로 그것이다. 창작자는 작품을 창작하면서 이런 존재사건을 목도하고, 그것에 부딪힌다. 많은 예술가들의 증언에 따르면, 예술가가 작품을 창작하기 이전에 머릿속에서 구상했던 그대로, 즉 원래의 의도와 계획대로 작품을 창작하는 경우는 극히 드물다. 자신이 창작한 작품이지만, 창작된 작품은 번번이 애초의 자기 의도에서 비껴간다. 창작 과정에서 불가항력으로 뜻하지 않은 것들이 밀쳐 오는 것을 보고 작가 스스로 놀라기도 한다. 이런 사실들은 창작자에게 닥쳐오는, 창작된 존재의 충격을 잘 보여 준다. 감상자도 마찬가지로 이런 존재의 충격을 경험한다.

창작된 존재는 진리가 형태 속으로, 작품 속으로 확고히 세워진 것이다. 이렇게 세워진 창작된 존재는 도구나 눈앞의 존재와는 다른 존재 방식을 갖는다. 작품은 새롭고 충격적인 존재로서 자신을 드러내 보이는 데 비해, 도구나 눈앞의 존재는 자기 고유의 있음을 선명하게 알리지 않는다. 도구는 쓰면 쓸수록, 눈에 뜨이지 않기 마련이다. 왜냐하면 도구에서 중요한 것은 정작 도구가 존재한다는 것 그 자체가 아니라, 그것의 쓰임에 있기 때문이다. 예컨대 기성품 구두를 처음 신을 때 발에 맞지 않아서 구두를 신을 때마다 그것에 시선이 집중된다(도구로서의 역할을 제대로 못하는 경우). 그러다가 구두가 점차 익숙해지면서 우리는 구두로부터 시선을 거둔다. 다시 말하면 구두가 처음 한동안은 자기 존재를 알려 오다가, 구두에 익숙해지고 신뢰가 쌓이면서 매일 마시는 공기처럼 자기를 감춘 채 존재한다. 다른 한편 도구가 파손되었을 때, 도구는 눈앞의 존재로서 다시 현상한다. 앞의 예를 가지고 말하자면, 구두가 제 기능을 못할 경우, 예컨대 구두 밑창에 못이 튀어나와 발을 찌를 경우, 다시 시선이 구두에 쏠린다. 요컨대 도구가 제 기능을 다할 때는 그것의 존재감을 전혀 느끼지 못하다가 차라리 제 기능을 하지 못할 때 더 이상 도구가 아닌 것, 즉 무용한 사물(그저 눈앞에 존재하는 것)로 현상한다.

눈앞의 존재도 사정은 마찬가지이다. 이 경우 눈앞에 어떤 것이 있다는 사실만큼 자명한 것은 없기 때문에 그것의 존재가 부각되지 않는다. 다시 말해 그저 눈앞에 놓여 있는 것은 하나의 충격으로 다가오지 않는다. 그것에 비해 작품 속에 창작된 존재는 세계와 대지의 투쟁, 그 틈의 사이에서 일어나는 존재사건이기 때문에, 작품은 언제나 새롭고 낯설 수밖에 없다. 이런 점에서 흔히 말하는 작품의 독창성과 창조성은 단순히 작가의 주관적 제작 능력, 즉 창조적 상상력에서 유래하는 것이라기보다는 창작된 존재의 낯설음에서 유래한 것이다. 그리고 그 낯선 작품존재가 우리에게 어떤 충격을 준다. 그런데 이런 작품존재의 충격은 창작자의 전유물만은 아니다. 창작자와 함께 그것을 보는 사람에게도 작품존재는 하나의 충격으로 다가온다.

하이데거에게 작품존재는 언제나 "섬뜩한 것" das Ungeheure이다. 사람들은 "우선은 대개" 낯익은 존재자, 익숙한 질서만을 본다. 그런데 작품에서 일상의 고정관념을 깨트리는 새로운 사건이 일어난다. 그래서 고정관념에 사로잡힌 사람들 편에서 보면, 작품은 우선 "섬뜩한 것"의 "충격"으로 다가온다.

> 형태 속에 확립된 작품이 더욱 고독하게 자신 안에 서 있을수록, 그것이 인간과의 모든 연관들에서 더욱 순수하게 풀려나는 듯 보일수록, 그런 작품이 '존재한다'는 충격은 더욱 단순하게 개방되며, 섬뜩한 것에 더욱 본질적으로 맞부딪혀aufstoßen, 지금껏 편하게geheuer 보이던 것들을 뒤엎어 버린다umstoßen. (GA5, 54)

das Ungeheure이라는 독일어는 '안전함, 편함'이라는 말 geheuer에 결여태 un이라는 접두사가 결합된 용어이다. 그것의 사전적 의미로는 "엄청나게 크고 무시무시함(괴물)", 그래서 "전율스러움" 등을 뜻한다. 그러나 하이데거는 언제나 언어의 사전적 의미만을 취하지 않는다. 예컨대 하이데거는 진리Wahrheit[50]라는 말 대신에 그리스어 $\dot{a}\lambda\eta\theta\varepsilon\iota a$의 어형語形에 가까운 독일어 비은폐성Unverborgenheit을 사용한다. 익숙하게 사용되는 진리의 의미를 새롭게 되새기려는 동시에, 진리의 빛 이면에 어두움이, 비은폐의 이면에 은폐가 자리 잡고 있다는 사실을 보여 주기 위해, 더 나아가 대립하는 양자 사이의 근원투쟁을 보여 주기 위해 이 용어를 채택하는 것이다. 이런 맥락에서 "섬뜩한 것"이란 용어를 선택한 것도 "섬뜩한 것"이 단지 전대미문의 엄청나고 전율스런 것으로만 그치는 것이 아니라, 그것이 본래 안전하고 편한 것의 근원임을 보여 주려는 시도로서 이해될 수 있다. 다시 말해서 존재자의 근원이면서도 그동안 망각되고 숨겨져 왔던 존재는 우리에게 처음에는 "섬뜩한 것"으로 드러난다. 작품이 그것만의 고유한 형태로 존재한다는 그 사실 하나만으로도 이제껏 친숙하고 편하게만 보이던 모든 것들이 무너져 내리고, 오로지 작품의 존재에만 우리 시선이 머무른다. 작품존재, 그 자체가 하나의 충격이고 놀라운 사실이다. 그렇다고 이런 충격이 "강제적인 것은 아니다." 다시 말해서 작품존재가 우리에게 충격을 가하고 자기 앞에서 눈을 못 떼게 하는 일은 어떤 강제에 의한 것이 아니고, 자연스럽게 일어난다. 하이데거는 그 이유를 다음과 같이 서술한다.

> 왜냐하면 작품 자체가 더욱 순수하게 그 자체를 통해 열린 존재자의 개방성 속으로 밀쳐 나올수록entrücken, 더욱 단순하게 작품은 우리를 이 개방성 안으로 밀어 넣는다einrücken. 그래서 동시에 우리를 익숙한 것으로부터 밖으로 밀쳐 낸다herausrücken. 이런 밀어내어 옮김Verrückung을 따른다는 것은 다음을 의미한다. 즉 세계와 대지의 익숙한 연관들을 변화시키고 더 나아가 작품 속에서 일어나는 진리 내에서 머물기 위해, 모든 관행의 행위와 평가, 앎과 시각을 억제함ansichhalten을 뜻한다.(GA5, 54)

우리가 작품에 빠져 황홀해하고 미친 듯 좋아하는 것은 이런 이유 때문이다. 사전적 의미로 entrücken과 verrücken은 '황홀함'과 '미침'[狂]을 뜻한다. 하이데거는 이런 용어들을 탈자적인 인간 실존을 해명하는 데 사용하며, 특히 여기에서처럼 예술작품에서 받는 '매혹魅惑의 감-동感-動'에 대한 철학적 해명을 위해 사용한다. 예술작품은 권위와 당위로 무장한 도덕규범들의 목록이나 법전처럼 강제력을 행사하며 인간 삶의 변화를 요구하지 않는다. 작품존재의 밀침das Rücken으로 자연스럽게 인간 실존 전체가 변화한다. 물론 인간 편에서 보자면, 그 변화는 지금까지의 익숙한 태도를 모두 판단중지하고 작품에서 일어나는 진리 속에 머물 때 가능하다. 그리고 이런 머무름 가운데 작품은 보존되고, 하나의 작품으로서 존재할 수 있다. 그래서 하이데거에 따르면, 작품의 보존Bewahrung이란 "작품을 하나의 작품으로 있게 함"das Werk ein Werk sein lassen(GA5, 54)이다. 결국 하이데거적 관점에서 본다면, 작품을 보존할 수 있는 자, 그럼으로써 자신의 삶을 바꿀 수 있는 사람이 없다면, 작품은 하나의 작품으로 존재한다고 할 수 없다.

작품이 단지 창작된 존재로만 그치고 그것을 보존하는 이가 없다면, 작품이 존재한다고 말하기 어렵다. 누군가 그것의 있음을 있음으로 받아들여야만, 작품은 작품으로서 존재할 수 있다. 물론 고흐의 그림이나 횔덜린의 시처럼 오랫동안 잊혀진 작품들도 많이 존재한다. 그러나 그런 망각마저 "무無는 아니며"nicht nichts, "그것은 여전히 일종의 보존함"(GA5, 54)이다. 때때로 망각 속에서 작품은 손상되지 않은 채 보존될 수 있다. 작품에 대한 오해가 누적되면 될수록, 작품의 진리가 손상될 수 있기 때문이다. 창작자가 있어야 예술작품이 존재하는 것처럼, 보존하는 이가 있어야 작품은 존재할 수 있다. 왜냐하면 궁극적으로 작품에서 일어나는 진리는 인간과의 연관 속에 있을 때에만, 다시 말해서 인간이 그것을 존재하는 작품으로 보존할 때에만, 일어날 수 있기 때문이다. 결국 최종적인 심급에서 작품을 작품으로 존재하게 하는 것은 작품의 보존이다.[51]

하이데거가 보기에, 작품을 보존한다는 것은 박물관이나 전시관 안에서 최적의 상태로 작품을 원 상태로 유지하는 것을 의미하지 않는다. 그것은 그보다 본질적인 보존, 즉 "작품 내에서 일어나는 존재자의 개방성 안에 섬"을 의미하며, 그래서 그런 보존은 일종의 앎Wissen이다. 그에 따르면, "작품의 보존이란 앎으로서 작품에서 일어나는 진리의 섬뜩함 속에 깨어 있는 견딤die nüchterne Inständigkeit"(GA5, 55)이다. 이런 각성된 진리의 직시만이 작품을 보존한다고 할 수 있다. 이렇게 볼 때, 작품은 단순한 향유의 대상도 아니며, 학문적 탐구의 대상도 역시 아니다. 작품은 진리가 일어나는 장소이고 그곳에서 인간은 실존하는 자신의 존재를 확인하면서 동시에 뭇 사물의 참된 모습을 볼 수 있다.

또한 작품의 보존은 혼자만의 체험이 아니다. "고립된 주체로서" 자기 혼자만 독점하고 즐기는 예술 전문가·애호가의 지적 사치가 아니다. 그것은 남과 공유할 수도 없고 알릴 수도 없는 자폐적인 개인 체험의 영역에 한정된 것도 아니다. 그것은 이미 인간이 타인과 서로 함께하는 존재임을 다시금 확인하고 깨우치며, 그래서 인간 사이의 약화된 유대를 다시 근거 짓는 새로운 연대의 기반이다. 인간 사이의 진정한 유대는 존재의 진리에 함께 속한다는 점에, 즉 진리에 공속된 현존재라는 점에 있다. 이런 맥락에서 하이데거는 다음과 같이 말한다.

> 작품의 보존은 인간들을 그들의 체험으로 개별화시키지 않고 오히려 그들을 작품에서 일어나는 진리에 귀속하도록 밀어 넣는다. 그리고 그것은 비은폐성과의 연관으로부터 현-존재의 역사적인 '나가 섬' Ausstehen으로서 서로를 위하고 함께하는 존재Für- und Miteinandersein를 근거 짓는다.(GA5, 55)

작품 속에서 우리는 하나가 된다. 작품 속에서 비로소 '하나' 의 '우리'가 형성된다. 우리는 타인들과 예술작품을 공유하며 그 속에서 놀이하며 어울린다. 그 어울림 속에서 진정한 '우리 사이'가 맺어진다. 그런 작품 보존의 하나됨에서 인간은 운명 공동체를 확인할 수 있다. 또한 그것은 우리-사이를 방해하는 모든 제도와 권력을 무력화시킬 수 있다. 물론 이런 예술의 힘이 이데올로기적으로 오용될 수 있다.[52] 그렇지만 예술이 하나의 역사적 공동체, 즉 '우리'를 근거 짓는다는 것만은 분명한 사실이며, 이미 살펴본 바와 같이, 하이데거의 보존 개념이 맹목적인 도취나 얄팍한 선전선동을 거부하고, 존재의 진리에 깨어 있는 상태를 요구한다는 점은 간과되어서는 안 된다.

전문화의 경향이 가속화되는 현대로 오면 올수록, 소수의 창작자와 다수의 감상자가 뚜렷이 구분되고 양자의 차이는 점점 더 벌어진다. 다시 말해 소수의 몇몇 사람은 예술가로, 그 밖의 다수는 수동적인 감상자로 남는다. 그러나 한 인간은 실상 예술작품의 창작자인 동시에 보존자이다. 이 자명한 사실이 근대 이후, 곧 서양에서 분업화·전문화가 본격화된 이후, 또 예술이 자율적 영역으로 설정된 이후, 그리고 근대 형이상학이 주관화로 치달아 창작자의 천재적 능력과 감상자의 내밀한 체험이 신비화된 이후, 아도르노 식으로 말해 소수의 문화산업 종사자와 문화상품을 소비하는 다수의 대중이 분리된 자본주의 사회 이후, 창작자와 보존자는 철저히 분리된다. 물론 창작과 보존의 차이를 무시해서는 안 되고, 창작자와 보존자를 구분할 수 없는 것은 아니다. 그렇지만 '능동-수동'이라는 개념틀 속에서 철저하게 구분된 창작과 감상은 전통 형이상학의 잔재일 뿐이며, 그 형이상학이 최고에 도달한 과학기술의 잔영일 뿐이다. 창작자와 보존자는 구분될 수 있다. 그러나 결코 분리되지는 않는다. 왜냐하면 그 둘은 모두 예술작품에 속해 있으며, 두 계기 *사이*에서만 작품은 존립할 수 있기 때문이다.

창작자와 마찬가지로 보존자도 작품의 창작된 존재에 속한다. 작품은 창작자들을 그들의 본질에 있어 가능하게 해주는 것이다. 그리고 작품은 그것의 본질로부터 보존자들을 필요로 한다. 만일 예술이 작품의 근원이라면, 그것은 말하자면 예술이 작품에서 본질적으로 공속하는 것, 즉 창작자들과 보존자들을 작품의 본질 내에서 유래하도록 하는 것을 뜻한다.(GA5, 58~59)

창작자와 보존자는 모두 작품에 속해 있다. 그리고 작품의 근원이 예술이라면, 창작자와 보존자는 그 예술에 속한다. 그래서 하이데거는 예술을 "작품 안에서 진리의 창작하는 보존"(GA5, 59)이라고 규정한다. 그렇다면 예술은 창작자나 보존자가 각기 홀로 존재해서는 일어나지 않는다. 언제나 둘이 같이 있어야만, 다시 말해 그 둘 *사이*에서만 예술은 존재할 수 있다.

5. 예술의 본질과 시

우리는 이제 「예술작품의 근원」에서 외견상 논의의 논리적 비약이 일어나는 지점에 들어선다. 하이데거는 예술작품의 근원을 "예술"로, 그리고 예술을 지금껏 논의해 왔던 "작품 안에서 진리의 창작하는 보존"으로 규정한 뒤, 다만 암시적이고도 선언宣言적으로 몇 가지 테제를 주장한다. 그런데 이 주장들은 지금껏 논의되었던 "세계"나 "대지", "창작된 존재"나 "보존"과 직접적인 연관을 보여 주지 않은 채 전개된다. 그래서 이 부분은 지금껏 논의된 것을 바탕으로 「예술작품의 근원」 이후 전개된 하이데거 후기 사유를 추적하면서 보완되어야 한다. 좀더 정확히 말해서, 「예술작품의 근원」(1935/36)과 동시적으로 연구된 횔덜린 강의(1935)와 이후 전개된 시론과 언어론을 종합해서 보완되어야 한다. 처음 등장하는 낯선 개념은 시Dichtung이다.

> **모든 예술**은 존재자 자체의 진리, 그것의 도래를 일어나게 함으로서als Geschehenlassen der Ankunft der Wahrheit des Seienden als eines solchen **본질에 있어 시이다.**(GA5, 59)

위 인용문에서 하이데거는 "모든 예술은 ~ 본질에 있어 시"이라는

횔덜린, 릴케, 트라클의 초상화(왼쪽부터)

20대에 하이데거는 이미 횔덜린, 도스토예프스키, 릴케, 트라클 등의 문학서를 탐독했다고 한다. 젊은 시절의 이런 풍부한 독서를 통해 후기 하이데거의 시론(詩論)이 이미 싹트고 있었을 것이다. 특히 횔덜린 시에 대해서는 거의 광적인 관심을 보였다. 언젠가 하이데거가 "우리 학생들에게 일종의 지진과 같은 영향을 미쳤다."고 술회한 것은 어떤 철학자의 책이 아니라, 바로 횔덜린 시를 접한 순간의 전율을 표현한 말이다. 또한 표현주의 작가 트라클과 릴케의 시를 읽고 하이데거는 묵직한 철학적 시론으로 화답(和答)하였다. 그 시론을 읽고 시인 김수영은 자신의 시로써, 또 다음과 같은 고백으로 화답했다. "요즘의 강적은 하이데거의「릴케論」이다. 이 논문의 일역판을 거의 안 보고 외울 만큼 샅샅이 진단해 보았다. 여기서도 빠져나갈 구멍은 있을 텐데 아직은 오리무중이다. 그러나 뚫고 나가고 난 뒤보다는 뚫고 나가기 전이 더 아슬아슬하고 재미있다."

말을 강조하고 있다. 조금 후에 하이데거는 단정적으로 "예술의 본질은 시"(GA5, 63)라고 단언한다. 이런 단언은 얼핏 보면, 시를 유독 사랑하는 철학자의 편애 또는 독단적인 편견처럼 보이는 문구이다. 수많은 종류의 예술을 문학, 그것도 시에만 귀속시키고 환원시켜, 그래서 결국 시를 제1의 예술로 승격하려는 무모한 시도처럼 보인다. 앞에 인용된 자신의 말이 이런 오해를 충분히 낳을 수 있을 것이라고 하이데거도 생각했던 것 같다. 그래서 그는 다음과 같이 해명함으로써 오해를 막아 보려고 한다.

> 모든 예술이 본질에 있어 시라면, 건축예술, 조각예술, 음악예술은 틀림없이 시편Poesie으로 환원될 것이다. 그것은 순전한 자의willkür이다. 분명히 그렇다. 우리가 시편을 이렇듯 쉽게 오해할 수 있는 호칭 언어예술Sprachkunst을 통해 표시할 경우, 언급된 예술들이 언어예술의 변종이라고 우리가 생각하는 한, 분명 그러하다. 그러나 시편은 단지 진리를 밝히는 기투함(대응투사함Entwerfen), 즉 이런 넓은 의미에서 시짓기Dichten의 한 방식일 뿐이다. 그렇지만 언어작품, 좁은 의미에서의 시는 예술 전체에서 어떤 탁월한 지위를 갖는다.(GA5, 60~61)

이 인용문에서는 하이데거가 오해를 불식하기 위해 사용하고 있는 개념들을 구분하는 것이 관건이다. 위에서 하이데거는 시편과 시, 시짓기를 구분한다.[53] 독일어에서 보통 시편은 개별적인 시 작품을 뜻하고, 시는 광범위하게는 문학 일반, 또는 개별 시들의 유적 개념으로 사용된다. 하이데거는 이런 일상 언어의 용례에서 더 나아간다. 그에게 있어 예술의 본질인 시짓기는 진리를 밝히는 기투함이다. 진리의 기투가 예술의 본질이며, 하이데거는 그런 예술의 본질을 시짓기라고 명명한다. 하이데거의 제자였던 가다머는 이런 하이데거의 예술관을 반복하고 있다. 그에 따르면, 예술은 이미 존재하고 있는 어떤 것의 모방이 아니라, "예술은 어떤 것이 그로 말미암아 새롭게 진리로서 발생하는 기투이다."⁵⁴ 진리의 창조적인 기투라는 점에서 예술은 시짓기이다. 그리고 이것이 언어화된 작품이 시이다. 요약하자면, 시짓기는 넓은 의미에서 모든 예술장르를 포괄하는 예술 그 자체를 뜻한다. 그리고 그것이 언어화된 시, 즉 "기투하는 말함"das entwerfende Sagen(GA5, 61)은 예술 가운데에서도 탁월한 지위를 점한다.⁵⁵ 그것이 가장 탁월한 위치를 점하는 이유는 시가 시짓기의 본질, 즉 진리를 비추는 기투함을 가장 잘 실현하기 때문이다.⁵⁶ 이제 문제는 시짓기가 어떤 것인지를 밝히는 것이다.

시짓기가 무엇인지를 밝히기 이전에, 하이데거가 두번째로 논의의 비약을 감행하는 듯이 보이는 부분이 언어에 대한 논의이다. 앞의 인용문 마지막 문장에서 하이데거는 언어작품으로서의 시가 예술 전체에 있어 탁월한 지위를 갖는다고 결론짓는다. 언어 덕분에 시는 여타 예술보다 탁월한 위치를 점한다.⁵⁷ 이어서 그는 "언어 자체가 본질적인 의미에서 시" (GA5, 62)라고 말한다. 어떤 의미에서 하이데거는 이런 말들을 하는 것일까?⁵⁸ 하이데거에게 언어는 도대체 무엇이길래 이런 진술이 가능할까? 하이데거가 언어를 시라고 말하는 근거는 다음과 같다.

언어가 그 속에서 인간에게 그때마다 비로소 존재자로서의 존재자가 열어 밝혀지는 그런 사건이기 때문에 시편, 곧 좁은 의미의 시는 본질적 의미에서 가장 근원적인 시이다. 언어는 그것이 근원시Urpoesie이기 때문에 시인 것이 아니라, 오히려 언어가 시의 근원적인 본질을 보존하기 때문에, 시편은 언어 속에서 일어난다. 그에 반해 건축과 조각은 언제나 이미, 그리고 언제나 오직 말Sage과 명명함das Nennen의 개방성 속에서만 일어난다.(GA5, 62)

마지막 구절에서 하이데거는 결정적으로 다른 예술 분야와 비교하여 언어예술, 그 가운데 시의 탁월성을 확정 짓는 것처럼 보인다. 이전의 인용문에서는 넓은 의미의 시짓기가 단순히 언어예술에 한정되지는 않는 것으로 말하였다. 그리고 좁은 의미의 언어예술, 즉 시Dichtung는 예술 가운데에서 탁월한 위치를 점하고 있다.[59] 시가 탁월한 것은 그것이 언어-예술이기 때문이다. 다시 말해서 하이데거가 시를 탁월한 예술로 이해하는 까닭은 그 시가 놓여 있는 지점이 예술의 본질을 의미하는 시짓기(넓은 의미의 예술, 기투하는 말함)와 언어(시의 근원적인 본질을 보존하고 있는) 사이에 있기 때문이다.[60] 그렇다면 시는 '언어와 예술' *사이*에 있기 때문에 가장 탁월한 예술이다. 이런 맥락에서 예술 장르 가운데 하나로서의 언어예술이 아닌, 탁월한 예술로서의 시를 '언어-예술' (또는 '예술-언어')로 표기하기로 한다. 여기에서 시의 탁월성을 굳이 논하는 이유는 단순히 그것이 이런저런 점에서 여타 예술에 비해 우월하다는 것을 입증하려는 데 있지 않다. 차라리 이 논의의 초점이 되는 부분은 시가 결국 예술과 언어의 근원으로 확정된다는 점에 있다.

다른 예술보다 시가 탁월할 수 있는 것은 일단 언어-예술이기 때문이다. 언어의 어떤 측면이 시의 탁월성을 보증해 준다. 그런데 **언어로 말미암아 시의 탁월성이 가능하다**는 명제와 **"언어 자체가 본질적인 의미에서 시"**라는 명제는 서로를 지시하고 있다. 시의 탁월성은 언어를 통해서, 언어는 시를 통해서 해명되고 있다. 그래서 두 명제는 무의미한 동어반복, 순환 논증처럼 들린다. 그러나 바로 여기에서 '언어-예술'인 시와 언어 *사이*의 해석학적 순환이 성립한다.

앞의 인용문에서 "언어가 시의 근원적인 본질을 보존하기 때문에, 시편은 언어 속에서 일어난다"는 말에 주목해 보자. 언어는 다른 어떤 것보다, 예컨대 회화나 조각 또는 음악보다 시의 본질을 더 잘 보존한다. 동시에 언어는 본질적인 의미에서 시다. 전자의 진술은 언어의 보존 능력을 강조한 말이고, 후자는 언어의 핵심에 시가 자리 잡고 있다는 것을 뜻한다. 언어가 시적 본질을 보존할 수 있는 것은 언어 자체의 본질이 시(적)이기 때문이다. 그렇지만 언어가 시의 본질을 '보존'한다는 것은 어떤 의미를 갖는가? '언어 자체의 본질'이 '시'라는 것은 무슨 뜻인가? 시는 도대체 어떤 것인가? 「예술작품의 근원」에서 이런 의문들은 충분히 해소되지 못한다. 단지 지금껏 보았던 것처럼 암시되기만 할 뿐이다. 그래서 「예술작품의 근원」을 충분히 이해하기 위해서라도, 이후에 전개된 언어론과 시론을 살펴보는 것이 필요하다.

그러나 다음 장으로 넘어가기 전에 한 가지 점만은 분명하게 기억하기로 한다. 그것은 *사이*에 놓여 있는 시가 언어-**예술**이자, 동시에 예술-**언어**라는 점이다. 이후 확인되겠지만, 하이데거에게 언어는 예술 '로서' als 이해되고(이 점에서 **광의의 언어, 근원적인 언어**를 말할 수 있다), 역으로 예술은 언어 '로서' (이 점에서 **시의 탁월성**을 말할 수 있다) 이해된다. 다시 말해서 언어는 한낱 의사소통의 수단이 아니라, 진리의 토포스로서 **예술과 같은 것**이며, 역으로 예술은 침묵의 고요 속에서도 무엇인가를 말해 주고 있는 **언어와 같은 것**이다. 이와 같이 하이데거에게 언어는 예술을 통해서, 예술은 언어를 통해서 이해된다. 그리고 이런 언어와 예술 *사이*의 순환 속에 '시'가 놓여 있다.[61]

3장 / 차이의 언어

이전 장에서 시가 '언어-예술', 즉 언어와 예술 그 양자의 *사이*에 있다고 규정하였다. 그래서 시에 대한 이해를 돕기 위해서라도, 예술의 건너편에 놓인 언어에 대한 논의의 필요성을 언급했다. 다음 장에서 논하게 될 하이데거 시론 이해를 위해서, 그리고 *사이*가 "차-이"로 개념화되는 것을 보이기 위해서라도 우리는 하이데거의 언어론을 건너뛸 수 없다.

"언어 자체가 본질적 의미에서 시다", "예술의 본질은 시다"라는 두 명제를 가지고 우리는 언어에 접근한다. 두 명제 속에서 우리는 언어와 예술이 시를 통해 연결된다는 것을 확인할 수 있다. 좀더 엄밀히 말해, 언어와 예술은 그 '사이 존재'인 시에 함께 속한다. 본격적으로 시를 다루기 이전에 먼저 '언어는 예술이다'라는 명제를 숙고해 보고자 한다. 이 명제는 난해하고 복잡한 하이데거 언어론을 명쾌하게 이해하게 해주는 중요 실마리 역할을 할 수 있다. 하이데거 언어론에 접근하는 논의의 실마리로서, 우리는 '언어는 예술이다'라는 말을 놓치지 않을 것이다. 다시 말해서 이전 장에서 피상적으로나마 예술의 언어성을 확인했다면, 이번 장에서는 언어의 예술성을 확인할 것이며, 본질적·구조적인 측면에서 언어와 예술이 "같음"에 속해 있다는 것을 보일 것이다.[1]

상식적 이해에 비추어 볼 때, 언어와 예술은 별다른 친화성을 갖고 있지 않다. 물론 모든 것을 인간의 활동·표현으로 파악하는 현대에서 언어와 예술은 각기 '일반적인' 표현 수단과 '특수한'(고차원인) 표현 수단으로 이해되기도 한다. 그러나 이런 방식의 접근은 언어와 예술을 무차별하게 획일화시키는 것에 불과하다. 언어와 예술은 이런 의미에서 동일하지 않다. 다만 하이데거 사유의 길 위에서 존재 진리의 토포스가 예술에서 시로, 그리고 결국 근원적인 언어로 옮겨 간다는 점에서, 예술과 언어는 진리와의 동근원적인 관계 구조로 논의된다고 말할 수 있다. 이 점에서 우리는 '언어는 예술이다' 라는 말을 진지하게 숙고해야 한다.

이미 이전 장에서 예술작품의 근원에 대해 살펴보았다. 작품에서 드러나는 '개방하는 세계'와 '자기 폐쇄적인 대지'의 '투쟁' 그리고 투쟁의 와중에 드러나는 '틈의 존재사건', 그리고 그처럼 일어나는 진리를 형태 속에 확립하는 '창작'과 그것의 '보존'을 살펴보았다. 그런데 만일 언어가 예술이라면, 앞서 예술에서 보았던 것들과의 연관 속에서 언어가 다루어져야 할 것이다. 다시 말해서 예술에 대한 논의가 언어로 이행되었다면, 적어도 언어에 대한 논의는 예술과 동근원적 구조를 갖추고 있을 것이다. 이 점에 초점을 맞추어 이제 하이데거 언어관을 간략히 살펴보기로 하자. 하이데거는 여러 상이한 문맥과 다양한 논의 방식을 통해 언어를 다룬다. 이 글의 목적상 여기에서 전체적이고도 상세한 하이데거 언어관을 다룰 수는 없다.[2] 여기에서는 다만 언어와 예술의 동근원적 논의구조를 보여 주고 있는 「언어」라는 논문을 중심으로 예술과 언어의 긴밀한 연관성을 밝히는 데 주력할 것이다.

요약하면, 이 장의 주요 목적은 '예술작품: 세계와 대지의 투쟁 사이'의 논의 구조가 '언어: 사방세계와 사물의 차-이(사이-나눔)'의 논의 구조로 이행되고 있음을 보여 주는 것이다. 그럼으로써 우리는 두 가지를 확인할 수 있는데, 하나는 하이데거의 후기 언어론이 예술론과 긴밀히 연관되어 있다는 점이고, 다른 하나는 하이데거 예술론과 시론을 엮고 있는 *사이* 개념이 결국 차-이 개념으로 엄밀하게 규정됨을 보임으로써, 이후 '시짓기와 사유하기 사이' 문제의 실마리를 찾을 수 있다는 점이다. 여기에서 살펴보게 될 하이데거의 언어는 *사이*의 언어, 곧 차-이의 언어이다. 이제 이 말이 무엇을 뜻하는지 살펴보기로 하자.

1. 전통 언어론 비판

하이데거가 보기에, 예술에 대한 지금까지의 논의가 서구 형이상학에 의해 조율되었듯이, 언어에 대한 저간의 논의도 마찬가지이다. 이미 살펴본 것처럼, 예술작품은 전통적으로 사물적 토대에서, 정확히 말해서 도구적 존재로 파악된 사물적 토대 위에서 이해되었다. 언어도 사정은 마찬가지이다. 전통적으로 언어는 의사소통의 '도구'이다. 다시 말해서 언어 사용자의 느낌과 생각을 타인에게 전달하는 언어의 도구적 기능이 언어에 대한 일차적인 규정으로 간주되었다. 이런 언어 이해에 따르면, 언어는 인간에게 유용한 도구이고, 인간은 그 도구를 사용할 수 있는 고유한 능력을 가지고 있으며, 언어라는 도구 자체가 동시에 인간의 고유한 활동이자 능력이기도 하다. 또한 도구로 이해되는 언어는 현실을 반영하기도 하고, 인간이 그 현실에서 고안해 낸 관념을 표시하기도 한다. 그런데 하이데거는 이런 전통적 언어관은 그 자체로 틀리지는 않지만, 즉 옳지만richtig, 언어에 있어 무엇인가 중요하고 근원적인 것을 빠트리고 있다고 지적한다.

예술작품을 다룰 때에도 그러했듯이 하이데거는 전통적 언어관을 집약해서 먼저 간략하게 제시하고, 그것의 "해체"Destruktion를 통해 언어에 대한 새로운 접근을 준비한다. 하이데거가 요약한 전통적인 언어에 대한 생각은 크게 두 가지로 나뉜다. 하나는 '인간의 활동'으로서 언어를 이

판테온 신전

하이데거 어록에 빠지지 않고 등장하는 문구가 바로 "언어는 존재의 집"이라는 말이다. 그런데 그 존재의 집은 한갓 여염집이 아니라, 있음을 있음 그대로 드러내고 보존하는 존재의 사원, 언어의 사원(寺院)이다. 그리고 시인과 사유자는 그 사원의 사제이다.

해하는 견해이고, 다른 하나는 언어의 '신적 근원'을 강조하는 신학적 견해이다. 전자는 다시 세 가지의 특징으로 나누어 볼 수 있다. 그 견해에 따르면, 첫째 언어는 "표현"Ausdrücken이고, 둘째 언어는 "인간의 활동" Tätigkeit des Menschen이며, 셋째 언어는 "현실적인 것과 비현실적인 것의 표상함이자 서술함"Vorstellen und Darstellen des Wirklichen und Unwirklichen이다 (GA12, 12). 언어를 일종의 표현으로 볼 경우, 표현이란 말 자체가 보여주듯, 언어란 인간 내면의 어떤 '정신적인 것'을 분절화된 음성을 통해 밖으로 외면화시킨 것이다. 언어가 인간의 고유한 활동이라면, 말하는 '주체'는 당연히 '인간'이다. 다시 말해서 정신과 육체를 모두 가지고 자발적으로 자신의 언어적 능력을 실현시킬 수 있는 인간이 말을 하며, 그래서 언어는 인간의 다양한 행위 가운데 하나이다. 인간은 언어라는 도구를 통해 "현실적인 것과 비현실적인 것"을 표상하고 서술한다. 현실적인 어떤 것을 인간 내부에 존재하는 영혼이 받아들여, 그것을 다시 외적으로 표현하는데, 이 과정에서 인간의 활동성에 의해 현실적인 것은 비현실적인 것과 결합한다. 요컨대 인간의 언어는 현실적인 것을 반영하되, 있는 그대로가 아닌 변형된 형태로 반영한다. 그래서 언어는 현실적인 것과 비현실적인 것을 표상하고 그것을 음성 또는 문자를 통해 서술한 것이다.

이러한 상식적인 언어 이해에 동일한 기반을 두고서 여러 학문 분야에서는 각기 다양한 방식으로 언어를 다루고 있다. 그런데 하이데거가 보기에 그런 언어 고찰 방식은 나름대로 의미 있고 올바른 것을 제시해 주고 있지만, 정작 중요한 언어의 본질은 놓치고 있다. 하이데거는 상식의 틀에 묶여 언어의 본질적 측면을 간과하고 있는 언어학, 언어철학, 문헌학 등을 비판하면서, 사유되지 않고 있는 언어의 본질을 말하고자 한다. 또한 그는 예술작품을 작품존재 그 자체로 이해하려 하였듯이, 도구'로서' 파악되는 언어가 아니라, 언어'로서' 이해되는 언어를 말하고자 한다.

그럼에도 불구하고 그것들〔언어에 대한 올바른 표상들〕은 언어의 '가장 오래된 본질적인 각인'을 사유할 수 없다. 그래서 언어에 관한 학문은 나름대로 오래되었고 언어에 대한 이해를 돕기는 하지만, 그럼에도 불구하고 그것들은 결코 언어의 본질, 언어로서의 언어Sprache als Sprache에로 이끌지 못한다.(GA12, 13)

그렇다면 "언어로서의 언어"는 어떤 것인가? 어떻게 그것에 도달할 수 있는가? 하이데거는 언어로서의 언어, 즉 언어의 본질Wesen der Sprache을 찾기 위해 이미 "말해진 것"으로 향한다. 우리는 이미 우리가 말하고 들어 왔던 언어, 우리가 이미 그 속에서 체류하고 있는 언어 안에서 언어의 본질을 찾을 수밖에 없다. 어떤 방식으로든 언어의 '바깥'은 존재하지 않으며, 우리는 그 바깥으로 나갈 수도 없고, 설령 밖으로 나갈 수 있다 하더라도, 그렇게 해서 파악된 언어의 본질은 이미 대상화된 언어, 죽은 언어에 불과하다. 그렇다고 이전 철학자들처럼 언어의 기원을 가정함으로써, 언어의 본질을 해명할 수도 없다. 왜냐하면 모든 기원이 그러하듯 언어의 기원도 언제나 "비밀"로 남아 있기 때문이다. 그래서 우리는 언어의 본질을 경험하기 위해 비밀의 근원에 가까이 있는 언어, 여전히 성장하고 있는 언어에서 출발하지 않을 수 없다.

언어학이 언어를 일종의 관찰 '대상'으로 만들어 버리는 반면, 하이데거는 우리가 이미 그 안에 살고 있는 그런 언어에 다가가고자 한다. 그리고 이미 말해진 것 가운데 '순수하게' 말해진 것에서 하이데거는 언어의 본질을 찾고 있다. 여기에서 "말해진 것"das Gesprochene은 단순히 말하자마자 사라져 버리는 "지나간 것"das Vergangene이 아니라, 그 속에서 말이 지속하는, 다시 말해서 말함의 본질을 모으는 "있어 온 것"(과거Ge-wesene)이다. 본질Wesen이 집약Ge-된 과거는 단순히 지나가 버려 되돌이킬 수 없는 그런 과거가 아니다. 하이데거적인 의미에서 과거는 언제나 미래에 도래하는 것이다. 또한 말해진 것 가운데 임의적으로 어느 하나를 선택하는 것이 아니라, 언어의 본질을 해명하기 위해서는 "순수하게 말해진 것"Rein Gesprochenes만을 사유할 만한 것으로 삼아야 한다. 이때 "순수하게 말해진 것"이란 "말해진 것에게 고유한, 말함의 완성이 그 완성의 측면에서 어떤 시원적인 완성인 그것"이다(GA12, 14). 말함의 완성은 이미 완료된 말해진 것에 있다. 이미 말해진 것 속에 언어의 본질이 있으며, 그곳에서 말함은 완성되어 있다. 그리고 이 완성은 이미 그 시원에서 준비된 것이다. 그래서 시원적으로 말해진 것이 순수하게 말해진 것이며, 그것이 바로 "시가"das Gedicht이다. 요컨대 하이데거는 언어의 본질을 말하기 위해 이미 순수하게 말해진 시에 귀 기울인다.

여기에서 한 가지 간과하지 말아야 할 점은 '언어'를 '사유' 할 때면 언제나 시를 만난다는 점이다. 이미 언급했듯이, 언어를 사유한다는 것은 언어 바깥으로 나아가 그것을 조망하는 학문적 연구가 아니다. 도리어 그것은 이미 말해진 언어 속에서 사유를 진행시킨다는 것을 의미한다. 그런데 이미 말해진 언어에는 셀 수 없이 많은 종류가 있다. 수많은 "말해진 것" 가운데 임의적인 표본조사를 통해 언어를 사유할 수는 없다. 차라리 그것은 사유의 길이 아니라 학문의 방법이다. 그렇다면 "단지 임의적으로 말해진 것을 선택 없이 받아들여 생각하지"(GA12, 14) 않기 위해, 그 임의성을 피하기 위해, 다시 말해 언어를 '사유' 하면서 "말해진 것"을 "사유할 만한 것"으로 삼기 위해, 순수한 언어인 '시'를 만나지 않을 수 없다. 언어를 사유하기 위해서는 '순수한' 언어가 필요하다. 그것이 바로 시어 詩語이다. 하이데거 언어론에 있어 무엇보다 이 점이 중요하다. 결국 말해진 언어의 '순수성'이 뜻하는 바는 사유 사태의 '필연성'에 다름 아니다.

이런 하이데거의 논의 과정에서 알 수 있듯이, 언어의 본질이 시어 속에 존재한다는 사실은 그에게 이미 확고부동하게 전제되어 있다. 물론 하이데거도 이 사실을 알고 있으며, 그래서 다음과 같이 부언한다. "순수하게 말해진 것은 시가이다. 우리는 이 명제를 우선 단순한 주장으로 세워 둔다. 하나의 시가에서 순수하게 말해진 것을 듣는 데 성공한다면, 우리는 이렇게 주장해도 된다."(GA12, 14) 하이데거는 언어의 본질이 시 속에 담겨 있다는 전제가 한갓 전제이고 주장일 뿐이라는 사실을 인정하지만(GA12, 14), 논의의 과정을 통해 시 속에서 언어의 본질을 찾을 수 있다고 확신한다. 하이데거는 시 속에서 언어를 찾는 일은 단순한 공염불로 끝나지 않을 것이라고 확신하는데, 이런 생각의 저변에는 「예술작품의 근원」에서 얻은 확신, 즉 예술은 "진리의 작품 안으로의 정립"이고, 그 예술의 본질은 바로 '시'라는 확신이 깔려 있다. 언어가 언어로서 일어나는 곳은 바로 진리가 일어나는 언어-예술, 곧 '시'이다.

    언어를 해명하는 여타의 다른 글들에도 하이데거는 언제나 시를 끌어온다. 언어에 대한 해명은 그의 한 강연 제목처럼 "시가 속의 언어"Die Sprache im Gedicht를 통해 수행된다. 언어를 대상화하지 않으면서 동시에 언어의 본질 한가운데로 한층 더 가까이 다가가기 위해서 시와의 진지한 대화는 불가피한 것이다. 물론 시가 언어의 본질을 담고 있는 순수한 언어라는 전제 하에서 말이다. 이 전제는 이미 「예술작품의 근원」에서 이미 "언어 자체가 본질적 의미에서 시"라고 암시된 바 있다. "시는 언어 자체의 본질을 보여 주는 말하기의 한 방식이다."[3] 그래서 "모든 예술을 시로 간주하고 예술작품이 언어라는 사실을 밝혀낸 사유는 그 자체가 여전히 언어를 향하는 길 위에 있다."[4] 「예술작품의 근원」에서 처음 제시된 이런 전제는 흔들림 없이 후기 하이데거 사유 전체를 지배한다.

2. 언어가 명명하는 두 가지

언어의 본질에 다가가기 위해 하이데거는 게오르크 트라클Georg Trakl의 「어느 겨울밤」ein Winterabend이라는 시를 도입한다. 여기에서 그 시에 대한 상세한 언급은 피하기로 한다. 논의의 초점이 맞추어지는 부분은 언어의 본질을 해명하는 과정과 방식이며, 그것을 통해 밝혀진 언어의 '본질'이다. 먼저 하이데거는 '명명함' Nennen이라는 것이 무엇인지를 묻는다. 상식적인 이해에 따르면, 무엇인가를 명명한다는 것은 이름을 통해 개개의 특정 사태나 사물을 지시하는 것이다. 그러나 하이데거는 언어의 명명함을 다르게 이해한다. 그에 따르면, 명명함이란 무엇보다도 이름을 "부름" rufen이다. 여기에서 부름은 "더 가까이 데려옴" Näherbringen을 뜻한다. 그리고 이름은 단순히 어떤 것을 지칭하기 위해 그것에 부가된 기호 이상의 의미를 갖는다. 하이데거는 어원 분석을 통해 이름과 명명함 그리고 부름을 다음과 같이 재규정한다.

> 동사 'Nennen'는 명사Name, 노멘nomen, 오노마ὄνομα에서 도출된다. 그 속에는 어근 '그노'gno, 그노시스γνῶσις, 즉 인식이 들어 있다. 이름은 알려지게 한다. 이름을 가지고 있는 자는 대체로 알려져 있다. ……
> 명명함은 경험하게 하는 보여 줌das erfahren-lassende Zeigen이다. …… 명

폴리페모스의 눈을 찌르는 오디세우스와 부하들

폴리페모스는 그리스 신화에 등장하는 키클롭스(외눈박이 거인)이다. 잘 알려져 있다시피, 오디세우스는 시칠리아 해변에서 폴리페모스에게 붙잡히게 되었고, 폴리페모스는 오디세우스와 그의 12명의 동료를 동굴에 가두고 차례로 잡아먹었다. 탈출을 기도하던 중 오디세우스는 마침내 폴리페모스를 술 취하게 하는 데 성공하여 그가 잠든 사이에 불타는 막대기로 눈을 찔러 멀게 한다. 폴리페모스를 잠재우려고 포도주를 먹이면서 오디세우스는 '아무도 아닌 자'라는 자기-호명을 통해 자기 자신을 감춘다. 참된 자기 이름을 밝힌다 하더라도, 근본적으로 호명은 불린 자기를 밝히면서 동시에 자신을 감춘다.

명함은 탈은폐하는 부름이자 동시에 일종의 은폐함이다.(GA4, 188) 명명함이란 호칭을 분배하는 것도 아니고, 단어들Wörter을 사용하는 것도 아니다. 오히려 그것은 낱말Wort 속으로 부른다. 명명함은 부른다. 그 부름은 호명된 것Gerufenes을 더 가까이 가져온다. (GA12, 18)

인용문에서 하이데거는 '단어들'과 '낱말'을 구분한다. 이 차이는 단순히 복수와 단수의 차이가 아니다. 하이데거에게 "단어들"은 개개의 존재자들을 지시하는 기호들이자 동시에 의사전달을 위한 도구에 지나지 않는다. 그래서 사람들은 단어들이 "의미를 떠낼 수 있는 용기"와 같은 것이라고 표상한다. 왜냐하면 단어들이란 구조적으로 내용을 담고 있는 "소리와 의미"의 결합체라고 간주되기 때문이다. 이에 반해서 "낱말"은 그 다양한 존재자들의 존재를 단순성 속에서 간직하고 있는 것이며, 명명함을 가능케 하고, 호명된 것을 현존하게 하는 것을 뜻한다. 이와 같이 하이데거는 낱말을 상당히 의미심장하게 새긴다. 그가 보기에, 낱말이란 "그때그때마다 새롭게 발견되고 파낼 수 있는, 또 쉽게 파묻혀 버릴 수도 있는, 그러나 이따금 시나브로 솟아나는 그런 샘"(GA8, 89)이자, "언어의 근원"(GA52, 33)을 뜻한다. 그래서 "낱말들은 오직 언어가 있는 곳에만 있다. 그러나 언어 자체는 오직 낱말들Worte이 있는 곳에, 낱말das Wort이 있는 곳에만 있다."(GA52, 33) 요컨대 부재하는 것을 불러오는 명명력이 최대로 집약된 것이 "낱말"인 데 반해, 그 명명력이 사그라든 것이 "단어들"이다.* 전자가 시어라면, 후자는 일상어이다.

---

* 이런 점에서 탁월한 말하기인 시짓기와 사유하기는 의사소통의 도구·소재로 파악된 단어들이 아니라 낱말로 이루어져 있다. "사유하기는 사유하기대로, 시짓기는 시짓기대로 서로의 방식으로 단어들을 사용하지 않고 낱말들을 말하기 때문에, 우리가 사유의 길을 떠나자마자 역시 우리는 낱말들의 말하기를 특별히 보살피지 않으면 안 된다."(GA8, 88)

부르는 명명함은 호명된 것을 가까이 가져온다. 명명함은 호명된 것을 이쪽으로her 가까이 불러온다. 그런데 이 말의 의미가 호명된 대상을 단지 머릿속에서 표상한다거나, 우리가 현실이라 여기는 공간 내에로, 예컨대 내가 앉아 있는 책상 옆으로 호명된 것을 가까이 가져온다고 이해해서는 곤란하다. 하이데거에 따르면, 명명함은 부름이고, 부름은 "이쪽으로 부름"herrufen이자 동시에 "저쪽으로 부름"hinrufen이다. 호명된 것의 가까움은 멂das Ferne을 포함한다. 호명된 것의 가까움은 동시에 먼 것이다. 왜냐하면 호명된 것은 우리가 통상 말하는 현실 속에서 부재하기 때문이다. 그런 점에서 부름은 저 먼 곳으로 부르는 것이다. 그렇다면 어떤 이름이 명명하는 것은 이중적 방식의 부름에 따라 현존하며 동시에 부재한다. 바꿔 말해서 이름은 호명된 것을 "부재함에 가려진 그런 현존함"(GA12, 19) 속으로 가져온다. 결국 호명된 것의 가까움은 멂, 부재, 은폐 등을 간직하고 있는 현존의 가까움이라 할 수 있다.

보통 호명된 것을 불러내는 명명력은 시어에서 가장 잘 실현된다고 한다. 그러나 시어에서 두드러지게 볼 수 있는 이런 특징은 사실 시어 자체에만 국한된 것이 아니다. 하이데거가 보기에, 모든 언어의 저변에는 이와 같은 존재 유인誘引적이고 존재 개방적 특징이 깔려 있으며, 더구나 이것이 가장 기본적인 언어의 특징이다. 그러나 우리가 언어를 단순히 의사소통의 도구로서만 간주한다면, 언어의 지시적 성격이 언어의 기본적인 기능으로 귀착될 것이다. 왜냐하면 어떤 이름이 특정한 사물을 일의적으로 지시하고 규정할 수 있어야만, 의사소통 또한 가능하겠기 때문이다. 하이데거는 언어가 의사소통의 도구 역할을 하는 것에 대해 결코 부인하지 않는다. 단지 그것은 언어의 파생적 모습일 뿐임을 주장할 따름이다.

사실 언어의 의사소통적 기능은 어느 누구도 부인할 수 없을 것이다. 왜냐하면 우리의 일상적 삶은 언어의 이런 기능을 통해서만 유지될 수 있기 때문이다. 이런 점에서 하이데거 비판의 과녁은 엄밀히 말하자면 우리가 오직 의사소통의 도구로서만 언어를 바라보는 편협한 독단에 있다. 그가 보기에 인간은 언어와 좀더 심오한 관계 속에 있으며, 그런 차원을 드러내 보이려는 것이 하이데거의 진의眞意라고 할 수 있겠다. 이런 맥락에서 그는 다음과 같이 말하기도 하였다. "평상시 생활에서 우리가 언어를 꼭 필요한 것으로 여기는 것은 우리가 다만 언어와 피상적으로 관계하고 있다는 것을 나타낸다. 심오한 관계를 말하는 순간, 다른 언어가 들어오게 되는데, 그것이 시적인 언어다."[5]

전통의 상식을 따른다면, 현존과 부재는 양립할 수 없는 것이다. 어떤 것은 있든지 있지 않든지, 둘 중 하나이다. 논리학에서도 그것을 배중률排中律이라는 사유의 법칙으로서 자명하게 받아들인다. 그런데 명명함을 어떤 '부름'으로 이해하고, 그때 호명된 것의 존재 방식을 살펴보면, 호명된 것은 현존하면서 동시에 부재한다. '현존하는 부재', '부재하는 현존'이 호명된 것의 존재 방식이다. 그렇다면 그렇게 존재하는 호명된 것은 어디에 있는 것일까? 이런 장소 물음은 어떤 의미를 갖는가? 하이데거는 단지 조심스럽게 대답한다.

> 부름 속에 함께 호명된 도래의 장소는 부재 속에 간직된 현존함이다. 그런 도래 속으로 명명하는 부름은 오도록 명한다. 명함Heißen은 초대함Einladen이다. 명함은 사물들을 초대해서 사물들이 사물들로서 인간들에게 다가간다.(GA12, 19)

부름은 현존하게 함이다. 그것은 부재하는 어떤 것을 부재 가운데에서 현존하게 한다. 부름은 부재하는 것을 이리로 오도록 한다. 그러나 호명된 것은 여전히 현존하면서도 부재한다. 부재하더라도 전혀 존재하지 않는다고 말할 수 없는 상황을 부름은 연출한다. 그래서 하이데거는 부름을 "**부재 속에 간직된 현존**"ein ins Abwesen geborgenes Anwesen이라 말한다. 그리고 그는 이런 부름을 "명命함"이라고 규정한다. "초대하다"라는 뜻을 가진 명함*은 호명된 것을 오게 한다. 그럼으로써 그것은 호명된 것을 인간과 가까이 접하게 한다. 그렇지만 이 가까움은 멂과의 *사이*에서 확보된 가까움이다. 거리가 지워지지 않은 가까움이다. 그런 명명함은 은폐된 부재를 함축하고 있다. 달리 말해서, 명명함은 이름을 부름으로써 말해지지 않은 것을 함께 말한다. "모든 시원적이자 본재적인 명명함은 말해지지 않은 것을, 그것도 말해지지 않은 것이 말해지지 않은 채 있도록 말한다." (GA8, 119)

그런데 일단 여기에서 호명된 것은 사물이다. 하이데거는 "사물을 명명하는 부름"과 "세계를 명명하는 말함"(GA12, 21)을 구분한다. 이때 말함이란 "보여 주고 나타나게 함, 밝히면서 은폐하고 자유로이 내어 주는 세계의 건네 줌"lichtend-verbergend-Darreichen von Welt이다.(GA12, 202) 언어는 명명함으로써 사물을 부르고 세계를 말한다. 그렇다면 여기에서 호명된 사물은 어떤 것인가? 사방세계를 논하기에 앞서 먼저 사물에 대한

---

*『사유란 무엇인가』에서 하이데거는 다음과 같이 '명함'(Heißen)에 대해 상술하고 있다. Heißen은 '권유하다(auffordern), 요구하다(verlangen), 지도하다(anweisen), 지시하다(verweisen)' 등의 의미를 갖고 있으며, "무엇인가 눈에 띄지 않은 방식으로 차도로, 길로 떠나 보낸다"라는 넓은 의미도 갖고 있다. 이 말은 『불가타 성서』의 라틴어 유베레(iubere), 즉 "어떤 일이 일어나게 되기를 바라다"를 뜻한다. 고대 그리스어 성서에 따르면, Heißen은 켈레우에인(κελεύειν)으로서 "무엇을 차도로, 길로 떠나 보내다"라는 의미를 갖고 있다. 그래서 Heißen은 단순한 명령 또는 강요를 뜻한다기보다는 "다다르게 함"(Gelangen lassen)의 의미가 더 우세할 뿐더러, "돕기"(Helfen)와 "환영"(Entgegenkommen)이란 의미도 가지고 있다. 더욱이 산스크리트어로 Heißen은 "초대하다"를 뜻한다. 이외에도 Heißen은 '보호 아래에 두다, 보호를 받고자 위탁하다, ~의 비호를 받도록 ~에 맡기다, 비호하다, 보호 아래 두고자 ~을 불러내다, ~을 향해 불러서 ~에 오도록 하여 현존하게끔 한다, 말 걸면서 그쪽으로 요구하다' 등등을 뜻한다(GA8, 82~83 참조). 정리하자면 Heißen은 ① 요구·지시, ② 길·운동, ③ 도달·환영·초대, ④ 비호, ⑤ 현존하게 함이라는 의미를 내포하고 있다. 이런 다층적인 의미군을 모두 포괄할 수 있는 우리말은 없다. 여기에서는 부득이 Heißen을 "명함"이라고 번역하기로 한다.

후기 하이데거의 생각을 요약해 보자.

사물의 부름

이미 이전 장에서 우리는 하이데거가 전통적인 의미의 사물 개념을 비판하면서, 사물을 새롭게 바라보아야 한다고 역설했던 점을 살펴보았다. 그리고 그때 사물을 새롭게 볼 수 있게 해준 것은 예술작품이었다. 예술작품 속에서 사물은 더 이상 눈앞에 존재하는 어떤 객관적 관찰의 대상도 아니고, 한갓 도구의 재료도 아니다. 차라리 사물은 지상에 존재하는 것들을 보호하고 감추는 "대지"에 속하는 것으로 현상한다. 그러나 「예술작품의 근원」에서 본래적인 사물에 대한 이 이상의 언급은 없다. 다만 이렇듯 암시되었을 뿐이다. 이후 하이데거는 몇몇 강의와 강연 속에서 자신이 바라보는 사물을 보다 섬세하게 그려보고자 한다.

후기 하이데거의 사물론은 「예술작품의 근원」에서 내비친 암시를 보다 구체화시킨다. 이렇게 진전된 하이데거의 사물론은 예술작품에서의 "대지"가 점했던 지위를 대체한다. 그렇다고 하이데거의 사유 속에서 대지 개념이 사라지는 것은 아니다. 다만 그 개념의 위상이 달라질 뿐이다. 이제 하이데거의 대지는 사방^{Geviert}을 이루는 개념들에 귀속되고, 이전에 대지가 점했던 그 자리는 새롭게 규정된 사물이 차지한다. 이런 개념의 위상학적 전이가 일어나게 된 배경에는 여러 가지 이유가 있겠지만, 가장 큰 이유로 꼽을 수 있는 것은 역시 사방이라는 개념의 발굴이다.**

하이데거에게 "세계"는 존재자를 이해하는 지평인 존재의 개방성, 존재자 그 자체로서 전체에 있어 개방성, 인간의 존재 연관들, 역사적 민족의

** 이런 개념의 위상학적 전이를 고려해서 하이데거의 Erde를 '대지'와 '땅' 두 가지로 번역하기로 한다. 이미 그렇게 해왔듯이, 「예술작품의 근원」에서 등장하는 세계와 쌍을 이루며 투쟁하는 것은 '대지'로 번역하고, 사방세계에 속하는 것은 '땅'으로 번역할 것이다.

운명이 드러나는 궤도 등으로 이해된다. 이런 의미들을 온전히 유지한 채, 이제 세계는 사물과 마주하는 사방세계로 서술된다.

'사방'이라는 용어의 유래에 관해서는 디터 진Dieter Sinn의 진술이 흥미롭다. "명사적으로 사방은 나머지 많은 하이데거 개념이 그러하듯이, 건축 용어에서 유래한다. 그것은 네 개의 동일한 측면의 현존을, 그런 한에서 둘레가 확정된 공간을 뜻한다. …… 하이데거에게 사방은 성당 건축을 통해 알려진 네 개의 하늘 방위와 그것들의 대립적 의미 차원의 모음을 통해 의미심장하게 되었다." 유래가 어떠하건, 하이데거에게 사방은 닦달Gestell의 대립 개념으로서 밝힘, 알레테이아 등과 같은 개념을 좀더 구체화시킨 개념이라고 할 수 있겠다.

후기 하이데거 철학에서 사물은 일차적으로 "모으는 것"das Versammeln으로 이해된다. 사물이 이렇듯 모을 수 있는 것은 그것이 "비어 있기"leer 때문이다.[7] 어원적으로 독일어 leeren은 lesen과 맞닿아 있으며, 양자 모두 근본적으로 모은다는 의미를 공유하고 있다.[8] 하이데거는 논의의 편의상, 속이 빈 "주전자"Krug를 논의의 실례로 사용한다. 하지만 주전자처럼 속이 비어 있지 않은 사물들도 무엇인가를 모아들이는 "빔"das Leere이다. 그렇다면 이때의 빔은 분명 상식적인 의미로는 이해할 수 없는 것이다. 더구나 현대의 상식이라 할 수 있는 과학의 관점에서 보면, 궁극적으로 주전자의 빔도 역시 빔이 아니다. 왜냐하면 그곳에는 이미 어떤 기체들로 가득 차 있다고 할 수 있기 때문이다. 결국 하이데거의 빔은 상식의 눈을 통해서도, 그렇다고 과학적 이성을 통해서도 이해될 수 없다. 그래서 하이데거 사물론의 관건은 이 빔을 어떻게 이해하느냐에 달려 있다.

비어 있는 것에는 무엇인가를 담을 수 있다. '비우기'와 '담기'는 서로를 전제하는 개념 쌍이다. 담을 수 있는 것은 "유입"과 "방출"이 가능하며, 또한 담긴 것을 잘 보존할 수 있어야 한다. 하이데거에 따르면, 담는다는 것은 "받아들임"과 "보유保有함"을 뜻한다. "빔은 두 가지 방식으로 담는다. 즉 받아들이면서 보유한다. 그렇지만 들이붓는Einguß 받아들임과 부어진 것을 안에 보유함은 서로 공속한다."(GA7, 164) 하이데거는 이 공속성이 "흘려냄"Ausgießen을 통해 규정된다고 본다. 다시 말하면 무엇인가를 받아들여 보유하는 담음은 비워 냄에 의해 규정된다. 결국 비우려고 담는 것이고, 비워져 있기에 담을 수 있다. 그런데 하이데거는 이렇듯 담아 있는 것의 비워 냄을 주전자와 연관 지어 독특하게 해석한다. 그에 따르면, 사물, 즉 담는 빔의 본질은 "선사함"Schenken에 있다.(GA7, 164) 예를 들어 친한 친구가 방문했을 때, 혹은 신에게 제사를 지낼 때, 우리가 찻주전자나 술주전자를 기울이는 것은 그것에 담겨 있는 것을 선사한다는 의미를 갖는다.

하이데거가 예로 든 서양의 "주전자"에는 물과 포도주가 담긴다. 물은 이른 새벽 샘에서 떠 온 것이고, 포도주는 포도열매를 발효시킨 술이다. 이런 물과 술은 땅과 하늘이 빚어낸 것이다. 또한 그것은 죽을 수 있는 죽을 자들, 곧 인간과 신들에게 선사된다. 여기에서 하이데거는 주전자를 통해 사방, 즉 '땅'과 '하늘', '죽을 자들'과 '신적인 것들'을 발견한다. 사물은 궁극적으로 이 네 가지 것들을 모아들여 비어 있는 자기 속에 머물게 한다. 결국 비어 있는 사물이 궁극적으로 담는 것은 이 네 가지 사방이다. 그런데 이미 언급한 대로 하이데거가 말하는 사물의 비어 있음과 담음은 조심스럽게 해석되어야 한다. 왜냐하면 여기서 말하는 빔이나 담음은 한갓 은유적 표현도, 그렇다고 사전적 개념도 아니기 때문이다. 도대체 어떻게 사물이 비어 있어 세계를 모아들이고 담을 수 있단 말인가?

「예술작품의 근원」에서 대지는 자기 폐쇄적인 것이었다. 여기에서 대지의 자기 폐쇄성은 부정적인 것이 아니다. 도리어 이 자기 폐쇄성 때문에 대지의 풍요로움이 보장될 수 있다. 하이데거 후기 사유에서 사물은 빔으로 이해된다. 이제 이 비어 있음 때문에 사물의 풍요로움이 보장된다. 개개의 모든 사물들은 그 어떤 고정된 것으로 이해될 수 없다. 왜냐하면 사물은 무엇인가 규정되기 이전의 것, 그 자체 비어 있는 것이기 때문이다. 그래서 시시각각, 때와 장소에 따라서 사물은 다양하게 드러날 수 있다. 사물이 이렇듯 다양한 모습으로 현상할 수 있는 것은 사물 편에서 보자면, 사물의 "텅 빈 충만함" 때문이다. 그 충만한 빔은 인간의 어떤 이성적 능력으로 채워질 수 없으며, 남김없이 포착될 수도 없다. 그래서 충만한 비어 있음은 어떤 침입도 불허하고, 어떤 것에도 강요되지 않는 대지의 자기 폐쇄성과 연관된다. 이렇듯 충만한 빔은 그 비어 있음을 도저히 헤아릴 수 없기 때문에, 어떤 것이 들어차도 그 빔을 모두 채울 수는 없다. 설혹 어느 순간에 그것이 가득 채워진 것으로 보인다 하더라도 빔 자체가 사라지는 것은 아니다. 왜냐하면 시간이 흐르면 이내 다시 비워질 수밖에 없기 때문이다. 그래서 어떤 경우에도 빔은 빔으로 남는다. 이와 같이 「예술작품의 근원」의 대지와 연장선상에 있는 사물은 그것의 비어 있음으로 말미암아 언제나 자신을 감춘다. 그렇다고 내보이는 것이 전혀 없지는 않다. 다만 그것은 여전히 비어 있는 하나의 "몸짓"Gebärde[9]으로만 드러낼 따름이다.

  지금까지 사물에 대한 하이데거 논의를 요약 정리하면 다음과 같다. 사물은 빔이다. 비어 있는 것은 모아들여 담을 수도, 쏟아 낼 수도 있는 것이다. 사물은 비어 있는 것이기에 그곳에 모아지고 담기고 다시 비워질 그런 것을 필요로 한다. 그것이 바로 사방세계이며, 그것을 사물은 자기 주위에 모은다. 사물화하는 사물은 자신을 존재하게 하고 열어 밝혀 주는 개방성으로서의 세계를 모아들여 머물게 한다. 이미 주전자의 사례에서 그것은 어느 정도 해명되었다. 그렇다면 이렇게 사물이 불러 모으는 세계는 어떤 세계일까?

사방세계의 말함

하이데거의 세계 개념은 문맥에 따라, 그 개념에 준하는 여러 다른 용어들, 예컨대 밝힘, 비은폐성, 알레테이아 등의 용어들과 함께 사용된다. 더구나 세계라는 개념 자체도 다양하게 규정된다. 예컨대 『존재와 시간』에서 도구의 주위 세계로 규정되었던 세계는 「예술작품의 근원」에서는 한 민족의 역사적 세계로 규정된다. 통상 존재의 개방성으로 이해되는 세계 개념은 후기 하이데거 사유에서는 더욱 진전된 모습으로 등장한다. 이제 세계는 땅과 하늘 그리고 죽을 자들과 신적인 것들, 즉 사방의 세계로 이해된다. 사방이라는 낯선 개념에 대해 푀겔러는 다음과 같은 입문적인 설명을 해주고 있다. "하이데거가 세계를 사방으로 사유할 때, 그는 가장 오래된 생각을 깊이 뒤따라 사유해 보는 것이다. 아직 신화적인 세계 경험에 친숙해 있었던 인간은 세계를 땅과 하늘의 결혼식으로, 그리고 자신은 신의 말 건넴 아래 서 있는 죽을 자들로서 경험하였다. …… 하이데거는 자신의 세계 사상과 횔덜린의 신화적인 세계 경험 사이에 다리를 놓는다. 횔덜린의 시가 하이데거로 하여금 세계를 신적인 것들과 죽을 자들, 땅과 하늘의 사방으로서 사유하게끔 한 결정적인 계기를 제공했다는 것은 의심의 여지가 없다."[10] 신비주의라는 꼬리표가 끊임없이 붙어 다니는 사방[11]에 대한 하이데거의 말을 직접 들어 보자.

> 땅은 지어 나르는 것이고, 길러 열매 맺는 것이며, 양육하는 물과 바위, 식물과 동물이다. 우리가 땅을 말한다면, 이미 우리는 넷의 단순성에서 다른 세 가지를 사유하는 셈이다.
> 하늘은 태양의 궤적, 달의 경로, 별의 광채, 해Jahr의 시간, 낮의 빛과 어스름, 밤의 어둠과 은은한 밝음, 날씨의 호의와 쌀쌀함, 구름의 모양새와 천공의 푸른 깊이이다. 우리가 하늘을 말한다면, 이미 우리는 넷의

단순성에서 다른 세 가지를 사유하는 셈이다.

신적인 것들은 눈짓하는 신성의 전령이다. 신성의 숨겨진 지배로부터 신은 현존하는 개개의 모든 것과는 결코 비교할 수 없는 그의 본질로 나타난다. 우리가 신적인 것들을 명명한다면, 이미 우리는 넷의 단순성에서 다른 세 가지를 사유하는 셈이다.

죽을 자들은 인간들이다. 그들은 죽을 자可死者라 불린다. 왜냐하면 그들은 죽을 수 있기sterben können 때문이다. 죽는다는 것은 말하자면, 죽음을 죽음으로서 행할 수 있다den Tod als Tod vermögen는 뜻이다. 오직 인간만이 죽는다. 동물은 끝나버릴verenden 뿐이다. 동물은 죽음을 죽음으로서 자기 앞 혹은 자기 뒤에 가질 수 없다. 죽음은 무의 상자Schrein des Nichts다. 말하자면 모든 면에서 결코 단순히 존재하는 어떤 것은 아니지만, 그럼에도 불구하고 본재하는 것, 더구나 존재 자체의 비밀로서 본재하는 것, 그런 무의 상자이다. 죽음은 무의 상자로서 존재의 본재하는 것을 자기 안에 감춘다.(GA7, 170~171)

길게 인용되었지만, 전체 문장들이 일종의 수수께끼처럼 들린다. 그래서 이것을 통해서는 하이데거의 진의를 파악하기가 어렵다. 하이데거의 다른 어떤 저작을 살펴보아도, 각각의 사방에 대한 해명은 이 정도가 전부이다. 그러나 사실 달리 생각해 보면, 하이데거가 호명하고 있는 각각의 것들은 모두 우리에게 친근한 것들이다. 과잉의 해석을 요구하거나 기대할 필요가 없는 아주 소박하고 단순한 것일 수 있다. 땅 위에 굴러다니는 돌과 식물, 동물, 그리고 하늘에 자리 잡은 태양, 달, 별, 그것들의 운행 등은 우리가 익히 알고 있는 것들이다. 신적인 것들도 마찬가지이다. 신앙이 없는 사람도 누구나 최소한 자연의 신성함이나 어떤 알 수 없는 신비한 존재를 감지하며 산다. 또한 하이데거가 보기에, 인간은 이성을 지닌 생명체라기보다는 죽을 수 있는 존재이다. 『존재와 시간』에서 이미 잘 보여 주듯, 죽음은 "단적인 현존재 불가능성의 가능성"die Möglichkeit der schlechthinnigen Daseinsunmöglichkeit(GA2, 333)으로서 인간 실존 전체를 규정짓는 근본 마디이다. 그런 죽음에 앞질러 가봄으로써 인간은 자신의 본래성을 회복할 수 있다. 그리고 이런 죽음은 인간 존재의 심연이자 불안의 기분을 야기하는 것이기도 하다. 앞의 인용문에서도 하이데거는 존재의 베일인 무와 인간 실존의 또 다른 모습인 죽음을 연결 짓는다. 존재를 사유하는 하이데거에게 인간은 다른 무엇보다 죽음을 죽음으로 행할 수 있기 때문에, 곧 삶 속에서 죽음을 관철시킬 수 있기 때문에 인간이다.

인용문에 포함된 죽을 자들의 죽음에 관해 좀더 살펴보기 위해서, 다른 곳에서 전개되는 하이데거의 말놀이에 주목할 필요가 있다. 「휴머니즘에 관한 서신」Brief über den Humanismus에서 하이데거는 사유하기에 관해 논하면서 다음과 같은 언어 유희를 전개한다. "좋아함"Mögen은 좋아지는 것에 그것의 "본질을 선사하는 것이다"Wesen schenken. 그런데 이런 의미의 좋아함은 "할 수 있음Vermögen의 본래적인 본질"이다. 말하자면 무엇이든 좋아해야만 할 수 있다. 그래서 좋아함은 곧 좋아지는 것을 "존재하게 둘 수 있다"sein lassen kann. 다시 말하면, 좋아함은 좋아지는 것을 구속·소유·변형하는 것이 아니라, 그것의 본질 그대로 존재하게 '할' 수 있는 것, 또는 존재하게 '둘' 수 있는 것을 뜻한다(lassen의 이중적 의미로 독해). 그리고 이렇듯 "할 수 있고 좋아하는 것Vermögend-Mögende으로서 존재는 가능한 것Mög-liche이다."(GA9, 316) 가능 존재에게만 "좋아함"과 "할 수 있음"이 허락된다. 그 역도 가능하다. 무엇인가 좋아하고 할 수 있는 존재만이 가능성을 갖고 있는 존재이다. 이런 가능 존재는 열려 있는 존재이자, 동시에 비밀을 간직한 존재를 뜻한다.

앞의 인용문에서 죽을 수 있는 자로서 인간은 죽음을 죽음으로서 행할vermögen 수 있다. 그것(인간의 탄생과 함께 성장하는 죽음)은 존재를 존재로서 존재하게 둘 수 있는 것을 뜻한다. 그가 이렇게 할 수 있는 것은 좋아하고 행할 수 있는 가능 존재이기 때문이다. 그리고 인간이 가능 존재일 수 있는 것은 죽을 자들의 죽음이 "무의 상자"이고, 무는 존재 자체의 비밀이기 때문이다. 죽을 수 있는 존재만이, 무화될 수 있는 존재만이 존재와의 관계에서 "놓아 둠"Lassen을 행할 수 있다(GA40, 23 참조). 왜냐하면 무화하는 죽음은 (현)존재 불가능성의 가능성으로서 모든 가능한 존재를 한곳에 모으는 것이어서, 그런 죽음만이 모든 가능한 것들을 존재하게 할 수 있기 때문이다.

하이데거의 인색한 설명 덕택에, 사방에 대한 해석은 여러 가지로 가능하다. 그러나 우리 관심의 초점이 언어에 대한 해명에 집중되어 있기 때문에, 그리고 "언어의 근원"인 "낱말"이란 "결코 어떤 것을 표상하는 것이 아니라, 어떤 것을 의미하는 것bedeuten, 즉 낱말이 말할 수 있는 너비 안으로 어떤 것을 머물게 하는 것이기 때문에"(GA77, 117), 여기에서는 사방을 '의미'와 연관 지어 해석하기로 한다. 이미 언급한 대로 존재의 개방성에서 밝혀지는 것이 하이데거에게는 '의미'이다. 이 경우 먼저 의미를 단순히 의식이 산출한 것으로 보는 선입견은 제고되어야 한다. 차라리 사방세계에서 의미가 발생한다고 보아야 한다. 이것은 땅과 하늘, 죽을 자들과 신적인 것들[12]이 서로 관계하는 세계 속에서 어떤 사물에 대한 의미가 일어난다는 것을 의미한다. 「예술작품의 근원」에서와는 달리 하이데거는 세계를 "땅과 하늘, 죽을 자들과 신적인 것들의 단순성Einfalt이 존재사건으로 일어나는 거울-놀이das ereignende Spiegel-Spiel"라고 명명한다 (GA7, 172).

먼저 사방은 어떤 눈앞에 존재하는 존재자가 아니다. 땅과 하늘, 신적인 것들과 죽을 자들은 모두 특정 존재자가 아니다. 땅은 지상에 존재하는 것들을 현상하게 하면서 감추는(보호하는) 것이고, 하늘은 천상에 존재하는 것들을 드러내는 동시에 은폐한다. 신적인 것들은 신의 현존과 동시에 부재를 알리는 것이며, 죽을 자들은 이미 상술했다시피, 죽을 수 있는 유한한 존재이다. 그리고 하이데거의 세계 개념이 그러하듯이, 이 네 가지는 모두 특정 존재자들을 현존하게 한다는 점에서 공통점을 갖는다. 이제 문제는 이 네 가지 것들이 따로 떨어져 존재하는 것이 아니라, 어떤 관계Verhältnis 속에서 단일성을 유지한 채 움직이고 있다는 점이다.

「횔덜린의 땅과 하늘」(1959)에서 하이데거는 횔덜린의 주요 시어詩語 네 가지, 즉 "땅과 하늘, 신과 인간"을 언급한다. 이 횔덜린의 시어는 사실상 하이데거의 사방 넷의 개념과 직결된다. 여기에서 하이데거는 횔덜린의 시어 가운데 "전체 관계", "더욱 부드럽고 무한한 관계"zartere unendliche Verhältniß라는 말이 "땅과 하늘, 신과 인간 전체"의 "더욱 풍부한 관계"를 뜻하는 말이라고 해석한다(GA4, 162~163 참조). 이때 하이데거는 "무한하다"는 말을 '일면성이 제거된 관계에로의 귀속성'으로 이해한다. "여기에서 사유되어야 하는 무-한한 것Un-endliche이란 단순히 끝없는 것Endlose, 즉 그것의 획일성으로 말미암아 어떠한 성장도 허용하지 않는 끝없는 것과는 철저히 다른 것이다. 그에 반해 땅과 하늘, 신과 인간의 '더욱 부드러운 관계'는 더욱 무-한해질 수 있다. 왜냐하면 일면적이지 않은 것Nicht-Einseitige은 언급된 넷이 서로를 향해 취해진 친밀성으로부터 더욱 순수하게 현상할 수 있기 때문이다."(GA4, 163) 만일 횔덜린 시 해명과 사방 개념 사이의 연속성을 인정한다면, 여기에서 우리는 사방 넷의 '관계'가 풍부하고 무한한 관계임을 확인할 수 있다.

하이데거는 사방의 이런 단일성을 "넷이 하나로 됨"Vierung이라 부른다(GA7, 173). 이 단일한 관계가 새롭게 사유된 하이데거의 세계이고, 이런 사방세계에서 어떤 '것'(사물)의 의미가 드러난다. 이 관계를 하이데거는 몇 가지 용어들, 즉 "공속성", "접힘", "거울 비추기", "놀이", "윤무" 등의 개념을 사용하여 해명하고자 한다.

먼저 "땅과 하늘, 신적인 것들과 죽을 자들은 통일적인 사방의 단순성Einfalt에서 그 자체로부터 서로가 서로에게 통일적으로 함께 속해 있다."(GA7, 172) 이미 이전 장에서 언급했듯이, 하이데거에게 공속성Zusammengehörigkeit은 차이와 동일성을 모두 보존하는 관계 개념이다. 그래서 사방이 공속적인 관계에 있다는 것은 사방의 넷이 서로 차이나면서 동시에 같은 것에 속해 있다는 것을 뜻한다. 또한 하이데거는 차이와 동일성 모두 보존되는 사이를 드러내기 위해, 접힘Falt이란 어간語幹을 사용한다. "단순성"Einfalt, "펼치다"entfalten, "다중적"vielfältig, "이중적"zwiefältig 등의 용어들은 모두 공속적인 관계를 암시하기 위한 하이데거 특유의 어법이다. 접힌 것들은 나누어질(차이) 수는 있어도 분리되지는 않는다(동일). 접힌 주름은 고랑의 깊이를 숨긴 채 서로 맞닿아 있듯이, 접히면 접힐수록(차이날수록), 더 가까워진다.

땅과 하늘, 신적인 것들과 죽을 자들의 관계를 보여 주기 위해 하이데거가 적극적으로 도입하는 용어는 "거울 비추기"Spiegeln이다. 여기에서 사방의 "넷"Vier은 각각 일종의 거울이다. 이때 각각의 거울은 나머지 셋을 비추고 그럼으로써 자신을 비춘다. 다시 말해서 넷은 각각의 방식에 따라 나머지를 "다시 비추고"wiederspiegeln, 넷의 통일성에서 스스로를 "되비춘다"zurückspiegeln(GA7, 172). 이런 거울 비추기는 단순히 모상을 반영하는 것이 아니라, 그때마다 새롭게 일어나는 사건이다. 말하자면, 거울 비추기를 통해 넷은 서로의 본질을 변용시키고vereignen 탈고유화시킨다enteignen. 그런 과정에서 넷은 모두 고유함Eignen을 유지한 채, 존재사건으로 새롭게 일어난다ereignen(GA7, 172 참조). 이런 시간적·사건적 발생을 드러내기 위해서 하이데거는 "그때그때마다의 겨를"ein je Weiliges(GA7,

173)이라는 표현을 사용한다.

"넷"의 거울 비추기는 자유롭다. 목적이나 원인 등의 강제력에서 자유롭다. 다시 말해서 어떤 '이유' 때문에 거울 비추기를 하는 것이 아니다. 이유 없이 그저 스스로 서로를 비출 뿐이다. 그래서 이렇게 자유로이 상대를 비추는 거울 비추기는 일종의 놀이이다. 그러나 이 사방의 "거울-놀이"Spiegel-Spiel에는 한 가지 구속이 따른다. 넷의 단순성을 깨트리지 않아야 한다는 것이 그 놀이를 구속하는 유일한 규칙이다(GA7, 172 참조). 사실 모든 놀이에는 규칙이 있기 마련이다. 구속력 있는 규칙이 있어야 서로 함께하는 놀이가 된다. 혼자 노는 경우에도 나름의 규칙을 세워야 한다. 왜냐하면 혼자 하는 놀이의 경우에도 더불어 놀이할 수 있는 임의의 타자를 설정해야 하기 때문이다. 그래서 엄격히 말하자면 혼자만의 놀이 또는 함께 노는 대상이 없는 놀이는 이미 놀이일 수 없다.[13] 요컨대 하이데거는 놀이라는 개념을 도입하여 사방 "넷" 사이의 관계 자체를 부정하지 않는 한도 내에서, "넷"의 자유로운 관계를 말하고자 한다.

하이데거의 논의는 여기에서 끝나지 않는다. 사방 "넷"의 공속적 관계를 보다 선명하게 보여 주기 위해 그는 원의 이미지를 도입한다. 다시 말해서 하이데거는 "사방"이 하나의 원을 이루며 자족하고, 완전하게 스스로 자신을 이루어 간다는 것을 보여 주고 있다. "넷"은 서로 각기 다르지만, 통일적인 사방은 완벽한 '하나'의 '원'을 이루고 있다. 하나의 원을 이루면서 사방은 서로를 비추며 놀이한다. 그것도 전통 형이상학의 원(파르메니데스의 움직임 없는 원)처럼 "경직된" 원이 아니라, 경쾌하고 율동감 있게 '움직이는 원'이다.[14] 이런 "사방"의 모습을 하이데거는 "윤무" Reigen라고 명명한다. 윤무란 서로 동그랗게 손을 맞잡고 노래 부르며 추는 춤이다. 윤무란 "그리스어로 코로스χορός이며, 성대하게 노래하며 신을 칭송하는 춤"이다(GA4, 174). 이런 윤무는 디오니소스 축제에서 볼 수 있는 것처럼 신들과 인간들이 모두 '하나'로 혼융混融되는 사건을 뜻한다. 이런 축제의 윤무 속에는 신적 광기, 무절제, 충일, 과도, 과잉 등의 의미가 내포되어 있다. 하이데거는 그런 일반적인 의미에서 '풍요' Reichtum라는 의미를 취한다. "우리는 매우 주저하며 말했던 말, '윤무'의 풍요를 모조리 퍼낼 수 없다. 왜냐하면 그것은 풍요 자체, 즉 도래하고자 하는 것was kommen möchte의 풍요 자체이기 때문이다."(GA4, 174) 이런 말로 미루어 볼 때, 윤무는 사방 넷의 '풍요로운' 관계를 뜻하기 위해 차용된 용어임을 짐작할 수 있다. 사방은 이런 윤무와 같다. 이 밖에도 하이데거는 넷의 관계를 "고리"(반지Ring), "미소"微小, Gering라고 명명하기도 한다.

    Gering에 대한 하이데거의 설명에 따르면, 옛 독일어로 ring, gering은 "유순한, 부드러운, 굽기 쉬운, 가벼운"이란 의미를 가지고 있다. 또한 논의의 문맥상 "고리"의 본질을 모두 모아 놓은 것으로 Ge-ring을 이해할 수도 있다(GA7, 173). 현대 독일어로 gering은 '미소한, 미미한'이란 의미를 갖는다. 대개의 경우 이 단어는 가치 폄하적인 의미를 갖고 있지만 하이데거는 옛 독일어에 준해서 이 말의 뜻을 새롭게 새긴다. "미소는 ring이란 말, 즉 가볍고, 부드럽고, 유연하다는 뜻을 지닌, ring의 강조어이다. 다시 말해서 그것은 큰 것과 구별되는 작은 것이다. 그러나 작다는 말은 근원적으로 작은 보배Kleinod라는 말이 보여 주는 것처럼, '정선된' fein, '값비싼' 것을 뜻한다."(GA4, 173~74) 이런 하이데거의 해석에 준해서, Gering은 '미소'微小라고 번역하였다. 하이데거는 "미소"라는 용어를 통해 ① 사방 넷의 관계가 유연하고 부드러워 하나로 쉽게 통일될 수 있다는 점, ② 사방이 '하나'의 완전한 원의 이미지로 보인다는 점, ③ 사방 넷의 사이가 아주 미소하여 눈에 잘 띄지 않지만 소중한 것임을 보여 주고자 한다.

    이제 다시 논의를 정리하면서, 사방세계를 언어와 연관 지어 살펴보도록 하자. 처음 언어를 다루었다. 언어는 명명하며 부른다. 그렇게 불려지는 것은 우선 사물이다. 사물은 모아들이는 빔이다. 그리고 사물이 모아들이는 것은 사방세계이다. 사물은 사방세계를 모아들여 그것을 머물게 한다. 사물에 머무는 사방세계는 땅과 하늘 그리고 신적인 것들과 죽을 자들 넷이 서로 거울 놀이를 하며, 공속적인 관계를 유지하고 있다. 그리고 이런 사방세계 안에서 사물은 자신의 의미를 선사받는다.

하이데거가 주전자를 사물의 사례로 삼았다면, 이번에는 속이 비어 있지 않으며 인공물도 아닌 나무를 사례로 삼아 다시 생각해 보자. 나무는 일종의 사물이다. 그런데 하이데거의 사유 방식대로라면, 그것은 사물이기에 비어 있다. 나무 속이 비어 있다는 것이 아니라, 즉 물리적 공간의 관점에서 비어 있다는 것이 아니라, 세계를 모아들여 머물게 한다는 점에서 비어 있다. 나무는 그 자체, 그것만으로는 아무런 의미가 없다. 의미가 없다는 것은 하나의 유의미한 현상으로 나타나지 않는다는 것을 뜻한다. 그래서 그런 나무는 우리에게 현상하지 않는다. 마치 안경 너머의 유의미한 대상이 보이는 것이지 안경 렌즈가 보이는 것은 아닌 것처럼, 비록 감각된 것이라 할지라도 무조건 현상하는 것은 아니다. 그런 것은 은폐의 어둠 속에서 그저 스쳐 지나갈 뿐이다. 우리의 관심, 우리의 세계와 무관하게 객관적 실재로 존재한다고 가정되는 나무는 실은 현상하는 나무가 아니다. 단지 눈앞의 존재로서 우리의 관조적·이론적 시야 속에서 그렇게 가정되었을 뿐이며, 기껏해야 이론적 시선을 통해서만 드러나는 파생적 현상일 뿐이다.

나무는 세계 속으로 들어와서야 비로소 현상하는 그대로 존재할 수 있다. 다시 말해서 세계라는 의미의 지평 속에서 비로소 나무는 나무로 존재하는 것이다. 그래서 이제 나무는 자신을 숨기는 '땅'에 뿌리박고 있는 것으로 이해되고, 그 가지에 '하늘'의 "해와 달이 걸리기도" 하고, 그 위에서 "별이 꽃피기도" 하며, '신성'이 서리기도 하고, '인간'이 "깃들여 사는" 존재로 현상한다. 그리고 이 모두는 서로 제각기 구분되기는 하지만, 긴밀히 통일되어 있다. 이런 의미의 세계에서만 나무는 비어 있는 하나의 사물로서 자신을 드러낸다. 실지로 트라클의 시를 통해 하이데거는 나무에 대해 다음과 같이 말하고 있다.

> 나무는 땅에 견실하게 뿌리박고 있다. 그것은 하늘의 축복에 자신을 활짝 열고 있는 꽃을 피워 번성한다. …… 그 시는 은총의 나무를 명명하고 있다. 나무에서 실하게 터져 오르는 꽃들은 과분하게 주어지는 열매를 간직하고 있다. 즉 죽을 자들을 좋아하는 구원의 성스러움 말이다. 황금꽃 피는 나무에서 땅과 하늘, 신적인 것들과 죽을 자들이 번성한다. 그것들의 통일적인 사방Geviert이 세계이다.(GA12, 21)

나무를 명명하는 트라클의 시 한 구절은 단순히 나무라는 시적 소재를 통해서 개인의 감정을 표현한 것이 아니다. 도리어 그것은 나무라는 사물을 통해서 개인과 공동체의 운명, 더 나아가 죽을 수 있는 인간의 운명을 보여 준다. 그뿐 아니라 그 인간 삶의 터전인 땅과 하늘을, 신적인 것 모두를 함께 보여 주는 것이다. 그렇다면 사물을 명명하는 언어는 단지 어떤 사물을 지시하고 그것의 사전적인 의미만을 전달하는 것이 아니라, 사방세계를 머물게 하는 사물, 바로 그것을 불러오는 것이라고 결론 지을 수 있겠다.

3. 차-이의 품어 냄

예술작품에서 개방하는 세계와 자기 폐쇄적인 대지 *사이*에 투쟁이 일어난다. 언어에서는 사물에게 열림을 베푸는 세계와 그런 세계를 몸짓하는 사물 *사이*에 차-이가 존재한다. 지금까지는 '예술작품의 세계와 대지'에 대한 논의가 '언어의 사방세계와 사물'로 변주되며 논의되는 것을 살펴보았다. 이제 언어에서 보이는 세계와 사물, 양자의 '관계'에 논의의 초점을 맞추어 하이데거 언어론을 살펴보기로 한다. 먼저 하이데거는 세계와 사물의 차이를 다음과 같이 간명하게 규정하기 시작한다.

> 사물을 명명하는 부름Rufen이 이쪽 저쪽으로 부르듯이her-und hin-rufen, 세계를 명명하는 말함Sagen은 자기 안에서 이쪽 저쪽으로 부른다. 그 말함이 사물들에게 세계를 신뢰하게 하며, 동시에 세계의 광채 속에서 사물들을 간직한다. 세계는 사물들에게 그것들의 본질을 베푼다. 사물들은 세계를 몸짓한다gebärden. 세계는 사물에게 베푼다gönnen.(GA12, 21)

인용문에서 처음 눈에 띄는 점은 사물과 세계를 명명하는 방식 차이이다. 사물을 명명하는 방식은 "부름"이라고 규정되고, 세계를 명명하는

세잔(Paul Cézanne)의 「생 빅투아르 산」(Mont St. Victoire)과 생 빅투아르 산을 바라보고 있는 하이데거

방식은 "말함"이라고 규정된다. 부름은 개별적인 존재자, 즉 구체적인 사물을 가까이 데려온다. 반면 말함은 세계를 가까이 데려온다. 명명함으로써 호명된 것을 가까이 데려온다는 점에서 부름과 말함은 동일하지만, 호명된 것이 각기 사물과 세계라는 점에서 양자는 서로 다르다. 부름으로써 사물을 가까이 오게 하지만, 아직 그것은 의미 없는 것으로서 다가온다. 세계의 빛 안에 이르지 않은 사물은 궁극적으로 자신의 모습을 드러낼 수 없다. 그래서 사물의 부름은 사물을 부름으로써 동시에 세계로 향한다.

이에 비해 세계를 명명하는 말함은 사물을 비로소 보이게 하고 현상하게 하는 세계를 가까이 데려온다. 말함은 단순히 사물의 이름을 부르는 것으로 만족하는 것이 아니라, 세계를 가까이 데려옴으로써 호명된 사물을 의미 있게 한다. 또한 이런 말함은 말하지 않는 침묵 속에서도 가능하다. 때로는 침묵이 사물의 풍요로운 의미를 밝혀 주기도 한다. 그러나 사물들을 부르지 않고서 세계를 말할 수는 없다. 세계의 광채 속에 자신을 드러내는 사물이 있어야, 세계의 빛 역시 현상할 수 있기 때문이다. 그래서 세계의 말함은 곧 사물로 향한다.

사물과 세계를 명명하는 방식의 차이는 사물과 세계의 차이에서 유래한 것이다. 하이데거에 따르면, 사물은 세계를 몸짓하고, 세계는 사물들을 베푼다. 여기에서 몸짓한다는 것을 하이데거는 이렇게 뜻풀이한다.

명명함 속에서 명명된 사물들은 사물들의 사물화함으로 불려진다. 사물화하면서 사물들은 세계를 펼쳐 낸다ent-falten. 세계 속에서 사물들은 머물고weilen 그때그때마다의 겨를에 존재한다je die weilgen sind. 사물들은 그것들이 사물화함으로써 세계를 품어 낸다austragen. 우리 옛 언어는 품어 냄을 bern, bären이라 명명한다. 거기에서 "낳다"gebären와 "몸짓"Gebärde이란 낱말들이 나왔다. 사물들은 사물화하면서 사물이다. 그

것들은 사물화하면서 몸짓한다.(GA12, 19)

이 뜻풀이에 따르면, 몸짓한다는 말은 "품어 내다"austragen(내어 나르다)로 이해된다. 여기에서 "품어 내다"라는 용어는 사전적으로 "배달하다"라는 뜻 이외에도 "고통스러움에도 불구하고 임부姙婦의 태내에서 아기가 나오지 않는 것"을 뜻한다. 새로운 생명은 임부의 자궁 내에서 '생성'한 뒤 세상에 나오려 하지만, 그것은 아직 '억제'되어 있다. 외출外出이 억제되어 있는 새 생명은 자궁 속에서 자기 모습을 조금씩 '비축秘蓄, sparen'하며 다가올 세계를 기다린다. 그러나 전혀 모습을 드러내지 않는 것은 아니다. 직접 보이지는 않지만, 아기는 꿈틀거리며 자신을 알린다. 몸짓한다. 마찬가지로 사물은 세계를 품고 있다. 좀더 엄밀히 말해, 세계가 베풀게 될 자기 본질의 의미를 품고 있다. 그러나 아직 그 의미는 출현하지 않고 있다. 단지 몸짓의 형태로만 드러날 뿐이다. 사물은 이렇듯 세계를 몸짓한다.

여기에서 '비축'이라는 용어는 「귀향/근친자에게」Heimkunft/An die Verwandten(1943)라는 강연에서 하이데거가 사용했던 말이다. 이 말은 가까움과 멂의 사이를 해명해 주는 중요 개념이다. 이 강연에서 하이데거는 다음과 같은 횔덜린의 시구에 주목한다. "그대가 찾는 것은 가까이에 있으며, 이미 그대가 만났던 것이다"Was du suchest, es ist nahe, begegnet dir schon. 여기에서 하이데거는 가까이 있는 것이자 이미 만났던 것을 다시 찾아야 하는 이유를 묻는다. 그의 해석에 따르면, 가까이 있고 이미 만났던 것, 즉 "고향"은 이미 "보내어진 것"zuschicken이지만, "아직 양도되지 않았고", "억류되어 있으며", "발견되지 않은 것"이다. 이처럼 "이미 선사되었지만, 동시에 거부된 것"을 하이데거는 "비축된 것"das Gesparte(GA4, 14)이라고 표현한다. 비축된 것은 보냈으나 당도하지 않은 것, 그래서 미래에 도래할 것, 억류된 것, 발견되지 않은 것, 은폐된 곳에 저장된 것이라는 점에서 '비밀'秘密, Geheimnis이다. 이런 두 가지 의미를 살리기 위해 여기에서는 Sparen을 '비축'으로 번역하기로 한다. 고향을 찾는 자는 비밀스러운 geheimnisvoll 고향Heimat으로 귀향Heimkunft하기 위해서 먼저 낯선 곳으로 방랑하지 않을 수 없다. 이런 의미에서 가까움은 언제나 비축됨으로써, 또는 멂을 비축함으로써 얻을 수 있는 것이다. 그래서 품어 냄을 하이데거의 다른 용어로 말한다면, 차이의 비축이다.

사물의 몸짓은 특히 예술가에게 분명한 언어로 다가온다. 유별나게 좋아했던 화가, 세잔을 언급하면서, 노년의 하이데거는 사물의 말 건넴에 응답하는 과정으로 작품의 창작 과정을 서술하고 있다.

> 예를 들어 세잔이 항시 반복해서 생 빅투아르 산을 그림으로써, 산이 점점 더 단순하고 강력하게 산으로 현존하게 된다면, 이것은 단지 세잔이 회화 기법에 있어 더욱 결정적인 것을 발견하였기 때문만이 아니다. 그것은 우선 그런 이유에서 기인한 것이 아니다. 오히려 '모티브'가 점점 더 단순하게 움직인다는 점, 즉 모티브가 더 단순하게 말을 한다는 점, 그래서 그 예술가가 때때로 더 순수하게 이런 요구Anspruch를 들을 수 있다는 점, 그래서 이런 요구가 그에게 붓을 잡게 하고, 색채들을 넘겨준다는 점에서 기인한 것이다. 화가는 사물 본질의 말 건넴으로써 그가 듣는 바를 그림 그린다.(GA79, 139)

이미 사방을 다룰 때 언급했듯이, 처음 세계는 접혀 있다. 다시 말해 네 겹으로 접혀 세계는 4중화된 단순함을 유지하고 있다. 그런데 사물이 사물화하면서 접힌 세계가 펼쳐진다. 한마디로 사물은 세계를 4중적인 의미 지평으로 펼치되, 그것을 몸짓의 방식으로 펼친다. 그렇게 펼쳐진

세계 가운데에서 비로소 사물의 의미가 나타난다. 사물화하면서 사물은 세계를 "펼쳐 내고", "품어 내고", "몸짓"하며, 인간을 "조건 짓는다"be-dingen(GA12, 19~20). 이 경우 인간을 조건 짓는다는 것은 다름 아니라, "사물들이 그때마다 세계와 함께 고유하게 죽을 자들을 방문"(GA12, 20)하여, 그때마다 죽을 자들을 "부른다"는 말이다(GA7, 173). 세계를 펼치는 사물이 없다면, 그런 사물의 "방문"과 "부름"이 없다면, 인간은 존재할 수도 없다.

이미 살펴본 바와 같이, 사물의 본질은 빔이다. 빔이 빔으로 존재하는 것은 그때그때마다 빈 곳을 채우는 것을 통해서 가능하다. 역도 마찬가지이다. 채움은 언제나 비움을 통해 가능하다. 이런 맥락에서 사물이 모으고 담는 그때마다의 역사적 세계에 준해서 사물은 규정된다. 다시 말해서 세계는 사물에게 호의Gunst를 베푼다.

여기에서 '호의'는 '베풀다' gönnen의 명사형이다. 「언어」에서 하이데거는 호의에 관해 별다른 규명을 하지 않는다. 그러나 1943/44년 헤라클레이토스 강의에서 단편들을 번역하면서, '호의'와 '베풂'에 관해 상세하게 설명하고 있다. 우선 호의는 헤라클레이토스 단편에 나오는 사랑(필리아 Φιλία < Φιλεῖν, 또는 에로스 Ἔρως)의 번역어이다. 하이데거의 해석에 따르면, 필리아라는 말을 통해(사실 명사 필리아 Φιλία보다 동사 필레인 Φιλεῖν이 더 시원적인 의미를 간직하고 있다) 그리스인들(특히 헤라클레이토스)은 자연을 시원적으로 이해했던 반면, 이후 점차 존재망각에 빠지면서 그 말 대신에 에로스를 사용하게 되었다. 하이데거는 필리아를 다음과 같이 해석한다.

근원적인 베풂은 타자에게 당연히 주어져야 할 것을 제공함Gewähren이다. 왜냐하면 그것[베풂]이 그의(타자의) 본질을 나르고(품고tragen) 있는 이상, 그것은 그의(타자의) 본질에 속하기 때문이다. 우정, 필리아는 따라서 타자에게 …… 본질을 베푸는 호의이다.(GA55, 128)

결국 호의는 타자에게 (자기가 품어 나르고 있는) 타자의 본질을 선사하는 것을 뜻한다. 그렇다면 언어를 해명하는 문맥에서, 세계의 호의는 타자인 사물에게 사물의 본질을 베풀어 주는 것을 뜻한다.[15]

세계 속에서 사물은 그때그때마다 차이나는 것으로 머물지만, 동시에 같은 사물이 된다. 하이데거는 그것을 동어반복적으로 "사물이 사물화한다Ding dingen"고 표기한다. 요컨대 세계는 사물을 사물로서 존재하도록 베풀어 준다.

이처럼 세계와 사물은 서로 각기 다르다. 그렇다고 서로 아무런 관계 없이 분리되어 있는 둘은 아니다. 둘 사이에는 양자를 묶어 주는 중심이 있고 친밀성이 있다. 「예술작품의 근원」에서 세계와 대지 사이, 즉 투쟁의 동력이자 양자를 하나로 묶어 준 사이의 친밀성이 여기에서도 다시 등장한다. 여기서는 좀더 엄밀한 사유의 개념으로 이 용어가 해명된다.

세계와 사물 사이에는 중심이 있다. 아니 사이가 곧 중심이다. 이때 사이Zwischen는 라틴어로 inter, 독일어로 unter이다. 세계와 사물의 통일은 양자의 차이를 제거함으로써 이루어지지 않는다. 도리어 양자의 "차-이"Unter-Schied가 양자의 통일을 가능케 한다. 하이데거는 "차-이"를 '사이를 나눔'이란 뜻으로 이해한다. 세계와 사물의 통일성을 보장해 주는 친밀성, 곧 차이에 대해 하이데거는 이렇게 말한다.

세계와 사물의 친밀성은 사이의 나눔im Schied des Zwischen에서, 곧 '차-이'에서 본재한다. …… 이렇게 언명된 차-이는 오직 이런 하나로서만 존재한다. 그것은 유일하다. 차-이는 그 자체로부터 중심, 곧 그 중심 위에서, 중심을 통해서 세계와 사물을 서로를 향해 하나이게 하는 그런 중심을 구별한다. 차-이의 친밀성은 디아포라$_{\Delta\iota\alpha\varphi o\varrho\acute{\alpha}}$, 곧 실어 나르는 품어 냄durchtragendes Austrag이 통일하는 것이다. 차-이는 세계를 세계화함 속에서 품어 내고, 사물들을 사물화함 속에서 품어 낸다. 따라서 그것들을 품어 내면서 차-이는 그것들이 서로를 향하도록 나른다. 차-이는 이리로 가져온 중심을 통해 세계와 사물을 연결 지음으로써 추후적으로 매개하는 것이 아니다. 중심으로서 차-이는 비로소 세계와 사물을 그들 본질에서, 즉 마주 향함Zueinander에서 발견한다. 그리고 그렇게 서로 마주 향한 것의 통일성을 차-이는 품어 낸다.(GA12, 22)

여기에서 우선 확인되는 것은 친밀성과 차-이가 서로 공속한다는 점이다. 「예술작품의 근원」에서 친밀성과 투쟁이 공속하듯이, 헤라클레이토스에게 "사랑"과 "미움"이 공속하듯이, 친밀성과 차-이는 서로 같은 것에 속해 있다. 이런 차-이의 근접近接 운동은 디아포라,[16] 즉 "품어 냄"으로 설명된다. "품어 냄"이란 같은 '하나' 안에 타자를 품어 나르는 운동이다. 그럼으로써 타자를 타자로서, 즉 차이나는 것을 차이나는 것으로 유지시키는 운동이다. 말하자면 품어 냄은 끊임없이 차이를 생성·억제·비축하는 운동이다. 그런데 그런 차이 발생의 운동이 '하나의 같음' 속에서 일어난다는 점이 간과되어서는 안 된다. 그리고 그 하나가 바로 차이나는 것들의 중심, 사이, 사이의 나눔, 즉 "차-이"이다.

위의 인용문에서 주목해야 할 부분은 차-이가 사물과 세계 양자를 매개시키기 위해, "추후적으로"nachträglich 부가된 것이 아니라고 밝힌 지점이다. 서양의 전통 형이상학은 차이나는 것을 하나로 통일시키기 위해, '매개'의 방법을 사용하였다. 대립되는 양자 사이에 그 차이를 완충시키는 매개물을 설정하여 양자를 통일시키려 한 것이다. 그런데 이 매개의 방법은 차이를 제거함으로써 동일성을 확보하는 쪽으로 진행된다. 왜냐하면 이런 매개의 방법은 확실하게 파악될 수 있는 대립 양항의 존재를 이미 전제하기 때문이다. 이렇게 자명하게 전제된 서로 다른 두 항은 차이의 제거를 통해서만 동일화될 수 있다. 그래서 그 양 기점에서 추후적으로 매개가 조정된다. 그러나 하이데거에 따르면, 추후적으로 설정된 매개의 통일은 근원적인 통일이 아니다. 도리어 중심으로서의 "차-이"가 대립하는 양자를 가능케 한다. "차-이"가 세계를 세계화하고, 사물을 사물화한다.

세계화하다welten, 사물화하다dingen는 말은 세계와 사물이라는 명사를 동사로 바꾸어 사용한 어법이다. 독일어에서 동사는 시간의 지평 속에서 움직임을 나타내는 시간말Zeitwort이다. 또한 세계가 세계화한다는 말이나 사물이 사물화한다는 말은 동어반복의 실례이기도 하다. 하이데거는 이외에도 이런 용법으로 다양한 말놀이를 구사한다. 이런 말놀이에서 두 가지 점이 주목할 만한 것인데, 하나는 명사를 동사화함으로써 시간이 빚어 내는 '차이'를 보여 준다는 점과, 다른 하나는 동어반복을 구사함으로써 그 시간의 차이에도 불구하고, 아니 그 차이를 통해서만 '동일성'이 관철된다는 것을 보여 준다는 점이다.

하이데거에 따르면, "차-이"는 상식에 준해 이야기되는 여러 '차이들'과 같은 종류의 것이 아니다. 그렇다고 그것들의 유개념Gattungsbegriff도 아니다. 차라리 "차-이"는 '유일한 것'이다. 다시 말해서 그것은 여러 차이들의 공통 분모가 아니라, 차라리 모든 차이들을 차이나게 하는 근원적인 "차-이"이자, 단일한 차이 운동을 뜻한다. 그것은 과학에서 말하는 확고부동한 대립쌍을 가르는 "구분"Distinktion이나 눈앞에 존재하는 것들의 한갓된 "관계"Relation도 아니다. 그래서 하이데거는 차이를 **"유일한 차원"**

die Dimension이라고 명명한다(GA12, 23). 또한 그런 근원적인 차이만이 대립되는 것들을 하나로 묶어 줄 수 있다. 그런데 이 경우 "차-이"가 대립되는 것들을 하나로 묶는 방식은 서로를 서로에게 마주 향하도록 만든다는 점에 있다. 세계는 사물을 향해, 사물은 대지를 향해 있다. "차-이"가 세계와 사물 서로를 서로에게 마주하게 한다. 이렇듯 서로 향해 있도록 만들어 주는 것이 중심으로서의 "차-이"이다. 이후 트라클의 시에서 하이데거는 "차-이"를 "문지방", "고통" 그리고 "틈"[17] 등의 용어로 확대 해석한다(GA12, 24). 안과 밖의 사이에 존재하는 "문지방"과 대립과 투쟁의 전제이자 결과인 "틈"이라는 용어는 차이를 나타내기에 적합한 용어들이다.

이제 언어의 문제로 다시 되돌아가서 논의를 요약해 보자. 언어는 명명한다. 그런데 명명함에는 사물을 부르는 명명함과 세계를 말하는 명명함이 있다. 언어가 명명함으로써 사물과 세계를 모두 부르는 것이다. 그런데 사물과 세계는 그저 분리된 낱낱의 것이 아니라, 양자의 *사이*, 곧 "차-이"가 양자를 하나로서 잡아 준다. 그렇다면 결국 언어가 명하는 것은 다름 아닌 "차-이"이다. 그래서 하이데거에 따르면, "사물과 세계를 부르는 명함에서 본질적으로 명해진 것이 바로 차-이이다."(GA12, 23) 또한 "근원적인 부름, 즉 세계와 사물의 친밀성을 명하는 그런 부름이 본래적인 명함이다. 이런 명함이 말함의 본질이다."(GA12, 25~26) 이 두 인용문에서 볼 수 있는 것처럼, "차-이"는 명해진 것das Geheißene이면서, 동시에 명하는 것das Heißende이다(GA12, 27). 언어를 통해 명명된 것이 일단 사물과 세계로 나타나지만, 이 양자를 가능케 하는 것이 "차-이"이기 때문에 궁극적으로 명해진 것은 "차-이"이다. 동시에 말하고 명하고 부르는 것은 궁극적으로 인간이 아니라, 존재사건으로 일어나는 "차-이" 자체이다. 결국 존재사건인 차-이가 스스로를 부름으로써 차이 운동을 일으키고(스스로를 분절화시키고), 그 가운데 인간에게 말을 건넨다.

언어에 관한 하이데거의 몇 가지 수수께끼 같은 말들은 이 같은 "차-이"를 드러내기 위한 것이다. 예를 들어 "언어가 말한다"Die Sprache spricht, "언어의 본질: 본질의 언어"Das Wesen der Sprache: Die Sprache des Wesens, "독백"Monolog, "언어를 언어로서 언어에로 가져오다"Die Sprache als die Sprache zur Sprache bringen라는 말들은 모두 "명하는 것"이자 "명해진 것"인 "차-이"의 언어를 보여 주기 위한 것이다. 지금껏 언급된 "차-이"는 하이데거 후기 사유를 지배하는 존재 개념, 즉 존재사건Ereignis*에 다름 아니다. 그것은 탈고유화하면서Enteignen 동시에 고유화한다. 다시 말해서 존재는 "차-이"를 통해, 차이의 제거가 아닌 그것의 생성·억제·비축을 통해 동일한 자기에 이른다. 차이를 제거하거나 간과하지 않고, 오히려 그때마다 지속적으로 차이를 생성시킴으로써 자기의 고유함에 이른다.[18] 그래서 다음과 같은 하이데거의 말은 이런 맥락에서 이해되어야 한다. "차-이는 사물을 사방의 고요 속으로 탈고유화시킨다. 그런 탈고유화는 사물에게

---

*여기에서 Ereignis는 '존재사건'으로 번역하기로 한다. 이 용어는 다중적인 의미를 내포하고 있는 개념이기 때문에, 아직까지 계속 다양하게 번역되고 있는 용어 가운데 하나이다. 후기 하이데거 사유의 핵심어인 Ereignis는 크게 세 가지 의미층을 형성하고 있다. 먼저 하이데거의 말을 직접 들어보고, 이후 그 의미를 세분화해 보자. "존재사건의 일어남(Er-eignen)이란 근원적으로 주시하다(er-äugen), 즉 불현듯 바라보다(er-blicken), 시선 속에서 스스로를 향해 부르다(im Blicken zu sich rufen), 동화하다(an-eignen)를 뜻한다."(GA11, 24~25) 이런 하이데거의 말에서 우리는 세 가지 의미소를 간취할 수 있다. ① 눈(Auge): 어원상 Ereignis는 er-äugen에서 파생된 말로서 '눈'을 뜻한다. 존재를 '빛'과 '눈'의 관계 속에서 이해했던 서구 형이상학의 전통 속에서 후기 하이데거는 자신의 존재를 (어원상 눈과 연관된) Ereignis라고 명명한다. 참고로 하이데거가 동경했던 그리스인들은 "눈의 사람들"(Augenmenschen)이라고 불렀다고 한다(GA54, 215). ② 사건: Ereignis는 사전적 의미로 사건이다. 그런데 하이데거의 사건은 그때그때마다 순간적으로 돌연히 일어나는 사건으로서 인과적 포착이 불가능한 사건을 뜻한다. 말하자면 사건은 시시각각 변화하는 시간에 호응하며 새롭게 일어나는 존재사건을 뜻한다. 그렇다고 단순히 우발적인 사건을 떠올려서는 안 된다. 하이데거의 사건은 언제나 새로운 차이 속에서 일어나지만, 존재(시간)의 동일성을 유지하는 사건이다. ③ 고유성: Ereignis라는 용어에는 eignen이라는 어간이 있다. 이 어간의 의미는 '자기 동일성', '고유성'이다. 하이데거는 이 어간을 최대한 활용하여 존재의 진면목을 드러내려고 한다. 이와 연관된 용어에는 'eigen, eignen, eigentlich, uneigentlich, aneignen, übereignen, enteignen, vereignen, zueignen' 등이 있다.

서 어떤 것도 탈취하지 않는다. 그것은 사물을 비로소 그것의 고유함으로 해방한다."(GA12, 26) 사방세계의 빛을 통해 어떤 의미 있는 것으로 현상하면서, 즉 세계의 호의를 받아들이면서, 결국 세계의 사물로 탈고유화하면서도 사물은 자신의 고유성을 유지한다. 사물의 몸짓은 끊임없는 세계의 호의를 통해서만 고유하게 현상한다.

언어의 본질은 이런 존재사건의 언어이며, 그래서 궁극적으로 존재의 언어가 말하는 것이다. 그런데 존재의 언어에는 소리가 없다. 고요한 존재의 움직임이 있는 연후에야 비로소 소리 있는 언어, 인간의 입을 통해 분절화된 언어가 가능하다. 예술작품에서처럼 언어의 존재사건은 언제나 고요하게 일어난다. 그래서 하이데거는 다음과 같이 말한다.

> **언어는 적막의 울림**Geläut der Stille**으로서 말한다**. 고요가 세계와 사물들을 그것의 본질 안에서 품어 냄으로써, 고요하다. 고요한 방식으로 세계와 사물을 품어 내는 것이 차-이의 존재사건이다. 언어는 차-이가 일어나는 한에서 고요의 울림이다. 언어는 세계와 사물들을 위해 일어나는 차-이로서 본재한다.(GA12, 27)

여기에서 적막과 울림은 소리Verlautung가 있고 없음을 통해 구분되지 않는다. 만일 그렇다면 적막의 울림이라는 말 자체가 성립될 수 없을 것이다.* 울림은 "자기 곁으로 모으는 부름"das bei sich versammelte Rufen이고, 적막하다는 것은 "고요 속에 간직한다"in die Ruhe bergen는 것을 뜻한다

---

* '울림'이라 번역한 독일어 Geläut의 사전적인 의미는 본래 '교회 종'이다. 비록 하이데거가 새롭게 규정하고 있는 용어이기 때문에, 그것에 적합하게 '울림'으로 번역해야 하겠지만, '적막의 종'이라는 번역 또한 해석 여하에 따라서 가능한 번역이라고 할 수 있다. 말하자면 존재의 적막에 휩싸인 종은 모든 울림을 자기 안에 모아 담고 있다고 말이다. 이 점에 힌트를 얻어 쓰인 책이 존 살리스의 『돌』(Stone)이다.

(GA12, 26~27). "차-이"의 존재사건은 이중적인 방식으로 적막하다. 첫째 그것이 "세계를 사물 속에서 만족하게 함으로써", 둘째 그것이 "세계의 호의 속에서 사물을 안식하게 함으로써" "차-이"의 사건은 적막하다. 그리고 그런 "차-이"의 적막을 불러 모으는 부름이 울림이다.

이와 같이 예술작품에서 세계와 대지의 투쟁으로 논의되던 존재사건이 언어에서는 "차-이"라는 말로 재론再論된다.** 이것은 예술에서 언어로 진리 발생의 토포스가 옮겨졌음을 의미한다. 사실 정확하게 말하자면, 예술작품은 존재의 진리가 일어나는 몇몇 장소 가운데 하나였다.

「예술작품의 근원」에서 하이데거는 진리가 일어나는 다섯 가지 본질적 방식을 다음과 같이 제시한다. 이미 언급하였다시피, 하이데거는 진지가 일어나는 방식을 ① 예술작품, ② 정치적 행위, ③ 존재에의 가까움, ④ 희생, ⑤ 사유로 염두에 두고 있었다(GA5, 49).

달리 생각해 보면, 진리 발생의 방식이 꼭 다섯 가지여야 할 필연적인 이유는 없다. 그러나 여기에서 주목해야 할 점은 그 가짓수가 아니라, 하이데거가 진리의 주요 토포스로서 제시한 다섯 가지가 그의 사유의 노정에서 어떤 추이推移 과정을 밟았는지 살펴보는 일이다. 이 가운데 ② 정치적 행위는 이후 더 이상 상세하게 논의되지 않는다. 아마도 1930년대 겪었던 정치적 좌절이 그 원인으로 작용했을 것이라고 추측될 뿐이다. 그런데 나머지 넷은 다른 용어로 바뀌기는 하지만, 그대로 유지된다고 볼 수 있다. 말하자면, ①은 시짓기로, ③은 언어로, ④는 성스러움과 존재에 헌신하는 시인과 사유자의 희생으로, ⑤는 사유하기로 논의된다. 그 가운

** 하이데거는 헤라클레이토스의 투쟁(πόλεμος)를 해석하며, 이미 투쟁과 로고스(존재의 말인 동시에 언어의 말이기도 한 로고스)를 연관 지은 바 있다. "투쟁과 로고스는 같은 것이다." (GA40, 66) 따라서 「예술작품의 근원」에 등장하는 세계와 대지 사이의 투쟁이 세계와 사물 사이의 차-이로 이행되고, 그 차-이가 존재의 언어로 지정되는 것은 그리 놀라운 일이 아니다.

데 특히 언어는 더 이상 '인간의 언어'로만 이해되지 않고, 보다 폭넓고 근원적인 '존재의 언어'로 이해된다. 그럼으로써 하이데거에게 언어는 존재의 진리 또는 밝힘을 뜻하는 용어로 정착된다. 그리고 언어는 시짓기와 사유하기의 기초이자, 양자를 나누면서 이어 주는 *사이*로서 이해된다. 그렇다면 결국 후기 하이데거 사유를 지배했던 '시짓기와 사유하기 사이'의 문제는 이전에 다섯 가지로 제시되었던 진리의 토포스를 하나의 단일한 토포스로 수렴할 수 있는 논의의 '장소' Ort라고 할 수 있을 것이다. 쉽게 말하자면, 존재진리가 일어나는 곳은 어디에서든 인간에게 말 건네는 존재의 언어가 울리고 있으며, 그 언어를 경청하는 인간은 시인이나 사유자라는 칭호를 부여받는다.

이렇듯 언어를 존재진리로 파악하는 하이데거 사유의 귀결은 이미 「예술작품의 근원」에서 암시적으로나마 준비되고 있었다. '언어-예술'인 '시'가 가장 탁월한 예술작품으로 간주됨으로써, 앞서 '예술-언어'로 이해되는 새로운 언어론을 준비하였던 것이다.[19] 조각이나 음악과 같은 비언어적 예술마저 일종의 언어로 파악함으로써, 하이데거는 광의의 언어, 즉 "현상하게 하고 보이게 하며 듣게 하는"(GA12, 241) 근원적인 "말함" sagen에 대한 이해를 준비하였던 것이다.

그런데 그가 이 길을 갈 수 있었던 것은 수천년 동안 전승되어 온 서구의 인간 이해에서 비롯된다. 다시 말해서 하이데거는 "인간은 이성적 생명체" ζῶον λόγον ἔχον라는 서양적 규정을 새롭게, 즉 언어적 존재, 그것도 존재언어에 응답하고 그렇게 할 수 있는 언어적 존재로 이해하고자 했던 것이다. 하이데거가 보기에, 인간은 언어적 존재이다. 이 말은 마치 도구를 소유하듯 인간이 언어적 능력을 소유하고 있다는 것을 의미하지 않는다. 또한 인간이 언어를 만든 주체라는 것을 뜻하지도 않는다. 도리어 언어가 인간 존재를 규정한다는 것을 뜻한다. 단지 여러 능력들 가운데 하나로서, 언어 능력을 소유하고 있는 생명체가 아니라, 존재에 응대할 수 있다는 점에서, 존재의 언어에 따라 말할 수 있다는 점에서 인간은 언어적 존재이다. 한마디로 말해서 존재의 언어에 "응답한다"Ent-sprechen[20]는 사태가 인간 존재를 규정하기 때문에, 인간에게 언어는 다른 무엇보다도 탁월한 의미를 갖게 된다.

하이데거는 응답함을 이중적 의미로 이해한다. 그에 따르면, 응답함은 첫째 "들으면서 간취하는 말함"das hörend-entnehmende Sprechen이지만, 그렇다고 해서 존재의 언어와 인간의 언어가 동일한 것도 아니며, 존재언어의 근원적 지배력을 인정한다손 치더라도 인간이 앵무새처럼 존재의 언어를 모사할 수 있는 것도 아니다. 그래서 둘째 인간의 응답은 "인정하면서 대꾸함"anerkennendes Entgegnen이다(GA12, 29). 그래서 만일 존재언어와 인간언어가 구분되는 것이라면, 양자의 *사이*, 즉 "차-이"의 관계 속에 양자는 놓여 있다. 그리고 궁극적으로 이 "차-이"가 말한다. 결국 존재(차-이)의 언어가 말하지만, 언어에게는 인간이 필요하다.

4장

예술—언어 : 시

지금까지 우리는 예술과 언어에 관해 살펴보았다. 예술과 언어는 모두 그 사이에 있는 "예술-언어", 곧 시에 그 근원을 두고 있다. 그래서 하이데거에게 있어 예술론과 언어론은 모두 시론을 통해 그 깊이를 얻는다. 다시 말해서 하이데거 시론을 통해 우리는 하이데거의 예술과 언어에 대한 전체적이고도 핵심적인 논의를 다루게 된다.[1] 또한 하이데거 시론을 다룸으로써 우리는 다음에 이어질 시짓기와 사유하기의 관계에 대한 논의의 발판을 얻게 된다. 하이데거에게 시와의 대화는 예술과 언어 그리고 궁극적으로 존재와의 대화를 의미한다. 이제 하이데거가 행했던 시와의 대화, 그 대략적인 윤곽을 살펴보기로 하자.

예술작품과 언어에 대한 상식적 이해에 상응해서 시에 대한 이해 역시 몇 가지 통념의 지배를 받고 있다. 하이데거는 자신의 시론을 개진하기에 앞서, 이런 통념들을 해체한다. 그래서 우선 시에 대한 통념과 관계하여 부정적인 방식으로 시를 규정한다. 이런 방식으로 하이데거는 세 가지로 시를 규정한다. "① 시가Gedicht는 단지 눈앞의 감각적이고 아름다움이 부가된 언어 형성물이 아니다. ② 시는 시가를 제작하는 영혼의 과정이 아니다. ③ 시는 영혼 체험의 언어적 '표현'이 아니다."(GA39, 28) 작품화된 개별 시는 그것의 존재 방식을 눈앞의 존재로만 간주할 수는 없고, 그저 장식미가 부가된 언어도 아니며, 주관적 영혼의 표현도 아니다. 물론 이런 통념은 그 자체로 틀린 것은 아니지만, 시의 본질을 적확하게 꿰뚫고 있지 못하고 있다. 그렇다면 하이데거가 생각하고 있는 시의 본질은 무엇일까?

독일어, 시Dichtung의 어원을 추적해 보면, 그것은 먼저 고고 독일어로 tithôn이며 라틴어 dictare와 연관된 말이다. 'dictare'는 '말하다'는 의미의 dicere라는 단어와 연관되어 있다. 하이데거에 따르면 dictare란 "어떤 것을 반복해서 말함, 앞서 말함, 받아적음, 어떤 것을 언어로 작성함" 등등의 의미를 가지고 있다(GA39, 29). 또 그리스어로 이 말은 데이크뉘미 $\delta\epsilon\ell\kappa\nu\nu\mu\iota$라고 하였는데 그 의미는 "보여 주다, 어떤 것을 볼 수 있게 명백하게 하며, 그것도 일반적으로가 아니라, 하나의 고유한 지시의 길 위에서 그러하다."(GA39, 29) 하이데거는 이와 같은 말이 내포하고 있는 어원적 의미를 종합하여 시란 "지시하면서 개방 가능한 방식의 어떤 말함"(GA39, 30)이라고 규정짓는다. 앞으로 상술되겠지만, 결국 하이데거에게 시는 성스러움(존재)을 드러내 보여 주는 탁월한 말함의 방식이다.

1. 시적 언어의 본질

언어학 또는 문학에서는 언어 일반에서 시적 언어를 따로 분류한다. 그리고 그것이 갖고 있는 독특한 성격과 기능을 분석한다. 말하자면, 시어의 다의성多義性, 운율, 리듬, 생동적인 이미지 및 독특한 조어造語 방식 등등을 분석한다. 그런데 하이데거에게는 시적 언어에 대한 학문적 분석이 따로 존재할 수 없다. 왜냐하면 시적 언어라는 것이 따로 있는 것이 아니기 때문이다. 차라리 그것은 모든 언어가 이미 속해 있는 순수하고 본질적인 언어이다. 그래서 그에게 언어는 본질적으로 시이고 시어詩語이다. 이런 이유에서 시어에 대한 성찰은 언어의 본질에 대한 성찰과 다른 것이 아니다. 바로 이러한 점이 "언어적 전회" 이후 현대 철학자들의 언어철학적 논의 전개 방식과 구별되는 하이데거 언어론의 고유한 특징이다.

물론 무차별적으로 언어와 시어를 동일시할 수는 없다. 분명 하이데거도 좁은 의미의 시짓기를 언제나 고려하고 있으며, 일상어와의 구별도 언제나 빠트리지 않고 있다. 그렇지만 그는 일상어와 시어, 시와 산문의 차이를 전혀 다른 각도에서 이해한다. 하이데거에 따르면, "본래적인 시는 결코 단순한 일상어의 한 고차적 방식(운율Melos)이 아니라, 차라리 그 역으로 일상적인 담론은 잊혀진 시가Gedicht, 그리하여 그로부터 어떤 부름도 울려 퍼지지 않는 오용된 시가이다."(GA12, 28) 또한 시의 반대가 산문이라는 상식과는 달리, 하이데거는 다음과 같이 말한다. "순수하게 말해진 것, 시가의 대립물은 산문이 아니다. 순수한 산문은 결코 '산문적'prosaisch이지 않다. 그것은 매우 시적dichterisch이어서 시편Poesie이 그러하듯 극히 드물다."(GA12, 28) 이 견해에 따르면, 글의 길이가 길고 짧으냐에 따라, 혹은 운율의 유무에 따라,* 또는 언어가 의사소통적 기능을 갖는지 심미적 기능을 갖는지에 따라서 일상어와 시어, 산문과 시를 구분할 수는 없다. 도리어 하이데거적 구분에 따르면, 언어의 본래성의 유무에 따라 시어와 일상어가 구분된다. 또한 길이가 길고 운율이 없으며 의사소통적 기능이 강화된 것처럼 보이는 산문적 특징들도 시적일 수 있다. 외견상, 단지 짧고 운율이 있어 시편처럼 보이는 것들이 많은 경우 시적이지 않듯이, 순수한 산문, 즉 시적인 산문이 드물게 존재할 뿐이다. 다시 말해서 시와 산문을 상식적 기준에서 나눌 수 있다 하더라도, 하이데거에게 시와 산문의 본질을 이루는 것은 시적 언어인 셈이다. 하이데거의 이런 급진적인 견해 덕분에, 이후 마지막 장에서 다루게 될 시적 언어와 사유의 언어를 구분하는 일이 생각보다 상당히 어려워진다.

시짓기에 대한 하이데거의 생각에 들어가기에 앞서 시어가 가지는 고유한 성격, 즉 시적 언어의 본질적 성격이 어떠한 것인지 먼저 살펴볼 필요가 있다. 물론 본격적인 논의는 시짓기의 본질을 통해서만 충분히 개진될 수 있지만, 시짓기로 넘어가기 이전에 두 가지 측면에서 시적 언어의 특징을 살펴보고자 한다. 이미 언급했다시피, 이런 특징들은 단순히

---

* 이 점에 대해 하이데거는 좀더 구체적으로 다음과 같이 말한다. "왜냐하면 시행(詩行)과 운율(韻律)이 시적인 것을 입증해 주지 않는다는 것은 물론이거니와, 심지어 참된 시인들조차 그들의 시행과 운율에 희생될 수 있다는 사실을 나는 너무나 잘 알고 있기 때문입니다. 자주 우리가 함께 읽었던 편지에서, 야콥 부르크하르트는 한번은 이런 구절을 썼습니다. 그 구절은 내가 세심하게 살펴보고, 때때로 곰곰이 생각해 보았던 구절입니다. 때문에 나는 그 구절을 기억해서 인용할 수 있지요. 그 구절은 이렇습니다. '내용도 전혀 없이 공허하지만, 단지 운율의 목발 하나에만 의지해 계속 거닐고 있는, 아주 저명한 시인들의 작품들도 있다.'"(GA77, 232)

헤라클레이토스(왼쪽)와 아르테미스(오른쪽)
디오게네스 라에르티우스(Diogenes Laertius)는 아르테미스(Artemis) 여신을 헤라클레이토스의 여신으로 기술해 놓았다. 헤라클레이토스의 철학은 대립물의 긴장감 있는 조화로 요약되는데, 옥타비오 파스가 영감을 받아 저술한 책 제목처럼, 헤라클레이토스 철학을 상징하는 것은 활과 리라다. 그런데 아르테미스는 바로 활과 리라의 여신이다.

시어의 수사학적·기능적 변별점을 지적하는 것으로는 드러나지 않기 때문에, 그리고 하이데거가 특별히 이것을 주제화하고 있지 않기 때문에, 하이데거 시론을 중심으로 시적 언어의 특성을 새롭게 재구성해야 한다.

우리가 초점을 맞추고자 하는 시적 언어의 두 가지 특징은 「횔덜린과 시의 본질」이라는 강연(록)에서 하이데거가 제시한 다섯 가지 도입말 가운데 처음 두 가지에 해당한다. 이 강연에서 하이데거는 처음 두 도입말에 대해서는 충분히 해명하지 않고 있다. 왜냐하면 두 도입말은 횔덜린 시론을 준비하는 단계로서, 시와 언어를 연결 짓고, 시론을 개진하는 데 도움이 될 만한 언어 일반에 관한 논의에 불과하기 때문이다. 첫번째 도입말은 시짓기가 "가장 순진무구한 일"이라는 것이고, 두번째 도입말은 언어가 인간에게 주어진 "가장 위험스런 보물"이라는 횔덜린의 말에서 따온 것이다. 첫번째는 언어놀이와 관련해서 '시적 언어의 현실성에 관한 문제'를 다루고 있으며, 두번째는 '시적 언어의 모험적 성격'을 다루고 있다.

놀이하는 언어

이전 장에서 살펴본 대로 하이데거가 언어를 논할 때면, 언제나 시 작품을 좋은 모범으로 삼는다. 그가 시를 언어의 모델로 삼는 이유는 매우 단순하다. 그가 보기에 시어는 이미 말해진 것 가운데 가장 순수하게 언어의 본질을 드러내는 언어이기 때문이다. 시어는 시인이 사용하는(또는 언어가 시인을 사용하는) 순수한 말이다. 이에 반해, 일상적인 삶에서 우리가 사용하는 언어는 그 순수성이 훼손된 언어이다. 『존재와 시간』에서 하이데거는 그 훼손된 언어를 "잡담"Gerede이라고 명명한다. 잡담은 인간 현존재가 자기를 상실하고, '일상적인 우리' das Man의 공동세계에 빠져들면서 양산해 내는 말들이다. 그에 따르면, "잡담 속에 붙잡혀 있는 현존재는 세계-내-존재로서 세계, 공동현존재, 내-존재 자체와의 일차적이고 근원적으로 순수한 존재 관계들로부터 단절되어 있다."(GA2, 226) 물론 하이데거는 이런 일상의 언어 역시 원래는 순수성을 간직한 시어였다고 본다. 그런데 그것이 (진정한 자기) 존재를 드러내는 대신에 단순히 평준화되고 획일화된 삶의 매체, 곧 의사전달의 수단으로 전락하면서 그것의 존재 개방적인 성격을 상실하게 되었다는 것이다. "시적인 말함이 전락하여 한갓된 '산문'이 되고, 그런 다음 나쁜 '산문'이 되고, 결국 잡담이 된다." (GA39, 64)

사람들은 시어가 순수하고 "순진무구"unschuldig하다고 말한다. 그런데 대개의 경우 이런 평가는 시어에 대한 가치 폄하적인 함의를 담고 있다. 왜냐하면 시적 언어는 어떤 책임질 만한 결정을 진지하게 내리는 것도 아니고, 의사소통의 도구적 유용성도 없지만 그렇다고 (정치·사회·경제적 측면에서) 어떤 심각한 결과를 초래하는 말도 아니며, 그래서 어떤 특별한 이득을 산출하지도 않지만, 그렇다고 크게 유해하지도 않은, 그저 '꿈' 같은 말이기 때문이다. "시는 일종의 꿈이어서 결코 현실적이지 않고, 말들의 놀이ein Spiel in Worten이기에 결코 행위의 진지함이 없다."(GA4, 35) 그래서 시적 언어는 어렸을 적의 순수함이 배어 있는, 그러나 이내 성인의 현실 언어로 대체되어야 할 치기 어린 언어 정도로 이해된다. 그것이 사실이라면 시적 언어로 구축된 시는 어떤 현실성도 없는 한갓 관념의 놀이에 불과하며, 기껏해야 심미적인 쾌락을 산출하는 데 일조할 수 있을 따름이다. 그러나 때때로 사람들은 이와 같은 가치 폄하적인 의미로 이 말을 새기는 대신, 시어의 순진무구성을 긍정적으로 해석하기도 한다. 다시 말하면, 현실적 제약을 넘어 새로운 현실을 창조하는 상상력의 산물로 해석하기도 한다. 이런 유연한 입장에서 볼 때, 상상의 공간 속에서 상상력이 펼치는 자유로운 놀이의 산물이 곧 시어이다.

이런 전통적 입장은 크게 두 가지 점에서 문제가 있다. 하나는 근대 철학적 관점에서 인간 주체의 능력(상상력)을 통해서만 일방적으로 언어에 접근한다는 점이고, 다른 하나는 전통적 입장이 현실성에 대한 편협한 이해에 기초하고 있다는 점이다. 하이데거적 시각에서 본다면, 두 가지 점은 모두 존재를 망각한 서양 형이상학의 필연적 귀결일 뿐이다. 하이데거에 있어서도 시적 언어의 순수성 또는 순진무구함은 근원적으로 언어의 놀이적 성격에서 유래한다. 그렇지만 만일 단순히 사람들 사이의 '오락' 정도로 놀이를 이해한다면, 하이데거에게 시는 놀이가 아니다.

> 시는 일종의 놀이처럼 보이지만, 놀이가 아니다. 놀이는 인간들을 한곳에 모으기는 하지만, 바로 그 때문에 각각의 사람들은 스스로를 망각한다. 이에 비해 시에서 인간은 그 현존재의 근거에 모인다. 그는 그 속에서 고요에 이른다. 더구나 어떤 행위와 사상도 없는 거짓 고요가 아니라 모든 힘들과 관련들을 불러일으키는 그런 무한한 고요에 이르는 것은 물론이다.(GA4, 45)

위의 인용문에 따르면, 시는 일상적인 의미에서의 놀이는 아니다. 일상적인 의미에서 놀이는 사람들이 서로 어울려 즐거움을 얻는 '오락'을 뜻한다. 그런데 하이데거가 보기에 사람들이 서로 어울리며 사교적 즐거움을 얻고 친목을 도모하는 것은 일상적인 우리의 여실한 모습이기는 하다. 그러나 그 가운데에서 자신을 망각하고 상실하는 것이 문제이다. 자기 상실로 이어지는 놀이, 특히 그런 언어의 놀이가 바로 "잡담"의 본질이다.

『존재와 시간』의 용어로 말하자면, 하이데거에게 인간은 "죽음을 향한 존재"Sein zum Tode이고, 그런 현존재는 죽음을 앞질러 가봄으로써 본래적인 자기로 돌아갈 수 있다. 죽음이라는 극한極限까지 가봄으로써 자기 존재 가능성을 극대화하고, 그럼으로써 개별 현존재의 본래 모습, 곧 자유인의 모습으로 회귀할 수 있다는 것이다. 그렇게 하여 되돌아간 자신의 구체적인 모습은 개개 현존재마다 천차만별이겠지만, 죽음 앞에서 존재의 의미를 찾을 수밖에 없는 유한한 자유인의 모습이라는 점에서는 동일하다. 그런데 이런 현존재의 본래적 모습을 회복하기는 쉽지 않다. 왜냐하면 현존재에게 (자기) 존재는 가장 가까우면서 동시에 가장 멀리 있기 때문이다. 다시 말해서 현존재의 자기 존재는 그것이 자기임에도 불구하고 "전율스런 것"das Un-heimliche, 즉 자신의 고향임에도 "우선은 대개" 타향처럼 낯설게 여겨지기 때문이다.

인간 존재가 시종일관 죽음의 심연과 맞닿아 있는 유한한 존재임에도 불구하고, 언제나 그런 자기 존재를 응시하며 견뎌내기는 힘들다. 그래서 인간은 공동 현존재로서 일상적 세계를 형성하며 살아간다. 자기 운명에 전율하며 불안해할 수밖에 없는 현존재는 같은 처지에 있는 타인들과 더불어 살면서 용기와 위안을 얻는다. 그런데 평준화·타성화·제도화된 일상세계는 현존재에게 동병상련同病相憐의 위안을 주는 것에 그치지 않고, 자유로운 존재에게 불가피한 불안 자체를 뿌리채 제거하려 한다. 또는 제거했다는 환상 속에서 현존재 각각의 전율스런 자기 운명을 망각하게끔 유도한다. 그러나 시는 일상적인 삶의 속박을 끊어 내고 본래의 자기를 불러 낸다. 그래서 본래적인 자기를 대면하게 한다. 요컨대 자기 망각의 상태에서 벗어나, 자기 존재와 대면하게 하는 것이 시어의 힘이다. 때문에 시는 자기를 망각하는 통속적 의미의 놀이일 수 없다.

그렇다면 시적 언어를 규정하는 데 있어 하이데거가 언어의 놀이적 성격을 전적으로 부인한다고 보아야 할까? 사실 「횔덜린과 시의 본질」이란 글에서는 앞서 인용했던 것처럼 시적 언어의 놀이적 성격을 부인하고 있다. 그 글에서 놀이는 단지 시를 언어와 연관 짓는 계기 정도로만 언급된다. 다시 말해 시에 대한 통념, 즉 현실과는 무관한 "언어놀이"라는 통념을 끌어들여, 시와 언어를 연결 짓는 고리로서 놀이라는 개념을 사용한다. 그런데 만일 하이데거 자신이 생각하는 '진정한 놀이'에 대해 언급한 부분이 있다면, 그리고 언어를 놀이로 해명하는 부분이 있다면, 통념과는 다르지만 시적 언어에 놀이적 성격을 부여할 수도 있을 것이다.[2]

이미 언급된 인용문에 따르면, 시는 인간 현존재를 본래적인 "자기"에 이르게 한다. 일상적 세계에서 빠져나와 자신에게로 되돌아가도록 하는 것이 시어의 힘이다. 이 경우 현존재의 자기 자신이란 존재의 개방성에 탈자적으로 들어서는, 바꿔 말해 존재의 언어에 응답하는 "현-존재"를 말한다. 역사적 세계 속에서 존재를 드러내는 현존재의 본래적 모습이 바로 하이데거가 말하는 자기 존재이다. 그런데 이런 자기 존재는 고요하다. 그것은 예술작품에서 보았던 세계와 대지, 언어에서 보았던 세계와 사물 사이 친밀성의 고요이다. 다시 말해서 존재의 고요에 다름 아니다. 그 고요함은 운동이 배제되거나 비활동적인 고요함이 아니고 모든 운동을 하나로 모으는 고요함이다. 존재에 응대하는 인간 존재에도 이런 존재의 모습은 여지없이 관철된다. 바로 이런 맥락에서 하이데거는 자신이 진정으로 생각하는 놀이를 언급한다.

하이데거에 따르면, 자기에게로 복귀한 현-존재의 "현"(거기Da)은 "**시간-놀이-공간**"Zeit-Spiel-Raum이다.[3] 바로 "거기"에서 존재의 사건이 일어난다. 더욱이 사방으로 이해되는 세계에서는 땅과 하늘, 죽을 자들과 신적인 것들 사이의 "**거울-놀이**"Spiegel-Spiel가 벌어진다. 땅과 하늘, 죽을 자들과 신적인 것들 서로가 서로를 비추며 놀이한다. 하이데거는 이것을 "**세계놀이**"Weltspiel라고 말한다(GA12, 202).[4] 이런 놀이 속에서 성립되는 언어가 존재의 언어이고 그것에 순수하게 응답하는 인간의 언어가 시어이다. 이런 존재론적 의미에서 시어는 순진무구한 놀이이다.

이 부분을 좀더 상세하게 살펴보기로 하자. 하이데거는 언어를 "세력권"(영역Bereich)으로 이해한다. 존재는 존재자들을 있게 한다. 그런 존재의 힘이 충분하게 미치는 세력권이 언어이다. 이런 언어 속에서만 존재하는 것들은 보호되고 머물 수 있다. 하이데거는 특유의 말놀이를 통해 이 점을 보충 설명한다. 독일어 Bereich 내에 있는 어간 reichen은 사전적으로 ① 주다, ② 넉넉하다, ③ 미치다' 라는 의미를 포함하고 있다. 이 말에서 파생된 동사들을 가지고 하이데거는 세력권으로서의 언어에 대해 다음과 같이 설명한다. 세력권이란 언어의 본질적인 것으로서 "어떤 유일한 것"이다. "그 속에서 모든 사물들과 본질은 서로에게 넘겨지고zu-reichen 수여되며überreichen 그래서 서로에게 다다르고erreichen 서로에게 행운이 되기도 불운이 되기도 하며gereichen 서로에게 넉넉하고ausreichen 충분하다."(GA79, 168) 이 말에 이어 하이데거는 다음과 같은 결정적인 말을 한다. 세력권은 "**놀이의 왕국**"이다. "그 속에서 사물들과 본질의 모든 연관들은 서로를 향해 놀이하며 반사된다."(GA79, 168) 더 이상 상세한 언급은 없지만, 여기에서 언어가 사물과 본질 연관들의 자유로운 놀이 속에서 이해되고 있다는 사실은 충분히 확인할 수 있다. 그렇다면 하이데거에게 놀이는 어떤 것인가?

하이데거가 '놀이' Spiel라는 용어를 여러 곳에서 사용하기는 하지만, 정작 '놀이'의 본질에 대해 언급하는 곳은 많지 않다. 대표적으로 「근거율」Der Satz vom Grund에서 헤라클레이토스의 '단편 52'를 해석하면서 놀이의 본질적 측면을 언급하고 있으며, 횔덜린의 시 「회상」andenken을 강의하면서 놀이를 간명하게 규정한다. 먼저 헤라클레이토스 단편을 하이데거는 다음과 같이 번역한다.

존재역운Seinsgeschick인 어린아이는 장기놀이를 하며 놀고 있다; 왕, 즉 아르케ἀρχή, 건립하며 관리하는 근거 지음, 존재자에 있어 존재는 어린 아이에 속해 있다. 존재역운: 놀고 있는 아이.(GA10, 188)[5]

여기에서 하이데거는 아이온 αἰών을 존재역운으로 해석하고, 그것을 놀이하는 아이와 연관 짓는 헤라클레이토스의 의중을 묻는다. 그의 해석에 따르면, 존재역운의 놀이적 성격은 그것이 어떤 '이유·근거'가 없다는 것을 보여 준다. 어떤 목적이나 이유 때문에 하는 일과는 달리, 놀이에는 그런 이유를 찾을 수 없다. 그래서 "놀이에는 '왜'가 없다"Das Spiel ist ohne 'Warum' (GA10, 188). 여기에서 하이데거는 존재의 심연(탈근거Ab-Grund)을 보여 주기 위해 놀이 개념을 도입한다. 하이데거에게 놀이란 일차적으로 어떤 이유나 근거 없이[6] 진행되는 존재의 동태動態를 의미한다.

이와 유사한 생각은 1943년 「서양 사유의 시원(헤라클레이토스)」이라는 제목의 헤라클레이토스 강의에서도 나타난다. 여기에서 하이데거는 디오게네스 라에르티우스Diogenes Laërtius가 아르테미스Artemis 여신을 사유자, 헤라클레이토스의 여신으로 기술해 놓은 것을 진지하게 고려한다. 다시 말해서 그는 아르테미스 여신이 함축하고 있는 신화적·시적 의미가 헤라클레이토스의 사유와 직결된다고 생각한다. 아르테미스는 아폴론의 누이이다. 그래서 그녀는 활과 리라의 여신이자 사냥의 여신이다. "리라는 현악기 놀이의 징표이고 그 놀이의 조화 ἁρμονία의 징표이다." 아르테미스가 사냥의 여신이기 때문에, 그리고 "사냥과 동물은 자연에 속하기" 때문에 그녀는 자연 φύσις의 여신이기도 하다(GA55, 16). 이렇게 아르테미스를 규정하면서 하이데거는 놀이의 본질적 성격을 "피어오르고 현상하면서도 자신을 은폐하는 자연"에 귀속시킨다. "놀이는 자연에 속한다. '자연'의 놀이를 즐기는 님프들은 아르테미스의 놀이 친구들이다. '현악기 놀이', 놀이 일반의 징표는 리라이다. 리라는 활의 형태 속에서 현상한다. 그리스적으로 사유한다면, 즉 존재로서 '현상함'을 경험한다면, 리라는 활 '이다'."(GA55, 25 ; 152~153 참조) 활과 리라가 서로 대립하는 것 사이에서 조화로운 울림을 자아내는 것처럼, 자연의 대립되는 것들, 즉 피어오름과 가라앉음, 현상함과 은폐함, 낮과 밤, 여름과 겨울 등등은 서로 투쟁하면서도 조화를 이룬다. 이미 「예술작품의 근원」과 「언어」에서 보았던 것처럼, 상반되는 것들의 투쟁은 친밀함과 공속한다. 다시 말해 투쟁ἔρις과 사랑φιλείν은 같은 것에 속해 있다. 이런 의미의 투쟁은 놀이하는 투쟁이다. 오직 놀이 속에서만 투쟁과 사랑이 공속할 수 있다. 이런 점에서 놀이는 상반적相反的 모습이 자유로이 교체하는 자연(존재)의 움직임을 뜻한다.

　헤라클레이토스의 이러한 시원적 놀이의 의미를 토대로 하이데거는 자신이 생각하는 놀이를 다시 규정한다. 놀이는 자유와 규칙을 전제한다. 보다 엄격히 말하면, 이 두 가지를 하나로 묶는 것이 놀이이다. 놀이는 '자유의 규칙', '규칙 있는 자유'라는 이율배반적인 모습을 가지고 있다. 이런 이율배반 속에서 놀이의 '긴장'*이 나오며, 자유와 규칙 양자의 가능성을 최대로 확대·발현시킬 수 있다. 놀이에서 이 양자는 상반적이지만 동시에 상보적이기 때문에, 규칙 없는 자유나 자유 없는 규칙은 불가능하다. 그래서 일정한 법칙에 합치하면서도 자유의 가능성을 최대로 살릴 수 있고, 역으로 자유로우면서도 법칙 구속력이 최대화될 수 있는 쪽으로 놀이는 진행된다. 놀이의 이런 성격 때문에 칸트 이래로 자유와 필

---

*여기에서 긴장은 한갓 심리적인 상태만을 뜻하지 않는다. 차라리 그것은 헤라클레이토스의 "활과 리라"의 긴장, 존재론적 의미의 긴장에 더 가깝다. 하이데거에 따르면, "물론 우리는 '긴장'의 본질을 현대적으로 역학적·양적으로 표상해서는 안 된다. 차라리 동시에 함께 붙잡혀져(zusammenhalten) 있는 어떤 넓은 폭(Weite), 그것이 비추어진 대립(Auseinander)으로서 간주해야 한다."(GA55, 153) 이런 의미의 긴장 속에 '조화로운 떨림'이 있고, '놀이'가 음악처럼 연주된다.

연의 세계를 통합하려 했던 독일 관념론과 낭만주의에서 통합의 장소, 화해의 장소로 '놀이하는 예술'을 설정하였던 것이다.[7] 이런 관념론의 기획에서 벗어나 있기는 하지만, 하이데거도 놀이 개념에 있어서는 그들과 생각을 같이한다.

> 규칙 속으로 자유로이 흔들리는 구속Bindung과 그런 흔들림에서 유래하는 규칙적인 것의 자유로운 가능성들의 풍부함, 그것의 펼쳐짐, 그것이 놀이의 본질이다.(GA52, 67)

놀이는 자유와 구속, 가능성과 필연성 사이의 '흔들림'[8] 속에서 성립된다. 그 흔들림 속에서 비로소 자유와 구속, 가능성과 필연성이 자리 매김되며, 각각의 존재근거를 갖는다. 놀이의 규칙은 놀이를 위해 존립하는 것이어서 만일 그것이 놀이적 흔들림에서 유래하는 긴장을 저해하는 것일 경우, 기존의 규칙은 위반되고 결국 파괴된다. 그리고 이후 다른 규칙으로 대체된다. 그래서 놀이의 영역에서는 새로운 규칙을 만들 자유, 그것을 위해 기존의 규칙을 위반할 자유가 허용된다. 그렇지만 어떤 경우든 놀이에서 규칙을 완전히 제거할 수는 없다. 왜냐하면 규칙은 자유와 함께 놀이를 구성하는 한 축이기 때문이다. 놀이를 위해 자유와 규칙은 필수불가결하며, 양자는 서로에게 맞서 언제나 팽팽한 균형을 이루어야 한다.

하이데거가 시적 언어의 놀이적 성격을 상세하게 제시한 부분은 찾아보기 힘들지만, 여러 곳에서 시의 두 가지 측면, 즉 자유와 구속을 언급한다. 그에 따르면, "더구나 모든 건립Stiftung은 자유로운 증여로 남아 있어 횔덜린은 '시인들은 제비처럼 자유로워라'라고 말한 것을 듣는다. 그러나 이런 자유는 무구속적인 자의와 변덕스런 소망이 아니라, 최고의 필연성이다."(GA4, 45) 횔덜린 시를 해명하면서 하이데거는 시인이 자유롭게 시를 창작한다 하더라도 시는 두 가지 측면에서 구속되어 있다고 본다. 이 두 가지는 시의 본질, 시인의 본질을 이루고 있는 것이다. "존재의 건립은 신들의 눈짓에 매여 있다. 그리고 동시에 시적인 말은 단지 '민족의 목소리'에 대한 해석일 뿐이다."(GA4, 46) "신들과 인간들 사이"에 (GA4, 47) 내던져진 시인은 신들의 눈짓과 민족의 목소리를 중계하는 운명을 부여받은 자이다. 때문에 시는 횔덜린의 언어로 말하자면, 신들의 눈짓과 민족의 목소리에 구속될 수밖에 없으며, 하이데거 용어로 바꿔 말하자면, 존재역운에 구속될 수밖에 없다. 다시 말해서 신들의 눈짓과 민족의 목소리 *사이*에서 시인은 고뇌할 수밖에 없으며, 그 *사이*의 흔들림 속에서 시인은 시적 언어를 지어 낸다. 그리고 이렇게 흔들리는 *사이*의 자유 속에서 발생한 시어는 존재역운에 속하는 것이다. 결국 시어의 놀이적 성격은 존재의 '자유의 구속', 즉 탈-근거적인 존재의 놀이적 성격에 다름 아니다.

전통 미학에서 시어는 상상력의 놀이로 설명된다. 시어에서 보이는 다양한 수사법들, 즉 직유, 은유, 상징, 알레고리, 의인법 등등은 모두 상상력의 놀이의 소산이다. 대표적으로 칸트에 따르면, 위의 모든 예술적 장치들은 상상력의 놀이로 설명된다.[9] 칸트적 해석에 따르면, 예컨대 은유의 경우, 자유로운 상상력을 발휘하여 주어에 일상적으로 사용하지 않는 술어를 결합시킴으로써 심미적 효과를 얻는다고 한다.[10] 그런데 이런 이론에 따르면, 결국 시어의 수사적 장치는 미적 효과를 야기하는 수단으로 이해될 뿐이다.[11] 그래서 시를 심미적 쾌락을 산출하는 언어장치 또는 일종의 허구이지만 현실을 변형된 형태로 반영하는 의사전달 수단 정도로 한정 짓는다.

전통 미학에서 '허구'와 '현실'은 분명하게 분리되는 개념이지만, 동시에 분리된 그것이 다시 서로 결합될 수밖에 없는 운명을 갖고 있다. 이것은 한마디로 존재론적 지평의 이해가 일천하기 때문에 발생하는 이론적 아포리아이다. 이런 상황에서 전통 형이상학, 미학, 특히 시학은 이 아포리아 앞에서 완전히 무력할 수밖에 없다. 왜냐하면 애초부터(하이데거에 따르면 서양 형이상학의 근원인 첫번째 시원에서 시작된) 허구와 현실에 대한 특정한 이해의 자명성, 그 빠져나오기 힘든 무사유의 늪에 빠져들었기 때문이다. 그러나 허구와 현실은 그렇게 자명하게 구분되지 않는다. 그래서 다양한 존재 방식을 현실과 허구라는 잣대로 손쉽게 재단해서는 안 된다. 다른 무엇보다 하이데거 예술론(또는 시론)의 강점은 이 본질적 문제를 간과하지 않고 그것에 천착한다는 점에 있다.

> 시는 비현실적인 가상, 꿈의 가상을 불러일으킨다고 한다. 그런 가상은 우리가 친숙하게 믿는, 포착 가능하고 말할 수 있는 현실성에 대립해 있는 것이다. 그러나 그와 반대로 시인이 말한 것과 시인이 존재함을 떠맡은 것이 현실적인 것이다.(GA4, 45)

여기에서 하이데거는 시의 현실성을 주장한다. 사람들이 현실적이라고 생각하는 것들은 단지 친숙하게 믿는 것들일 뿐이며, 한시적으로 포착 가능하고 예측·조작 가능하며, 그런 한에서 구속력 있는 것이라고 믿는 것일 뿐이다. 그에 비해서 시에서 드러나는 세계와 사물은 우리가 흔히 현실적이라고 보통 말하는 것들보다 더 현실적(존재적)이다. 하이데거가 이렇게 말할 수 있는 근거는 다음과 같다. 오늘의 우리가 현실이라 부르는 것은 하이데거적 용어로 말하자면, 표상 가능한 존재자를 지칭한다. 그런데 눈앞의 표상 속에 포섭시킨 존재자는 이미 계산적 이성에 의해 구축된 틀을 통해 본 존재자에 불과하다. 감각적으로 지각 가능한 존재자를 현실이라고 해도 사정은 마찬가지이다. 이미 이 글의 첫머리에서 사물 개념을 다룰 때 보았듯이 감각적으로 지각 가능한 존재자 역시 이미 특정한 선이해 속에 머물러 있으며, 더욱이 꿈이나 가상현실 역시, 또 다른 의미에서 감각적으로 지각 가능하기 때문에 현실성을 재는 기준이 될 수 없다. 우리가 현실을 경제적 현실, 역사적 현실, 문화적 현실 등등으로 이해하고 있어도 사정은 마찬가지이다. 이에 반하여, 하이데거에게 진정한 현실성이란 존재의 가까움에 이르는 것을 말한다.

그러므로 일상에 묻혀 잡담으로 소일하는 세인보다 존재의 언어에 민감하게 반응하는 시인의 언어가 보다 현실적일 수밖에 없다. 왜냐하면 궁극적으로 시적 언어는 놀이하는 존재, 곧 탈-근거적인 존재에 그 뿌리를 두고 있기 때문이다. 시적 언어, 곧 놀이하는 언어는 한낱 허구적인 말장난이 아니라, 존재의 놀이적 성격에 맞닿아 있다. "단어들을 가지고 장난치기"(말장난Spielerei mit Wörtern)와 구분되는 "낱말의 놀이Spiel des Wortes*는 그것의 말 속으로 들어오는 본재함Wesen 자체의 놀이를 통해 놀이하게 된다. 퓌시스φύσις는 …… 스스로를 은폐하는 피어오름의 놀이이다." (GA55, 139) 이후 상술되겠지만, 횔덜린에 따르면 시인은 자연의 포옹 속에서 길러진다. 그렇다면 시인이 자연 속에서 배우는 것은 "탈근거적 존재의 놀이" 혹은 "스스로를 은폐하는 피어오름의 놀이"일지도 모른다.

---

* "낱말의 놀이"에서 주목해야 할 점은 낱말, 즉 언어가 스스로 놀이한다는 점이다. 언어가 스스로 놀이할뿐더러, 언어가 우리를 가지고(함께) 놀이한다. 그렇다면 시인은 '언어와 함께 놀이하는 죽을 자들' 라고 규정지을 수 있을 것이다. 단순한 말장난은 인간이 언어를 가지고 무의미하게 놀이하는 것임에 반해, 낱말 '의' 놀이는 언어의 놀이적 성격에 웅대하며 언어와 함께 인간이 놀이하는 것을 뜻한다. 『사유란 무엇인가』에서 '명함'에 대한 어원적 해명을 마친 다음 하이데거는 다음과 같이 말한다. "여기에서 이미 놀이가 화제로 되고 있다면, 우리가 낱말들을 가지고 놀이하는 것이 아니라, 언어의 본질이 우리와 함께 놀이한다. 그것도 지금의 경우에만 그러한 것도 아니고, 비로소 오늘날 그러한 것도 아니고, 오래전부터 꾸준히 우리와 함께 놀이해 오고 있는 것이다."(GA8, 83)

치명적 모험의 언어

횔덜린의 말에 따르면, 언어는 "가장 위험스런 보물"der Güter Gefährlichstes이다(GA4, 35). 굳이 시인의 말이 아니더라도 사람들은 언어가 인간에게 보물처럼 중요한 것이라고 생각한다. 언어를 통해 인간은 개인적 차원의 정보를 언어 공동체 내의 타인과 공유할 수 있었고, 그의 후손에까지 전달하여 지식을 축적할 수 있었다. 언어는 다른 생명체에게는 없는 인간만의 정보 전달과 보존의 능력이며, 약육강식의 자연계에서 연약한 인간이 자기 종을 보존하는 탁월한 도구일 뿐 아니라, 인간을 만물의 영장으로 만든 귀중한 보물이라는 것이 현대인의 상식이다. 그런데 횔덜린과 그를 추종하는 하이데거는 그와는 다른 이유로 언어가 인간에게 보물이라고 생각한다. 횔덜린을 해석하면서 하이데거는 먼저 인간을 단순히 이성적 생물체가 아닌, 존재자 전체를 개방시키는 "현-존재"로 이해한다. 사물 전체를 드러낸다는 점에서, 즉 인간이 모든 사물들 속에 있는 "상속자"이자 "배우는 자"(GA4, 36)라는 점에서 인간은 대지에 귀속해 있다. "그의 대지에의 귀속성"(GA4, 36)은 개방하는 역사적 세계, 더 나아가 그 세계를 가능케 하는 언어를 통해 증명된다. 이런 의미에서 언어는 세계를 개방함으로써 인간의 대지에의 귀속성을 증명해 주는 귀한 보물이다. 한마디로 말해, 언어는 인간 존재를 증명해 주는 소중한 표식이다.

이미 언급하였듯이 하이데거에게 언어는 단순히 의사소통의 수단이 아니다. 더구나 인간이 소유하고 있는 여러 도구적 능력 가운데 하나로 파악해서도 곤란하다. 횔덜린이 언어를 일종의 '보물'이라고 명명할 때에도, 그것을 어떤 소유물이나 능력, 재산 등으로 오해해서는 안 된다. 차라리 언어는 인간임을 보증하는 인간에 대한 최고 심급의 규정이다. 그런 의미에서 언어는 인간에게 보물인 것이다. 존재를 묻고 이해하는 현존재는 오직 언어 속에서만 그렇게 할 수 있다. 왜냐하면 언어는 인간에게 "존재자의 개방성 한가운데에 서 있을 가능성을 비로소 허락해 주기"(GA4, 38) 때문이다. 이런 맥락에서 하이데거는 다음과 같이 말한다. "오직 언어가 존재하는 곳에 세계가 있다. …… 오직 세계가 번성하는 곳에 역사가 있다."(GA4, 38)

인간에게 언어는 이런 귀중한 보물이지만, 동시에 언어는 "가장 위험스런" 보물이다. 하이데거에 따르면, 이때 위험이란 "존재자를 통해 존재를 위협하는 것"(GA4, 36)을 뜻한다. 다시 말해서 언어를 통해 존재자를 개방하기는 하지만, 그럼으로써 개방된 것만을 주시하고, 결국 존재와 존재자를 구별하지 못하는, 즉 존재론적 차이를 망각하는 것이 진정한 의미의 위험이다. 인간은 존재를 이미 개방된 '어떤 무엇'으로 파악함으로써 이 위험에 빠져든다. 그런데 이런 위험은 인간이 언어를 통해서 개방된 세계에 내맡겨질 때에만 가능하다. 언어를 통해서 인간은 존재를 드러낼 수도 있지만, 동시에 "존재상실Seinsverlust의 가능성"(GA4, 37)까지 떠맡게 된다. 다시 말해 언어는 그 자체로 존재자의 존재를 드러내기도 하지만, 밝게 드러난 존재자로 말미암아 존재를 은폐할 수 있는 가능성을 함께 가지고 있다. 이런 점을 하이데거는 다음과 같이 말한다. "그래서 언어는 지속적으로 자신에 의해 만들어진 가상 속에 세워질 수밖에 없고 자신의 가장 고유한 것, 참된 말함을 위협할 수밖에 없다."(GA4, 37) 더구나 평균적 이해의 의사 전달을 목적으로 언어가 일종의 "이해 수단"(GA4, 37)으로 오용될 경우, 존재상실의 정도는 더욱 말할 나위가 없다.

이와 같이 언어는 그 자체가 인간에게 가장 위험스런 보물이다. 그러나 동시에 "언어의 위험성은 언어의 가장 근원적인 본질 규정이다. 언어의 가장 순수한 본질은 시원적으로 시 속에서 전개된다."(GA39, 64) 언어가 인간에게 가장 위험스러운 것이라면, 특히 그 가운데 언어의 본질이 전개되는 시어는 가장 위험스럽다고 할 수 있다. 그렇다면 어떤 의미에서 시어가 가장 위험스럽다는 것일까? 이 물음에 대한 상세한 논의는 「횔덜린과 시의 본질」(1936)이란 강연이 있은 후 10년 뒤에 행해진 「무엇을 위해 시인은?」(1946)이란 강연에서 수행된다. 이 강연에서 "가장 위험스런 보물"로서의 언어는 "모험"으로서의 시적 언어로 전환되어 논의가 전개된다. 한마디로 말해서, 시어가 내포하는 극단의 위험성은 시어의 모험성에서 기인한다.

「무엇을 위해 시인은?」이란 강연문은 시적 언어가 가지고 있는 모험성을 탁월하게 보여 주는 글이다. 이 글은 하이데거가 릴케 사후 20주년을 맞이하여 릴케를 추모하며 행한 강연이다. 그래서 기본적으로는 릴케를 철학에서의 니체와 같은 위치, 즉 형이상학의 완성 단계에 있는 시인으로 기술하면서도, 횔덜린의 뒤를 잇는 시인으로 추대한다. 다시 말해서 전체적으로 형이상학적 언어의 영향권 내에 있으면서도, 그곳에서 벗어나는 길을 모색하는 시인으로 릴케를 그려 보이고 있다.[12] 이런 점에서 릴케의 언어를 통해 규명되는 언어의 모험성은 전적으로 하이데거 자신의 입장을 개진하는 것이라고 하기는 어렵다. 그렇지만 하이데거가 릴케의 시와 대화하면서 이끌어 내는 독특한 해석은 형이상학적 언어를 통해 탈형이상학을 사유한 모범적인 글이라고 하겠다. 여기에서 주목할 만한 점은 릴케의 시 속에서 하이데거가 "모험"Wagnis을 주시한다는 것이다.

'모험'이란 말은 낯설고 위험스런 어떤 일을 자신이 원해서 경험하는 것을 뜻한다. 독일어는 말 자체가 모험의 이런 의미를 잘 보여 준다. "모험하다"wagen와 어원적으로 친족 관계를 형성하는 말로서 "'모험' Wagnis, '무게를 달다' wägen, '무게가 ~이다' wiegen, '저울' Waage, '흔들다' wiegen, '요람' Wiege" 등이 있는데, 각각의 어휘를 짜맞춰 보면, 모험적인 줄타기의 위험스런 흔들림 속에서도 절묘한 균형과 중심을 잡는다는 의미를 도출해 낼 수 있다. 하이데거에 따르더라도, '저울'이란 말은 중세에 '위험'을 뜻하였고, 길Weg과 움직여 감Gang이라는 의미소를 내포하고 있다. 뒤에서 좀더 상술되겠지만, 하이데거는 「언어의 본질」에서 언어를 "세계가 길 트는 말"die Welt-bewëgende Sage (GA12, 203)이라고 규정한다. 즉 사방세계의 서로의-너머로-마주함이 길을 터 운동하면서 내는 적막의 울림이 존재의 언어이다. 여기에서 길을 트는 운동Be-wëgen과 길Weg은 어원적으로 "모험하다"와 연관되어 있다.[13] 또한 '모험하다'라는 말은 "놀이의 진행 속으로 가져오다, 저울 위에 놓다, 위험 속으로 해방하다"(GA5, 281)라는 의미를 갖고 있다. 하이데거의 어원 분석을 조금 확대·유추해 보면, "모험"이란 낯선 곳으로 향해 있는 길 가운데에서 겪게 되는 '위험', 그것을 감수하는 "경험"Er-fahren[14]을 뜻한다.

하이데거는 릴케의 시에서 모험에 준하는 시어들을 찾아낸다. 그것은 "자연", "근원 근거", "생명", "순수한 관련", "완전한 관련", "들어보지 못한 중심", "중력", "열림" 등이다. 하이데거 해석에 준해서 간략히 각각의 시어들을 연결시켜 보면 다음과 같다. 그리스 시대부터 존재자의 "존재"로서 자연이 이해되었고, 그 존재는 존재자의 근원적인 "근거"로서 이해되었으며, 그리스어에서 퓌시스(자연 φύσις)와 조에(생명 ζωή)는 동일시되었다(GA5, 278 참조). 또한 모험이란 말의 어원에서 유추해 볼 때, 모험이란 무게가 나가 아래로 잡아 이끄는 힘, 즉 "중력"이다. 다시 말해 존재는 모든 존재자와 연관되어 있으며 존재자들을 자기에로 이끄는 중력 같은 힘이다. 마지막으로 릴케의 "열림"은 하이데거적 비은폐성의 열림이 아니라, "닫혀진 것, 제한 없이 두루 연결된 어두운 것"(GA5, 284)이다. 이 용어는 릴케의 여덟번째 시집 『두이노의 비가』에서 등장한다. 거기에서 릴케는 다음과 같이 노래한다. "모든 눈으로 피조물은 열림을 본다." 이 구절에서 열림은 피조물, 특히 여기에서는 "살아 있는 것의 이름"이며 결국 "동물"(GA54, 229)이 관계 맺고 있는 자연의 신비로운 힘과 같은 것을 뜻한다.[15] 릴케적 시각에서 볼 때, 동물은 인간보다 더 잘 열림을 바라 볼 수 있다. 여하간 이렇듯 모험으로 파악된 존재는 하이데거가 보기에, 근대 형이상학의 최고 정점, 즉 "의지에로의 의지"der Wille zum Willen와 맞 닿아 있다. 이 형이상학에 따르면, 모든 존재자들이 의욕하는 것으로서, 모험을 겪는 것으로 파악된다. 하이데거에 따르면, "그때마다의 존재자는 모험을 겪는 것이다. 존재는 단적으로 모험이다."(GA5, 279)

이와 같은 존재 이해 속에서 릴케는 크게 세 가지로 존재자를 구분한 다. 하나는 식물이나 동물과 같은 '자연적 존재', 다른 하나는 그보다 더 모험적인 '인간', 마지막으로 그런 인간보다 더 모험적인 인간인 '시인' 이 그것이다. 그런데 이 세 존재자가 모두 존재자인 이상, 존재 즉 모험의 지배를 받는다. 그래서 셋 모두 모험을 겪는 것으로서 위험에 노출되어 있다. 바꿔 말하면 그것들은 보호받지 못한다. 그렇다고 그것들이 전혀 안전을 보장받지 못한다는 것은 아니다. 만일 모험이 존재자의 존재라면, 안전은 그 모험 속에서만 마련된다고 볼 수 있다. 하이데거에 따르면, "모 험을 겪은 것의 보호받지 못하는 존재das Ungeschütztsein des Gewagten라는 것 은 그 근저에 있어 어떤 안전함을 배제하는 것이 아니라, 오히려 필연적 으로 포함한다."(GA5, 281) 이 세 종류의 존재자 가운데 유독 두번째 존 재자가 가장 안전을 보장받지 못한 존재이다.

인간이 식물이나 동물보다 더 모험적인 것은 모든 것을 대상화할 수 있는 인간 의식 덕택이다. 다시 말해서 식물이나 동물이 (릴케적 의미의) 세계에 파묻혀 그것과의 거리 없이 삶을 영위하는 데 반해, 인간은 존재 를 대상화하여 자신과 맞서 있는 것으로 파악한다. 인간은 다른 생명체와 는 달리 세계와 거리를 둠으로써 세계를 자신의 시선 속에 잡아 두려는 의식의 모험을 감행한다. 릴케는 동물과 인간의 차이를 다음과 같이 말한 다. "동물은 세계 **안에서** 존재한다; 우리는 우리 의식이 받아들인 고유한 방향 전환과 상승을 통해 **세계 앞에** 서 있다."(GA5, 285 재인용) 릴케의 시 속에서 세계 안에 존재하는 동물은 "몽롱한 욕망"을 소유한 것으로 묘사된다. 하이데거는 "아주 익숙해진 자연사물이 순수 관련 전체에 귀속한다는 것"(GA5, 287)을 그것이 입증해 준다고 평가한다. 반면 대상화하는 주체와 대상화된 객체 그리고 그 사이의 거리 속에서 인간은 자연 지배 욕망의 가능성을 확보한다. 하이데거에 따르면, 인간의 경우 의욕함das Wollen이란 "의도적으로 이미 세계를 제작할 수 있는 대상들 전체로서 설정해 버린 자기 관철함이다."(GA5, 288)

그런데 이런 형이상학적·근대적 인간은 다른 어떤 생명체보다 더 보호받지 못한다. 비록 자신의 편의를 위해 자연을 지배하고, 조작하고 제작할 수 있지만, 그 속에서 인간은 자신을 상실하고 만다. 왜냐하면 근대적 인간의 조작하고 제작하는 표상적 시선 속에서 인간 자신도 예외가 될 수 없기 때문이다. 무차별적이고 무조건적인 계산적 사유는 인간도 역시 대상화시켜 '대체 가능한 것'으로 만들어 버린다. 모든 것을 대체할 수 있다는 사유 속에서 인간의 죽음은 부정되고 망각된다. "기술적 대상화의 자기 관철은 죽음을 지속적으로 부정한다."(GA5, 303) 하이데거에게 죽음이란 인간의 삶을 규정하는 중심적인 것이며, 인간의 실존성과 개별성, 즉 인간 존재의 고유한 유일무이성을 확보해 주는 것이다. 죽음은 "그때마다 나의 것"je der meine이며, "단적으로 대리할 수 없는 존재 양태" schlechthin unvertretbare Seinsmodus이며, "가장 고유하고 무연관적unbezüglich이며 추월할 수 없는unüberholbar 확실한 가능성"이자, 동시에 아직 "미결정된 것unbestimmt"이다(GA2, 316~354 참조). 그런데 존재하는 모든 것을 무조건적으로 대상화하려는 '의지의 모험' 앞에서 인간의 죽음은 사라지고 만다. 왜냐하면 인간도 예외 없이 조작 가능하고 대체 가능한 존재로 전락하고 말기 때문이다. 이렇듯 무조건적인 대상화가 감행되는 시대에는 인간 자신도 사물과 마찬가지로 다음과 같은 신세를 면치 못한다. "대상적인 사물들 현존의 머무름은 사물들 고유의 세계 속에서 자기 안의 안식을 취하는 것das Insichberuhen이 아니다. 사용하기 위한 단순한 대상들로서 제작된 사물의 지속성은 바로 대체der Ersatz이다."(GA5, 308)

생명체의 몽롱한 욕망이 감행하는 모험보다 인간은 더 큰 모험을 감행한다. 세계를 자기 앞에 세워 두는 의식의 모험이 더 큰 모험이기에 인간은 다른 생명체보다 더욱 큰 위험에 노출되어 있다. 몽롱한 욕망은 감히 상상할 수 없는 위험, 즉 자신을 상실할 수 있는 위험에 직면한 것이다. 이런 위험의 시대가 바로 휠덜린이 말하는, 신이 떠나가 버린 "궁핍한 시대"die dürftige Zeit이다. 이런 궁핍한 시대에는 위험을 위험으로 바라보고, 구원을 기다리는 것도 어렵다. 왜냐하면 "무엇보다도 기술 자체가 자기 본질에 대한 모든 경험을 방해"(GA5, 295)하고 있기 때문이다. 바꿔말하면, 시대의 궁핍함마저 망각하는 궁핍함에 이르기 때문이다. 그런데 하이데거의 릴케 해석에 따르면, 이런 궁핍을 감내하며 존재의 심연에 뛰어들어 위험을 위험으로 직시하는 사람이 바로 시인이다. 다시 말하면, 시인은 서구 형이상학적 근대인의 모험보다 더 큰 모험을 감행하는 자로서, "모험보다 더 모험적이고 존재자의 존재보다 더욱 존재적"이어서 (GA5, 296) 근거로서 파악되는 형이상학적 존재 이면의 '심연'(탈근거Ab-grund)에 이르기까지 모험을 감행한다. 그래서 릴케나 하이데거가 보기에 시인은 기술 시대의 위험으로부터 근대적 인간을 안전하게 보호하기 위해 근대인보다 더 큰 모험을 감행하는 자이다.

그렇다면 시인은 어떻게 이 위험에서 인간을 보호하는가? 그가 더 큰 모험을 감행하는 장소는 어디인가? 이 물음에 대한 하이데거의 대답은 명쾌하다. 언어 속에서 언어를 통해 시인은 더 큰 모험을 감행한다. 이런 간명한 대답이 가능한 것은 하이데거에게 "언어는 존재의 집"이기 때문이다.

> 존재는 그 자체로서 그의 구역Bezirk을 답사한다. 그리고 그 구역은 존재가 말 속에서 본재함으로써 구획 τέμνειν, tempus된다. 언어는 그런 구역(사원templum), 다시 말해서 존재의 집이다. 언어의 본질은 의미를 부여하는 것에서 소진되는 것도 아니며, 언어가 단지 어떤 기호나 암호와 같은 것만도 아니다. 언어가 존재의 집이기에 우리는 계속해서 이 집을 통과함으로써 존재자에 도달한다. ······ 존재의 사원이라는 점에서 생각해 보았을 때, 이따금씩 존재자의 존재보다 더욱 모험적인 사람들이 감행하는 것을 추측해 볼 수 있을 것이다. 그들은 존재의 구역을 모험한다. 그들은 언어를 모험한다.(GA5, 310)

보다 모험적인 사람들은 존재의 구역templum, 즉 언어를 모험한다. 하이데거의 용어 설명을 보면, "Templum은 그리스어로 테메노스 τέμενος이다. ······ 템네인 τέμνειν은 '나누다', '분할하다'라는 뜻이다. 나눌 수 없는 것은 아트메톤 ἄτμητον, 아-토몬 ἄτομα, 아톰Atom이다. 라틴어 Templum은 근원적으로 하늘과 땅에 나누어 그어 놓은 조각, 태양 궤도에 따른 하늘의 방향, 하늘의 방위를 뜻한다. 이 속에서 새 주술사Vogeldeuter는 새의 비행, 새소리, 새의 먹이로 미래를 점치기 위해 그것들을 관찰한다."(GA7, 50) 이런 근원적인 의미에서 구역은 '사원'을 뜻하기도 한다.* 이전 장에서 살펴보았듯이, 존재는 분절하는 차-이의 언어 속에서 구획된다. 언어를 통해서, 그 속에서만 우리는 존재를 경험한다. 이런 점에서 더욱 모험적인 자는 이전과는 다른 언어를 모험하는 자이다. 보다 모험적인 사람은 형이상학적 인간이 수천 년 동안 정착하고 있던 존재의 구역(언어)을 떠나, 새로운 거주지를 찾아 모험한다. 이와 같이 다른 존재의 구역으로 이동하는 자들은 언어의 궁핍을 체감하는 자이자, 새로운 언어의 도래를 기다리는 자이며, 그래서 결국 보다 많은 말을 할 수 있는 자이기도 하다. 이렇듯 보다 모험적인 사람들은 "보다 많이 말하는"sagender 가인歌人이자 시인이며, 가인의 그런 말은 노래이고 시이다(GA5, 316). 모험의 측면에서 시인은 근대적 인간의 연장선상에 있지만, 그와는 전적으로 다르다. 서양 형이상학의 정점에 도달한 근대 철학에서 존재자의 존재가 모험과 연관된 "의지를 위한 의지"라면, 더욱 모험적인 시인은 그런 의지에서 벗어나려는 모험을 감행한다. 물론 그것은 존재의 구역, 곧 언어를 모험함으로써 수행된다.

시인의 최고 모험은 형이상학적 의지를 단념하는 의지의 자기 부정적 모험이다. 하이데거는 이것을 다음과 같이 요약한다.

> 보다 모험적인 인간은 세계의 대상화라는 계획적인 자기 관철과는 다른 방식으로 의욕한다는 점에서 보다 의욕적이다. 그런데 그 다른 방식이란 형이상학적 인간 의욕을 넘어서고자 함[넘어서고자 의욕함]을 뜻한다. 시인의 의욕은 세계의 대상화를 의욕하는 것은 아니다. 의욕한다는 것이 단지 자기 관철만을 뜻한다면, 그들의 의욕함은 아무것도 의욕하지 않는다고 말할 수 있다. 이러한 의미에서 그들은 아무것도 의욕하

---

* "언어는 존재의 집"이라는 하이데거의 유명한 말에서 "집"은 이런 의미의 사원을 뜻한다. 우연의 일치인지는 모르지만, 한자로 시(詩)는 언어[言]와 사원[寺]이란 두 단어의 합성어이다. 섬세한 언어 감각을 가지고 있는 시인은 이미 이것을 알고 있었다. 시인 정희성은 「詩를 찾아서」라는 작품에서 이렇게 노래한 적이 있다. "말이 곧 절이라는 뜻일까 / 말씀으로 절을 짓는다는 뜻일까 / 지금까지 시를 써 오면서 시가 무엇인지 / 시로써 무엇을 이룰지 / 깊이 생각해 볼 틈도 없이 / 헤매어 여기까지 왔다 / 경기도 양주군 회암사엔 / 절 없이 절터만 남아 있고 / 강원도 어성전 명주사에는 / 절은 있어도 시는 보이지 않았다 / 한여름 뜨락에 발돋움한 상사화 / 꽃대궁만 있고 잎은 보이지 않았다 / 한 줄기에 나서도 / 잎이 꽃을 만나지 못하고 꽃이 잎을 만나지 못한다는 상사화 / 아마도 시는 닿을 수 없는 그리움인 게라고 / 보고 싶어도 볼 수 없는 마음인 게라고 / 끝없이 저잣거리 걷고 있을 우바이 / 그 고운 사람을 생각했다" 정희성, 『詩를 찾아서』, 서울: 창작과비평사, 2001, 12~13쪽.

지 않는다. 왜냐하면 그들은 더욱 의지적이기 때문이다.(GA5, 318~319)

시인의 이런 모험 속에서만 인간은 죽을 자들로서의 자신을 되찾고, 사물은 자기 속에서 안식하며, 지상에는 다시 신성함이 깃들고 릴케 식으로 말해 존재의 "온전함"das Heilen을 회복할 수 있다. "그들[더욱 모험적인 자들]은 세계의 밤의 어둠 속에서 떠나간 신들의 흔적을 죽을 자들에게 가져온다. 더욱 모험적인 자들은 온전함의 가인으로서 '궁핍한 시대의 시인' 이다."(GA5, 319)

시인은 보다 많이 말한다. 그는 지금껏 말하지 않은 것, 낯선 것들을 말한다. 하이데거에게 '낯선 것' das Fremde은 시인이 모험해야 될 언어 영역이다. 시인은 "친숙한 것의 모습에서 낯선 것의 통찰을 포함하는 것으로서 상-상Ein-bildung"(GA7, 195)하는 자이다. 하이데거는 어원 분석을 통해 낯설음에 대한 자신의 견해를 다음과 같이 피력한다. "그러나 '낯섦' 은 고고 독일어로 'fram' 인데, 본래 '다른 곳으로 향해 앞으로, ~를 향한 도상에, 앞서 간직될 것을 향해' 라는 것을 의미한다."(GA12, 37) 다수의 횔덜린 시와 트라클의 시는 모두 낯선 것을 향해 모험하는 시인의 모습을 그려 보이고 있으며, 그런 시인의 방랑은 자기 고향을 찾는 인간의 실존적 모습 또는 자기 민족, 더 나아가 서양 문명의 본질을 찾는 시인의 모습으로 그려진다. 시인은 언명된 것 가운데 언명되지 않은 것을 말한다. '죽음의 심연' 과 '부재하는 것' 을 노래한다. 또한 시인은 횔덜린의 말에 따르자면, "떠나버린 신들의 흔적"(GA5, 272)을 노래한다. 그 흔적조차 보이지 않는 궁핍한 시대에 시인은 희미한 흔적[16]을 찾아 노래함으로써 미래에 도래할 신을 준비한다. 그래서 시인의 모험은 부재의 흔적을 언어화하는 언어의 모험이다. 그렇듯 언어를 모험함으로써 시인은 일상적인 언어에서 점점 더 멀어진다. "한 시인이 시적일수록 그의 말함은 점점 더 자유로워지는데, 즉 뜻밖의 것에 점점 더 개방되며 …… [시인에 의해] 말된 것은 사람들이 오직 옳고 그름의 관점에서만 다루는 한갓된 진술에서 점점 더 멀어진다."(GA7, 184) 결국 현존 속의 부재를, 말할 수 있는 것 가운데 말할 수 없는 것을 모험적으로 언어로 불러오는 자가 시인이며, 그런 이유에서 시인은 보다 많은 말을 하는 자이다.

2. 성스러움과 시인: 신들과 인간 사이

시어가 보여 주는 것은 "성스러움"das Heilige이다. 시는 성스러움을 언어에 담고 있다. 성스러움을 시는 언어로 건립한다. 그렇다면 성스러움이란 무엇인가? 성스러움에 대한 하이데거의 생각은 많은 부분 횔덜린에 의존해 있다. 사실상 하이데거가 "시인의 시인"der Dichter des Dichters(GA4, 34)으로 유일하게 꼽는 횔덜린이 다름 아닌 성스러움을 노래하고 있기 때문에 시인은 성스러움을 노래한다고 하이데거는 말한다. 시인에게 있어 "시지어져야 할 것"das Zu-Dichtende, "말해져야 할 것"das zu-Sagende(GA53, 173)은 바로 "성스러움"이다. 사유자가 '존재'를 사유하듯, 시인은 '성스러움'을 노래한다. 사유자와 함께 존재에 가장 가까이 거주하고 있는 이가 시인이라면, 시인이 노래하는 성스러움은 사유자, 하이데거가 말하고자 하는 존재와 밀접히 연관되리라는 것을 우리는 어렵지 않게 추측할 수 있다.

여기에서는 하이데거의 횔덜린 해석에 주목하면서, 하이데거가 생각했던 성스러움을 추적해 보기로 한다. 그런데 성스러움은 횔덜린 시를 해명하는 여러 강의와 강연에서 산발적으로 다루어진다. 하이데거는 사유에 있어 존재에 해당하는 자리를 시짓기에 있어 성스러움에 할당하지만, 사실 그것을 주제화하여 상술한 곳은 찾아보기 힘들다. 그나마 성스러움에 관해 많은 지면을 할애하고 있는 글이 「마치 축제일처럼……」이란 강연문이다. 이 글에서 하이데거는 횔덜린 시를 해명하면서 다음과 같이 말하고 있다.

> 횔덜린은 자연을 성스러운 것이라 명명한다. 왜냐하면 자연이 '시간보다 오래되고 신들 너머에' 있기 때문이다. 따라서 성스러움은 결코 어떤 확고하게 서 있는 신에 주어진 속성이 아니다.(GA4, 59)

통념상 성스러움은 신에서 나오는 어떤 특징, 속성 등으로 이해된다.[17] 그런데 하이데거에 따르면, 성스러움은 그러한 것이 아니다. 왜냐하면 성스러움이 "신들 너머에" 있기 때문이며, 특징이나 속성이란 개념들은 그것들이 부속하고 있는 어떤 실체ὑποκείμενον를 전제해야만 하는데, 신은 존재자적으로 표상된 그런 실체일 수 없기 때문이다. 그래서 확고한 하나의 실체로서 파악되는 신에게서 유출된 분위기 정도로 성스러움을 이해해서는 안 된다. 하이데거가 보기에, '신'을 통해 성스러움이 규정되는 것이 아니라, 도리어 "성스러움"을 통해 신과 인간이 파악된다. "성스러운 것은 그것이 신적이기 때문에 성스러운 것이 아니다. 오히려 신적인 것은 그것이 그것의 방식에 있어서 '성스럽기' 때문에 신적이다."(GA4, 59) 그런데 횔덜린은 "자연"을 성스럽다고 명명한다. 왜냐하면 자연은 시원적인 것이자 신마저 임재하게 해주기 때문이다.

횔덜린이 시 속에서 그려 주는 자연은 천공의 높이와 심연 그 아래에 이르기까지 "모든 것에 두루 편재하는 것"이고, "위력적인 것"이어서 사람을 호리고 황홀케 하는 "신적으로 아름다운 것"das Göttlichschöne이다(GA4, 53~54). 또한 그것은 잠자는 듯 보이지만, "깨어 있는 것"이며 "모든 것을 창조하는 것"이자 "모든 것을 살아 있게 하는 것"이고, "혼돈"에서 유래한 것이자, 모든 것을 매개하는 전달 가능성die alles vermittelnde

포도주 잔을 들고 있는 디오니소스 신

하이데거가 열광했던 횔덜린에 따르면, 시인은 반신반인(半神半人)이다. 그리고 횔덜린은 시인을 대표하는 그 반신으로 포도주의 신이자 도취의 신인 디오니소스를 언급한다. 디오니소스 축제가 비극의 모태였다는 점을 떠올린다면, 왜 횔덜린이 디오니소스를 시인의 신으로 지목했는지를 어렵지 않게 이해할 수 있을 것이다.

Mittelbarkeit으로서 "법칙"이고, "정신"으로 이해된다(GA4, 52~62 참조).[18] 여기에서 자연으로서 이해되는 성스러움은 그것이 "혼돈"에서 나온 법칙이라는 점에 주목할 필요가 있다. 왜냐하면 그것이 하이데거가 말하고자 하는 성스러움에 접근하는 좋은 통로가 될 수 있기 때문이다.

고대 그리스인들에게 혼돈은 태초의 시작을 알리는 "하품", "벌어진 간극"이었다.[19] 그리스 신화에 따르면, 그 하품의 벌어진 틈 속에서 곧 도래하게 될 모든 것들이 나온다. 처음 그 속에서 하늘과 땅과 같은 신격화된 자연사물들이 나왔고, 이후 인간이 출현하였다. 하이데거는 하품의 틈을 "열림"das Offene으로 해석하고 그 열려진 것이 "모든 차이나는 것들에게 그것의 한계 지어진 현존을 허락한다"고 이해한다(GA4, 63). 또한 성스러운 자연을 낳은 혼돈은 이미 "성스러움 자체"(GA4, 63)이다. 그리고 사실 혼돈 자체가 자연이라고 할 수 있다. 왜냐하면 혼돈과 마찬가지로 자연은 어떤 한계 지어진 것이 아니라 그 한계를 낳는 것이라고 볼 수 있기 때문이다. 가장 시원적인 혼돈은 신이나 인간과 같은 개별자들에게는 "근접할 수 없는 것"das Un-nahbare이고 "경악스러움"das Entsetzliche 그 자체이다(GA4, 63).

자연은 모든 것에 두루 편재하는 것이자, 존재하는 각각의 것들이 현상하고 서로 만날 수 있는 "열림"을 허락해 준다. 이런 열림 속에서 개별적인 모든 것들 사이의 관계가 형성될 수 있다. 그렇다면 열림은 "모든 현실적인 것들 사이의 연관들을 매개한다"(GA4, 61)고 할 수 있다. 열림은 "매개"Vermittelung이고 그 속에서 현상하는 모든 현실적인 것은 일종의 "매개된 것"das Vermittelte이다. 그런데 여기에서 주목할 만한 것은 매개로서의 열림이 "직접적인 것"das Unmittelbare이라는 점이다. 왜냐하면 모든 것을 매개하는 매개 그 자신은 어떤 것으로도 매개되지 않은 시원적인 직접성을 갖고 있기 때문이다(GA4, 61). 상식적으로 생각할 때, 매개는 이질적인 양자를 연결 짓는 것으로서 추후적이고 간접적인 것이다. 그러나 휠덜린을 해석하는 하이데거는 매개의 근원성 속에서 매개된 것들이 유래한다고 보기 때문에, 매개의 직접성을 말할 수 있었던 것이다. 이렇듯 만물을 매개하는 자연은 만물을 그 자신과의 관계 속에서 산출해 내는 일종의 "법칙"과 같은 것이다.

혼돈의 자연은 모든 만물이 현상하고 서로 관계 맺을 수 있는 "열림"을 허락해 준다. 자연의 열림은 가장 시원적인 것이다. 이 열림이 없다면 인간과 뭇 사물들은 물론 신들마저 현상할 수도 없고, 서로 만날 수도 없을 것이다. 그것이 없다면 신들의 신성도 빛을 발할 수 없다. 그래서 자연은 "시간들보다 더 오래되고 동양과 서양의 신들 너머에 존재한다"고 휠덜린은 노래하였던 것이다. 그렇다면 성스러움은 다름 아닌 이 열림을 가리키는 말이다.[20] 그리고 시인은 그런 성스러움을 "낱말" 속으로 부른다.

자연의 성스러움은 감추어져 있다. 헤라클레이토스 식으로 말하자면, "자연은 자신을 감추기를 좋아한다" $\phi \upsilon \sigma \iota \varsigma\ \kappa \rho \upsilon \pi \tau \varepsilon \sigma \theta \alpha \iota\ \phi \iota \lambda \varepsilon \iota$. 또 휠덜린의 다른 말로 표현하자면, 지금의 시대는 자연의 성스러움이 자신을 드러내지 않는 밤이고, 성스러움이 사라져 간다는 사실마저 망각하고 있는 궁핍의 시대이다. 「무엇을 위해 시인은?」에서 하이데거는 성스러움을 "떠나 버린 신들의 흔적"(GA5, 272)이라고 말한다. 이 말을 앞의 논의와 관련지어 해석하면, 신들이 떠나 버린 것은 근대인이 "신의 죽음"을 선언해서도 아니고, 인간의 불경스러움이나 태만한 외면 탓에만 있는 것도 아니다. 보다 근본적으로는 성스러움이 스스로를 감추고 있기 때문이다. 신들이 현존하기 위해서는 열림으로서의 성스러움이 먼저 열려야 한다. "떠나 버린 신들의 흔적"이란 말에서 단순히 성스러움을 신의 잔영, 자취 정도로 해석한다면, 「마치 축제일처럼……」에서는 해석된 것과의 일관성을 견지하지 못했다고 할 수 있을 것이다. 일관되게 해석하자면 여기에서 흔적은 신의 현존과 부재를 가능케 하는 자연의 열림, 그것의 성스러움을 뜻한다고 볼 수 있다. 이런 성스러움은 자연의 열림으로서 신의 (현존과) 부재를 알려주고 신의 도래를 가능하게 한다.

자연이 스스로를 감춘다. 그러나 언제나 그런 것은 아니어서 그 성스러움을 드러낼 때가 있다. 이 경우 성스러움은 시인의 말을 통해서 자신을 드러낸다. 사람들은 보통 시인이 자연을 찬미한다고 한다. 그러나 하이데거가 보기에 시인의 말은 성스러움이 자신을 개방시키는 탁월한 방식이다. 또한 시인이 자연을 명명하는 일은 자신이 원해서가 아니라, "성스럽게 강요된 것"heiliggenöthiget이다(GA4, 58). 자연의 성스러움은 시인에게 자신을 명명하기를 요구한다. 그래서 자연을 찬미하는 "찬가"Hymne는 단순히 시인이 자연의 아름다움을 노래한 것이 아니다. "이 노래의 말은 더 이상 어떤 것에 '대한 찬가'Hymne an도 아니며 '시인에 대한 찬가' 도 아니고 자연에 '대한' 찬가도 아니라 오히려 성스러움'의' 찬가이다. 성스러움은 말을 선사하고 이 말 속에 몸소 들어온다. 말은 성스러움의 존재사건이다das Ereignis des Heiligen." (GA4, 76) 그렇다면 결국 시인의 말은 '성스러움의 말'에서 유래하고, 시인은 성스러움의 말을 인간의 말로 번역하는, 다시 말해 인간의 말 속에 옮겨 놓는über-setzen* 사람일 뿐이다.

휠덜린에 따르면 "자연은 시인을 길러 낸다." 이 말은 사실 플라톤이

---

*이런 생각을 좀더 확장한다면, 시인은 오직 하나를 번역한다고, 예컨대 휠덜린은 오직 '성스러움' 하나만을 번역하였다고 말할 수 있다. 시인의 수많은 시들은 그 언명되지 않은 성스러움을 번역한 것들에 불과하다. 이런 생각의 모티브를 하이데거는 언명되지 않은 "유일한 시가"라는 이름으로 전개시킨다. 말하자면 시인이 지어 낸 수많은 시들은 오직 유일한 하나의 시를 향해 있다. 시인은 그 유일한 시를 쓰려고 하지만, 번번이 실패하여 또 다른 시도를 거듭한다. 그런데 역설적으로 말해서, 시인은 유일한 하나의 시를 쓰지 못한 덕분에 다작의 작가가 될 수 있다. 하이데거에 따르면, "모든 위대한 시인은 오직 하나의 유일한 시가(ein einzige Gedicht)로부터 시를 짓는다. 그가 어느 정도로 이 유일한 것에 내맡겨져, 그 속에서 어느 정도로 시짓는 말함을 담을 수 있느냐에 따라, 그 위대함이 가늠된다. 한 시인의 시가는 말해지지 않은 채 남아 있다."(GA12, 33)

『이온』[21]에서 시인의 영감을 주장하고, 칸트가 『판단력비판』에서 천재는 "자연의 총아"라고 말했던 것과 연관된다. 역사가 오래된 이런 생각의 이면에는 다음과 같은 근원적 경험이 자리 잡고 있다. 즉 시는 어떤 기술의 숙련이나 지식만을 통해서는 창작될 수 없고 인간의 노력이나 조작 능력을 통해서는 채워질 수 없는 어떤 잉여 부분이 존재한다. 더구나 시에 있어 이 잉여분은 단지 주변적인 것이 아니라 시의 본질적 중심에 해당한다. 이런 뿌리 깊은 경험 때문에, 이 중심적 잉여분을 채우기 위해, 사람들은 인간 아닌 신 또는 자연에게 도움을 청했던 것이다. 전체적으로 보았을 때, 하이데거도 이런 흐름의 연장선상에 있다. 단지 그는 플라톤주의나 낭만주의와는 다른 해석을 내리고 있을 뿐이다. 하이데거는 자연이 시인을 길러 낸다는 말을 다음과 같이 해석한다. "신적으로 아름답고 놀랍도록 모든 것에 편재하기에 위력적인 자연은 시인을 포옹한다. 시인들은 포옹 속에 안긴다. 이런 안김이 시인들을 그들 본질의 근본 특징으로 바꿔 놓는다. 그런 바꿔 놓음이 길러 냄이다. 이것이 시인의 운명을 각인한다."(GA4, 54)

시인은 자연의 "가벼운 포옹"에 안겨 그 성스러움을 간직할 수 있다. 그럴 수 있기 때문에 시를 지을 수 있지만, 여전히 그것만으로는 충분치 않다. 다시 말하면 자연의 비호 아래 있는 시인은 성스러운 자연의 잠재적 "불"Feuer(GA4, 57)을 품고 있기는 하지만 그것을 점화시켜 줄 "신의 번개"가 필요하다. 이미 언급했듯이 자연의 성스러움은 자신을 감추고 있다. 그 감추어진 자연의 불길을 점화하기 위해서는 번개를 내리치는 신과 "맨머리로 서서 신의 빛살을 제 손으로 붙들어 백성들에게 노래로 감싸 주는"(GA4, 50) 시인이 필요한 것이다. 그러나 신도, 시인도 서로가 없이는 존재할 수 없다. 왜냐하면 둘 모두 성스러움에 속해 있고, 성스러움을 말하기 위해 꼭 필요한 존재로 규정되기 때문이다. "인간들도, 신들도 각각 그 자체로 성스러움과의 직접적인 연관을 성취할 수 없기 때문에, 인간들은 신을 필요로 하고 천상의 것들은 죽을 자들을 필요로 한다."(GA4, 68)

시인은 인간들 가운데 특별한 인간이다. 자연의 품에서 길러지고, 신들의 벼락을 온몸으로 받은 사람이기 때문이다. "불"의 자연은 접근하기 어렵고, "혼돈"으로서의 자연은 일상의 익숙함에서 보면 "경악스러운 것"이다. 그런 자연의 성스러움을 노래하는 자는 특별하고 드물 수밖에 없다. 그래서 횔덜린은 신들과 인간들 *사이*에 있는 "반신"半神, Halbgott으로 시인을 규정한다. 반신으로서의 시인은 신들과 인간들 사이에 위치하고 있기 때문에, 다시 말해서 천상의 높이와 인간 심연의 깊이 사이에서 그 양자를 두루 미칠 수 있기 때문에, 신들도 하지 못하는 성스러움'의' 말을 할 수 있다.

반신으로서 **시인은 신들과 인간들 사이에 존재하는 "사이존재"** Zwischenwesen 이다(GA39, 164).[22] 여기에서 우리는 또다시 하이데거의 사이-존재론을 확인할 수 있다. 시인에 대한 이 규정은 매우 중요한 의미를 갖는다. 이것이 중요한 이유는 사이에 의해 사이 양항이 결정되는 것을 이 규정이 잘 보여 주기 때문이다. 우리는 보통 사이 양항이 확실하게 알려져 있고 양자를 매개하고 절충하는 것으로서 *사이*를 설정한다. 그러나 하이데거가 보기에, "시인의 시인"인 횔덜린이 시인을 노래한 것은 그저 시인 자신의 자화상에 대한 관심의 천착에서 유래한 것이 아니다. 도리어 "떠나 버린 신"과 여전히 물음으로 남는 "우리"wir에 대한 규정을 하기 위해서 시인을 시작詩作하였던 것이다.

먼저 시인의 시적인 물음에서 문제가 시작된다. 말하자면 시인이 인간에 대해 묻게 될 때, 물음의 특성상 인간 너머에서 묻게 된다. 왜냐하면 무엇인가에 대한 물음 자체가 이미 물어진 것을 넘어서는 행위이기 때문이다. 이에 비해 신이 아닌 인간이 신에 대해 묻게 될 경우에는 그 물음은 불가피하게 신에 미치지 못한다. 그래서 인간에 대해 물을 경우에 물음의 방향Richtung이 인간들 '너머'로, 신들의 경우 신들 '아래'로 향하지 않을 수 없다.

만일 우리가 실지로 인간의 본질을 묻는다면, 우리는 인간 너머로 묻는 셈이다. 왜냐하면 모든 참된 물음은 물음이 걸려 있는 것das Befragte 너머로 묻기 때문이다. 인간의 본질에 대해 물으면서 우리는 언제나 어떤 식으로든 초인Übermensch(너머의 인간)을 묻는다. 만일 우리가 실지로 신들의 본질을 묻는다면, 우리의 물음은 비밀인 신들의 본질에서 튕겨 나와 그 아래로 떨어진다. 신들의 본질을 물으면서 우리는 언제나 어떤 식으로든 아래신들Untergötter(하위신들)을 생각한다. 초인들과 아래신들, 그러나 그것들은 인간과 신들에 대한 이중적 물음에서 동일하게 물어지고 있는 것Gefragte이다. 이렇게 동일한 것이 반신들이다.(GA39, 166)

반신의 시인에 관해 시짓는 횔덜린은 하이데거에게 각별한 시인이 아닐 수 없다. 왜냐하면 반신들을 노래함으로써 횔덜린은 신들과 인간을 묻고, 그 양자의 관계를 물으면서 서로가 화해하는 역사적 시·공간을 시적으로 건립하려고 했기 때문이다. 또한 이미 언급한 대로, 성스러움이 인간과 신들을 모두 현존하게 하는 열림이라면, 이런 사이본질로서의 시인만이 그런 성스러움을 노래할 수 있다. 이와 같이 하이데거의 횔덜린 해석에 따르면, 사이 양편에 존재하는 것은 *사이*를 통해서만 규정되고 현존할 수 있다. 이런 이유에서 횔덜린을 통해 시인은 "반신", "강", "디오니소스"라고 명명되는 것은 물론이거니와, 특히 "표시"Zeichen라고 명명된다. 말하자면 시인 자체가 모든 존재(신들과 인간을 비롯한)를 개방하는

'언어'라는 것이다(GA53, 188 참조). 그래서 후기 하이데거에게 시인은 "존재의 집", 즉 언어를 지키는 "파수꾼"으로 확정될 수 있었던 것이다.

그러나 시인이 항상 성스러움을 말할 수 있는 것은 아니다. 인간 사이에서 시인이 드문 것만큼이나 시인이 성스러움을 말할 수 있는 때도 아주 드물다. 왜냐하면 신의 번개가 내리치기를 기다려야 하기 때문이다. 신의 번개가 시인의 머리를 내리치는 번쩍임의 순간, 지상의 인간들과 하늘의 신들이 자신의 현존을 드러낸다. 그런 순간에만 성스러움이 일어난다. 그 섬광의 순간에 시인은 잠시 드러나는 성스러움을 언어에 담는다. 이것을 하이데거는 다음과 같이 말한다.

> 횔덜린의 말은 성스러움을 말한다. 그래서 신들과 인간들의 미래 역사의 본질적 틀을 위한 시원적인 결정의 일회적인 시-공간Zeit-Raum을 명명한다.(GA4, 77)

하이데거가 그려 보이는 성스러움은 언제나 대립·투쟁하고 있는 것 사이의 일회적인 순간에 일어난다. 여기에서 일회성이란 한 번으로 사라져 버린다는 것이 아니라 그 순간의 일회성을 통해 미래가 결정되는 시원적인 역사성을 뜻한다. 신들과 인간들 사이에 위치한 시인은 신들과 인간들을 현존하게 하는 성스러움을 노래한다. 성스러움은 이처럼 "사이본질"로서의 시인을 통해 자신을 드러낸다. 왜냐하면 성스러움 자체가 사이의 존재이기 때문이다. 성스러움 자체가 신과 인간 및 모든 것들을 현상하게 하는 시·공간적인 '열림'이기 때문이다. 그래서 만물들이 투쟁하면서도 하나를 이룰 수 있게 하는 "친밀성"Innigkeit은 성스러운 것이다(GA4, 73). 이미 여러 번 반복되었듯이 친밀성은 하이데거에게 대립·투쟁하는 것들을 그 투쟁 속에서 하나로 묶는 것이며, 투쟁하는 것들 사이, 그 틈에서 일어나는 존재사건이다. 그렇다면 시인 횔덜린을 통해서 명명된 성스러움은 하이데거 사유의 존재사건과 같은 위치를 점하고 있다고 할 수 있을 것이다.

3. 시짓기의 시간·공간적 성격

시짓기는 예술의 본질이다. 예술의 본질인 시짓기는 존재 진리의 건립함이다. 바꿔 말하면, 시짓기는 모든 존재자를 현상하게 하는 시·공간적인 *사이*의 열림을 건립한다. 그래서 시짓기는 한편에서 (존재) 역사의 기반을 짓는 것으로 이해되며, 다른 한편에서 존재를 밝히는 인간의 거주 공간 짓기로 이해된다. 특히 하이데거의 횔덜린 강의에서 시짓기는 철저히 "시간-놀이-공간"을 건립하는 시짓기로 부각된다.[23]

여기에서는 시짓기의 시·공간적 *사이성*에 초점을 맞추고자 한다. 하이데거의 논의 가운데, 시·공간의 *사이* 성격이 잘 드러난 부분은 "축제"와 인간 거주의 척도로서 "신성"을 논하는 부분이다. 하이데거는 횔덜린의 「회상」을 강의하며 축제의 시간, 겨를 Weile을 말하고 있으며, 「……시적으로 시인은 거주하니……」라는 강연에서 시짓기의 척도로서 '신성' 또는 '하늘'을 말하고 있다.

역사의 기반 짓기: 축제의 시간

하이데거에 따르면, 시는 역사를 근거 짓는다. 상당히 낯설고 엉뚱하게 들릴 수 있는 하이데거의 이 말을 이해하기 위해서는 초기부터 지대한 관심을 가지고 있었던 역사에 대한 하이데거의 이해를 면밀히 살펴야 할 것

니콜라 푸생(Nicolas Poussin)의 「아르카디아에도 나는 있다」(Et in Arcadia ego)

이 그림에서 '나'는 죽음(운명)을, '아르카디아'는 이상향을 의미한다고 한다. 독일 낭만주의 시인 노발리스는 "철학이란 본디 향수요, 어디에서나 고향을 만들려는 하나의 충동"이라고 말한 적이 있다. 이 말을 받아 하이데거는 이렇게 말한다. "철학, 즉 '무엇인가를 그리워하는 향수'로서 이렇게 '무엇인가를 향한 사랑'이 무성(Nichtigkeit) 속에, 즉 유한성 속에 머물러 있어야 하는 것이라면, 신은 철학하지 않을 것이다. 철학은 일체의 모든 위안과 보증과는 상반된 것이다. 철학은 소용돌이이다. 그 소용돌이 안으로 휘말려 들어가면 들어갈수록 인간은 더욱 더 홀로 환상 없이 현존재를 파악하게 된다."

이다. 그러나 지면관계상 여기에서는 다만 시와 연관된 부분만을 다루도록 하겠다. 그렇게 논의를 제한하더라도, 이 테마는 다시 「예술작품의 근원」으로 되돌아가야 한다. 왜냐하면 시는 곧 예술의 본질이고, 시가 역사를 근거 짓는다면 역시 예술도 그러할 것이기 때문이다. 이미 살펴본 대로 「예술작품의 근원」에서는 개개의 현존재보다 민족Volk이란 공동체 개념이 논의의 중심에 위치한다. 다시 말해서 개별적인 현존재가 아니라, 하나의 단일한 공동체로서 민족이 다루어진다. 이런 개념의 확장을 통해서, 개인의 운명에서 확대된 논의의 장, 곧 민족의 운명과 역사를 논의할 수 있는 장이 확보된다. 물론 이런 관심의 변화는 이미 『존재와 시간』에서 역사를 언급하면서 준비된 것이다. 그러나 1930년대 하이데거의 정치 참여와 정치적 실패를 거치면서 현존재라는 개념보다 민족 공동체, 더 나아가 죽을 자들이라는 개념으로 관심의 축이 이동했다고 볼 수 있겠다.

하나의 민족은 공유하는 역사를 가지고 있다. 그러나 거꾸로 말하는 것이 더 진실에 가깝다. 즉 공유할 수 있는 역사를 통해서만 하나의 민족은 가능하다. 왜냐하면 공유할 수 있는 역사를 가지지 못한 공동체는 존재할 수 없기 때문이다. 공동체가 공유하고 공유할 수 있는 이야기, 곧 공동 운명체를 다룬 역사가 없다면, 민족이란 개념 자체가 구성될 수 없다. 당연한 말이지만, 공유 가능한 역사가 공동체 구성원들에게 집단적 소속감을 갖게 해주고 공동체의 정체성을 마련해 주기 때문이다. 그리고 그런 역사를 통해서 비로소 하나의 민족은 형성된다. 하이데거에 따르면, "민족의 존재는 단순한 거주민의 출현도 아니고 동물적 존재도 아니라, 오히려 시간성과 역사성으로서의 규정이다."(GA38, 157) 그런데 여기에서 그 민족의 운명, 역사 그리고 그 민족의 운명을 결정하는 장소가 바로 예술이다. 하이데거에게 예술은 단순한 허구적 오락물이 아니며, 그렇다고 한갓 개인적 감정의 표현물만도 아니다. 도리어 그것은 거시적인 측면에서 볼 때, 하나의 민족을, 그 민족의 정체성을, 결국 그 민족의 역사를 근거 짓는 것이다. 더욱이 이 경우 과거에 있었던 사건들을 그대로 옮겨 놓는 방식으로서가 아니라, 역사를 근거 짓는 사건으로 예술은 이해된다.

개별적인 현존재에게 운명이 있듯이 민족 공동체에게도 운명이 있다. 하이데거는 "운명"Schicksal을 "보냄"Schickung과 연관 지어 이해한다. 존재의 보냄이 운명이고 역사이다. 이런 생각은 『존재와 시간』에서 현존재를 피투와 기투, 즉 던져지고 던지는 존재로 이해하는 생각의 단초에까지 소급되어 이해될 수 있다. 존재는 스스로를 은폐한 상태에서 존재의 일면적 모습을 보낸다. 물론 보내진 것은 언제나 은폐·억제·비축되어 있어서, 이미 가까이 있음에도 불구하고, 언제나 찾고 추구해야 될 것이다. 다시 말하자면, 우리에게 운명은 이미 '선험적 완료'로서 주어진 것이지만 언제나 밝혀지지 않은 채 남아 있는 것이어서, 미래에의 기투를 통해 반복해서 전유되어야 하는 것이다. 이런 하이데거의 운명론은 고대 그리스인들의 생각과 맞닿아 있다. 그리스인들은 운명을 "모이라" μοῖρα, "디케" δίκη 로 이해하였다. 그들에게 운명은 죽음에 대한 근본적인 경험과 신비스러운 앎에 기초한 것으로서, "한계를 설정하는 몫과 사명" grenzsetzende Zuteilung und Bestimmung의 성격을 담고 있다(GA39, 173).

그러나 운명을 단순히 맹목적·수동적으로 받아들여야 하는 피치 못할 어떤 것, 또는 인과因果의 법칙에서 결과에 영향을 미치는 원인과 같은 어떤 것, 또는 기독교적 의미의 "섭리"와 같은 것 등으로 이해해서는 안된다. 하이데거에 따르면, 운명적인 것(합당한 것das Schickliche)이란 "본질에 속하는 보존Wahrung der Zugehörigkeit ins Wesen이라는 의미에서 스스로 속해 있는 것", 그래서 본래적으로 "속함 자체das Gehörige selbst"이며, "속함, 즉 공속함이 화음과 화해Einklang und Ausgleich로 보내지거나 또는 화해되지 않은 것에 방임되는 방식이며, 동시에 그들이 그들 본질에 고유하게 보내어짐으로써 운명을 발견하고 간직하고, 그래서 보내진 것과 보내는 것에게 그 본질을 허락하고, 그 지배력에 권리를 주고 그래서 비로소 정의Recht를 받아들이는 그런 자들이 존재하는 방식이다."(GA52, 89) 간단히 말하면, 하이데거에게 운명이란 존재가 한 개인 또는 공동체에게 보내는 존재의 메세지다. 그것은 동시에 감추어져 있던 개별 현존재나, 민족의 본질을 드러내 보여 주는 것이기도 하다. 보다 중요하게 하이데거의 횔덜린 해석에 따르면, 운명은 "친밀성"이기도 하다(GA52, 91). 다시 말해 예술작품에서의 세계와 대지, 언어에서의 세계와 사물 사이를 한마디로 친밀성이라 명명했던 것을 염두에 둔다면, 운명이란 존재사건이 인간에게 보내 오는 자신의 모습임을 어렵지 않게 짐작할 수 있을 것이다.

그런 운명을 회피하지 않고 굿굿하게 맞서는 것이 역사에 참여할 수 있는 길이다. 하이데거에 따르면, "운명 안에 서는 모든 것은 역사적이다."(GA52, 92) 왜냐하면 운명은 존재의 부름이 요구하는 것, 즉 존재가 공동체에게 보내는 과제이며 한 민족의 역사란 그 운명을 "발견"하고 "전유"하고 "사용"할 수 있을 때 가능하기 때문이다(GA52, 130 참조). 민족이 그 과제를 과제로서, 자신의 운명으로서 받아들이고 그 가운데로 진입할 때 비로소 민족의 역사가 시작된다. 또한 각각의 현존재가 이런 역사에 참여할 때에만 진정한 공동체가 가능한 것이다.

이처럼 존재가 민족에게 던져 주는 민족의 운명은 예술 속에서 드러난다. 이미 살펴보았듯이 예술은 존재의 사건이 일어나는 장소이고 인간은 그 사건에 "탈자적으로" 관여한다. 예술작품 앞에서 우리는 존재의 충격과 그 충격의 밀침을 고스란히 받아들인다. 말하자면 존재가 보내는 어떤 것의 충격을 작품 속에서 경험한다. 위에서 상술한 것처럼 "존재역운" Seinsgeschick(존재가 보내는 존재의 역사)으로 역사를 이해한다면, 이런 점에서 예술은 역사의 시원이다.

하이데거는 예술의 본질을 시로 이해하고, 그 시는 3중적 의미층을 가진 "건립"Stiftung으로 이해한다. 건립은 존재의 "선사"Schenkung, "정초", "시원"이라는 의미를 갖는다. 이렇듯 건립하는 시, 즉 예술에는 존재가 보내는 민족의 운명이 담겨 있다. 그래서 하이데거는 예술이 역사를 근거 짓는다고 말할 수 있었다.

예술은 역사적이며, 그리고 역사적인 예술로서 예술은 진리를 작품 속에서 창작하는 보존이다. 예술은 시로서 일어난다. 시는 곧, 선사, 정초, 시원이라는 3중적 의미에서의 건립이다. 예술은 건립으로서 본질적으로 역사적이다. 이러한 사정은, 예술이 시대의 변천 속에서 무수히 다른 시대와 나란히 출현하기도 하고, 이때 변화하다가 사라지며 변화하는 볼거리를 역사학에게 제공한다고 하는 그런 피상적인 의미에서 역사를 예술이 갖는다는 것만을 일컫고 있는 것이 아니다. 예술이 역사를 정초한다는 그런 본질적인 의미에서 예술은 역사이다.(GA5, 65)

역사는 과거에 있었던 사실들을 연대기적으로 나열한 것도 아니고, 그렇다고 단순히 허구도 아니며, 또한 단순히 과거의 소관사항으로서 교훈적 사례들을 제시해 주는 윤리적·처세술적 보고寶庫 또한 아니다. 하이데거의 시간론에 따르면, 시간이란 단순히 미래에서 와서 현재를 거쳐 과거로 흘러가 버리는 것이 아니다. 이 세 가지 계기들은 "서로에게 미쳐 있는 것"Einander-sich-reichen, 통합된 것, 그래서 "동−시적인 것"das Gleich-Zeitigen이다(GA12, 201~202). 그것은 하나의 근원에서, 다시 말하면 근원적 시간 속에서 유래하여 자신을 억제하는 에포케ἐποχή로 분절되지만, 언제나 동일한 근원 속에서 움직인다. 하이데거에게 에포케는 한낱 어떤 "시대 구획"이 아니라, 존재 보냄의 근본 특징으로서 보냄을 가능케 하는 존재 보냄의 억제An-sich-halten를 뜻한다(GA14, 9).

이런 시간 이해에 따르면, 과거는 단순히 지나가 버린 것으로 그치는 것이 아니라, 도래하는 것, 본질적인 것을 담고 있는 "과거"das Gewesene이다. "미래 속으로 과거가 이처럼 이후와-이전을-지배Nach-vorne-walten하면서, 되지시하며 이미 그 이전에 준비되는 것 그 자체가 도래하는 것Zu-kommen과 여전히 본재하는 것(미래와 과거성Noch-wesen)을 하나, 즉 근원적 시간 안에서 열고 지배한다."(GA39, 109) 이런 시간 속에서 일어나는 역사적 사건은 존재가 자신을 개방하면서 동시에 은폐하는 사건이며, 우리 역사적 현존재에게 자신을 숨기면서 보내는 사건, 즉 "거부"Verweigerung와 "보류"Vorenthalt의 방식으로 탈고유화enteignen하며 일어나는 존재사건이다.[24] 예술은 이런 존재가 보내는 그것의 진리를 작품 속에 정립하는 것이기 때문에, 현존재와 그들 역사 모두의 근원이 된다.

> 예술작품의 근원, 다시 말해 창작하는 자와 동시에 보존하는 자의 근원, 다시 말해 한 민족의 역사적 현존재의 근원은 예술이다. 그러한 까닭은, 예술이 그 본질에 있어 하나의 근원으로 존재하기 때문에, 즉 예술은 진리가 존재하게 되는, 다시 말해 역사적으로 되는wie Wahrheit seiend, d.h. geschichtlich wird 하나의 탁월한 방식이기 때문이다. (GA5, 66)

현대인의 상식에서 볼 때, 위 인용문은 쉽게 수긍될 수 없다. 수긍할 수 없어 곧바로 제기되는 반문은 다음과 같은 것들이다. 한 민족의 역사를 보존하는 것은 역사학자가 할 일이 아닌가? 왜 하이데거는 역사학Historie이 할 일을 예술에게 떠넘기려 하는가? 도대체 궁극적으로 예술이 역사를 근거 짓는다는 말은 무슨 의미를 담고 있는가? 하이데거는 역사학이 진리가 일어나는 장소의 역할을 하지 못한다고 생각한다. 그의 유명한 말, "학문은 사유하지 않는다"Die Wissenschaft denkt nicht[25]로 대변되듯이, 하이데거가 보기에 역사학을 포함한 모든 학문은 이미 일어난 일들을 특정한 방법을 통해 정리하고 답습하는 것일 뿐, 존재의 진리를 전체적으로 드러내는 것과는 거리가 멀다. 그것은 오직 철학적 사유와 더불어 예술만이 할 수 있는 일이다. 사실과 인식의 일치라는 고전적 진리 개념을 비판하는 하이데거의 입장에서 있었던 일들을 있는 그대로 기술한다는 역사학은 진리가 거주하는 곳으로 부적절한 곳이다. 오히려 생성하는 진리, 사건으로서의 진리는 창조적인 예술 속에서 일어난다. 하이데거에게 예술은 공동체의 운명을 결정하는 길, 즉 한 민족의 세계를 보여 준다. 그러나 있었던 사건만을 기술하는 역사 속에서는 그것을 보여 줄 수 없다.

예술은 존재의 낯선 충격 속에서, 예술이 건립한 세계 속에 우리를 밀어 넣는다. 이에 비해서 하나의 학문으로서 역사학은 그렇지 못하다. 왜냐하면 진리를 작품 안으로 정립하는 예술에 비해 역사학은 존재를 개방하는 데 일정한 한계를 가지고 있기 때문이다. 사실 예술(시)과 역사학에 대한 이런 생각은 하이데거의 독창적인 생각은 아니다. 이미 아리스토텔레스가 『시학』에서 "따라서 시는 역사보다 더 철학적이고 중요하다"[26]라고 말했던 것처럼, 하이데거에게도 ─ 물론 의미는 다르지만 ─ 시(예술)는 역사보다 더 역사적이고 진리에 더 접근해 있다. 이렇게 본다면 하이데거의 생각은 새롭다기보다는 가장 오래된 생각이다. 만일 학문으로서의 역사가 아니라 그 시원적인 의미에서 역사를 이해한다면, 즉 현재, 미래와 통합된 과거를 회상하는 이야기 $\mu\tilde{\upsilon}\theta o\varsigma$[27] 짓기 $\pi o i\eta\sigma\iota\varsigma$로 역사를 이해한다면 예술이 역사를 근거 짓는다는 말은 그렇게 생소하지는 않을 것이다.

예술의 근원은 시다. 이제 역사는 시 속에서 자신의 근거를 갖는다. 이런 시는 "역사적 현존재의 근본틀이다."(GA39, 76) 예술은 세계와 대지의 투쟁 속에서, 언어는 세계와 사물의 차-이 속에서, 그리고 '예술-

언어'는 그 투쟁과 차-이를 통한 친밀성의 존재사건을 통해서 형성된다. 그렇게 형성된 것을 하이데거는 '시'라고 통칭한다. 이런 시에서 역사가 유래하는 것이다. 하이데거가 이해하듯 역사가 존재의 역운을 의미한다면, 역사는 세계를 전제할 수밖에 없다. 왜냐하면 존재는 세계의 빛 속에서 드러나기 때문이다. 예술과 언어가 역사의 근거가 될 수밖에 없는 것도 그것들이 모두 세계를 개시하는 일종의 근원적 빛이기 때문이다. 물론 세계는 언제나 대지 또는 사물과의 맞섬 속에서 빛나는 것이기는 하다. 이미 앞의 논의 과정에서 세계는 예술 속에서, 다음에는 언어 속에서 드러난다고 하였다. 하이데거적 의미에서 세계는 언어 없이는 존재할 수 없고, 존재자 전체를 밝히는 세계 없이 역사는 존재하지 않는다. "오직 언어가 있는 곳, 그곳에만 세계가 있다. …… 오직 세계가 번성하는 곳, 그곳에만 역사가 있다."(GA4, 38) 결국 예술의 근원으로서의 시어가 역사를 건립한다. 이것을 횔덜린은 다음과 같이 시적 언어로 명명한다.

머무는 것은 그러나 시인이 건립한다.[28]

하이데거는 시의 본질을 해명하는 열쇠말로 이 구절을 자주 인용한다. 여기에서 머무는 것은 성스러움이다. 그런데 성스러움의 머묾은 고정불변하는 어떤 것의 공허한 지속을 뜻하지 않는다. 도리어 그것은 "시원의 도래함"das Kommen des Anfangs을 의미한다(GA4, 75). 하이데거에게 가장 시원적인 것일수록 더욱 먼 미래에서 도래한다. 시원적인 것은 단순히 과거 속으로 사라져 가는 것이 아니라, 그것의 힘은 미래에까지 미쳐 있어 미래에서 도래하는 것이다. 그래서 "도래로서의 머묾은 이전에는 생각할 수 없던 시원의 시원성"(GA4, 75)이다. 사람들이 측정하고 계산하는 시간보다 더 시원적인 성스러움의 시간이 시인의 말 속에서 일어난다. 그런 일어남이 참된 역사이다. 그리고 그것은 아주 드물게 일어난다. 왜냐하면 역사는 오직 "진리의 본질이 그때마다 시원적으로 결정될 때에만" 존재하기 때문이다(GA4, 76).

인용문에서 "머무는 것"에 대한 시간적(역사적) 이해에 주의할 필요가 있다. 이 부분에 대해 하이데거는 1941/42년 겨울학기에 횔덜린의 「회상」에 대해 강의하면서 상세히 해설한다.[29] 일상적인 시간 이해에 따르면, 머무는 것이란 수치적으로 균등화된 양적 시점들의 "계속되는 진행 속에서 지속적인 것"을 뜻한다. 그러나 하이데거가 보기에 "최고의 본래적인 머묾"은 그런 것이 아니라, "유일한 것의 겨를"die Weile des Einzigen이다(GA52, 93). 이때 유일한 것이란 "익숙하지 않은 것"이자 "시원적인 것"이며(GA52, 93~94), "신들과 인간이 마주하는 존재사건"인 "축제"Fest이다(GA52, 69).

역사적인 사건은 언제나 이와 같은 유일한 것, "일회적인 것"das Einmalige(GA39, 144)으로 일어난다. 많은 역사학자들은 수많은 사건들을 정리하기 위해 "형태학", "유형학"을 표방하는데, 그것은 역사의 유일성을 간과한 것을 뜻할 따름이다. 이에 반해 하이데거는 역사적 사건이 비교할 수 없고 유형화할 수 없는 유일한 사건이며, 그런 유일성이 "위대함의 본질"이며, "저급한 것과 타락한 것의 비본질이기도 하다"고 본다(GA39, 227). 이런 유일성이 역사의 본질적 모습이다. 또한 "역사적 현존재의 유일성이 운명이다."(GA39, 228) 역사는 이런 유일한 운명 안에 서는 것, 그래서 그것을 언어로 건립하는 시를 통해 정초된다. 이렇게 운명 속에 들어서는 시간이 바로 축제의 시간이다.

대개의 경우 축제는 노동하지 않는 안식安息의 시간으로 이해된다. 단순히 '쉬는 시간'으로 이해되는 축제의 의미는 '노동'을 통해 규정된다. 이런 방식으로 생각해 보면, 더욱 효율적인 노동을 보장하기 위해 예로부터 사람들은 현명하게도 달력의 이곳저곳에 축제의 시간을 배치하였다. 그래서 안식으로서의 축제는 더 높은 생산량을 약속하는 노동의 연장으로 이해된다. 이렇듯 "노동의 중단"이자 노동의 연장으로서 이해되는 축제 개념을 하이데거는 거부한다(GA52, 64, 74 참조). 왜냐하면 축제는 노동을 통해서만 규정될 수 있는 것이 아니기 때문이다.

하이데거가 보기에, 무엇보다 축제는 자기 자신을 포함한 존재하는 것 모두에 대한 "숙고"Besinnung와 도래할 것에 대한 "기대"Erwartung, 존재의 "놀라움에 대해 더더욱 깨어 있는 예감"의 시간이다. 그에 따르면, "하나의 세계가 우리 주위에서 세계화하고 있다는 사실, 존재자가 있고 차라리 없지 않다는 사실, 사물들이 있고 우리 자신이 사물들 한가운데 있다는 사실, 우리 자신이 존재하면서도 우리가 누구인지 모른다는 사실, 우리가 이 모든 것을 알지 못한다는 것조차 알지 못한다는 사실"(GA52, 64)을 비로소 깨닫게 되는 순간이 축제의 시간이다. 결국 철학자 하이데거에게 축제란 일차적으로 존재를 사유하는, 그럼으로써 존재를 영접하고 머물게 하는 시간이며, 일상인들까지 그날만큼은 일상의 구속에서 벗어나 한꺼번에 존재 사유를 감행하는 역사적인 사건이다. 이런 의미의 축제는 노동만을 통해서는 규정될 수는 없으며, 하이데거의 관점에서 축제는 비본래적인 일상으로부터 떠나 모든 사람이 존재를 사유하는 시공간으로 이해되어야 한다. 그리고 잘 알려져 있다시피, 고대의 축제날에는 시를 비롯한 온갖 예술작품들이 공동체 구성원 전체에게 낭송되고 공연·전시되었다.

횔덜린의 언어를 통해 하이데거는 축제를 약간 다르게 해석한다. 축제란 "성스러움이 인사하는 존재사건"das Ereignis des Grußes des Heiligen (GA52, 73)이며, "인간과 신들의 결혼식"(GA52, 79)이다. 성스러운 축제 속에서 비로소 신들과 인간들은 모두 자기 자신이 될 수 있다. 인간과 신이 자기 자신이 되기 위해서는, 양자 모두 "서로를 필요로 한다."(GA52, 77) 서로를 필요로 하는 신과 인간이 아주 드물게 조우하는 때가 축제의 시간[30]이다. 그리고 이렇게 드물게 찾아 오는 축제 자체가 바로 "역사의 근거와 본질"(GA52, 68)이다. 이 축제의 시간이 바로 겨를이다. 다시 말하면, 신들과 인간이 화해하는 순간의 겨를이 바로 축제의 시간이다. 그런 겨를에서만 도래하는 것이 머물 수 있는 시원적 역사가 정초된다. 하이데거는 겨를을 머묾과 연관 지어 축제의 시간, 곧 역사가 정초되는 시원적인 시간, 즉 미래적인 과거를 보여 주고 있다. "모든 도래하는 것은 오직 과거의 유일성의 겨를에서만 그것의 도래를 갖는다."(GA52, 104) 이런 의미에서 축제는 신과 인간이 조우했던 유일한 겨를을 회상하면서 도래하는 그 겨를에 다시 참가하는, '동시적'[31] 시간을 의미한다.

하이데거에 따르면, 시의 건립은 세 가지 의미를 갖는다. 이전에는 없던 것, 존재가 인간에게 보내는 새로운 운명, 새로운 역사를 세운다는 의미의 "선사"가 첫번째 의미이고, 두번째는 그런 역사를 "근거 짓는다"는 의미를 갖고 있다. 첫번째 의미가 오해되면, 시적 건립이 단순히 공상적인 것, 쓸모없는 여분의 것 등을 산출하는 것을 뜻할 뿐이다. 그러나 두번째 정초로서의 건립은 이런 오해를 막아 준다. 새로이 선사된 것은 미래를 규정하는 것이자, 그것의 근거가 되는 것이다. 마지막으로 시적인 건립은 "시원"이다. 이미 언급했듯이 가장 시원적인 것은 가장 먼 미래에 도래할 것의 다른 이름이다. 단순히 지나가 버려 되돌이킬 수 없는 "처음"Beginn이 아니라, 시원은 도래하는 것을 간직하고 있다.

인간들은 드물게 시 속에서 일어나는 존재역운의 지반 위에서, 그 역사적 시간을 "회상"하며, 도래하는 것들을 기다리며, 남은 시간을 감내해 간다. 이런 의미에서 회상이란 과거에 대한 생각일 뿐 아니라, 동시에 "도래하는 것에 대한 앞선-생각vor-denken"(GA53, 188)이기도 하다. 더 나아가 만일 시가 단순히 시인의 창작을 통해 완성되는 것이 아니라 창작된 시를 보존하는 데에서 완성되는 것이라면, 대지 위에 살아가는 인간의 이런 회상이 한 편의 시이고 모든 시는 여기에서 완결되며, 이런 의미에서 인간은 "시적으로 거주한다"고 할 수 있겠다. 하이데거에 따르면, "시짓기는 회상함das Andenken이다."(GA4, 151) 운명이 선사되는 시간, 축제의 겨를을 회상하는 시짓기는 그 시원에서 미래를 예감한다. 한마디로 시인은 과거와 미래, 현재를 동-시에 두루 향하며 근원적 시간, 역사의 시원을 정초한다.

인간 거주의 장소 짓기

『존재와 시간』에서 하이데거는 인간을 '세계-내-존재'로 이해한다. 그런데 이때 "내"內라는 말은 통상적으로 이해되는 것처럼 물리적 내부 공간을 뜻하지 않는다. 하이데거는 어원적 의미 변천에 주목하면서, 그것을 '거주함'이라는 의미로 새기고 있다.[32] 이런 하이데거의 생각은 후기로 올수록 더욱 심화된다. 그래서 하이데거는 『존재와 시간』에서 실존Existenz 이라고 명명했던 인간의 근본적인 특징을 '거주함'으로 재서술함으로써 인간 이해의 깊이를 좀더 철저하게 근본화시키고자 한다(GA7, 183). 하이데거의 이런 착상은 횔덜린의 시를 해석하면서 보다 강화된다. 하이데거는 횔덜린 시 속에서 인간의 거주함과 시짓기를 함께 사유한다. 바꿔 말해서 1951년에 행해진 어떤 강연의 표제처럼 하이데거는 '짓기'와 '거주하기' 그리고 '사유하기'의 관계에 초점을 맞춘다.

상식적인 이해의 수준에서도 '짓기'와 '거주하기'는 서로 긴밀한 연관이 있다. 하이데거도 "주택난"住宅難을 예로 들어 짓기와 거주하기의 일상적 연관성을 설명한다. 우리는 보통 거주할 공간, 즉 집이 없어 겪는 고초를 주택난이라고 한다. 그것을 해결하는 방법은 좁은 공간에 많은 집을 짓는 것이다. 그래서 현대 도시는 좁은 공간을 최대한 활용한 고층 아파트로 가득 차 있다. 그렇지만 무조건 집을 많이 짓는다고 해서 인간의 삶이 향상되는 것은 아니다. 인간다운 거주를 위해서는 그와 같은 물리적 공간 이외에도 또 다른 의미의 공간이 필요하다. 하이데거에 따르면, "거주함의 본래적인 궁핍은 죽을 자들이 거주하기의 본질을 언제나 비로소 다시 찾는다는 점에, 그래서 거주하기를 처음으로 배워야 한다는 점에 있다."(GA7, 156) 그런데 횔덜린과 하이데거에 따르면, 거주하기를 처음 배우기 위해 우리는 시를 배워야 한다.

우리말에서 "시를 짓는다"는 표현은 일상적으로 사용되는 관용적 표현이다. 그러나 독일어에서 "시를 짓는다"Dichtung bauen는 말은 거의 사용되지 않는 표현이며, 사용된다 하더라도 단지 비유적 표현으로 이해될 것이다. 그런데 하이데거는 짓기를 통해 시를 이해한다. 이 경우 하이데거가 사용하는 짓기는 광범위한 외연을 갖는다. 그것은 인간이 만들어 내는 모든 것을 포괄한다. 하이데거는 크게 두 가지로 짓기를 나눈다. 하나는 살아 있는 생명체를 돌보는 짓기이고, 다른 하나는 건축물처럼 무생물을 가지고 제작하는 짓기이다. 우리말에는 "농사짓기"라는 표현도 무리 없이 사용되는데 그것은 하이데거의 분류에 따르면 전자에 해당된다. 그런데 만일 짓기를 이처럼 포괄적으로 생각한다면, 문명 전체가 모두 짓기의 일종이라고 볼 수 있을 것이다. 인간은 자연과 대립하며 모든 문화, 문물 등을 지어 냈다. 그리고 그 속에서 지금까지 거주하며 살고 있다. 이런 점에서 볼 때 짓기에 대한 하이데거의 논의는 역사 속에서 역사를 형성하며 이루어 낸 서양 문명 전체를 회상하며 앞으로 도래할 인간의 거주지를 가늠해 보는 사유의 장이라고 할 수 있을 것이다.

시는 본래 짓기이다. 독일어 포에지Poesie는 희랍어 포이에시스$ποίησις$에서 온 말이다. 포이에시스란 무엇인가를 만들고 짓는 행위 전체를 가리키는 말이다. 플라톤에 따르면 포이에시스는 "없던 것을 있게 하는 창작 활동"을 뜻한다.[33] 그래서 오래전부터 서양에서 시는 이미 일종의 짓기였던 것이다. 예술 또한 일종의 짓기이다. 테크네τέχνη 또한 포이에시스와 마찬가지로 무엇을 제작하여 나타나게 하는 것erscheinen lassen이라고 그리스인들은 생각했다. 이미 언급했듯이 하이데거는 그런 예술의 본질을 '시'로 이해한다. 그런 그가 시를 "**유일하게 탁월한 짓기**"das ausgezeichnete Bauen라고 말하는 것은 전혀 놀라운 일이 아니다(GA7, 183). 여러 예술 장르 가운데 시가 점하는 탁월성은 시원적 의미의 포이에시스, 즉 탁월한 짓기에서 유래한다. 그가 이렇게 말할 수 있는 것은 짓기의 본질이 "거주하게 함"Wohnenlassen인데 시 자체를 바로 거주하게 함이라고 보고 있기 때문이다. 하이데거에 따르면, "짓기의 본질은 거주하게 함이다."(GA7, 154) "시짓기는 본래적인 거주하게 함이다."(GA7, 183,196) 그래서 시짓기의 탁월성은 거주하게 하는 짓기의 본래성을 뜻한다. 그렇다면 이제 관건은 짓기와 거주하기 그리고 시짓기의 본질을 좀더 상세하게 밝혀내는 데 있다 할 것이다.

'언어가 존재의 집'이라고 생각하는 하이데거에게 어원 분석은 단지 언어학적 의미만을 갖지 않는다. 그는 언어에 남겨진 존재의 흔적을 짜맞추어 그 속에서 존재의 역운을 들으려고 한다. 하이데거가 짓기와 거주하기의 본래적인 의미를 탐구하는 방식은 이런 맥락의 어원 분석에 크게 의존하고 있다. 하이데거에 따르면, 독일어 짓기Bauen는 고대독일어 "buan"에서 유래한다. 그것의 의미는 "남아 있다", "체류하다"이다. 그런 어원의 흔적은 이웃Nachbar에 남아 있는데, "Nachgebur", "Nachgebauer"로서 "가까이에 거주하는 자"를 뜻한다. 그 밖에 buri, beuren, beuron 등도 모두 거주하기, 거주지 등을 의미한다. 한 걸음 더 나아가 buan, bhu, beo 등의 단어에서 "있음"이란 뜻의 동사 bin도 연관된다. 그래서 "나는 존재한다"ich bin, "너는 존재한다"du bist는 말은 근원적으로 "나는 거주한다", "너는 거주한다"는 의미를 갖는다(GA7, 140~141 참조). 결국 하이데거의 언어적 통찰에 따르면, "짓기란 근원적으로 거주한다는 것을 의미한다."(GA7, 141)

    Sein 동사의 단수 1인칭과 2인칭 변화형을 짓기, 거주하기와 연관시키면서 하이데거는 인간의 존재 방식을 자연스럽게 거주하기로 확정 지을 수 있었다. 다시 말해서 인간이 존재한다는 것은 그저 단순히 눈앞에 존재하는 존재자처럼 존재하는 것이 아니라, 거주한다는 것을 의미한다. 전기 『존재와 시간』에서 눈앞의 존재나 손안의 존재와는 달리, 실존으로 이해되던 현존재가 이제 '거주하는 자'로 이해된다. 하이데거에 따르면, "인간이 존재한다는 것은 죽을 자들로서 대지 위에 존재한다는 것을, 즉 거주한다는 것을 뜻한다."(GA7, 141) 결국 거주하기는 "인간 존재의 근본 특징"(GA7, 142)이 된다.

    위의 인용문을 다시 보면, "죽을 자들로서 대지 위에 존재함"과 거주하기가 동일시된다. "죽음을 향한 존재"로서 인간은 대지 위에서 산다. 인간이 거주한다는 것은 죽을 자들로서 대지 위에서 살아가는 것을 의미한다. 여기에서 하이데거는 후기 세계 개념인 사방을 이끌어 낸다. 다시 말해서 인간 존재의 근본 특징인 거주하기에서 대지와 하늘, 죽을 자들과 신적인 것들을 도출한다. 그렇게 도출할 수 있는 것은 "죽을 자들로서 대지 위에 존재함"이라는 말 때문이다. 즉 대지 위는 언제나 "하늘 아래"를 이끌고, 죽을 자들은 "신적인 것들"을 이끈다. 이런 도출이 가능한 것은 각 개념들이 서로를 전제하고 공속해 있기 때문이다. 대지 위와 하늘 아래, 그 사이에 더불어 존재하는 죽을 수밖에 없는 자들과 그렇지 않은 신적인 자들이 머물고 있다. 이렇게 볼 때 인간의 거주하기는 사방세계와 함께 시작된다.

하이데거에 따르면, '거주하기'의 독일어 Wohnen은 고대 작센어인 "wuon"과 고트어 "wunian"이란 어원을 갖는다. 그것 역시 짓기의 본래적 의미처럼 "남아 있고 체류한다"는 뜻을 가지고 있다. 그런데 wunian은 "만족하다, 평화에 이르다, 평화 속에 머물다"zufrieden sein, zum Frieden gebracht, in ihm bleiben라는 뜻을 가지고 있다고 한다. 여기에서 평화는 자유das Freie를, 그것도 어떤 위해나 위협으로부터 보호받는다는 의미의 자유를 뜻한다. 이 속에서 하이데거는 보살핌schonen이란 개념을 도출한다. 다시 말해서 거주하기라는 말 속에는 위협으로부터 소중한 어떤 것을 보살핀다는 의미가 내포되어 있다. 그래서 하이데거는 "거주하기의 근본 특징은 이런 보살핌이다"(GA7, 143)라고 말한다. 이때 인간이 거주하며 보살피는 것이 바로 세계이다.

그렇지만 사방세계는 어떤 구체적인 존재자가 아니다. 그것은 도리어 그 존재자들을 존재하는 대로 개방시키는 빛일 뿐이다. 그런데 우리가 무엇인가를 보살필 때에는 이런 개방성을 직접 보살필 수는 없다. 그래서 세계를 보살피는 거주하기는 반드시 사물 곁에서만 가능하다. 사물 곁에서, 그리고 그 속에서 세계를 보살필 수 있는 것이다. 바꿔 말하면 사물이 사물화하도록 보살핌으로써 세계를 보살필 수 있는 것이다. 하이데거에 따르면, "차라리 거주하기는 언제나 이미 사물 곁에서의 체류이다. 보살핌으로서 거주하기는 죽을 자들이 그 곁, 체류하는 사물들 내에서 사방을 보호하는 것이다. …… 거주하기는 사방의 본질을 사물 속으로 가져옴으로써 사방을 보살핀다."(GA7, 145)

사물 곁에서 세계를 보살피는 것, 그것이 바로 거주하기의 요체이다. 그리고 사물 곁에서 세계를 보살피게 하는 것이 바로 짓기이다. 짓기는 단순히 인간의 편의를 위해 사물을 가지고 무엇인가 새로운 것을 만드는 것이 아니다. 그것은 인간을 거주하도록, 즉 사물 곁에서 세계를 보살피도록 하는 것이다. 이것이 인간이 존재하는 방식이며, 인간은 이런 의미로 거주한다. 특히 짓기 가운데 시짓기는 가장 탁월하다. 왜냐하면 언어를 짓는 시짓기는 가장 탁월하게 사물 곁에서 세계를 보살필 수 있기 때문이다. 이미 이전 장에서 살펴보았듯이, 언어는 세계와 사물이 서로 속하는 존재사건에서 유래한 것이다. 오직 그 존재사건에서 세계와 사물은 세계화하고 사물화할 수 있다. 언어가 말하면서 세계는 세계화하고 사물은 사물화한다. 그런데 시짓기는 그런 언어의 본질이다. 그러므로 시짓기는 짓기 가운데 탁월한 위치에 서 있는 것이다.

하이데거는 짓기와 거주하기 그리고 시짓기의 관계를 가장 간명하고도 선명하게 보여 주는 것으로 휠덜린의 시를 들고 있다. 휠덜린의 시 가운데 제목이 없으면서 "교회의 금속 지붕에 사랑스런 푸른 빛이 꽃피면……"In lieblicher Bläue blühet mit dem metallenen Dache der Kirchturm으로 시작하는 시가 있다. 그 시에는 다음과 같은 구절이 들어 있는데, 하이데거는 이 구절을 시짓기를 해명하는 중요한 실마리로 삼고 있다.

이익은 많다 그러나 이 대지 위에서
인간은 시적으로 거주한다.[34]

지금까지 인간은 이 땅에 살기 위해서 무수히 많은 것들을 지으며 "문화"cultura를 일궈 왔다. 그 지어진 것들은 인간의 생존과 행복의 증진에 도움이 되는 것들이다. 이런 것들을 짓고 만들기 위해 여러 가지 기술들, 즉 특정한 의미의 테크네가 촉진되었다(GA53, 171). 그리고 인간의 짓는 행위와 짓는 기술 그리고 그것들의 결과는 좋은 이익으로 칭송된다. 그러나 그것만이 전부일 수는 없다. 생존과 행복만을 위해 사는 것으로는 인간의 존재 의미가 충족되지 않는다. 이미 언급했듯이 거주하기는 근원적인 인간의 존재 방식이며 인간 존재의 공간화이고 짓기는 인간을 그렇게 거주하게 하는 것이다. 하이데거가 보기에 인간 존재는 인간의 자기 생존이나 행복 추구, 그 이상의 의미를 갖는다. 그것은 위에서 인용된 횔덜린의 시가 보여 주고 있는 바이기도 하다. "그러나 이 대지 위에서 / 인간은 시적으로 거주한다."

이 시구에서 "시적으로"라는 말은 '이익'을 초과하고 그것의 기준으로 측정되지 않는 '잉여분'을 뜻한다. 이런 이유에서 시적인 것은 이익의 관점에서 보면 언제나 쓸모없는 과잉의 여분일 뿐이며, 기껏해야 있으면 좋지만 없어도 무관한, 삶의 사치로 여겨진다. 그래서 시적인 것은 비현실적인 공상의 영역에 속하는 것으로서 우리가 거주하는 데 있어 기껏해야 잉여의 장식에 지나지 않는다. 그런데 하이데거가 보기에 이 잉여분이야말로 거주하기의 본질에 맞닿아 있다. 시적인 것은 단순한 공상이 아니다. 우선 횔덜린 시에서 "이 대지 위에서"라는 말이 그것을 말해 주고 있다. 이 시구는 "시적인 거주가 환상적으로 현실적인 것 위로 날아가는"(GA7, 186) 해석을 금하고 있다. 이익을 내는 것도 일종의 짓기이기는 하다. 그러나 본래적인 짓기는 시짓기의 탁월성에서 기인한다. 이 시구를 해석하며 하이데거는 거주함을 다음과 같이 해석한다.

> 거주하기 그 자체, 고향의 친근한 존재das Heimischsein는 타향의 낯선 존재das Unheimischsein를 친근하게 변화시키는 것das Heimischwerden이다. 이런 타향의 낯선 존재는 시적인 것에 근거를 두고 있다.(GA53, 171)

이와 연관된 하이데거의 말놀이를 정리해 보면 다음과 같다. "우리는 집Wohnung에서 거주한다wohnen. 단순히 처음 태어나서 유년기를 보냈다는 의미에서가 아니라, 시원적인 거주 장소라는 의미에서 집Haus, Heim

은 고향Heimat이다. 그런데 너무 가까이 있어, 도리어 그곳은 매우 비밀스러운geheimnisvoll 곳이자 쉽게 다가설 수 없는 곳이다. 그래서 고향을 찾는 방랑 속에서, 즉 전율스런unheimlich 낯선 것을 고향처럼 친근한 것으로 변화시키면서 그곳에 접근한다." 여기에서 하이데거는 언어의 연금술사적 면모를 과시하며 거주와 고향을 연관 짓는다. 그에 따르면, 고향이란 "근원 가까이의 나라"(GA4, 28)로서, 인간이 이 대지 위에서 거주할 만한 장소이다. 그런데 이런 곳은 그저 주어져 우리 앞에 있는 것이 아니다. 고향은 우선은 대개 감추어져 있다. 왜냐하면 그것이 너무 가까이 있기 때문이기도 하고, 고향 그 자체가 비밀스럽기 때문이기도 하며, 기술 만능의 현대가 고향 상실의 시대이기 때문이기도 하고, 감춤 속에서만 보호와 간직함이 가능하기 때문에 고향은 감추어져 있다. 때문에 고향은 낯선 곳으로 방랑한 뒤 "귀향"Heimkunft할 때에만, 귀향하며 지나 온 길을 회상할 때에만, 비로소 드러난다. 이런 회상이 바로 시짓기이며, 하이데거에게 횔덜린은 "고유한 것 내에서 친근하게 변화시키는 것"das Heimischwerden im Eigenen을 자신의 시짓기 속에서 유일하게 염려한 시인이다.

하이데거의 논의에 따르면, 낯설고 전율스러운 것에 이미 고향이 숨어 있다. 독일어 "전율스러움"das Unheimliche에 고향Heimat과 같은 계열의 어원Heim이 담겨 있듯이 말이다. 이렇게 보면 맨 먼저 고향은 전율스럽고 낯선 것으로 현상한다. 우리가 이 대지 위에서 거주한다는 것은 바로 이 섬뜩한 존재를 고향으로 변모시키는 것에 다름 아니다. 그리고 탁월한 짓기로서 시적인 것이 고향을 간직하고 있는 타향의 낯선 것을 근거 짓는다. 죽을 자들인 인간의 고향,[*] 즉 진정한 인간 존재의 의미는 바로 사물

---

[*] 『사유의 경험에서』에 실은 「언어의 고향」(1960)이란 글에서 하이데거는 "고향으로서의 언어"를 표명하고 있다. "언어는 언어의 시짓는 본질로 말미암아 가장 은폐된 것이자, 때문에 가장 광범위하게 충족적으로 절실히 선사하는 고향의 이쪽으로 가져옴(창작함)이다."(GA13, 112)

곁에서 세계를 보살피는 데 있다.

> 시짓는 말함은 사방세계의 얼굴Gesicht을 비로소 빛남 속으로 창작한다. 시적인 말함은 땅 위, 하늘 아래, 신적인 것들 앞에서 처음으로 죽을 자들을 거주하게 한다.(GA13, 112)

"존재의 목자"로서 존재의 소리에 감사히 경청하고 존재하는 바대로 존재하는 것들을 밝히는 길에 인간의 운명이 놓여 있으며 그 운명을 따르는 자가 시인(과 사유자)이다. 이렇게 보면 시인은 하이데거가 말하는 "현-존재"를 언어 속에서 가장 탁월하게 수행하며 살아가는 죽을 자들을 뜻하며, 시적인 것이란 그런 시인의 삶의 수행Vollzug에 다름 아닐 것이다. 그렇다면 결국 인간다운 거주하기는 시적일 수밖에 없다.** 인간은 대지와 하늘 사이에 위치한다. 그 사이에서 자신이 위치할 곳, 즉 자기 존재를 가늠한다. 인간은 천상의 신도 아니고, 지상을 기어다니는 미물도 아니다. 인간으로서의 유일무이성은 하늘과 대지 바로 그 사이에 존재한다는 점에 있다. 앞서 인용된 시에 따르면, 인간은 대지 위에서 시적으로 거주한다. 여기에서 하이데거는 시를 하늘과 대지 사이에서 자신이 거주할 자리를 측량하는 것으로 해석한다. 마치 집을 지을 때 가장 중요한 일이 집터를 정하고 정해진 집터 위에 집 전체의 윤곽을 측정하는 것이듯이, 탁월한 짓기인 시짓기는 인간이 거주하는 데 있어 그런 위치를 점하고 있다. 그래서 그에 따르면, "시짓기는 일종의 측량하기이다."(GA7, 190) 그

** 이런 의미에서 거주하기는 근원적인 의미의 윤리, 즉 에토스($\mathring{\eta}\vartheta o\varsigma$)와 맞닿아 있다. 하이데거의 해석에 따르자면, "에토스는 체류지, 거주하기의 장소"를 뜻한다(GA9, 354). 그렇다면 거주하게 하는 탁월한 짓기로서 시짓기는 윤리와 무관한 것이 아니라, 도리어 근원적 의미의 윤리를 정초 짓는 것이라고 이해할 수 있다.

것도 "탁월한 측량하기"이다. 측량하기로서 이해된 시짓기는 인간 거주의 척도Maß 역할을 하게 된다.[35] 무엇인가 측량하기 위해서는 척도가 필요한데, 시짓기는 이미 그런 척도를 받아들인 짓기이다. 그래서 하이데거는 다음과 같이 말하고 있다.

> 척도를 받아들이는 것이 시짓기에서 일어난다. 시짓기는 그 말의 엄격한 의미에서 이해된 척도-취함Maß-nahme이며 그것을 통해 인간은 비로소 인간의 본질의 폭을 위한 척도를 받아들인다. …… 횔덜린은 '시적인 것'의 본질을 인간 본질의 측정이 완수되는 척도-취함에서 통찰한다.(GA7, 190)

그렇다면 어떤 척도를 통해 인간 본질이 측정되는 것일까? 횔덜린은 시 속에서 그것을 "신성"Gottheit이라고 명명한다. 인간은 신성을 통해 자신을 측정한다. 그러면 신성이란 어떤 것을 뜻하는가? 어떤 신의 속성을 뜻하는가? 기독교의 신인가? 그것은 어떤 신적인 속성을 지칭하는가? 하이데거에 따르면, 시인의 말에 의거하여, "신이란 그가 존재하는 바대로의 자로서 횔덜린에게 알려지지 않았고 **이런 알려지지 않은 자로서**als dieser Unbekannte 신은 바로 그 시인을 위한 척도이다."(GA7, 191) 횔덜린에게 척도는 알려지지 않은 신이다. 여기에서 신은 다른 어떤 것 이전에 일단 미지의 존재로 규정된다. 그렇다면 어떻게 알려지지 않은 것이, 즉 미지의 것이 하나의 척도가 될 수 있을까? 미지의 것을 하나의 척도로 받아들인다는 것은 무엇을 뜻하는가? 횔덜린에게 있어 "신이란 알려지지 않았음에도 불구하고 척도이다. 그뿐 아니라, 알려지지 않은 채 남아 있는 신은 존재하는 바대로 **자신**을 보임으로써, 알려지지 않은 채 남아 있는 것으로서 현상해야 한다."(GA7, 191) 그렇다면 미지로 남아 있는 신은 어떻게 현상할 수 있는가? 이 물음에 대해 하이데거는 다음과 같이 답한다.

> 신의 나타남은 하늘을 통해서 은폐된 것을 볼 수 있게 하는 탈은폐에서 성립한다. 그러나 그것은 은폐된 것을 그것의 은폐성으로부터 밖으로 찢어 내려는 시도를 통해서가 아니라, 차라리 단지 그것이 은폐된 것을 그것의 자기 은폐함 속에서 보호함을 통해서만 볼 수 있게 한다. 그래서 알려지지 않은 자로서 미지의 신은 하늘의 개방성을 통해서 나타난다. 이런 나타남이 바로 인간이 자신을 측정하는 척도이다.(GA7, 191)

인간은 죽을 수밖에 없는 존재자이다. 인간은 한계를 지닌, 즉 운명을 부여받은 존재자이다. 한마디로 죽을 자인 인간은 불멸하는 신이 아니다. 유한한 인간은 무한한 신을 알 수도 없다. 그것은 육체의 눈이나 이성의 눈을 통해서도 볼 수 없는 것이다. 그렇다고 미지의 존재로서 신이 없다고 할 수는 없을 것이다. 하이데거는 니체의 "신은 죽었다"라는 말과 횔덜린의 "신이 떠나 버렸다"라는 말을 진지하게 경청한다. 신은 부재하지만 그 부재 속에서 신의 도래를, 그 흔적을 기다리고 찾고자 한다. 그것을 준비하는 일이 시인의 사명이다. 신의 도래를 준비하는 일, 그것은 신을 도래할 수 있게 하는 성스러움을 언명하는 것이다. 그럼으로써 시인은 인간이 자신의 운명을 자각하고 감내하면서 대지 위에 거주할 수 있는 공간을 마련하는 것이다.

알려지지 않은 자로서 신은 인간이 자기를 죽을 자들로 규정할 때 개입되는 것이다. 엄밀히 말해서, 신은 오직 인간의 자기 규정, 즉 죽을 자들로서 인간 본질을 규정할 때에만, 비로소 규정된다. 다시 말하면 인간 자신이 죽을 수밖에 없다는 사실은 죽지 않은 신과의 *사이* 속에서, 알 수 있는 것들은 알려지지 않은 것과의 *사이* 속에서 드러난다. 인간은 자기 규정을 위해서라도 신성을 척도로 삼지 않을 수 없다. 왜냐하면 인간은 인간 아닌 것, 더구나 인간을 넘어서는 신과의 *사이*에서만 자기 본질을 측정할 수 있기 때문이다(인간의 자기 본질에 대한 물음 자체가 인간 너머를 향하고 있기 때문이다). 그렇다면 시인은 신과 인간 *사이*의 하늘, 그것의 개방성을 척도로 삼아 인간 거주의 공간을 측량하는 자이다.

5장 시짓기와 사유하기의 사이

지금까지 예술과 언어, 시에 대한 하이데거의 생각을 따라가 보았다. 그는 평생 존재라는 하나의 별만 보고 사유했다고 술회한다. 그렇다면 그가 예술과 시를 언급하는 것은 어떻게 이해될 수 있을까? 우리는 이것을 여러 각도에서 살펴볼 수 있을 것이다. 1933년 "정치적 과오"에 뒤이은 정치적 도피에서 그 이유를 찾을 수도 있고,[1] 개인적 취향과 연관하여 그 이유를 찾을 수도 있을 것이다.* 또한 하이데거 자신의 지적처럼, 시에 대한 관심이 한갓 시를 향한 "심미적 도피"이거나 "시인의 모습으로부터 인공적인 신화"를 만들어 대중을 현혹할 수도 있고, "시를 철학에 도움이 되는 광맥으로 오용하는 것"(GA5, 273)으로 쉽게 오해할 수도 있을 것이다.

그러나 그 무엇보다도 하이데거의 이런 사상적 행보는 사유 내적 동

---

* 『초기 저작들』(Frühe Schriften) 초판에 쓴 서언에서 하이데거는 1908~1914년(그의 나이 스물에서 스물여섯까지) 기간 동안에 횔덜린, 도스토예프스키, 릴케, 트라클 등의 문학서를 탐독했다고 한다. 물론 이 무렵에 이미 후설, 니체, 헤겔, 셸링, 키르케고르, 딜타이 등의 철학서도 함께 읽었다고 술회한다(GA1, 56). 이를 통해서 청년 하이데거가 철학은 물론 시와 예술에 깊은 관심이 있었음을 짐작할 수 있다. 특히 횔덜린 시에 대해서는 거의 열광적인 관심을 보여 주고 있다. 「언어의 본질」(1957)이라는 강연에서 하이데거는 다음과 같이 말하고 있다. "이 둘[1910년 노베르트 폰 헬링그라트를 통해 처음 출판된 횔덜린의 핀다르 번역본과 1914년 인쇄된 후기의 찬가들]은 당시 우리 학생들에게 일종의 지진과 같은 영향을 미쳤다."(GA12, 172) 또 1966년 『슈피겔』지와의 대담에서는 자신의 사유에서 횔덜린 시가 차지하는 비중을 다음과 같이 고백한다. "나의 사유는 횔덜린 시와 어떤 피할 수 없는 관계 속에 있다."

인에서 찾아보아야 할 것이다. 다시 말하면 존재 사유와 예술(시)이 어떤 연관을 가지고 등장하는지를 밝혀내는 것이 중요하다. 왜냐하면 일차적으로 하이데거를 사유자Denker로서 규정한다면, 궁극적으로 사유 내적 연관 속에서 이 물음에 답할 수 있어야 하기 때문이다. 하이데거 자신은 이 물음을 "시짓기와 사유하기의 사이" 문제로 주제화한다. 그러나 사실 이 문제는 하이데거 개인의 사유의 족적을 뒤쫓는 것에만 한정되지 않는다. 시와 철학의 관계는 서양 철학의 성립 이후부터 끊임없이 이어져 내려온 초미의 관심사였다.[2] 서양 철학의 역사를 깊이 사유했던 하이데거 역시 그것을 언제나 의식하고 있었다.[3]

하이데거가 시를 해명하면서 시와의 본격적인 만남을 갖게 된 것은 1935년 횔덜린 강의와 「예술작품의 근원」이라는 강연을 통해서이다. 이 시점은 하이데거가 『존재와 시간』으로 대변되는 자신의 전기 철학을 회상하면서, 그 속에 남아 있는 형이상학적 잔재를 청산하고 더욱 근원적으로 또 다른 철학의 시원을 찾던 시기와 일치한다. 이런 맥락에서 시와의 만남은 탈형이상학적 사유를 모색하는 일환으로 이해될 수 있다. 사실 그즈음의 횔덜린과 니체 강의에서 하이데거는 이런 자신의 기획을 내비친다. 한마디로 시와의 만남은 새로운 철학, 즉 탈형이상학적 사유의 틀을 형성하려는 기획 속에서 진행된다.

시짓기와 사유하기의 *사이*는 하이데거 사유의 길에서 매우 복잡한 형태로 논의된다. 그리고 예감을 내비치는 모색의 수준에서 그 *사이* 문제가 논의된다. 그도 그럴 수밖에 없는 것은 탈형이상학적 사유나 시 그리고 양자의 *사이* 모두, 처음 길을 걸어가는 하이데거에게 어렵고 낯선 것들일 수밖에 없기 때문이다. 다음과 같은 하이데거의 반문은 하이데거가 직면했던 어려운 상황을 간접적으로 잘 보여 주고 있다. "오늘날 시의 본질은 물론 사유의 본질에도 역시 정통할 뿐만 아니라, 더 나아가 양자의 본질을 첨예하게 대립시켜, 그것들의 화해를 이루어 낼 만큼 충분한 힘을

가지고 있다고 감히 누가 말할 수 있는가?"(GA5, 276)

 이런 모색의 상황 속에서 그동안 익숙하게 알고 있던 시짓기와 사유하기의 정체성, 양자의 차이점들이 더욱 불분명해진다. 자명하게 여겨졌던 차이점들이 본질적인 차이가 아님이 밝혀진다. 예컨대 글 길이의 장단長短과 운율의 유무有無 그리고 감정과 이성, 직관과 추론 등등의 구분법을 통해서, 더 이상 시짓기와 사유하기를 나눌 수 없다. 왜냐하면 그런 구분법의 반례가 무수히 가능하며, 하이데거에게 보다 중요한 것은 그 구분법 자체가 형이상학적 사유에서 기인한 것이기 때문이다. 때문에 먼저 문제가 되는 것은 시짓기와 사유하기 사이의 차이점을 새롭게 밝히는 것이다.

1. 시짓기와 사유하기의 차이점

하이데거에게 시짓기와 사유하기의 공통점은 차이점보다 말하기 쉽다. 대개의 "비교"가 그러하듯이, 공통의 기반 위에서만 차이점을 말할 수 있기 때문이다. 간략하게 시짓기와 사유하기의 공통점을 요약해 보면, 시짓기와 사유하기는 "언어"라는 "기초"Element에 속해 있으며, 양자 모두 "탁월한" 말하기의 방식이다. "말에 신중한"(GA9, 312) 시짓기와 사유하기는 "그 자체로 언어가 인간을 통해 말하는 시원적이자 본질적인, 그래서 동시에 마지막 궁극적인 말하기"(GA8, 87)이다. 이런 탁월한 언어로서 시적 언어와 사유의 언어는 "일상성에서 벗어난다는 점에서"(GA40, 29), "무Nichts에 대해 말한다"(GA40, 28)는 점에서, 그리고 "더욱 근원적인 본질 구조에 이르도록 언어를 문법으로부터 해방"(GA9, 314)시킨다는 점에서 일치한다. 그래서 존재를 "회상"하는 시인과 사유자 양자는 모두 "언어라는 존재의 집의 파수꾼Wächter"(GA9, 313)이다. 이제 이런 공통의 기반 위에서, 문제가 되고 있는 양자의 차이점을 살펴보기로 하자.

    미발간된 하이데거의 초고 가운데에는 철학의 정체성을 묻는 글이 있다.[4] 철학의 본질을 묻는 이 글에서 하이데거는 철학과 시를 연관 지어 언급하고 있다. 철학은 '사유Denken, 사상Gedanken'과 연결되고, 시는 '노래함Singen과 노래Gesang'로 이해된다. 또한 철학과 시가 말하기Sagen, 즉

한스 로텐하머(Hans Rottenhammer)의 「미네르바와 뮤즈 여신들」

기억의 여신, 므네모시네는 하늘의 신과 땅의 신 사이에서 태어난 여신이다. 그녀는 모든 신들의 제왕인 제우스 신의 신부가 되어 9일 밤에 걸쳐 뮤즈들을 낳았다고 한다. 잘 알려져 있다시피, 뮤즈는 시인에게 시적 영감을 선사하는 신이며, 미네르바는 철학자의 수호신이다. 호메로스는 『일리아드』 첫머리에서 "노래하소서, 여신이여, 펠레우스의 아들 아킬레우스의 노여움을", 『오디세이아』 첫머리에서는 "들려주소서, 뮤즈 여신이여, 트로이의 신성한 도시를 파괴한 뒤 많이도 떠돌아다녔던 임기응변에 능한 그 사람의 이야기를"이라고 뮤즈 여신의 도움을 청하면서 글을 시작한다. 수사학적 맥락이기는 하지만 미네르바가 철학자의 신으로 추앙받은 것은 다음과 같은 헤겔의 유명한 말에서 확인할 수 있다. "미네르바의 부엉이는 황혼이 질 무렵에야 날개를 편다."

언어를 통해 서로 연관되고 있음이 시사된다. 여기에서 중요한 점은 하이데거가 철학 또는 사유를 규정하고자 할 때, 불가피하게 시를 언급하지 않으면 안 되었던 사정이다.

1장에서도 밝혔듯이, 이 글은 '시짓기와 사유하기의 사이'를, 특히 '시'와의 *사이*를 중심적으로 '사유' 해 보려는 목적에서 쓰였다. 때문에 '사유'는 특별히 주제화되지 않는다. 만일 단순히 피상적인 비교의 수준에서 '시짓기와 사유하기 사이'를 이해한다면, 비교의 대상을 모두 주제화해서 논의해야 할 것이다. 그러나 하이데거의 *사이* 개념은 이런 식의 비교 개념이 아니기 때문에, 또 논의의 집중을 위해 시와의 사이만을 천착해서 논하고자 한다. 그렇기는 하지만 간단하게 후기 하이데거가 진술하고 있는 '사유' 개념을 정리해 보면 다음과 같다. ① 어원적으로 사유는 게당크Gedanc, 기억Gedächtnis, 감사Dank와 연결되어 있고, 이때 게당크란 "모아진, 모든 것을 모아들이는 추억"을 뜻하며, "마음"Gemüt, "무오트"muot, "심정"Herz 등과 같은 것이다(GA8, 92 이하 참조). ② 존재와의 연관 속에서 사유란 "존재와 인간 본질과의 연관을 완수하는 것"(GA9, 313), "존재 진리를 통한durch 그리고 존재 진리를 위한für 참여"(GA9, 314)이며, 존재'의' 사유로서 "들으면서 존재에 속하는 것"(GA9, 316)이다.

철학의 본질은 오직 시와의 연관 속에서만 밝혀진다. 이 부분이 이후 사유함과 시짓기의 관계를 밝히는 데 중요한 지침을 준다. 사유는 자신을 규정하고 자신의 정체성을 확인하기 위해서 시짓기를 필요로 한다.[5]

철학의 본질을 경험한다는 것은 시편Poesie과의 관계를 사유한다는 것이다. 즉 기억의 근본 특징으로서 시Dichtung로부터 사유하는 것을 뜻한다. 이때 기억은 감사 속에서 고유하게 일어나는 그것의 본질을 존재사건Ereignis으로부터 갖는다.[6]

1950년대 이후의 하이데거의 사유와 비교해 볼 때, 이 글에서는 아직 철저하게 사유와 철학이 구분되지 않는다. 또한 1930년대 중반 「예술작품의 근원」의 연장선에서 시와 언어가 더욱 밀접하게 연관되어 있다. 예컨대 시를 "존재의 적막에 대답하는 말"die antwortende Sage der Stille des Seyns이라고 하며, 존재의 적막에 대답하는 말에서 철학과 시편이 일어나고 그 양자는 그 속에서 서로 관계하고 있으며, 시편의 노래는 "울림" Klang으로 철학의 사유는 "눈짓"Wink으로 일어난다고 주장한다. 『언어에로의 도상』에서 개진되는 논의와 비교해 본다면, 이 초고에서는 언어의 자리에 시를 위치시키고,[7] 언어를 기초로 삼고 있는 시짓기와 사유하기의 자리에는 각각 시편과 철학이 자리 잡고 있다. "철학의 종언"을 언명하기 이전에 가능했던 사유의 기획을 이 짧은 초고가 잘 보여 주고 있다고 할 수 있겠다.

이 인용된 글이 보여 주는 개념들의 위상을 다시 한번 면밀히 살펴볼 필요가 있다. 왜냐하면 미발간된 이 초록은 이후 하이데거 생존 시에 출간되었던 저작들에서 보이는 개념들의 위상과는 약간의 미묘한 차이를 보이고 있기 때문이다. 인용문을 다시 살펴보면, 먼저 존재사건에서 기억과 감사가 연유하고, 그 다음 기억의 근본 특징으로 시가 제시되고, 이로부터 철학의 본질과 시편의 관계가 사유된다. 그러나 1952년 강연 「사유란 무엇인가」에서는 이와는 다른 개념들의 관계를 보여 주고 있다. 여기에서 하이데거는 다음과 같이 말한다.

기억, 사유되어야 할 것에 대한 회집된 회상das gesammelt Andenken an das zu-Denkende은 시짓기의 원천적 근거이다. 따라서 시의 본질은 사유하기에 있다Demnach beruht das Wesen der Dichtung im Denken.(GA7, 131)

여기에서 사유되어야 할 것이 존재사건이라면, 그로부터 기억이 유래하고, 기억은 곧 사유이며 그로부터 시짓기가 유래한다. 1940년대 초반에 쓰인 것으로 추정되는 글과 비교해 본다면, 시의 위상이 달라져 있다. 적어도 1950년대 이전에 하이데거는 시의 본질을 사유에서 찾기보다는 차라리 사유로서 철학이 지닌 본질을 시편과의 관계 속에서 찾고 있다. 그리고 여기에서 기억은 단지 시짓기와 사유하기의 근원으로 상정되고 있다. 그러나 사유를 기억과 동치시키면서 1952년 글에서는 시가 사유에서 기인한다고 말하게 된 것이다. 하이데거는 시의 뮤즈가 기억의 여신 므네모시네의 딸이라는 신화 Mnēmos[9]를 통해 이런 생각을 강화한다.

이렇듯 시짓기와 사유하기의 관계는 하이데거 사유의 길 위에서 복잡하고 상이한 편차를 보이면서 논의된다. 어떤 곳에서는 시에 우위를 두는 듯했다가, 다른 곳에서는 사유에 우위를 두는 것처럼 진술한다.

확연하게 구분할 수는 없지만, 「예술작품의 근원」이 나온 1930년대 중반부터 1940년대까지 시짓기와 사유는 종종 동일시되기까지 한다. 시짓기와 사유하기 사이에 대한 본격적인 관심은 『언어에로의 도상』이 쓰여진 1950년대부터라고 할 수 있겠다. 예컨대 1946년에 쓰여진 「아낙시만드로스의 금언」에서는 사유와 시짓기를 거의 동일시하고 있다. 물론 소크라테스 이전의 아낙시만드로스가 시인이자 사유자이기 때문에 이런 동일시가 가능하다고 볼 수 있지만 말이다.

존재 사유는 시짓기의 근원적인 방식이다. 다른 무엇보다도 그 속에서 비로소 언어가 언어에, 즉 언어의 본질에 이른다. 사유는 존재 진리의 구술 Diktat(명령)을 말한다. 사유는 근원적인 말함 dictare이다. 사유는 모든 시편과 예술이 언어 영역 내에서 작품화되는 한에서, 예술의 시적인 것에 선행하는 근원시 Urdichtung이다. 이런 넓은 의미와 시편적인 좁은

의미에서 모든 시짓기는 그 근거에서 일종의 사유하기이다.(GA5, 328~329)

그러나 이처럼 시짓기와 사유하기를 동일시하는 것 같다가도' 이내 곧 그 심원한 차이를 말한다. 어떻게 보면 사실 하이데거는 이 부분, 즉 사유하기와 시짓기의 관계에 대해 여러 번 다루지만 양자가 구체적으로 어떤 관계에 있는지, 어떤 차이점이 있는지를 분명히 밝히지 않는다. 그나마 분명히 차이점을 지적하는 부분에 있어서도 상세한 설명을 생략한다. 예를 들어 가장 선명한 차이점을 보여 주고 있는 글, 『사유의 경험에서』 가운데 「눈짓들」(1941)이란 글에서 하이데거는 시짓기와 사유하기를 다음과 같이 구분 짓는다.

사유의 말함에는 이미지*가 없다bildlos는 점에서 시의 말과 차이난다. 하나의 이미지가 있는 듯 보이는 곳에서 그 이미지는 시의 시지어진 것 Gedichtete도 아니고 '감관'의 직관적인 것도 아니라, 오히려 한낱 감행되었으나 성공하지 못한 이미지 부재Bildlosigkeit의 비상닻에 불과하다.(GA13, 33)

사실 이미지의 유무를 통해 시짓기와 사유하기를 구분하는 방법은

---

* 이미지(image)라는 용어는 순수 우리말은 아니다. 번역의 어려움 때문에 정착된 외래어일 뿐이다. 그것을 '그림', '상', '무늬' 등으로 옮길 수도 있을 것이다. 그러나 서양에서 논의되는 이미지의 의미군을 적절하게 포괄할 수 없기 때문에, 어쩔 수 없이 통용된 용어이다. 마찬가지로 독일 철학자 하이데거에게 이미지는 사실 독일어 빌트(Bild)이다. 하이데거는 라틴어 imago, imitari에서 유래한 이미지라는 용어와 자신의 빌트를 구분한다. 자신이 말하는 빌트는 옛 독일어 필론(pilon)과 희랍어 에이코(εἴκω)의 의미와 맞닿아 있다고 본다. 때문에 어떻게 생각하면, 이미지라는 번역 자체가 성립될 수 없다. 그러나 서구 언어 내부의 문제, 즉 희랍어에서 라틴어로, 그리고 독일어로 번역되는 과정에서 생겨난 의미 변천의 문제이기 때문에, 이미 외래어로 정착된 '이미지'라는 말 속에 하이데거의 빌트 역시 포함될 수 있을 것이다.

서양 미학사에서 끊임없이 이어져 온 전통적 구분법이다. 그것에 따르면, 시는 이미지가 풍부한 언어를 사용하고, 사유는 엄밀한 개념만을 사용한다. 탈형이상학적인 사유를 더욱 극단화시키는 후기 하이데거 철학을 고려할 때, 이 인용문은 평범한 해명을 통해서는 앞뒤가 맞지 않을 수 있는 진술이다. 왜냐하면 이 인용문은 언뜻 보기에 전형적인 형이상학자의 말처럼 들리기 때문이다. 더 이상의 설명이 없는 인용문을 대강 추론해 보면 다음과 같이 해석될 수 있다. 여기에서 사유의 말함에 이미지가 없는 것은 특정 존재자에 대한 사유가 아니라 존재에 대한 사유이기 때문이다. 사유되어야 할 것으로서 존재에는 이미지가 없다. 그러나 마찬가지로 시의 '성스러움' 역시 앞장에서 살펴본 대로, 특정한 이미지는 아니다. 물론 개개의 시어들은 구체적인 이미지들을 드러내 보여 주지만 말이다. 그러나 하이데거적 시각에서는 근본적으로 이미지/개념, 감성적/초감성적인 것의 도식을 통해 시를 파악해서는 안 된다. 왜냐하면 전통 형이상학적 틀을 통해서 시(예술)는 자신을 온전히 드러낼 수 없기 때문이다. "여기에서 이미지와 개념 사이를 구분하려는 모든 시도는 필연적으로 시적 진리die dichterische Wahrheit를 놓친다."(GA39, 196) 그렇다면 하이데거에게 이미지란 도대체 어떤 것을 의미하는가? 인용문 해석의 열쇠는 우선 하이데거의 이미지가 어떤 의미를 함축하고 있는지에 달려 있다.

하이데거의 이미지는 세 가지 정도로 구분될 수 있다.[10] 첫째 이미지는 모방의 활동과 그 결과물을 의미한다. 하이데거가 image라는 말을 자신의 Bild와 구분하려는 것도 이미지에 담겨 있는 '단순 모방'의 의미 때문이다. "어떤 것의 이미지"라는 말에서도 보이듯, 이미지는 이미 존재하는 것에서 파생된 빛의 잔영일 뿐이다.[11] 둘째 하이데거에게 이미지는 "세계상"Weltbild으로서의 이미지이다. 첫번째 이미지가 상식적인 의미의 이미지라면, 두번째 의미의 이미지는 첫번째와 긴밀하게 연관되어 있는 철학적 의미의 이미지이다. 두번째 의미의 이미지와 연관하여, 하이데거는 서양의 역사를 이미지 제작 의지의 역사로 이해한다. 이미 고대 그리스의 철학자인 플라톤의 "이데아"가 이런 맥락의 이미지이다. 플라톤에 따르면, 지상에 존재하는 것들은 모두 제작된 것이다. 그렇다면 제작자가 있을 것이고 제작자는 인간이든 신이든 간에 제작된 것을 있도록 만드는 어떤 설계도設計圖를 필요로 한다. 그 그림은 제작된 것 이전에(생성 이전에) 존재해야 할 것이며, 제작자의 (이성의) 눈이 앞서 포착해야 될 이미지이며, 제작자가 준수해야 할 가장 완전한 원형적 이미지이다. 제작된 것들, 즉 지상에 존재하는 것들은 모두 이성의 눈을 통해 보여진 이미지, 즉 이데아를 모방한 파생적 이미지들에 불과하다.

앞서a priori 보여진 이미지의 모조품으로 존재자를 파악하는 서양의 지성은 존재자를 피조물로 이해하는 기독교와 결합되어 이런 존재 이해를 더욱 강화시킨다. 더구나 고대 희랍 철학의 가능성을 극단적으로 실현하는 근대로 넘어오면서, 고대 희랍과 중세인들에게는 실재한다고 여겨졌던 원형적 이미지들마저도 인간의 창조물로 간주된다.[12] 데카르트 이래 서양 철학은 플라톤의 이데아와 같은 설계도면이 인간 지성의 자발적 · 주체적 활동을 통해 구성된다고 파악한다. 이런 의미에서 "근대의 근본 과정은 세계를 이미지로 정복하는 것이다. 이미지라는 말은 이제 표상하면서 제작하는 행위의 전체이미지Gebild를 의미한다."(GA5, 94)

이제 마지막으로 하이데거 자신이 생각하는 이미지를 살펴보기로 하자. 하이데거는 이미지를 "필론"pilon과 "에이코" εικω라는 말을 통해 이해하고자 한다. 고고 독일어로 필론은 "부딪히다, 찌르다, 구멍을 뚫다, 밖으로 내몰다" 등의 의미를 가지고 있으며, 희랍어 에이코는 "어떤 것 앞에서 물러서고 퇴각하지만 그래서 이것 앞으로 다가서게 하고 그와 함께 현상하게 함"zurückweichen vor, zurücktreten vor etwas und so dieses Wovor auf sich zukommen- und damit erscheinen-lassen을 뜻한다(GA13, 103). 다른 곳에서 하이데거는 "이미지의 본질은 어떤 것을 보이게 함이다"etwas sehen zu lassen (GA7, 194)라고 말한다. 이런 규정에 따르면, 이미지는 한낱 보이는 어떤 것이 아니다. 도리어 그것은 어떤 것을 보게 해주는 것이고 찔러 구멍을 내는 것이다. 그러나 어떤 것을 보게 한다고 해서, 초감성적인 어떤 이념을 지시한다는 의미의 "알레고리"나 "상징적 이미지"를 뜻하는 것은 아니다. 왜냐하면 그런 이미지들은 정신의 눈을 통해 '이미 본' 이념의 도식 Schema으로 전락할 수 있기 때문이며, "감성과 초감성"이란 형이상학적 이분법을 전제하고 있기 때문이다.

이미지는 이미지를 구성하는 부분 내용Inhalt들의 총합이 아니다. 도리어 이미지는 그 속에서 등장하는 것들이 생생하게 살아서 밖으로 나올 수 있게 해주는 것이다. 존재하는 것들을 밖으로 현상하게 하는 것, 그래서 보이게 하는 것이 이미지의 본질이다. 이때 이미지와 본질은 모두 동사적 의미로 읽힌다. 즉 시간화하는 운동 개념으로 파악된다. 이런 이미지의 운동은 양 방향으로 동시에 진행된다. 말하자면 어떤 것을 앞으로 현상하게 하는 이미지의 전진 운동은 뒤로 빠지고 물러서는 이미지의 후진 운동을 동반한다. 이런 이미지의 부침浮沈 운동이 일으키는 요철凹凸에서, 그 역방향 운동의 틈새 속에서, 즉 찌르고 뚫는 운동을 통해 생겨난 구멍 속에서 이미지는 어떤 것을 볼 수 있게 해주는 것이다. 하이데거는 이런 이미지 운동Bilden을 "이쪽-앞으로-가져옴(창작함Her-vor-bringen), 즉 은폐된 것과 자기은폐적인 것으로부터her 비은폐된 것, 개방가능한 것 앞으로vor 가져옴"(GA13, 103)이라고 규정하는데, 이 규정은 근원적 의미의 예술과 시의 규정과 동일하다. 더구나 그것은 언어의 근원적인 의미와도 연결된다. 그래서 하이데거의 이미지는 근원적 의미의 예술-언어, 곧 시적 이미지이다.*

이와 같이 하이데거는 전통적 의미의 이미지를 새롭게 전유한다. 그에 따르면 이미지는 "시간-놀이-공간의 빛남"이자 "탈은폐하는 간직함 Ἀ-λήθεια의 장소"(GA13, 71)이며, "상상"Einbildung은 "밝힘Lichtung 자체의 일어남"으로서 이해된다(GA65, 312). 형이상학적 개념 가운데 하나인 상상을 이렇게 재해석함으로써 하이데거는 시적 이미지를 긍정할 수 있게 된다. 그래서 시짓기와 사유하기를 가르는 결정적인 차이점으로서 '이미지의 유무有無'를 말할 수 있게 된다. 때때로 존재를 사유하는 언어에도 이미지는 개입되기 마련이다. 그러나 그것은 존재 사유의 편에서 보자면, 한갓 "비상닻"에 불과하다. 다시 말해서 존재 사유의 말함에 있어 이미지에 닻을 내리는 것은 이미지에 의존하여 사유한다는 것이고, 결국 그것은 사유 언어의 실패를 의미한다. 존재 사유의 말함은 이미지 없이 존재의 진리, 곧 밝힘을 사유한다. 이에 비해 시적 언어는 이미지 안에서 밝힘의 여지를 마련한다. 결국 하이데거는 이미지와 상상을 새롭게, 즉 밝힘과 연관 지어 해석함으로써, 이미지의 유무를 시어와 사유의 언어를 구분 짓는 차이점으로 제시할 수 있었던 것이다.

그러나 이와 같은 차이점이 시짓기와 사유하기를 결정적으로 가를

---

* 이 시적 이미지는 "탁월한 의미에서 상-상(Ein-Bildung)"이어서 "한갓 공상이나 환상이 아니라, 친숙한 것의 모습에서 낯선 것의 통찰을 포함한 것으로서 상-상이다."(GA7, 195) 이미지에서 당장 떠오르는 것들은 낯익은 것들이지만, 그런 이미지의 출현은 "낯선 것", "미지의 것", "은폐된 것"이 뒤로 물러나는 운동과 동시적으로 일어난다. 그래서 낯익은 것의 드러남은 낯선 것을 포함하고 있다. 때문에 시인은 낯익은 모습에서 낯선 것을 부르고, 기지의 이미지에서 미지를 부른다. 그런데 이렇듯 시인이 부를 수 있는 것은 이미 시인 자신이 불려졌기 때문에 가능하다. 호명된 어떤 것이 시인을 부르지 않았다면, 시인은 그것을 부를 필요도 없고, 부를 수도 없다. 그런 이유로 시적 이미지는 궁극적으로 시인이 제작한 이미지가 아니라, 침묵 속에서 시인을 부르는 낯선 이미지이다. 시인은 소리 없이 부침하는 '이미지의 울림'을 듣는 자이고, 그 울림에 공명하는 자이며, 인간에게 친숙한 언어로 그것을 번역하는 자이다. 그래서 그가 번역한 언어에는 낯선 것의 흔적이 남아 있다. 하이데거의 이미지는 "얼굴"(Ant-litz: 어원상 '응시' 라는 의미를 내포. GA13, 69)이다. 그의 이미지는 어딘가를 응시하는 눈이다. 그래서 그가 말하려는 이미지는 눈이 있는 이미지, 즉 우리를 바라보는 존재의 시선이다.

수 있는지는 여전히 의문이다. 왜냐하면 굳이 데리다의 논의를 끌어들이지 않더라도, 사유의 언어에서 주변적 위치를 차지하고 있는 이미지이지만, 어떤 의미에서든 그것에 사유가 의존할 수밖에 없다고 볼 수 있기 때문이다. 다시 말해서 이미지에 내리는 비상닻은 단지 사유 언어의 실패로만 간주될 수 없는 사유의 근원적인 한계 지점일 수 있다. 이미 초기 칸트 강의부터 직관과 사유의 관계를 고민했던 하이데거라면, 손쉽게 이런 방식으로 문제를 종결 짓지는 않을 것이다. 만일 그렇다면, 시짓기와 사유하기를 가르는 결정적인 차이점인 이미지의 유무는 단지 강조점을 어디에 두는가에 따라서 구분되는 피상적 차이일 수도 있을 것이다.

이런 차이 이외에도, 시인이 "성스러움을 명명하는" 반면, 사유자는 "존재를 말하고"(GA9, 312), 시적인 말이 "비밀스럽고", "충만히 노래하는 말함에서 놀라운 것"das Erstaunende에 이르는 반면, 사유의 말은 "결코 규정할 수 없고, 노래하지 않는 말함 속에서 사유할 만한 것das Denkwürdige에 이른다"(GA12, 184)는 정도의 차이만을 말하고 있다. 또 다른 곳에서 하이데거는 시짓기가 "높은 것"이고 사유하기는 "깊은 것"이라고 말하기도 한다(GA7, 132; GA8, 9). 그러나 이것이 얼마만큼 결정적인 차이인지, 둘 가운데 어느 한쪽의 언어가 더 근원적인지에 대해서는 유보적인 입장을 취한다. 그에 따르면, "여기에서 우리는 곧바로 시짓기가 본래적으로 일종의 사유인지, 또는 사유하기가 본래 일종의 시짓기인지를 결정 지을 수는 없다."(GA12, 178) 물론 이 인용문 이후 좀더 분명한 하이데거 자신의 생각을 진술하기는 하지만, 전체적으로 이 문제에 대해 유보적인 태도를 취한다고 볼 수 있다. 그래서 하이데거 스스로도 인정하고 있듯이, 시짓기와 사유의 관계 문제는 어쩔 수 없이 일정한 논의의 한계 내에서 다루어질 수밖에 없다. 그러나 그렇다고 하더라도 하이데거가 언급하고 있는 부분을 바탕으로 그의 본의의 윤곽을 잡아 볼 수는 있다. 또한 그것이 존재 사유의 정체성을 규정하는 데, 특히 후기 하이데거의 "뜻 새김의 사유" das besinnliche Denken를 이해하는 데 불가피한 작업이라면, 결코 소홀히 다루어질 수 없는 문제임에 분명하다.

2. 시를 대하는 사유의 태도

하이데거는 「예술작품의 근원」 후기Nachwort 첫머리에서 "예술 자체가 수수께끼"(GA5, 67)라고 말한다. 앞서 예술작품의 근원에 대해 그가 개진했던 모든 진술들을 무화시키는 것처럼 보이는 이 말은 단적으로 하이데거가 예술을 대하는 기본적인 태도를 보여 준다. 하이데거에게 예술은 일차적으로 수수께끼Rätsel이다. 하이데거에게 그것이 수수께끼인 이유는 간략히 두 가지로 살펴볼 수 있다. 첫째 존재의 진리를 작품 안으로 정립하는 예술은 다름 아닌 비밀스런 은폐성을 간직한 진리의 근원이기 때문이고,* 둘째 이 시대가 하이데거 자신의 언어로 말하자면 존재망각의 시대이자, 횔덜린의 언어를 통해서라면 신이 사라진 궁핍한 시대이기 때문에, 존재진리가 정립된 예술작품이 수수께끼처럼 보이는 것은 당연한 일이다. 예술의 수수께끼적 성격과 연관하여, 1956년에 작성된 「예술작품의 근원」의 보탬말에서 하이데거는 다음과 같이 말한다. "예술이 무엇인가

---

* 이를 다음과 같이 해명할 수 있을 것이다. 하이데거는 "사유의 사태"(Die Sache des Denken)를 말하면서, 이때 사태는 논쟁점(Streitfall), 쟁점(Strittige)을 뜻한다고 본다. 이 경우 "고고 독일어로 strit인 우리말[독일어] 투쟁(Streit)은 우선 불화를 뜻하지 않고, 오히려 압박(Bedrängnis)을 뜻한다."(GA11, 31) 이전에 논의되었던 것을 돌이켜 보면, 예술작품은 세계와 대지의 투쟁 속에서 성립된다. 그 작품존재 내에서 벌어지는 투쟁이 그것을 바라보는 사유에게 하나의 사태로, 사유를 압박하며 몰아대는 수수께끼 같은 사태로서 등장한다고 이해할 수도 있을 것이다.

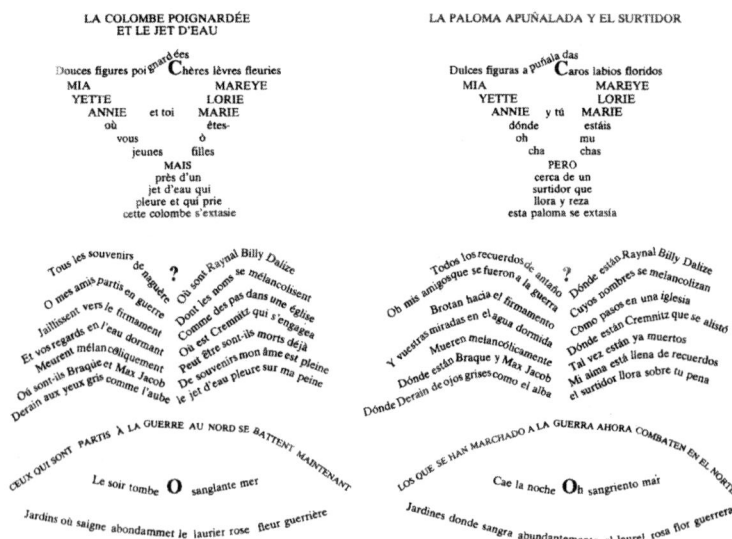

시인 못지않게 하이데거는 존재를 드러내기 위해 다양한 글쓰기를 구사했던 철학자이다. 언어의 존재 개방의 힘을 극대화시키기 위해 그는 실험적인 번역, 암시, 대화, 브레이트의 소격효과를 연상시키는 낯선 조어법, 절묘한 어원탐구, 언어유희 등등 다양한 글쓰기 전략을 구사한다. 언어는 존재의 집이지만, 동시에 사용하는 개개의 말들은 단지 존재를 향해 나아가는 하나의 도정일 뿐이다. '작품들(Werke)이 아니라 길들(Wege)', 이 말은 하이데거가 자신의 전집을 위한 모토로 선택한 말이다. 그림은 아폴리네르의 조형시.

라는 물음은 그 물음에 대해 본 논문에서 어떤 대답도 주어지지 않은 그런 물음이다. 대답인 것처럼 보이는 것은 물음을 위한 지침들이다."(GA5, 73) 만일 그렇다면, 수수께끼 같은 예술과 연관 지어 이렇게 말할 수도 있다. 예술 자체는 우리에게 물음을 던져 주는 수수께끼이고, 물음 속에서 우리가 찾은 답은 그저 물음을 위한 지침, 즉 심화된 물음을 더욱 밀고 나가기 위한 하나의 발판에 불과하다. 손쉽게 답을 제시할 수 있는 물음은 그 답을 통해 물음이 충족되어 사라진다. 그러나 진정한 물음에 대한 대답은 끊임없이 이어지는 물음의 길 위에 마지막으로 내딛은 발걸음일 따름이다.

> 모든 대답은 그것이 물음 속에 뿌리내리고 있는 동안에만 대답으로서 효력을 유지한다.(GA5, 58)

하이데거에게 예술은 충족되지 않은 물음을 야기하는 수수께끼이다. 그것은 궁극적인 정답을 끝까지 유보하고 감추는 수수께끼이다. 하이데거는 독일어 Rätsel(수수께끼)과 Raten(조언함)이 어원적으로 같은 계열에 있음에 주목하고, 수수께끼를 독특하게 해석한다. "그러나 본래적인 수수께끼는 조언함이 속해 있는 바로 그것이다. '조언'은 '염려'Sorge가 뜻하는 바와 같다. 우리는 '조언'이라는 말에서 단지 아주 피상적인 의미만을, 즉 유익함과 관련된 조언의 의미만을 알아듣는다. 말하자면, '조언한다'는 말은 '어떤 실용적인 사용법을 알려준다'는 것을 뜻한다. 그러나 본래적으로 '조언한다'는 말은 '염려 속에 받아들이다. 그 속에서 마음 쓴 것을 유보하고 있다. 그래서 어떤 귀속성Zugehörigkeit을 근거 짓는다'라는 뜻이다"(GA53, 41) 다시 말해서 조언을 해주는 행위는 단순히 어떤 사안에 대한 정보를 알려주는 것이 아니라, 문제가 되는 사안을 함께 염려

하고 고민하는 행위이다. 조언을 해주기 위해서는, 신속하게 문제의 사안을 어떤 것에 귀속시키는 대신에, 일단 귀속시키는 판단 행위를 유보·중지하고, 사유의 염려 속에 그것을 맡겨 두는 것이 필요하다. 그래서 수수께끼 같은 사안이 어떤 암시를 던져 줄 때까지 기다려야 한다. 이런 점에서 조언은 궁극적으로 타인이 해줄 수 있는 것이 아니라, 문제의 수수께끼가 해주는 것이다. 수수께끼의 말 건넴이 있은 이후에야 비로소 우리가 피상적으로 알고 있는 조언함이 가능하다. 결국 조언함의 본래적 의미는 먼저 문제의 사안이 내포하고 있는 수수께끼적인 성격에 진지하게 응대하는 것에서 유래한다.

때문에 예술의 본질로 규정된 시 역시 수수께끼임은 더 말할 나위가 없다. 시도 역시 수수께끼이다.[13] 우리의 사유는 처음 수수께끼 같은 시 앞에서 어찌할 바를 모른다. 그러는 가운데 사유는 시를 통해 물음의 갈증과 해갈을 연이어 맛본다. 한편에서 시는 사유에게 좌절과 목마름의 고통을 선사하며, 다른 한편에서 "사유되어야 할" 시는 사유에게 "즐겁기도 하고, 아름답기도 하며, 신비롭기도 하고, 은혜롭기도 한 것"(GA8, 12)을 선사해 준다. 사유가 정체(停滯)되지 않고 계속 존재(언어) 경험 Er-fahren의 길 위에 남으려면, 사유를 추동하고 고무시킬 수 있는 벗이 필요하다. 그래서 사유의 편에서 시와의 만남은 우연한 만남도 아니고, 무의미한 만남도 아니다. 사유의 편에서 보자면, 사유에게 시와의 대화는 운명적이고 필연적이다. "그것들〔횔덜린 시에 대한 해명들〕은 일종의 사유의 필연성 Notwendigkeit des Denkens에서 유래한다."(GA4, 7)

후기 하이데거 사유의 길에는 언제나 시가 동반하는데, 그것은 필연적인 사건이다. 무엇보다 사유의 필연성은 일단 시의 수수께끼적 성격에서 비롯된 것이라고 볼 수 있다.

이와 같은 시의 수수께끼적 성격 때문에 시어는 다의미적일 수밖에 없다. "시가의 언어는 본질적으로 다의적mehrdeutig이고 이것은 시어의 고유한 방식이다. 우리가 시의 말함에서 단지 일의적eindeutig인 뜻의 어떤 둔감한 의미만을 만난다면, 우리는 시의 말함에 대해 아무것도 듣지 않은 셈이다."(GA12, 70~71) 물론 그렇다고 시어의 다의성에 어떤 조화로운 울림이 없는 것은 아니다. 하이데거가 보기에, "이런 시짓는 말함의 다의성은 되는 대로 내버려 두는 부정확함이 아니라, '올바른 직관'에 주의를 기울이고 그것에 따르는 무위無爲의 엄격함die Strenge des Lassenden이다."(GA12, 71)

칸트 식으로 말한다면, 사유를 유발하지만 설명할 수 없는 아름다움 때문에 사유는 지치지 않고 끊임없이 자신의 길을 갈 수 있다는 말이다.[14] 사유가 존재의 길을 따라가는 데 있어서, 시는 좋은 이웃이자 대화의 벗이다. 그러나 그 벗은 알 수 없는 벗이기도 하다. 시는 사유에게 수수께끼 같은 친구이다. 그래서 같은 길을 나란히 가면서도 사유는 이웃하는 시에 대해 별로 아는 바가 없다. 바꿔 말하면 사유는 시를 완벽하게 포착하여 한마디로 규정지을 수 없다. 심지어 시에 '관하여' 말할 수조차 없다. 시를 객관화·대상화시키는 말투와 태도는 차라리 오만한 사유의 월권이자, 시를 훼손하는 것은 물론, 결국 사유에게도 사유 자체를 중단하게 하는 결과만을 초래한다. 이런 의미에서 시에 '대해' über 말한다는 것은 하이데거가 보기에 사유의 심각한 월권 행위이다(「인문주의에 관한 서신」 첫머리에서 하이데거는 사유를 '행위'라고 규정한다). 왜냐하면 그것은 시의 '위에서' ober 또는 '그 너머 밖에서' von außen darüber 말한다는 것을 의미하기 때문이다(GA4, 182). "시에 '대해' '말한다' reden는 것은 매번 악덕Übel이다. 왜냐하면 하나의 시가Gedicht는 필요하다면 그것이 말해야 하는 것 자체를 이미 말하고 있기 때문이다."(GA39, 5) 그렇다면 사유에게 남은 길은 시 '로부터' von 말하면서 시와 친숙해지는 길뿐이다. 그러나 이것도 시를 말하는 데 있어 아직 부족하다. 오직 시를 짓는 시인만이 제대로 시를 말할 수 있다. "시에게 그로부터 적합한 방식은 오직 시적인 말함뿐이다. 시적으로 말할 때, 시인은 시에 대해서 말하지도, 시로부터 말하지도 않는다. 그는 시의 고유함das Eigentümliche을 시짓는다dichten."(GA4, 182)

그렇다면 시인이 아닌 사유자는 시로부터, 그것도 시의 고유함이 지어진 시(하이데거에게 휠덜린 같은 시인의 시)로부터 말할 수밖에는 없다. 이 경우 시로부터 말한다는 것은 우선 시를 잘 듣는 것을 뜻한다. 꼭 시가 아니더라도, 원칙적으로 하이데거에게 "말하기는 동시에 듣기"이며, 사실상 말하기는 "그 이전에" 듣기이기도 하다(GA12, 243). 왜냐하면 말을 하기 위해서는 먼저 그 무엇에 대해 들은 바가 있어야 하며, 결국 말하는 것은 궁극적으로 인간이 아니라, 존재의 언어이며, 인간은 그 언어에 응대할 뿐이기 때문이다. 그래서 시를 대하는 사유의 태도는 기본적으로 묵묵히 경청하는 자의 태도와 같다. 무엇인가를 말하기 '이전에' 듣고자 하고, 진지하게 경청하여 온전히 받아들임으로써, 이전에 상대에 '대해' 말했던 모든 것들을 철저히 무효화시키려는 그런 청취자와 같다. 하이데거의 시에 대한 이런 태도는 다음의 비유를 통해 압축적으로 형상화되고 있다.

> 시가들die Gedichte은 "시적이지 않은 언어들"의 소음 속에 있다. 그것은 마치 자유로이 걸려 있는 종鐘, die Glocke, 그런데 가벼이 그 위로 내려 앉은 눈발로 인해 제 곡조를 내지 못하는 종과 같다. …… 아마도 시가들에 대한 이 모든 해명은 종 위로 떨어지는 눈일 것이다. 설령 그럴 수 있다 해도 어떤 해명이 할 수 있는 것과 할 수 없는 것에 대해 언제나 다음의 사실이 유효하다. 즉 시가 속에 순수하게 시지어진 것이 좀더 분명해지기 위해서는 해명하는 말 그 자체와 그렇게 말하려는 시도가

매번 부숴져야만 한다. 시지어진 것으로 말미암아 시가에 대한 해명은 그 자신을 쓸모없게 만들려고 해야만 한다. 모든 해석의 마지막 발걸음이자 가장 어려운 발걸음은 시가의 순수한 존립 앞에서 해석의 해명들과 함께 사라져 버리는 데 있다.(GA4, 7~8)

인용된 글은 『횔덜린의 시 해명』 머리말의 한 부분이다. 이 말을 언뜻 들으면, 바로 다음과 같은 물음이 떠오른다. 결국 번번이 부서져 사라질 말 해석을 굳이 해야 하는 이유는 무엇일까? 아이러니하게도 이런 머리말을 쓰고서도 하이데거의 『횔덜린의 시 해명』에는 여섯 편의 논문이 수록되어 있고 그 분량이 200쪽 남짓이나 된다. 횔덜린 이외에도 하이데거는 게오르크 트라클, 슈테판 게오르게, 릴케, 요한 페터 헤벨 등 많은 시인들의 시에 대한 적지 않은 분량의 해명을 하였다. 언뜻 보면 그의 태도가 역설적으로 보인다. 그리고 해석이란 무의미한 소일거리의 반복처럼 보이기도 한다. 그러나 하이데거에게 그것은 역설적인 태도도 아니고, 사라져 버려야 할 해석은 결코 무의미한 행위도 아니다.

사유가 오랫동안 걸어온 긴 여정의 경험도 시를 능가할 수는 없다. 도리어 시 앞에서 그 동안 축적된 경험들은 모두 사라져 버려야 한다. 사라짐으로써 시는 명확하게 드러나고, 그럼으로써 사유의 해석은 다시 긴 여정을 준비한다. 물론 인용문에서 "시적이지 않은 언어들"이라는 것이 유독 사유의 언어만을 지칭하는 것은 아니다. 그렇다 하더라도 사유의 언어, 사유의 해명 또한 여기에 속하는 것은 분명하다. "해명들은 시짓기와 사유하기의 대화에 속하는"(GA4, 7) 것이다. 그래서 세인들의 온갖 잡담에 속하는 통속 비평이나 전문 지식으로 무장된 문학 비평뿐 아니라, 사유의 언어 역시 시라는 종 위로 떨어지는 눈발의 지위를 모면할 수는 없다. 수수께끼인 시는 사유를 유발하고, 고무하며, 그럼으로써 산출된 사유의 산물을 다시 무화한다. 그러나 그 무화 작용 때문에 언제나 사유는 새로운 해석을 준비할 수 있고, 그럼으로써 중단 없이 사유를 진행시킬 수 있다. 그럼으로써 존재(언어)의 길 위에 남을 수 있다.

3. 시짓기와 사유하기 사이의 본질

나란히 이웃하는 사이

사유에게 시는 같은 길을 나란히 걷는 이웃이다. 그러나 그 이웃은 가까이 있지만 알려지지 않은 이웃, 수수께끼 같은 이웃이다. 그럼에도 불구하고 시짓기와 사유하기는 같은 길을 걷고 있는 친밀한 사이이다. 사유는 그런 이웃과 함께 존재를 향하는 길을 간다. 아직 "이웃과 함께 길을 간다"는 문장이 명료하지 않다. 그것을 명료하게 하기 위해서는 먼저 사유가 수수께끼 같은 정체불명의 시와 이웃하는 이유가 무엇인지 해명해야 할 것이다. 이미 사유의 필연성을 통해 잠깐 언급했듯이, 시와 이웃하는 이유에 대한 첫번째 해명이자 가장 중요한 실마리는 서로가 서로를 필요로 한다는 사실이다. 하이데거가 보기에, 사유와 시는 서로 필요로 하는 사이이며, 한쪽 없이는 다른 쪽도 역시 존립할 수 없는 그런 관계에 있다.

> 언어와 함께 사유하는 경험이 문제라면, 무엇 때문에 이렇게 시적 경험을 지적하는가? 왜냐하면 사유는 나름대로 시짓기와 이웃하며 그의 길을 가기 때문이다. 때문에 그와 같이 가까이 거주하는 이웃을 생각하는 것은 좋은 일이다. 사유하기와 시짓기는 모두 저마다 서로의 방식대로 가장 멀리 떨어진 곳에서도 그것들의 친근함 속에서 상대를 필요로 한

르네 마그리트(René Magritte)의 「빛의 제국」(L'Empire des Lumière)

서양 형이상학은 '진리의 빛'을 갈망했다. 하이데거 역시 그 빛의 은유를 포기하지는 않는다. 다만 빛은 어둠을 통해 드러나며, 어둠이 한갓 빛의 결핍이 아니라 빛의 조건이라고, 빛과 공속하는 것이라고 생각했다는 점에서 그는 선배 철학자들과 갈라진다. 빛의 제국은 계속된다. 다만 빛 속에 어둠이, 어둠 속에 빛이 있을 뿐이다.

다.(GA12, 163)

이 인용문은 시짓기와 사유하기가 서로 이웃하고 있다고 말한다. 여기에서 이웃한다는 것은 단지 물리적 공간에서 인접한다는 의미가 아니다. 마치 '근접해서 거주하는 사람들'을 이웃Nachbar이라 부르듯이, 시짓기와 사유하기의 관계를 그렇게 통속적으로만 이해해서는 곤란하다. 왜냐하면 시짓기와 사유하기 모두 눈앞의 존재처럼 있는 것이 아니며, 더구나 인용문을 통해서도 알 수 있듯이, 사유는 언어를 경험하기 위해, 아니, 언어를 이미 경험하면서 언어와 함께 운동하고 있기 때문이다.(이것은 시 역시 마찬가지이다. 인용된 글의 또 다른 곳에 등장하는 게오르게의「낱말」Wort 이란 시도 언어를 경험하기 위해 방랑하는 시인의 모습을 보여 주고 있다) 하이데거적 의미의 이웃은 Nachgebur, Nachgebauer, 즉 "가까이에서 거주하는 자"(GA7, 140)를 뜻한다. 그리고 이때 가까움은 단지 물리적 공간상의 가까움, 즉 (표준화된) 거리와 간격의 좁힘을 뜻하지 않는다. 오히려 그것은 본질적인 친밀함을 뜻한다. 이미 예술작품과 언어를 논하면서 하이데거가 말했던 투쟁하는 것들의 친밀성이 차라리 가까움의 본령이라고 할 수 있을 것이다. 그래서 이웃은 단순히 물리적 공간상 인접하고 있기 때문에 이웃인 것이 아니라, 그 본질에 있어 친밀한 사이이기 때문에 이웃인 것이다. 다시 말해서 시짓기와 사유하기 모두 존재를 보호하고 개방하는 언어 속에 뿌리내리고 있다는 점에서 그 양자는 친밀한 이웃이다.

사유의 기초Element는 '언어'이다. 사유란 언어를 한갓 도구로 사용하거나 운용할 수 있는 능력이 아니다. 도리어 인간의 사유는 언어 속에 거주하며, 언어를 통해 '있는' 모든 것들을 사유한다. 그래서 무엇이든 사유할 때면, 언제나 이미 언어가 전제된다. 언어 없이 사유한다는 것은 불가능하다. 요컨대 언어의 결을 따라서만 사유가 가능한 것이다. 그런데 바로 그 때문에 언어 자체가 사유될 때에는 어려움이 발생한다. 왜냐하면 언어가 사유의 조건이자 기초임에도 불구하고 그것을 사유하고자 하기 때문이다. 그러나 이런 난처한 상황에 빠질 수밖에 없음에도 불구하고 언어학은 너무 쉽게 언어에 '대해'über, 그것을 '넘어' über 사유하고자 한다. 이것은 이미 언급했듯이 시에 '대해' 말하고자 하는 태도와 마찬가지로, 언어에 대한 사유의 월권적인 접근방식이다.

"언어학"이나 "언어철학"이 모순적인 이 작업을 어떤 저항 없이 감행할 수 있는 것은 근대 과학의 "방법"Methode 덕분이다. 이 방법은 언어를 비롯한 모든 것을 대상화하고 수량화하여 계산할 수 있는 것으로 만든다. 하이데거가 종종 인용하고 있는 니체의 말처럼, "우리 19세기를 특징짓고 있는 것은 **과학**의 승리가 아니라 과학에 대한über 과학적 **방법**의 승리이다."(GA12, 168) "앞서 포착되는 세계의 기투"로서의 방법은 "실험 속에서 접근할 수 있고 검증 가능한 것 모두의 일반적인 계산 가능성"(GA13, 141)이기 때문에, 그것은 단순히 연구에 도움을 주는 "도구"Instrument가 아니라, 연구 대상 및 주제까지 결정하는 근대적 '에피스테메'라고 할 수 있다. 때문에 하이데거는 언어를 경험할 때, 이와 같은 특정한(폐쇄적인) '방법'이 아니라, 개방적인 '길'을, 그리고 그 길이 속해 있는 친숙한 방면die Gegend(구역, 방역)을 따라간다. 바꿔 말하면, "언어에 '대해서'가 아니라, 언어 '로부터' aus, 그 '안' in에서" 말하고자 한다(GA12, 180). 이것은 시에 '대해서'가 아니라, 시 '로부터' 해명하는 방식을 언어로 확대하고 주제화하여 진전시킨 것이라고 할 수 있겠다.

하이데거에 따르면, 방면은 "사유에게 사유되어야 할 것을 마주하고 자유롭게 내주기 때문에"(GA12, 168) 그렇게 불린다. 또한 우리는 "이미 방면에서, 우리가 관계하는 세력권Bereich에서 가고 있다. 그로부터 우리가 말하고 있는 것, 언어는 언제나 이미 우리에게 앞서 있다."(GA12,

168) 그 방면에서 우리의 사유는 시와 마주친다. "이 방면은 도처에 시짓기와 이웃해 열려 있다."(GA12, 169) 결국 하이데거는 사유하기와 시짓기의 친근한 이웃 사이를 "서로의-너머로-마주함"das Gegen-einander-über 이라고 재규정한다(GA12, 176, 178, 199 참조).

하이데거는 "서로의-너머로-마주함"을 다음과 같이 설명하고 있다.

> 번성하는 서로의-너머로-마주함에서 각각의 것은 하나가 다른 것에게 열려 있고, 그것의 자기 은폐Sichverbergen 속에 열려 있다. 그래서 하나는 다른 것 너머로 건네 주고, 다른 것에 스스로를 내맡겨, 각각의 것은 그렇게 그 자체로 남아 있다. 하나는 그 너머에 깨어 있는 것, 보호하는 것으로서, 또 그 너머에 은폐하는 것으로서 다른 것 너머에 존재한다.(GA12, 199)

서로의-너머로-마주해 있는 시짓기와 사유하기는 각기 스스로를 은폐하면서 동시에 서로에게 열려 있고, 서로에게 내맡겨져 있으면서도 자신의 고유함을 유지한다. 아직 선명치 않은 이와 같은 해명은 다음의 진술과 연결 지을 때, 그 의미가 분명해진다.

> 진실로 시짓기와 사유하기는 그것들 본질에서 나오는 부드럽지만 밝은 차이Differenz를 통해서 그들 고유의 어둠 속에서 구별된다: 두 평행선zwei Parallelen. 그리스어로 그것은 파라 알레로παρὰ ἀλλήλω, 즉 서로의 곁에서, 서로에 대항해, 서로를 너머, 그것들 방식으로 능가함을 뜻한다bei einander, gegen einander, über sich auf ihre Weise übertreffend.(GA12, 185)

시짓기와 사유하기는 서로 나란히 평행선을 달린다. 여기에서 "평행"은 크게 두 가지 의미를 함의하고 있다. 첫째 시짓기와 사유하기는 평면상의 두 평행선처럼 결코 '교차하는 합일점'에 도달할 수 없다. 다시 말해서 그것들은 완벽하게 동일화, 획일화될 수는 없다. 양자는 서로의 차이를 완전히 말소하는 최종 지점, 즉 '교차하는 합일점'을 향해 나아가지 않는다. 양자의 가까움은 무차별적인 동일화(하이데거적 의미의 '똑같음'*)보다는 차라리 끊임없는 차이 발생을 통해서만 얻어진다. 다시 말하자면 그것은 차이의 주름을 접음으로써 획득되는 가까움이다. "가까움은 차이의 무미건조한 균등화와는 본질적으로 다른 것이다. 시짓기와 사유하기 사이의 본질적인 가까움은 그런 차이를 제거하기는커녕, 도리어 그런 차이가 어떤 심연의 방식으로 소생하게끔 한다."(GA8, 154) 이런 의미에서 시짓기는 "성급하게 사유의 근처로 억지로 끌려 들어가 어정쩡한 반쪽 철학에 사로잡혀서는"(GA5, 274) 안 되며, 사유하기는 "반쯤 시적인 지성의 유토피아"Utopie eines halbpoetischen Verstandes(GA13, 23)로 도피해서는 안 된다. 하이데거에게 시짓기와 사유하기의 엉성한 혼합은 용납될 수 없다. 결론적으로 말하자면, 시는 시대로 사유는 사유대로, 각기 고유한 언어 방식을 최대한 실현해야지, 서로를 도피처로 삼아서는 안 된다.

둘째 그 양자는 어느 하나가 우위를 점하는 '위계적 관계'가 아니다. 그것들은 어느 하나로 지양되어 버릴 수 있는 관계가 아니다. 그것들은 언제나 서로 평행을 유지하면서 팽팽히 맞서 투쟁하고, 그런 와중에서 각기 스스로의 정체성을 찾아가는 (경쟁적이고 적대적이지만 동시에 밀접하고 친밀한) 관계이다.[15] 그 속에서 시짓기와 사유하기는 위계 없는 관계를

---

* 이미 언급했듯이 하이데거는 똑같음(Gleiche)과 같음(Selbe)을 구분한다. 전자는 차이를 제거함으로써 얻어진 동일성이며, 후자는 차이를 '통해', 차이와 '함께' 얻어진 동일성이다. 이런 구분 하에서 하이데거는 다음과 같이 말할 수 있었다. "시지으며 말한 것과 사유하며 말한 것은 결코 똑같은 것이 아니다. 그러나 이따금씩 시짓기와 사유하기 사이의 간극(Kluft)이 순수하고 결정적으로 벌어질 때면, 양자는 같은 것이다."(GA8, 8~9)

유지할 수 있다. 지금까지의 형이상학도 시와 철학을 구분했다. 그러나 형이상학의 구분은 결국 양자의 위계를 설정하기 위한 구분이었다. 이에 반해 "평행"으로 대변되는 하이데거의 구분법은 어느 한쪽으로의 환원을 차단함으로써 위계를 해체하기 위한 것이다.

서로가 완전히 합치할 수 없다고 해서 양자를 분리할 수 있는 것은 아니다. "만일 분리가 연관 없는 나눔을 의미한다면, 시짓기와 사유하기는 분리되지 않는다."(GA12, 185) 때문에 하이데거는 시짓기와 사유하기 양자의 차이는 "부드럽지만 밝은 차이"라고 말한다. 헤르만에 따르면, 이런 부드러운 차이에 대비되는 "거친 차이"는 전통적으로 철학과 시를 구분했던 방식, 즉 "합리적으로 이해되는 철학과 상상력에 근거를 둔 시편" 사이의 차이를 뜻한다.[16] 말하자면 전통적으로 사람들은 철학과 시를 화해할 수 없는 양립 불가능한 관계로서 날카롭게 분리시켰다는 것이다. 헤르만이 평가하듯이 전통적 구분이 모두 그렇게 조야하고 거친 방식은 아니었다 하더라도, 양자 *사이*에 대한 존재론적 성찰이 부족했다는 점은 인정될 수 있을 것이다.

평행선이 서로 무한하게 평행을 이루려면, 서로 멀어지려는 척력에 상응하는 인력, 곧 서로를 끌어당기는 힘이 전제되어야 한다. 그 선행하는 가까움이 양자의 평행선을 유지시킬 수 있는 것이다. 그 가까움이 바로 본질의 언어, 존재의 언어라고 할 수 있는 "말"die Sage이다. "시짓기와 사유함을 친근성 속으로 서로에게 향하도록 가져오는 가까움을 우리는 말이라 명명한다. 이 속에서 우리는 언어의 본질을 추측한다."(GA12, 188) 시짓기와 사유하기가 하나로 합체되지 않으면서 동시에 나란히 이웃할 수 있게 하는 것이 바로 존재의 말이다. 역으로 인간 편에서 보자면, 시짓기와 사유하기가 서로 끊임없이 차이를 내면서 나란히 언어의 길을 터 나아갈 때에만, 언어의 본질인 말이 우리에게 주어질 수 있다. 다시 말해서 차이를 전제하고 차이를 품어 내는 시짓기와 사유하기 양자의 대화 Gespräch, 두 언어 방식 사이의 번역Über-setzen을 통해서만, 말함이 가능하다고 할 수 있을 것이다.

평행하는 것들은 무-한Un-endliche하게 나뉜다. 그곳에서 평행하는 것들은 그것들 스스로가 만들어 내지 않은 하나의 자름 속에서 나뉜다. 그것들은 그 자름을 통해서 비로소 그들 이웃하는 본질의 입면도Aufriß 속에서 나뉜다. 즉 표시된다. 이 도안이 틈이다. 틈은 시짓기와 사유하기가 가까움 안에서 서로 향해 있는 그림을 그린다.(GA12, 185)

양자의 관계는 평행이 유지된 채 계속된다. 시간의 흐름 속에서 무한히 팽팽한 평행 관계를 유지한다. 그렇지만 매 순간 평행한 둘 *사이*의 단면은 잘릴 수 있고 그 단면을 통해 둘 관계의 그림을 그릴 수 있다. 그 자름 속에서 사유에 의존해 있는 시와 시에 의존해 있는 사유를 그려 볼 수 있는 것이다. 또한 그것은 우리가 그리고자 의도한다고 해서 그릴 수 있는 그림이 아니다. 다만 양자의 어울림 속에서 발생하는 틈을 통해서만 윤곽을 잡아 볼 수 있는 것이다. 하이데거는 사유와 시의 관계에서도 틈 개념을 이용한다. 그 틈은 예술작품이나 언어에서처럼 여기에서도 존재의 역동적인 일어남, 즉 존재사건에 의해 형성되는 틈이다. 이 틈 사이를 통해 양자는 그때마다 서로의 경계를 갖게 되고 차이를 형성하며, 동시에 서로 공속할 수 있다. 그래서 틈의 형성이 일차적으로 중요하다. 틈의 형성 이후에나 시짓기와 사유하기가 구분된다. "시짓기와 사유하기의 친근성은 앞선 진행의 결과가 아니다. 다시 말해서 시짓기와 사유하기가— 사람들은 그것들이 어디에서 유래하는지 알지 못한다—비로소 그것을 통해 그 자체가 처음으로 일어나는 가까움 속으로 서로에게 끌리는 그런 방식으로의 결과가 아니다."(GA12, 185) 결국 시짓기와 사유하기를 비로소 구분 짓는 틈은 항구적으로 주어져 있는 어떤 것이 아니라, 그때마다 일어나는 사건이며, 그 사건을 통해 양자의 친밀성이 확인된다.

　시짓기와 사유하기 *사이*의 '가까움'이 가장 선행한다. 그것에 의해 양자가 구분되기 때문에, 양자는 그 후속 사건이라고 할 수 있다. 그렇다면 여기에서 가까움이란 어떤 것을 뜻하는가? 하이데거에 따르면, "근접하는 가까움이 존재사건 그 자체이며, 그로부터 시짓기와 사유하기는 그것들 본질의 고유함으로 지시된다."(GA12, 185) 후기 하이데거 사유에서 존재의 다른 이름으로 불리는 존재사건[17]이 가까움이다. 존재사건의 언어는 언어의 본질인 "말"이며, 그 말함이 시짓기와 사유하기를 동시에 하나로 모은다. 그렇다고 양자를 무차별적으로 획일화하는 것이 아니라, 차이의 거리를 확보하면서 평행의 긴장 상태를 유지하게 한다. 왜냐하면 가까움은 언제나 멂과 긴장을 이루는 *사이* 속에서 조성되기 때문이다. 때문에 가까움을 얻기 위해 멂을 제거하면 가까움 역시 제거된다.

가까운 사이 : 언어관계

시짓기와 사유하기는 서로 이웃하는 *사이*이다. 여기에서 *사이*는 어떤 관계를 뜻한다. 하이데거는 관계를 단순히 눈앞의 존재자들을 추후에 연결 짓는 끈 정도로 생각하지 않는다. 추후적으로 연결된 관계는 임의적이고 상황 의존적이며, 그래서 결국 끊어질 수밖에 없는 관계일 뿐이다. 왜냐하면 먼저 독립해 존재하는 두 항을 추후에 연결 짓는 관계는 두 항의 '있음'에 본질적으로 관계하지 않기 때문이다. 하이데거가 말하는 관계는 그런 관계가 아니다. 말하자면, 시짓기와 사유하기가 따로 있고 그 양자를 매개하는 관계가 추후에 존재하는 것이 아니라, 시짓기와 사유하기가 어떤 무엇으로 존재하기 이전에 이미 양자는 어떤 관계에 서로 속해 있었다. 이런 의미에서 진정한 관계는 비로소 관계항들을 존재하게 하면서 동시에, 양자를 하나의 있음 속에서 연결 짓는 존재-관계에 다름 아니다. 다시 말해서 관계항들의 관계는 존재자들의 존재이다. 그렇다면 결국 하이데거가 생각한 진정한 관계는 궁극적으로 '존재' 문제로 수렴된다.

이와 같은 관계는 "비교"를 통해 규정되는 관계와는 다른 것이다. 보통 비교는 "차이를 볼 수 있도록, 상이한 것들을 동렬同列에 놓는 것이다." (GA5, 278) 하이데거가 "시짓기와 시유하기"라는 말을 하면, 사람들은 통상 양자를 비교하는 것으로 오해한다. 그러나 그 말을 통해서, 하이데거 자신은 사유하기와 시짓기의 차이점과 공통점을 밝히고 비교하려는 것이 아니다. 왜냐하면 비교는 무차별적으로 그 어떤 것과도 할 수 있지만, 그런 비교는 사유의 진정한 사태가 아니기 때문이다.

하이데거가 1944/45년 겨울학기 두번째 시간 이후 중단한 강의가 있다(GA50). 그 강의 제목은 「철학에의 입문 : 사유하기와 시짓기」이다. 여기에서 하이데거는 사유하기와 시짓기에 대한 기본적인 논의를 전개한다. 먼저 시짓기와 사유하기를 병치하는 데에서 오는 오해, 즉 비교에 대한 생각에서 논의를 시작한다. 하이데거가 보기에, 비교는 비교되는 것들을 어떤 식으로든 "대등하게 세워 놓으며", "비교의 가능성은 무제한적이다." 다시 말해 어떠한 것과도 어떤 식으로든 비교는 가능하다. 이런 식의 비교는 "수확이 없는" 일이며, 더구나 비교되는 어느 한쪽의 품위를 떨어 트리는 결과만을 초래할 뿐이다. 결국 "본래적인 비교함은 언제나 비교함 이상이다"Darum ist das eigentliche Vergleichen stets mehr als ein Vergleichen. 바꿔 말해, 비교를 통한 사유는 언제나 단순한 비교를 넘어서고 초과한다. 이런 생각은 이후 『동일성과 차이』에서 더욱 심화되어 전개된다. 한마디로 본래적인 비교가 비교 이상이라면, 비교를 초과하는 부분은 같음das Selbe에의 공속성zusammengehören에 대한 사유라고 할 수 있겠다.

비교하려고 마음먹는다면, 어떤 것을 다른 무엇과도 비교할 수 있다. 예컨대 "시짓기"와 "자전거 타기"를 비교할 수도 있을 것이다(GA50, 137~138). 왜냐하면 이런 비교는 하고자 한다면, 비교의 상대가 어떤 무엇이든 관계없이, 양자의 공통점과 차이를 밝혀낼 수 있기 때문이다. 그러나 하이데거가 보기에 그런 비교는 무의미한 지적 놀이이거나 단순한 호사가들의 호기심에 불과한 것이지, 진정한 사유의 사태는 아니다.

하이데거가 보기에, "시짓기와(그리고) 사유하기"라는 말에서 두 말 사이에 있는 "그리고"는 단순한 연결어(문법적으로 병렬접속사Konjunktion)가 아니다.[18] 그것은 양자의 불가피한 "관계"Verhältnis를 뜻하는 것이기 때문에 단순한 비교로 해소될 수 없다. 이미 언급하였듯이, 하이데거적 의미의 관계는 관계항에 선행한다. 사실 이 말은 보통의 건전한 상식에 거스르는 말이다. 상식적으로 볼 때, 관계는 관계항이 먼저 설정된 뒤 추후에 부가되는 것이다. 이런 맥락에서 전통 철학은 관계항을 하나로 묶어 주는 통일적 관계를 '매개' Vermittlung, '결합' Verbindung, '종합' Synthesis, '연결' connexio 등으로 이해한다(GA11, 16 참조). 그러나 이런 결합 관계는 결국 관계항들의 선차성을 인정하는 한에서, 잠정적이고 임의적인 관계, 그래서 결국 파기될 수밖에 없는 관계로 남는다. 그럼에도 불구하고 그런 관계를 통해 관계항들의 완전한 화해와 통일을 주장한다면, 그것은 거짓일 수밖에 없으며, 아도르노의 표현을 빌리자면, "강요된 화해"[19]라고 하지 않을 수 없다.

물론 전통 형이상학도 이 점을 간과했을 리는 없다. 그러나 전통 형이상학은 관계 자체를 결국 또 하나의 관계항으로 만든다. 다시 말해서 관계항들을 묶는 유적 상위 개념으로 관계를 이해하기 때문에, 관계는 "보편자" 또는 "근거"로서 파악된다. 서양 형이상학은 존재자를 근거 짓는 '최고의 근거', 또는 모든 것에 타당한 '보편자'로서 관계를 파악함으로써, 관계는 일종의 "존재자성"Seiendheit으로 이해된다(GA11, 51~52 참조). 그럼으로써 관계 자체는 다시 일종의 관계항으로 전락한다. 하이데거에 따르면, 서양 형이상학의 역사에서 그렇게 전락한 관계항들, 즉 존재라고 참칭된 것에는 퓌시스Φύσις, 로고스Λόγος, 하나Ἕν, 이데아Ἰδέα, 에네르게이아Ἐνέργεια, 실체성, 객관성, 주관성, 의지, 힘에의 의지, 의욕함에의 의지Wille zum Willen 등이 있다(GA11, 58). 이런 맥락에서 하이데거적 의미의 관계는 관계항에 선행하는 그것들의 유래이지만, 어떠한 존재자적 근거는 아니며, 결코 실체화시킬 수 없는 것이다. 다르게 말해서, 하이데거적 의미의 관계는 차이들을 끊임없이 품어 내는austragen 차-이 그 자체라고 할 수 있다. 이런 관계 속에서 관계항들은 서로 대항적Gegenwendig이지만 친밀하고 서로를 필요로 한다. 그렇다면 시짓기와 사유하기에 선행하는 관계는 무엇일까? 앞서 논의되었던 것을 회상해 보면, 사유가 '언어'를 경험하면서 만난 이웃은 시어였고 시였다. 시짓기와 사유하기는 모두 언어에 속해 있다. 다시 말해서 시짓기와 사유하기라는 관계항은 언어라는 관계 자체 속에 공속한다.

이미 언어를 다루었던 장에서 살펴보았듯이, 하이데거는 언어의 본질을 사유하면서 사유될 만한 말을 찾는다. 그가 찾은 것은 "순수하게 말해진 것"으로서의 "시어"였다. 이미 여기에서 사유와 시의 친근한 관계는 언어로서 나타난다. 그래서 그는 이어서 다음과 같이 말할 수 있다. "그러나 여기에서 낱말과 함께하는 시적 경험과의 친근성 속에서 언어와 함께 **사유하는** 경험을 위한 하나의 가능성을 발견할 필요가 있다."(GA12, 177) 사유와 시는 언어라는 공통의 기초를 가지고 있다. 시짓기와 사유하기는 이미 언어 속에서 존재하며 그것에 공속한다. "시짓기는 사유하기와 마찬가지로 말함의 기초에서 움직인다. 우리가 시짓기를 숙고한다면, 우리는 동시에 이미 사유가 움직이는 동일한 기초 속에 있음을 발견할 것이다."

(GA12, 178) 그래서 사유하기와 시짓기를 '와'라는 연결어로 결합시킬 수 있는 관계는 바로 언어이다.

시짓기와 사유하기의 관계는 그 각각이 언어와 맺는 관계로 이행되어 논의된다. 비록 시짓기나 사유하기가 상이한 말함의 방식이기는 하지만, 그것이 모두 말함에 속한다는 것은 분명한 사실이다. 다른 무엇보다도 시짓기와 사유하기의 친근성을 말할 수 있는 이유는 이 양자가 언어를 자신의 '본성'으로 삼고 있다는 점이다. "사유하기와 시짓기는 사유하기와 그림 그리기Malen보다 훨씬 더 긴밀한 친근성을 보여 준다. 사유하기와 시짓기는 배타적으로 언어의 영역 내에서 움직인다. 그것들의 작품들과 오직 그것들만 언어적 '본성'Natur에 속한다."(GA50, 139) 그래서 시짓기와 사유하기의 관계로서 언어는 시인이나 사유자를 포함한 인간이 언어와 맺는 관계이자, 그 자체가 "유일한 관계"Ver-Hältnis이다.[20] 여기에서 독일어 Ver-Hältnis가 우리말 '관계'로 번역되었지만, 실상 그렇게 단순히 번역하기 어려운 다양한 의미군을 포함하고 있다. 어원적인 측면에서 그 말의 일차적인 의미는 '보호하다, 지키다'라는 의미의 독일어 hütten, halten과 연관되어 있다. 언어는 "존재의 집"이라는 말에서 집Haus도 어원상 이 의미군에 속한다. "집은 여기에서 곧바로 보호Hut, 수호Wahrnis, 용기Be-hältnis, 관계Ver-hältnis와 같은 말이 말하는 것을 뜻한다."(GA79, 168) 그렇다면 관계항보다 선행하는 관계는 무엇보다 먼저 관계항을 보호하고 지킨다는 의미를 갖는다. 동시에 더욱 근원적으로 언어 자체가 "유일한 관계"라는 말은 언어가 관계 자체이며, 모든 관계들을 아우르는 하나의 유일한 관계를 뜻한다. 그리고 이 관계는 인간이 존재와 맺고 있는 관계를 뜻하기도 한다. 다시 말해서 존재를 지키고 보호하는 언어 속에서 인간이 존재와 맺고 있는 유일한 관계를 의미한다. 이런 의미에서 하이데거는 관계를 "필요해서 씀Brauch과 존재사건이 서로에게 귀속하는 장소성"

이라고 규정한다(GA12, 229). 요컨대 문제의 관계는 언어이며, 일차적으로 언어는 존재를 보호하며, 그 언어가 시짓기와 사유하기를 맺어 준다.

하이데거는 언어의 또 다른 이름인 "낱말"도 역시 "관계 자체"das Verhältnis selber라고 규정한다. 슈테판 게오르게의 「낱말」이란 시에 있는 "낱말이 부숴진 곳에는 어떤 사물도 없어"Kein ding sei wo das wort gebricht란 구절을 해석하면서 하이데거는 낱말과 사물의 관계 문제를 도출한다. 이 시에 따르면, 낱말은 사물에게 비로소 존재를 제공한다. 하이데거는 "개개의 존재자의 존재는 낱말 속에서 거주한다"고 말하면서, 결국 "언어는 존재의 집"이란 자신의 유명한 테제를 제시한다(GA12, 156). 이와 연관 지어 생각해 보면, 사유하기 '와' 시짓기의 '관계'는 양자가 '존재'하기 위해서 서로를 필요로 하는 관계, 서로에게 속하는 관계이자 양자보다 먼저 있어야 하는 관계이며, 더 나아가 그 관계는 시짓기와 사유하기의 '존재'를 선사하고 보호해 주는 "관계 자체"인 낱말이며, 언어이다.

> 우리는 '낱말'에 대해 나머지를 다음과 같이 말했다. 단지 사물과 어떤 관계에 서 있는 것만이 아니라, 낱말은 존재하는 존재자로서 그때마다의 사물을 비로소 이런 '있음'으로 가져오고, 그 낱말 속에서 유지하고halten, 관계 맺고verhalten, 마치 어떤 사물이 존재하도록 그것에게 생계비Unterhalt를 대준다고 말이다. 따라서 우리는 낱말이 단지 사물과 어떤 관계에 있는 것만이 아니라, 낱말이 사물을 사물로서 유지하고 관계 맺는 것 자체 '이며', 이런 관계 맺는 것으로서 **관계 자체**das Verhältnis selbst일 것이라고 말했다.(GA12, 177)

'halten, verhalten, Unterhalt' 등의 의미망을 형성하는 '관계'는 사물과 낱말의 관계로, 더 나아가 낱말이 관계 그 자체라는 결론으로 귀착된다. 존재하는 것으로서 사물은 관계 자체인 '낱말'을 통해서 주어진 것이다. 관계 자체로서 낱말은 존재를 "주는 것"das Gebende(GA12, 182)이다. 존재를 존재자성Seiendheit으로 파악하는 형이상학의 입장에서 보면, 낱말이 존재를 준다는 것은 어불성설처럼 들릴지도 모른다. 그러나 존재자가 아니라 관계 자체인 낱말은 모든 사물을 존재하게 한다. 하이데거에 따르면, 그리스어 로고스는 말함Sagen과 존재Sein를 동시에 뜻했던 말이다(GA12, 224). 이와 같이 하이데거에게 언어와 존재는 비밀스럽게 연계되어 있다. 언어와 존재는 모두 최종의 심급에서 존재자가 아닌, 존재자를 존재하게 하는 '관계'로 밝혀진다. 시짓기와 사유하기의 관계 역시 이런 언어-관계로 파악되어야 한다.

우리는 후기 하이데거 철학에서 예술과 언어를 매우 밀접한 관계 속에서 살펴보았다. 사실 예술과 시, 언어는 모두 (그리스적) 시원에 있어서는 긴밀한 연관 속에 있었던 것들이다. 예술, 즉 테크네의 본질은 포이에시스이다. 왜냐하면 포이에시스는 "없는 것에서 있는 것으로", 즉 무와 같은 은폐로부터 무엇인가를 현존하게 하는 것을 뜻하였기 때문이다. 이런 의미에서 존재에 대한 탁월한 앎이 포이에시스이다. 그리고 이런 포이에시스는 존재와 언어를 함께 뜻했던 로고스와 손쉽게 연관된다. 그런데 서양의 역사에서 이 세 가지 말들은 점차 시원적인 의미를 상실한다. 로고스는 한낱 사유의 법칙을 다루는 논리학Logik이 되었고, 테크네는 인간의 제작 기술Technik이 되었으며, 포이에시스는 특정 문화 예술의 한 부분, 곧 시Poesie가 되었다. 이렇게 변형된 다음, 셋의 가까운 사이는 더 이상 찾아볼 수 없게 되었다. 논리학, 제작 기술, 시가詩歌 사이에는 아무런 연관 관계도 없다. 그러나 여전히 옛 이름, 포이에시스를 물려받은 시는 하이데거에게 탁월한 예술로 간주되고, 그 시는 사유와 함께 언어를 지키는 파수꾼 역할을 담당한다.

4. 창조적 불화: 디아포라에 대한 하이데거적 재해석

우리에게 사이는 전혀 낯선 개념은 아니다. 이미 전통 형이상학도 사이를 말해 왔으며, 그것을 중요하게 다루어 온 것이 사실이다. 그런데 하이데거는 이전과는 전혀 다르게 사이를 바라본다. 지금까지의 논의를 바탕으로 하이데거의 사이를 특징적으로 요약하면 다음과 같다.

첫째 사이는 사이항의 선행사건이다. 전통적인 견해에 따르면, 사이는 이미 미리부터 존재하는 두 항들을 하나로 엮어 주는 관계일 뿐이다. 기껏해야 자명하게 분리되어 있는 양자를 "추후적으로"nachträglich "매개"하는 일이, 성취되어야 하는 주요 과제로 간주될 뿐이다. 그러나 하이데거는 사이를 사이 양항보다 선행하는 존재사건으로 이해한다. 사이항은 오직 하나의 사이가 발생하고 난 뒤, 추후적으로 그 사이를 통해 결정될 뿐이다.

둘째 사이는 차이를 냄으로써 긴밀해지는 관계이다. 한갓 매개로 이해된 사이는 결국 사이 양항의 차이를 제거함으로써 양자를 획일화시킨다. 이런 견해에 따르면, 사이 양항은 대립의 양 극점이고, 그 사이는 차이를 완충·완화시키는 지대地帶로 설정된다. 이에 반해서 하이데거의 사이는 투쟁의 최전선으로 이해된다. 그곳에서 차이가 극대화됨으로써 양자의 경계, 즉 자기 정체성이 확보된다. 말하자면 하이데거의 사이는 차이가 발생하는 곳이자, 그렇게 차이를 냄으로써 그 *사이*에서 양항이 결정된다. 이런 사이는 양자를 서로 무관하게 놔두지 않는다. 맞상대가 없으면, 다른 한쪽마저 존립할 수 없는 사이이기 때문에, 즉 사이항들은 자신의 존립 근거를 투쟁하는 상대에, 결국 투쟁의 *사이*에 두고 있기 때문에, 사이항들은 투쟁 속에서 서로의 친밀성을 확인한다.

셋째 이런 *사이*의 관계는 사이항들의 존재를 선사하는 "밝힘"의 시-공간이다. 상식적으로 "사이"는 시간적으로는 '겨를', '동안'을 의미하고, 공간적으로는 어떤 사물과 다른 사물의 '틈', '간격'을 뜻한다. 이런 상식적인 의미의 "사이"는 존재론적 관점에서 보자면, 주변적·부수적인 의미로만 규정된 것이다. 왜냐하면 그런 사이는 일면적인 존재 이해의 빛 아래에서 파악된 것들, 곧 특정 시점時點과 확고부동한 실체를 자명한 것으로 전제하고 있기 때문이다. 그러나 하이데거의 *사이*는 이와는 달리 차이를 내는 시간-놀이-공간, 곧 사이항들을 새롭게 드러내는 "밝힘"을 뜻한다. 오직 이런 사이 관계 속에서만 존재하는 것들이 그때그때마다 그 자신으로 존재할 수 있다. 그래서 하이데거에게 *사이*는 존재하는 사이항들보다 더욱 근원적인 것이다. 또한 이런 사이는 사이항(관계항)들을 보호·수호하는 본래적 의미의 "관-계"Ver-Hältnis이기도 하다.

넷째 *사이*는 차-이이다. 이 경우 차-이는 하나이면서 동시에 둘이 되는 존재의 모습을 뜻한다. 이런 차-이는 둘 *사이*를 나누면서 동시에 잇는 것이다. 그리고 이런 차-이가 사이에 있는 것들을 차이 짓고 변용한다. 그렇지만 이런 차-이는 다양한 차이들의 유개념으로 이해되어서는 안 된다. 오히려 다양한 차이들을 낳는 근원적인 차이로서, 즉 차이들을 '존재'하게 하는 "유일한 차원"으로 이해되어야 할 것이다. 결국 차-이는 모든 차이들을 생성시키며 자기 속에 품어 내는 근원적인 차이를 뜻한다.

다섯째 *사이*는 하이데거가 추구했던 '존재'의 또 다른 이름이다. 전통 형이

플라톤(오른쪽)과 아리스토텔레스(왼쪽)

청년 하이데거는 플라톤과 아리스토텔레스 철학을 새롭게 재해석하려고 했다. 상투적이고 비철학적인 해석을 거부하고, 지금 살아가며 철학하고 있는 하이데거 자신의 사유를 통해 문자의 철창 속에 갇힌 그들의 철학을 부활시키려 했다. 그러나 그런 시도의 한계를 절감하고 하이데거는 소크라테스 이전 철학자들의 단편을 화두삼아 자신의 고유한 철학을 전개했다. 사진은 이탈리아 피렌체 두오모미술관 벽면의 플라톤과 아리스토텔레스 부조.

상학이 "존재는 존재자가 아니다"라는 "존재론적 차이"를 전혀 몰랐던 것은 아니다. 다만 존재자와 하나의 대립항을 이루는 또 다른 실체(보편자, 근거)로서 존재를 이해한다는 점에서 하이데거는 전통 형이상학의 존재 망각을 언급했던 것이다. 하이데거는 종국에는 결국 존재가 존재자로 전락하는 전통 형이상학의 실체론적 경향과 거리를 두기 위해서, 존재를 *사이*로서 이해한다. 하이데거에게 존재는 어떤 '무엇'으로 파악될 수 있는 것이 아니라, 이와 같이 존재자와 존재라는 사이항(존재론적 차이를 이루고 있는 양항)을 선사하는 사이의 관계, 더 나아가 그런 *사이*의 존재사건으로 이해된다.

이와 같이 하이데거의 *사이*를 요약할 수 있다면, 우리는 시짓기와 사유하기 *사이*를 다음과 같이 정리할 수 있을 것이다.

첫째, 시짓기와 사유하기는 각기 자립적으로 현전하는 어떤 것이 아니다. 도리어 그것은 먼저 양자의 *사이*가 있고 난 뒤, 추후적으로 결정될 수 있는 것이다. **시짓기와 사유하기에 선행하는 존재사건은 언어이다.** 언어 속에서 시와 사유는 성장하고, 자신의 독특한 언어 방식을 형성한다.

둘째, 시짓기와 사유하기는 서로 투쟁함으로써, 즉 차이를 냄으로써 친밀해지는 관계이다. 차이를 제거하거나 완화시킴으로써 양자를 매개하는 방식이 아니라, 첨예하게 차이를 냄으로써 상호 귀속성을 확인하는 방식으로 양자 *사이*가 규정될 수 있다. 둘의 상이한 언어 방식은 그 차이가 부각되면 될수록 하나의 밀접緊接한 관계 속으로 진입한다. 그래서 **둘 *사이*는 차이나는 상대방이 없이는 존립할 수도, 성장할 수도, 그래서 위대해질 수도 없는 공속의 관계이다.**

셋째, 시짓기와 사유하기를 밝혀 주는 "관계"인 언어는 양자를 차이 짓는 동시에 이어 준다. 선명한 차이 발생 속에서 더욱 긴밀해지는 공속의 운명, 그렇게 엮여 있는 시짓기와 사유하기 *사이*는 그때마다 "존재사건"으로 발생하는 "차-이"(사이-나눔)의 언어에 다름 아니다. 쉽게 말해서 나누고 잇는 "이중 접힘"Zwiefalt이 존재의 실상이자 (존재) 언어의 진면목이며, 시짓기와 사유하기 사이는 인간이 존재의 언어에 응답하는 탁월한 이중 접힘을 뜻한다. 이런 **언어의 이중 접힘, 즉 언어의** *사이*에서 시짓기와 **사유하기의 운명적인 만남과 창조적인 대화가 중단 없이 지속될 수 있다.**

전통적으로 사이는 궁극적으로 '위계적 관계'를 뜻하거나, 심지어 '상대가 없어도 무관한' 사이, '제거되어야 될' 차이를 뜻하였다. 대립하는 사이항들이 존재한다는 사실은 그 자체로 자명하며, 그렇듯 자명하게 존재하는 양자를 잇는 *사이*는 추후적으로 부가되는 것이기 때문에, 대립항 어느 한쪽을 배제하거나, 또는 그 대립항을 포섭하되 지양되어야 할 하위의 단계로 간주하는 것은 당연한 일이다. 왜냐하면 배제하고 위계 짓는 사이는 실체론적인 *사이* 개념의 필연적인 귀결이기 때문이다. 한갓 매개로 이해되는 이런 사이는 결국 깨질 수밖에 없는 사이이고, 타자를 배제할 수밖에 없는 사이이며, 기껏해야 자신을 형성하는 필수적인 하위 계기로서 타자를 포섭하는 사이일 뿐이다. 때문에 서구 형이상학에서 차이는 **배제와 종속을 위한** 차이로 간주될 수밖에 없다.

플라톤은 자기 이전에 존재했던 시짓기와 사유하기(플라톤에게는 '철학적' 사유) 사이를 처음으로 증언했던 사람이자, 위계구도 속에서 그 사이를 확정 지으려 했던 서양 최초의 철학자이다. '철학적'(형이상학적) 사유를 통해서 플라톤은 철학자가 통치하는 이상국가에서 시인을 추방한다. 그가 보기에, 거짓 모방과 감상, 신비와 광기를 통해 구성된 시(예술)는 이성적 국가의 도덕적·교육적 측면 모두에서 철학과 평행한(대등한) 사이를 맺어서도, 맺을 수도 없는 대상이다. 물론 시가 철학에 봉사하고 복종하는 사이를 인정한다면, 그런 조건 하에서 이상국가의 시민권을 재가할 수 있다는 단서는 남겨 둔다. 이런 점에서 플라톤은 시짓기와 사유하기의 사이를 '배타적' 또는 '위계적'hierarchisch 사이로 확정 짓는다.

사실 조금씩 편차는 있지만, 플라톤 이후 헤겔에 이르기까지 이런 사이는 계속 유지된다. 예컨대 플라톤의 제자 아리스토텔레스는 『시학』에서 예술이 플라톤적 의미의 이성적 질서에 잘 따르고 있다는 점을 증명해 보임으로써, 예술에 호의적인 태도를 취한다. 그리고 헤겔은 절대정신의 한 형식으로서 예술을 파악한다. 그러나 아무리 예술에 호의적이고 예술을 잘 알고 있는 철학자라 하더라도 플라톤의 사이 설정을 일단 인정하는 순간, 플라톤의 '시인 추방론'을 피할 길이 없다. 때문에 서양 철학의 역사를 돌이켜 볼 때, 헤겔의 '예술의 종언' 테제는 이미 플라톤의 사이 설정, 즉 '시인 추방'이 전제된 사이 설정을 통해 운명 지어진 셈이다. 결국 플라톤 이래 서양 철학은 예술(뮈토스를 위시한)과의 '배타적·위계적' 사이를 통해 탄생했고, 그런 사이 속에서 자신의 정체성을 유지해 왔다.

하이데거는 이런 철학과 그 철학이 독단적으로 설정한 시와의 사이를 진지하게 고민한다. 그의 고민 속에서 시짓기와 사유하기는 적어도 이전처럼 '배타적·위계적' 사이로 설정되지 않는다. 오히려 하이데거는 시짓기와 사유하기의 사이가 **서로 끊임없는 차이를 이루는 평행**의 *사이*라고 생각한다. 이런 생각은 사이의 또 다른 이름인 "차-이"에 대한 새로운 이해에서 비롯한다. 하이데거는 플라톤과 달리, 차이의 제거·배제를 통해서가 아니라, 차이들의 생성·억제·비축을 통해 근원적인 의미의 동일성이 확보된다고 본다. 그래서 하이데거는 차이나는 것을 배제하는 사이가 아니라, 차이들을 품어 나르는 유일한 차-이를 진정한 *사이*로 이해한다.[21]

이런 맥락에서 우리는 플라톤이 증언하고 있는 시와 철학 사이의 "불화"를 하이데거적으로 재해석할 수 있다. 플라톤은 특정 존재 이해를 통해 그들 사이를 "불화"라고 해석하고, 마치 그것이 해묵은 것인 양 증언한다. 그런데 하이데거는 양자 사이를 플라톤처럼 지양·제거되어야 될

"불화"로서 이해하지 않는다. 오랫동안 계속되어 온 시와 철학의 불화 관계에 대해 플라톤은 다음과 같이 증언한다.

> 그러나 시가 우리의 경직됨과 투박스러움을 지탄하지 않도록 시를 상대로 우리가 말해 주도록 하세나. 철학과 시 사이에는 오래된 일종의 **불화** $διαφορά$가 있다고 말이네. '주인을 향해 멍멍 짖어 대는 개'라든가, '짖으며 달려 드는 개', 그리고 '어리석은 자들의 실없는 이야기로 대단한'이라든가, '지나치게 똑똑한 자들의 무리', '시시콜콜 따지며 생각하는 자들', 그래서 '궁상맞은 자들' 그리고 그 밖의 것들로 이들의 오랜 대립을 나타내는 수없이 많은 표현이 있으니 말일세.[22]

하이데거에게 시짓기와 사유하기 사이의 디아포라$_{διαφορά}$[23]는 단순한 "불화"가 아니다. 차이나는 언어 방식을 참지 못하는 "거칠고" "투박스러운" 철학자나 시인에게만 그것은 한낱 불화로 보일 뿐이다. 서로를 배제하는 불화가 아니라, 차이나는 양자를 존립 가능하게 해주면서 서로 공속하게 하는 것이 새롭게 하이데거가 이해한 디아포라의 의미이다. 언뜻 불화만을 일으키는 것처럼 보이는 두 언어 방식은 실상 디아포라의 언어, 곧 차-이의 언어가 보여 주는 이중화의 모습일 뿐이다. 이런 디아포라의 언어는 시짓기와 사유하기 사이의 '대화의 조건', 차이나는 언어를 통한 '자기 번역'의 조건에 다름 아니다. 오직 디아포라의 언어 속에서만 시짓기와 사유하기는 끊임없는 대화(번역)를 할 수 있으며, 그 대화 속에서 언제나 새롭게 자기 정체성을 이룰 수 있으며, 그럼으로써 자신을 더욱 고양할 수 있으며, 그러는 *사이*에 나란히 이웃하는 *사이*로 계속 남을 수 있다. 결국 서구 형이상학을 처음 시작한 플라톤과 서구 형이상학을 회상하며 형이상학이 미처 사유하지 못한 것에까지 되돌아가 형이상학을 해체·재구성하려는 하이데거의 차—이는 시짓기와 사유하기의 디아포라를 어떻게 해석하느냐의 문제로 요약될 수 있다.

탁월한 두 언어 방식, 즉 시짓기와 사유하기의 *사이*를 가능케 하는 디아포라의 언어는 존재의 언어에 다름 아니다. 하이데거가 보기에, 인간의 언어 이전에, 존재의 언어 "적막의 울림"이 있다. 인간은 그 울림을 듣고 그것에 응대한다. 그런데 적막의 울림이 인간의 언어로 넘어오기 위해서는 그 사이에 번역(옮겨-놓음Über-setzen)의 과정이 요구된다. 언어의 "파수꾼"(GA9, 313)인 시인과 사유자는 그 번역을 수행하는 자들이다. 그런데 그들 사이에도 언어 방식이 다르다. 그래서 서로는 "대화"가 필요하며, 두 언어 사이의 "번역" 역시 필요하다.

궁극적으로 모든 번역은 해석이고, 해석은 "작품 및 이야기와의 대화"이다. 이 경우 대화란 "화자話者들이 대화를 통하여 그때마다 말거리로 삼고 있는 바로 그러한 체류지 안으로 서로 번갈아 직접 뛰어들고 서로를 그러한 체류지로 안내해야 함에도 불구하고, 그러기는커녕 직접적으로 말해진 것에 얽매인 채 거기에서 옴쭉달싹 못하고 있게 될 때에는, 모조리 여지없이 그 당장에 중단되고 수포로 돌아가고 만다. …… 대화는 화자들을 말해지지 않은 것Ungesprochene으로 인도한다."(GA8, 10) 또한 "죽을 자들이 다시 언어 속에 거주하기 위하여, 사유하기와 시짓기의 대화는 언어의 **본질**을 불러내는 방향으로 진행된다."(GA12, 34) 결국 시짓기와 사유하기의 대화는 언어의 본질을 불러내어 본질의 언어, 즉 말해지지 않은 존재의 언어를 향해 간다.

하이데거는 "번-역"이란 용어를 매우 포괄적인 의미로 이해한다. 하이데거의 말을 직접 인용하면, "번역된 언어 속에 놓여 있으나 밖으로 풀어내지 않은 연관들을 번역은 밝힐 수 있다. 여기에서 모든 번역함은 일종의 해석Auslegen이어야 한다는 것을 우리는 알게 된다. 그러나 동시에 그 역도 타당하다. 즉 모든 해석과 해석에 종사하는 것은 모두 일종의 번역함이다."(GA53, 75) "모든 번역은 해석이고, 해석하는 모든 것은 번역하는 것이다."(GA53, 79) 이런 의미의 번역은 단순히 외국어를 모국어로 번역하는 것만을 뜻하지 않는다. 해석 역시 일종의 번역이라고 생각하는 하이데거에게 해석되어야 할 모국어는 시인과 사유자의 언어이며, 그 언어는 모국어이기는 하지만, "번역할 필요"가 있는 언어이다. 여기에서 번역은 "이해하게 함"을 의미하는데, 그렇다고 획일화·평준화된 이해가 아니라, 이미 시짓기와 사유하기가 도달한 존재 이해의 정상까지 옮겨 가도록 만드는 이해이다. 또한 하이데거에게 번역은 기본적으로 인간이 언어와 맺는 관계를 뜻하며, 한 민족이 외국어와의 대화 속에서 자기 이해를 형성하는 "배움"의 과정이기도 하다. 번역이 하이데거에게 얼마나 중요한 사태였는지는 다음의 말이 함축적으로 잘 보여 준다. "네가 번역에 대해 어떻게 생각하는지를 말해 보라. 그러면 나는 너에게 네가 누구인지 말해 주겠다."(GA53, 76)

시적 언어를 사유의 언어로 번역하고, 사유의 언어를 시적 언어로 번역하는 이행Übergang 과정에서 존재의 언어가 인간의 언어로 번역되는 '사건'이 일어난다. 그러나 서양의 역사를 돌이켜 보았을 때, 사유자보다 시인이 먼저 존재가 보내는 역사의 눈짓을 언어로 번역하였다.[24] 호메로스와 횔덜린이 그 대표적인 시인들이다. 그러나 현대 기술의 시대에 접어들면서 예술은 더 이상 존재의 헤르메스 임무를 수행하지 못하고 있다. 이제는 역으로 사유자가 시인을 도와 존재 언어로 향하는 길을 제시해 주어야 할 때라고 하이데거는 보고 있다. "그리스인들에게 서양 사유의 시원은 시를 통해 준비되었습니다. 시짓는 말이 다시 말하는 세계eine wortende Welt가 되기 위해서는 아마도 미래에는 사유가 처음으로 시짓기에게 시간-놀이-공간을 열어 주어야 할 것입니다."(GA29/30, 536)

6장

종결되지 않은 사이

하이데거에게 예술철학이란 학문적 연구 대상으로서 예술을 분석하는 통상적인 "미학"Ästhetik이 아니라, 예술과의 만남, 예술과의 대화를 통해 예술의 언어를 철학의 언어로 번역하는 것, 그리고 예술과 철학 양자의 사이를 사유하는 것이다. 이러한 예술철학은 전통 형이상학 비판의 기획에서 중요한 지점을 차지하고 있으며, 이후 하이데거 자신의 철학——계산하고 표상하는 사유가 아닌, 뜻 새김의 사유besinnliche Denken——을 규정하는 데 필수적인 과정으로 이해된다.

하이데거의 형이상학 비판은 "존재망각"이란 말로 요약된다. 하이데거가 보기에, 플라톤 이래 서구 철학은 실체화될 수 없는 존재의 생동적인 모습을 망각하고, 이성의 눈을 통해 "보여진 것"만을 존재자의 존재라고 규정한다. 존재자의 '근거' 또는 '본질'로서 파악되는 플라톤의 "이데아"가 그 대표적인 사례이며, 이후 "에네르게이아", "실체성", "객관성", "주관성", "의지" 등등이 모두 존재를 참칭해 왔던 것들이다(GA11, 58 참조). 그러나 이런 것들은 하이데거가 보기에는 존재가 아니라, 존재자를 근거 짓는 또 하나의 (보편적인) '존재자'에 불과하다. 그러나 확실한 근거 찾기의 방향으로 정향 지어진 서구 형이상학이 처음부터 그러했던 것은 아니다. 아낙시만드로스, 파르메니데스, 헤라클레이토스 등으로 대표되는 시원의 사유자들에게서는 다른 사유의 가능성을 찾아볼 수 있다. 그리고 여기에서 주목할 만한 점은 이 시원의 사유자들에게 시짓기와 사유하기는 매우 친밀한 관계를 이루고 있다는 점이다.

이와는 대조적으로 서구 형이상학은 사유하기 속에서 시짓기를 배제함으로써 자신의 정체성을 형성한다. 플라톤은 철학사의 상식이 된 '뮈토스'로부터 '로고스'로의 이행을 완수한 최초의 철학자이다. 플라톤 이후 철학자들은 철학적 사유 속에서 시적인 측면을 배제하거나, 그것과의 관계를 위계적인 관계로 설정한다. 그래서 서구 형이상학을 시작한 "플라톤의 시인 추방론"과 형이상학을 완성한 "헤겔의 '예술의 종언' 테제"는 단지 한 개인의 예술관에 국한되는 문제가 아니라, 형이상학의 본질과 맞닿아 있는 문제이다. 이런 맥락에서 하이데거 예술철학은 전통 형이상학의 시원으로 되돌아가 지금은 망각된 시짓기와의 관계를 복원·재정립함으로써, 또 다른 시원적인 사유를 시작하려는 '후기 하이데거 사유의 길' 위에 놓여 있다.

처음 "존재론적 차이"ontologische Differenz를 통해 전통 철학을 해체·재구성하려 했던 하이데거는 1930년대 중반 이후부터 "사이"Zwischen 개념을 자신의 주요 개념으로 사용한다. "존재는 존재자가 아니다"라는 존재론적 차이 개념은 한마디로 존재의 실체화(결국 존재자로 이해된 존재)를 막기 위한 개념인데, 그런 차이가 "현-존재의 거기, 진리, 존재사건, 관계" 등의 의미를 갖는 *사이* 개념으로 이해된다. 이후 *사이*는 차-이Unter-Schied라는 개념으로 엄밀하게 규정된다. 다시 말해서 하이데거에게 존재는 그때그때마다 차이를 낳는 통일적인 관계, 즉 모든 사이항들을 구분하면서도 이어 주는 *사이*의 존재사건으로 이해된다. 그리고 시짓기와 사유하기의 *사이*는 이런 "차-이"의 존재사건, 그 "존재사건이 말하는"(GA12, 251) 근원적인 언어Sage로서 이해된다.

후기로 갈수록 하이데거의 말투는 점점 더 예언자적 어조로 바뀌어 간다. 그렇다고 그가 터무니없는 신비주의에 기대는 것은 아니다. 다만 도래하는 미지의 힘을 적극적으로 긍정하는 한에서, 인간 '존재'의 무한한 가능성을 신뢰하는 한에서, 그리고 과거를 철저히 숙고하는 한에서만, 그는 미래에 관해 말한다. 과학기술 문명의 어두운 그림자를 목도하고 과학의 쌍생아인 예술(테크네)에서 그 대안을 찾아보지만, 과학과 예술의 미래를 쉽게 점칠 수는 없다. "예술이 그 극단적인 위험의 한가운데에서 이런 그 본질에 있어 최고의 가능성을 부여할지는 아무도 말할 수 없다."

하이데거의 예술·시·언어론은 철저히 *사이*를 통해 해명된다. 「예술작품의 근원」에서 처음 사이 개념이 등장하는 곳은 사물, 도구, 작품을 비교하는 대목이다. 전통 철학에서 사물과 작품을 모두 도구적 존재로 파악하게 된 이유를 하이데거는 도구가 사물과 작품 *사이*에 위치하기 때문이라고 생각한다. 여기에서 사이는 사이 양편의 것들을 동일화하는 매개 장소로 이해된다. 그런데 만일 작품이 "진리의 작품-안으로-자기-정립"이라면, 즉 사물을 사물로서, 도구를 도구로서 드러내는 진리의 토포스라면, 사이에 위치해야 하는 것은 도구가 아닌 작품이어야 할 것이다. 왜냐하면 그래야만 사물과 도구, 작품을 무차별적으로 획일화시키지 않고, 각자의 존재 방식대로 현상할 수 있게 하는 길이기 때문이다. 예술작품이 사물과 도구 사이에 위치한다면, 이 경우 *사이*는 동일화하는 매개의 장소가 아니라, "차-이"의 장소가 될 것이다.

하이데거는 한마디로 예술을 "진리의 작품-안으로의-정립"(GA5, 74)이라고 규정한다(관용적 의미로는 "진리의 실현"). 여기에서 진리란 사물과 지성의 일치라는 고전적 의미에서가 아니라, 그것의 시원적 의미, 즉 알레테이아 Aletheia로 이해된다. 알레테이아라는 개념에서 하이데거가 밝히려는 것은 드러난 것 배후의 '감추어진 것', 즉 알레테이아에서의 '레테'이며, 비-은폐성과 은폐성의 사이이며, 그 사이의 '투쟁'이다. 하이데거는 이것을 "근원투쟁"이라고 명명하고 그 투쟁의 틈 *사이*에서 모든 존재자가 현전하게 된다고 생각한다. 이런 진리가 작품 안으로 자신을 정립시키는 것이자, 동시에 인간이 그 진리를 작품 안으로 데려오는 것이 바로 예술이다.

이것을 조금 더 상술하면, 하이데거는 작품 내 "세계"와 "대지"의 "투쟁"으로 예술을 해명한다. 이 개념은 하이데거가 소재와 형식이라는 전통적 개념들이 가지고 있는 한계(도구존재에 합당한 개념틀)를 지적하며 내놓은 개념들이다. 작품을 소재와 형식의 틀로서 파악할 경우, 소재는 형식을 통해 결정되는 한갓 수동적(피규정적)인 것으로, 형식은 작품의 모든 것을 결정하는 능동적(규정적)인 것으로 이해된다. 이 경우 소재는 단지 작품의 형식을 위해 존재하는 것으로 남을 수밖에 없다. 그러나 하이데거는 소재라고 이해되는 것이 대지에 귀속하는 것이며, 그 대지는 "자신을 폐쇄하는 것"(GA5, 33)이라고 생각한다. 여기에서 대지는 그리스적인 의미의 퓌시스가 스스로를 숨기고 간직하며 보호하는 측면과 연결된다. 그런 대지는 설명할 수 없는 것으로 남겨 둘 때에야 비로소 자신을 감추는 그대로의 모습을 보여 준다. 그래서 존재자를 개방시키는 세계와 자기 폐쇄적인 대지가 작품을 형성하는 두 가지 특징이며, 세계와 대지의 대립·투쟁 속에서 작품이 형성된다.

세계와 대지 사이의 투쟁은 진리의 "틈"Riß을 일으키고, 그 틈에서 작품의 "윤곽"Umriß이 형성된다. 이렇듯 존재사건으로 발생한 작품의 "형태"Gestalt는 우리에게 존재의 "충격"Stoß을 주며, 그 충격을 통해서 우리는 일상의 삶으로부터 빠져나올 수 있고, 존재의 진리 안으로 진입할 수 있다. 하이데거가 보기에, 예술작품 "창작"과 "보존"의 감동은 근원적으로 이런 존재 경험에서 유래한다.

예술론의 마지막에서 하이데거는 예술의 본질이 넓은 의미(진리의 기투)의 시Dichtung이고, 좁은 의미(언어예술)의 시는 다른 예술보다 탁월하다고 말한다(GA5, 60~61 참조). 그가 이렇게 말할 수 있는 것은 시가 언어-예술이기 때문이다. 그러나 동시에 그는 "언어 자체가 본질적인 의미에서 시"(GA5, 62)라고 말한다. 해석학적 이해의 순환 속에서 예술은 언어'로서' 이해되고, 언어는 예술'로서' 이해된다. 때문에 상식적인 수준에서 말하자면, "적막의 울림"Geläut der Stille (GA12, 27)으로 이해되는 하이데거의 존재 언어는 단지 의사소통의 도구로서 이해되는 언어라기보다는, 통상 우리가 "예술언어"라는 말로 이해하고 있는 광의의 언어에 더 가깝다.

작품이 대지와 세계의 관계 속에서 해명되었듯이, 하이데거에게 언어는 사물과 사방Gevien의 관계로 해명된다. 작품을 도구로 오해해서는 안 되듯이, 언어 역시 단순한 의사소통의 도구로 이해되어서는 안 된다. 하이데거에게 언어는 일차적으로 인간이 존재와 맺고 있는 관계를 뜻한다. 그 관계 속에서 인간은 자신의 규정을 얻고, 존재는 자신을 인간에게 선사한다.

하이데거에 따르면, 언어의 기초는 이름Name이고, 이름은 어원적으로 "알려지게 함"(GA4, 188)을 뜻한다. 명명함Nennen은 그런 이름을 부름이다. 그리고 부름Rufen은 "더 가까이 가져옴"을 뜻하는데, 이때 부름을 통해 호명된 것은 "부재 속에 간직된 현존"ein ins Abwesen geborgenes Anwesen (GA12, 19)이라고 할 수 있다. 왜냐하면 호명된 것은 지금 눈앞에 있는 것처럼 있지는 않지만(부재하지만), 호명되기 이전과는 달리 어떤 방식으로든 없는 것은 아니기(현존하기) 때문이다. 명명함으로써 우리는 부재 속에 간직된 현존을 가까이 가져온다.

이와 같이 언어를 통해 명명되는 것은 우선 사물과 사방이다. 후기 하이데거에게 사물은 "모으는 것"이며, 모아들일 수 있는 "빔"das Leere을 뜻한다. 이 경우 "빔"이란 비어 있기에 담을 수 있는 것, 그래서 무엇인가를 받아들이고 보존할 수 있는 것, 그리고 담겨진 것을 "선사"할 수 있는 것이라는 의미까지 함축하고 있는 용어이다. 사물을 "빔"으로 파악함으로써 하이데거는 무엇인가 규정되기 이전의 풍요로운 의미의 보고寶庫로서 사물을 해석하고자 한다. 그런데 이런 사물이 결국 모아들이는 것, 그 비어 있음에 담는 것은 바로 사방이다.

사방이란 후기 하이데거의 '세계'를 뜻하는 용어로서 기술세계를 지배하는 "몰아세움"Gestell과 대비되는 그 대안적 개념이다. 사방이란 땅과 하늘, 죽을 자들과 신적인 것들이 서로 어울리며 이루는 세계로서, 그 넷의 관계는 "공속성", "거울-놀이", "윤무"Reigen 등의 용어를 통해 해명된다. 땅과 하늘 사이의 자연과 그 자연 속에서 깃들어 있는 신적인 것들 그리고 존재와 무의 심연을 이해하는 죽을 자들이 서로 어울리며 형성하는 통일적인 세계가 사방이다. 그런데 하이데거에 따르면, 사물은 세계를 몸짓하며gebärden, 세계는 사물을 베푼다gönnen. 언어가 "어떤 것을 표상하는 것이 아니라, 어떤 것을 의미하는 것"(GA77, 117)이라는 측면에서 사물과 세계의 관계를 생각해 보면, 사물은 의미지평인 세계를 (자기 속에 숨기고 간직하면서) 몸짓하기만 하고, 세계는 사물에게 어떤 의미를 베풀어 준다고 해석할 수 있을 것이다. 사물은 자신의 존재 의미를 숨기려 하고, 세계는 그 의미를 밝히려 한다.

작품에서 세계와 대지 *사이*의 '투쟁'이 있듯이, 언어에서 세계와 사물의 '차-이'가 있다. 차-이는 세계와 사물 *사이*의 중심으로서, 양자를 가르는 동시에 이어 주는 "유일한 차원"이다. 그것은 한갓 다양한 차이들의 유개념이 아니라, 모든 차이들을 낳는 근원적인 차이다. 이런 차이가 먼저 존재사건으로 일어난다. 그 차-이의 존재사건 이후에 "추후적으로"nachträglich 세계와 사물은 규정되고, 이후 존재자들의 의미가 규정된다. 다시 말해서 세계와 사물 *사이*의 차-이를 통해 그때그때마다 사물의 의미가 결정된다. 동시에 차-이는 디아포라$_{Διαφορά}$, 즉 차이들을 통일적인 하나 속에 억제·비축하는 "품어 냄"Austragen이기도 하다(GA12, 22 참조). 때문에 한 사물의 의미는 개념적으로 영구히 확정될 수 있는 것이 아니라, 생성하는 차이들의 억제를 통해 잠정적으로 결정된 것일 뿐이며, 따라서 끊임없이 변할 수 있는 가능성을 내포하고 있다. 결론적으로 하이데거에게 언어는 차-이의 언어이다. 그런 언어는 끊임없이 전개될 차이들을 비축하고 있는 언어이자, "적막의 울림"이고, 존재의 언어에 다름 아니다.

하이데거에게 시론은 시문학 작품을 학적으로 고찰하는 것이 아니라, 시로부터 들은 바를 사유하는 것이자, 시적 언어를 사유의 언어로 번역하는 것이며, 양자의 *사이*(차-이의 언어)를 사유하는 것이다(GA12, 188 참조). 하이데거의 말처럼 예술의 본질이 시라면, 하이데거 예술론은 시론으로 이행되며, 그 속에서 심화된다.

보통 시적 언어는 시연과 시행이란 형식을 가지고 있으며, 운율이 있고, 간결하며, 다양한 수사법을 구사하는 '표현'의 언어를 지칭한다. 그러나 하이데거는 이런 언어적 특성이 시적 언어의 본질을 이루고 있다고 생각하지 않는다. 도리어 시적 언어는 "순수하게 말해진 것"으로서 "놀이"와 "모험"의 특징을 가지고 있다고 생각한다. 먼저 놀이는 하이데거에게 두 가지 의미로 이해된다. 첫째로 놀이는 '이유 없는' 존재의 심연(탈근거Ab-grund)을 뜻하며, 둘째로 대립되는 것 *사이*의 '긴장'과 '흔들림'을 뜻한다. 시적 언어는 시인이 존재의 심연에까지 모험함으로써, 그곳에서 경험한 것을 언어화한 것이다. 또한 횔덜린의 언어를 빌려 말하자면, 신과 인간 사이의 *"성스러움"*을 "사이 존재"인 시인은 언어로 담아낸다. 여기에서 주목할 만한 것은 성스러움과 시인 모두 *사이*라는 개념을 통해 규정된다는 점이다. 성스러움은 신과 인간 *사이*에서 양자를 드러내는 "열림"이며, 시인은 신과 인간 *사이*의 반신Halbgott이다. 이런 사이 존재만이 차이나는 '해석의 언어'(헤르메스 Ἑρμῆς의 언어)를 명명할 수 있다.

이와 같이 성스러움을 노래하는 시짓기는 한편에서는 '역사의 기반 짓기'로서 이해되며, 다른 한편에서 '인간 거주의 장소 짓기'로 이해된다. 여기에서 역사의 기반 짓기란 크게 두 가지를 뜻한다. 첫째 시짓기는 근원적으로 한 민족이 공유할 수 있는 이야기 μῦθος, Geschichte를 짓는 것이다. 이런 이야기를 짓는 시인은 한 민족이 형성·유지되는 근거를 마련한다. 둘째 역사란 존재가 한 민족에게 보내는 민족의 운명이다. 그리고 그 운명의 순간은 횔덜린에 따르면, "신들과 인간의 결혼식"인 축제의 시간이며, 시인은 그런 축제의 시간을 시로 짓는다. 그럼으로써 그 순간을 회상하도록 만드는 시는 존재가 선사한 역사의 기반을 시원적으로 정초 짓는 것에 다름 아니다.

다른 한편에서 시짓기는 인간의 거주 공간을 짓는 것으로 이해된다. 하이데거에 따르면, 짓기의 본질은 "거주하게 함"이고, 거주함이란 근원적으로 인간이 사물 곁에서 사방세계를 "보살피는 것"을 뜻한다. 그런데 사물 곁에서 사방세계를 보살피도록 하는 짓기 가운데 시짓기는 가장 탁월한 짓기이다. 왜냐하면 성스러움의 언어를 짓는 시짓기는 인간 본질에 알맞게 사물 곁에서 세계를 보살필 수 있게 하는 것이기 때문이다.

통상 '시짓기와 사유하기 사이'라고 말하면, 사람들은 공통의 기반 위에서 시짓기와 사유하기의 차이점을 밝혀내는 "비교"를 떠올린다. 그러나 이런 의미의 비교를 통해서는 '시짓기와 사유하기의 사이'를 말할 수 없다. 왜냐하면 하이데거에게 시짓기와 사유하기 그리고 그 *사이*는 모두 '눈앞에 존재하는 것', '비교의 대상이 될 수 있는 것'이 아니기 때문이다. 그래서 하이데거는 '시짓기와 사유하기'라는 말을 통해 단순히 양자를 비교하려는 것이 아니라, 시짓기와 사유하기가 "같은 것"das Selbe에 공속해 있는 관계를 드러내 보이려고 한다. 여기에서 공속함Zusammengehören이란 차이가 배제되지 않는 동일성을 해명하기 위한 개념이다. 하이데거에게 동일성은 언제나 차이를 통해, 차이는 언제나 동일성을 통해 해명된다. 이것이 가능한 이유는 동일성과 차이를 모두 아우르는 사이 관계, 즉 "차-이"로서 존재(언어)가 이해되기 때문이다.

하이데거는 시짓기와 사유하기의 차이를 다양하게 언급한다. 특히 이미지의 유무有無를 통해 시적 언어와 사유 언어의 차이를 말한다. 그러나 그보다 중요한 점은 '시짓기와 사유하기 사이'를 '나란히 이웃하는 사이'로 규정하는 부분이다. 탁월한 말하기의 방식인 시짓기와 사유하기는 존재의 언어에 가까이 머무르기 위해서 서로를 필요로 한다. 서로는 서로에게 수수께끼 같은 타자임에도 불구하고, 존재 언어에 응답하는 언어의 파수꾼으로서 서로를 필요로 하는 친밀한 *사이*이다.

하이데거는 나란히 이웃하는 시짓기와 사유하기 *사이*를 "평행" 관계로 이해한다(GA12, 185 참조). 이 말이 의미하는 바는 다음과 같다. 첫째 평면상의 두 평행선처럼 시짓기와 사유하기는 교차되는 합일점에 도달할 수 없다. 다시 말해서 양자의 가까움은 무차별적인 동일화를 통해서는 얻어질 수 있는 것이 아니라, 차라리 끊임없는 차이의 발생을 통해서만 얻어진다. 둘째 양자의 *사이*는 어느 하나가 우위를 점하는 위계적 관계가 아니다. 다시 말해서 플라톤의 시인 추방론이나 헤겔의 예술의 종언 테제에서 잘 보이듯, (사유에 이질적인) 시적인 것과의 관계가 배제된다거나, 그 이질적인 것을 자기 속에 포섭하되 지양되어야 할 사유의 하위 단계로 설정되지도 않는다. 도리어 양자는 나란히 이웃하는 평행의 *사이*이다. 그런 *사이* 속에서 양자는 서로의 정체성을 형성해 간다.

시짓기와 사유하기의 *사이*는 우연한 사이가 아니다. 양자의 만남은 서양 존재역운의 측면에서 보았을 때, 피할 수 없는 만남이고, 떼려야 뗄 수 없는 사이이다. 양자는, 차이를 제거하지 않고 끊임없이 차이를 산출하지만 언제나 서로 가까이 인접해 있다는 의미에서, "평행"을 유지하며 마주해 있는 이웃이다. 이 점에서 플라톤이 증언하고 있는 시와 철학 사이의 "불화"$_{διαφορά}$는 하이데거를 통해 전혀 새롭게 해석된다. 다시 말해서 차이의 제거가 아닌, "차-이"의 "품어 냄" 통해 양자의 *사이*가 친밀해 질 수 있다고 말이다.

이미 언급했듯이, 시짓기와 사유하기 *사이*는 단순한 비교 이상의 의미를 갖는다. 그래서 양자의 차이점을 눈앞에 존재하는 것들의 차이점처럼 지적할 수는 없다. 도리어 양자의 *사이*는 다음과 같이 이해되어야 할 것이다. 양자보다 선행하는 *사이* 사건, 곧 차-이의 언어는 다름 아닌 양자의 대화 또는 번역(옮겨-놓음 Über-setzen)의 조건을 뜻한다. 대화(번역)란 *사이*를 연결 짓는 동시에 나눌 수 있는 언어가 없이는 성립 불가능하다. 좀더 구체적으로 말한다면, 대화하기 위해서는 먼저 상대방의 언어를 들을 수 있어야 한다. 그런 듣기는 상대방의 언어에 대한 번역에 기초해 있다. 말하자면 대화 상대자의 말을 듣고 이해할 수 있으려면, 상대방의 언어를 자신의 언어로 번역할 수 있어야 한다. 그런데 번역은 언제나 차이와 동일성의 기반 위에서 가능하다. 쉽게 말하자면, 전적으로 차이나는 것은 번역할 수 없고, 동일하기만 한 것은 번역할 필요가 없다. 그래서 차-이의 언어는 한쪽의 언어를 다른 쪽의 언어로 번-역할 수 있고 번역할 필요가 있음을 뜻한다. 다시 말하면 차-이의 언어는 차이나는 언어 방식, 상호간의 대화와 번역을 가능케 하며 그것을 요구한다. 역으로 말하자면, 차-이의 언어는 서로를 필요로 하는 두 탁월한 언어 사이의 탁월한 번역 속에서 일어나는 존재사건에 다름 아니다. 물론 이 경우에는 시짓기와 사유하기를 단지 눈앞의 존재자처럼 이해하지 않는다는 조건에서 그러하다. 그래서 우리가 말할 수 있는 시짓기와 사유하기 양자의 차이점은 단지 대화 속에서, 서로의 언어를 번역하는 과정 속에서 그때마다 확인될 수 있을 뿐이다.

　시짓기와 사유하기의 대화는 서로의 차이를 전제하고 있는 대화이다. 그 차이 때문에 양자는 서로의 언어 방식에 대해 낯설 수밖에 없다. 그런 낯설음 때문에, 사유 편에서 보았을 때, 예술 또는 시가 수수께끼로 현상한다. 시짓기와 사유하기 사이에서, 서로는 서로에게 알 수 없는 수수께끼이다. 알 수 없지만, 어떤 예감의 눈짓을 던지는 수수께끼 같은 존재, 그것이 서로가 서로에게 비추이는 모습이다. 그래서 그런 모습이 시인에게는 더 많은 시를 짓게 하고, 사유자에게는 더 많이 사유하게 한다. 알 수 없는 이웃과의 만남 속에서 시짓기와 사유하기는 자신의 한계를 더욱 분명하게 밝혀내며, 동시에 양자의 사이는 더욱 가까워진다.

그래서 시짓기와 사유하기의 대화는 한쪽에서 다른 쪽으로 이행하는 번역이자 해석이다. 사유의 편에서 볼 때, 이질적인 시적 언어는 사유의 언어로 번역되며, 그 역도 마찬가지이다. 이렇게 탁월한 두 언어 방식의 번역 속에서 존재의 언어가 자신을 드러낸다. 시짓기와 사유하기의 가까움, 대화, 양자 사이의 번역 등은 모두 존재의 언어가 일어나는 사태를 나타낸다.

번역이 "차-이"의 언어를 전제하는 것이라면, 즉 *사이* 언어의 "이중 접힘"을 통해서만 번역이 가능하다면, 시짓기와 사유하기의 차이는 양자 *사이*의 번역 속에서 확인될 수 있을 것이다. 예컨대 어느 사유자가 자신의 존재 경험을 드러낼 수 있는 언어를 찾느라 고심할 때, 어느 시인의 시어에서 그것을 찾았다고 가정해 보자. 이 경우 사유자는 시어에서 존재 경험을 언어화할 수 있는 가능성을 볼 수는 있어도 그 시어에 만족하지 못한다. 왜냐하면 시어는 사유의 경험에 친밀하면서도, 낯설고 이질적인 언어이기 때문이다. 그래서 사유는 시어를 도약대로 삼아, 그것을 새로운 사유의 언어로 옮겨 놓지 않을 수 없다. 그 역도 마찬가지이다. 시인은 자신의 존재 경험을 사유의 언어를 발판으로 삼아 시적 언어로 번역한다. 하이데거가 횔덜린을 비롯한 많은 시인들의 언어를 사유의 언어로 번역한 것이나, 르네 샤르René Char나 파울 첼란Paul Celan이 하이데거 사유의 언어를 시어로 번역한 것은 그 대표적인 사례라고 할 수 있다. 이때 번역되기 이전과 이후에 심원한 차이가 생겨난다. 대화의 번역 속에서, 시적 언어와 사유 언어의 차이가 발생하는 것이다. 그렇다면 결국 시짓기와 사유하기의 차이는 특정한 어떤 차이점으로 확정될 수 있다기보다는, 서로의 언어로 번역되는 과정에서 확인될 뿐이다.

서구 형이상학은 시와의 *사이*를 배타적·위계적 관계로 설정하면서 성립되었고 유지되었다. 후기 하이데거에게 있어 탈형이상학적 사유는 시와의 진정한 만남 속에서 자신의 본질을 형성한다. 다시 말해서 시와의 배타적·위계적이지 않은 *사이* 속에서 사유는 새롭게 자신의 정체성을 확립한다. 후기 하이데거 사유에서 시에 대한 논의의 일차적인 의미는 바로 여기에 있다. 그런데 시와의 *사이*에서 사유의 정체성을 얻는다는 말은 사실 시와의 *사이*에서 사유의 한계를 선명하게 긋는다는 것을 뜻한다. 시와의 투쟁, 차-이, 친밀성 등을 통해 틈이 생겨나고, 그 틈 사이의 이음새가 사유를 한정 짓는 경계선이다. 이런 의미에서 사유는 유한有限하며, 시 역시 마찬가지다.[1] 이런 시짓기와 사유하기가 존재의 언어에 공속한다.

하이데거에게 인간은 언어적 존재이다. 이 말은 인간이 존재의 언어를 경청하며, 그것에 화답할 수 있다는 것을 뜻한다. 여기에서 관계 자체, 사이 자체인 '유일한' 언어는 '존재의 언어'와 '인간의 언어'로 '이중 접힘'이 일어난다. '사이-접힘'이 일어난다. 그런데 인간이 존재의 언어에 '응답'하는 일은 쉬운 일이 아니다. 왜냐하면 언어는 존재의 언어와 인간의 언어로 이중 접힘이 일어나며, 거기에서 인간의 언어는 크게 '본래적 언어'와 '비본래적 언어'로 다시 접히고, 본래적 언어 내부에서도 역시 '시적 언어'와 '사유의 언어'로 접히기 때문이다. 존재의 언어에 응답하기 위해서는 이런 언어의 '사이-접힘'을 견디는 일이 요구된다. 다시 말해서 이중적인 "차-이"의 "고통"을 품어 낼 것이 요구된다. 왜냐하면 이런 가운데에서만 존재의 언어가 존재사건으로 일어날 수 있기 때문이다. 그래서 존재 언어를 귀 기울여 듣는다는 것은 고통스러운 "차-이"를 "마음"Herz에 품고 기다리는 것 이외에 다른 것이 아니다. "아마도 한 민족의 시인들과 사유자들은 가장 고귀한 방식으로 **기다리는 자들** 이외의 다른 누구도 아닐 것입니다."(GA77, 232)

하이데거는 "모든 번역은 해석이고 해석하는 모든 것은 번역하는 것"(GA53, 79)이라고 말한다. 하이데거의 이런 번역론은 '시짓기와 사유하기 사이'가 결국 '사이(차–이)의 해석학'에 기반하고 있음을 보여 준다. 여기에서 '차–이의 해석학'이란 완결된 해석, 완벽한 일치의 해석을 동경하는 고전적·낭만적 해석학이 아니라, 고갈되지 않는 풍요로운 해석을 목표로 삼는 해석학을 뜻한다. 이런 끊임없는 차이를 산출하는 해석은 "언어의 틈새", 그 사이 접힘(차–이의 언어) 때문에 가능하다.[2] 다시 말해서 차–이의 언어로 말미암아, 종결되지 않는 대화·번역·해석이 가능해진다. 그렇다면 그 가운데 특히 시짓기와 사유하기의 *사이*는 탁월한 말하기의 두 방식을 형성하는 언어의 틈새로서 가장 풍요로운 해석을 낳는 사이를 뜻한다고 결론지을 수 있겠다.

에필로그_회고와 비판 그리고 전망

이 글은 존재를 '사이' 현상으로 해명해 보려는 '사이-존재론'에 입각해 있다. 사이-존재론적인 존재 이해를 바탕으로 글쓴이는 하이데거의 예술-철학을 전체적으로 재구성하는 동시에 예술과 철학 '사이'를 엄밀하고 섬세하게 분석하고자 했다. 그 시도가 어느 정도까지 성공적이었는지에 대한 평가는 전적으로 독자들의 몫이다. 다만 글을 다시 돌이켜 보면서 글쓴이는 본 연구에 대한 약간의 배경 설명을 하고, 본 연구에서 부족했던 부분을 다시 선명하게 되짚어 본 다음, 마지막으로 본 연구와 연계된 차기 연구에 대해서 몇 마디 언급하고 싶다. '사이'가 종결될 수 있는 것이 아니듯이, 하나의 연구 역시 책 한 권으로 종결될 수 있는 성질의 것이 아니기 때문이다.

이제는 널리 알려져 있듯이, 하나의 텍스트Text를 이해하기 위해서는 그 텍스트와 연관된 컨텍스트Context를 이해해야 한다. 그런데 컨텍스트, 즉 텍스트를 둘러싼 사이 관계망들은 무수히, 무한히, 그리고 섬세하게 이어져 있기 때문에 그것을 모두 드러낼 수는 없다. 더구나 그 '사이'는 까마득한 과거와 미지의 미래로 연결된 '사이'이므로 언제나 어둠 속에 묻힌 '사이'일 수밖에 없고 그래서 하나의 텍스트는 온전히 전부 이해의 지평 속에 들어올 수는 없다. 그러나 그렇다고 하더라도 어느 정도까지 컨텍스트를 밝힐 수는 있을 것이다. 이런 취지에서 이 글이 이런 모습으로 있기까지의 간략한 지적 여정만은 밝힐 수 있을 것이다. 한편으로는 텍스트에 대한 독자의 이해를 돕기 위해서, 다른 한편으로는 앞으로의 지적 여정의 좌표를 가늠하고픈 글쓴이 자신을 위해서 그간의 여정을 스케치해 보려 한다. 그리고 스케치하는 과정에서 처음에는 조금 어색하게 들릴 수 있지만, "저자의 죽음"까지 공공연히 선포되는 마당이기에 글쓴이를 3인칭의 저자로 호명하면서 이 길을 걸어보는 것도 그다지 나쁘지는 않을 것 같다.

이 책을 펼쳐본 사람이면 누구나 쉽게 알 수 있겠지만, 이 글의 저자는 예술과 철학에 지대한 관심이 있는 사람이다. 저자가 그 양자에 관심을 두고 있는 까닭은 그것들이 존재의 신비, 인생의 비밀을 보여 준다는 확신 때문이다. 시 한 편에 가슴이 저미고, 철학자의 한마디 말에 세상이 달라 보였던 경험 때문일까? 이런 확신이 어디에서 유래하는지 분명히 알 수는 없다. 다만 동서양의 문화는 두 영역이 존재의 신비를 밝히는 진리의 영역임을 오래전부터 인정하고 있었고 저자는 그런 문화적 세례를 받았을 것이다. 예술이 펼쳐 보이는 고차원의 가상/상상/느낌의 세계, 그리고 철학이 보여 주는 장대한 개념/논리/사유의 세계는 어느 것 하나 놓칠 수 없는 세계였고 그 세계가 존재의 비밀을 푸는 암호라고 여겨졌다. 그런데 두 영역이 존재의 진리를 드러내는 영역임에도 불구하고 양자의 차이는 심원하게 다가왔다. 존재의 비밀을 밝힌다는 점을 제외하고 양자의 연결점을 밝힐 수 없었다. 그것은 전혀 다른 두 세계였으며, 따라서 두 세계 사이에서 갈팡질팡할 수밖에 없었다. 어느 때는 예술 속에 침잠하고 어느 때는 철학에 빠졌다. 이도저도 아닌 혼미한 상황에서 절망하다 결국 그가 절망한 지점, 곧 예술과 철학 사이의 경계가 자신의 자리임을 깨닫는다.

한때 저자는 헤겔 미학에 빠진 적이 있다. 변증법의 오묘함과 그 끝을 가늠하기 어려운 헤겔의 지식에 감탄한 적이 있다. 그런데 알고 보니 헤겔은 '예술의 종언'을 알린 장본인이다. 그리고 그것은 헤겔 철학의 당연한 귀결이다. 왜냐하면 그의 미학은 예술에게 '내용'을 요구하는 미학이고, 그 내용이란 '철학적 개념으로 파악된 존재의 총체적 질서'였기 때문이다. 그것은 마치 소크라테스가 시인들에게 아름다움이 '무엇'인지를 묻고 그 질문에 '개념적으로' 답하기를 강요한 것과 같은 철학자의 오만한 태도다. 그것은 철학만이, 철학적 개념 체계만이 존재를 드러낼 수 있다는 서양 전통 철학자의 전형적인 오만이다. 이런 입장에 따르면, 훌륭한 작품을 창작하기 위해서는 창작 이전에 먼저 철학을 배워야 한다. 세계에 대한 개념적인 내용을 먼저 확보한 다음, 추후에 그것을 형상화시키는 것이 문제가 된다. 그러나 철학이 예술 창작의 필수조건일 수는 있어도(정확히 말해서 예술과 철학의 '사이'가 요구될 수는 있어도) 충분조건일 수는 없다. 동일한 내용틀(실제로는 철학도 아닌 얄팍한 이데올로기)로 찍어 낸 숱한 붕어빵들은 제품이지 결코 예술작품이 될 수 없다. 헤겔 철학 속에서 예술적 이미지는 개념의 아름다운 도식은 될 수 있을지언정, 결코 개념을 넘어서는 이미지는 될 수 없다. 헤겔 미학은 예술작품 '비평'을 위한 미학은 될 수 있을지언정, 예술 '창작'을 위한 미학은 아니다. 그 미학은 예술이 죽은 다음 그 시체를 정교하게 해부하는 과학일 수는 있지만, 그것을 되살릴 수는 없는 미학이다. 특히 헤겔 미학의 지적 후계자인 루카치와 아도르노 사이의 논쟁을 보면서, 저자는 헤겔과 루카치 미학의 아킬레스건을 아도르노가 '부정변증법'이라는 보다 날카로운 화살로 겨냥하고 있다고 판단하였다.

저자는 아도르노를 읽으면서 동시에 칸트 미학에 주목하게 되었다. 변증논리에 따라 모든 것을 이성의 동일선상에서 등급을 매겨 줄을 세우는 헤겔과는 달리, 예술과 미학의 고유성을 살리면서 철학으로부터 예술의 자율적 영역을 확보하려는 칸트의 시도에 관심을 갖게 되었다. 헤겔 이전 사람이지만 마치 헤겔의 문제점을 보기라도 한 사람처럼 칸트는 예술을 철학의 잣대로 재단해서는 안 된다고 주장한다. 예술의 자율성을 옹호하는 가운데 칸트는 당대를 뛰어넘는 발상도 제출한다. 때문에 칸트 미학이 쉽게 현대 작가 뒤샹의 작품과 연결되고 그의 숭고론이 리오타르를 비롯한 포스트모던 미학자에게 영감을 줄 수 있었던 것이다. 그럼에도 불구하고 칸트는 역시 근대인이다. 칸트가 속한 세계와 지금의 세계는 다를 수밖에 없다. 또한 칸트가 말하는 예술의 자율성 역시 도심의 그린벨트와 같은 제한적인 자율성의 의미만을 지닌다. 다시 말해서 과학적 이성이 전권을 휘두르는 현대에 예술은 철창 안에 갇힌 동물의 신세로 전락한다. 제한구역 바깥으로 나오면 안 된다는 조건 아래에서만 예술의 자율권이 보장되는 것이다. 그것은 헤게모니를 상실한 소수민족의 자치구와 같다. 결국 이것은 플라톤이 자신의 이상 국가에서 이성의 법을 따른다는 조건 아래에서 시인에게 시민권을 주었던 것과 별반 차이가 없는 해법이다.

이렇게 칸트의 한계를 고민할 즈음 저자는 하이데거를 만나게 된다. 하이데거는 칸트의 영감을 더욱 과감하고 전면적으로 그리고 극단에까지 밀어붙인다. 한 가지 사례를 들자면, 저자는 하이데거를 만나기 이전까지 칸트의 『순수이성비판』에 등장하는 상상력과 『판단력비판』에 등장하는 상상력을 통일적으로 이해하지 못했다. 개념의 도식을 만드는 전자의 상상력과 자유롭게 개념과 유희하는 후자의 상상력은 그 내용과 작용 그리고 위상에 있어 너무도 달랐기 때문이다. 저자를 비롯한 어떤 칸트 연구자도 두 상상력을 구분하기만 할 뿐 양자를 통합적으로 사유하지는 못했다. 그런데 하이데거는 『순수이성비판』의 상상력을 『판단력비판』에서나 가능한 상상력 수준으로 해석한다. 칸트 철학 해석사에서 하이데거의 해석이 얼마나 큰 위상을 점하고 있느냐는 논외로 치더라도, 그 일을 해낼 수 있다는 점 하나만으로도 저자에게는 엄청난 지적 충격이 아닐 수 없었다. 이후 저자는 하이데거 텍스트들을 주의 깊게 읽기 시작했고, 헤겔이 제출했던 예술의 종언 테제에 하이데거가 진지하게 답하고 있음을 확인할 수 있었다.

예술의 종언이라는 헤겔의 테제는 일차적으로 예술의 위기를 말하는 것이지만 동시에 철학의 위기를 드러내는 테제이다. 예술과의 '사이'가 일그러지면서 그런 테제가 제출될 수 있으며, 그것은 철학 자체의 중대한 내적 모순을 외부로 투사하는 것 이외에 다른 것이 아니기 때문이다. 니체와 하이데거를 포함한 현대 철학자들이 비판하는 서양 전통 철학의 문제점은 바로 이런 철학의 위기와 연관되어 있다. 그래서 니힐리즘, 존재망각, 동일성의 철학, 이성 중심주의 등등이라는 철학 자체 내의 위기 진단은 예술과의 '사이'를 재조정하는 작업과 함께 수행되었던 것이다. 이런 맥락에서 하이데거는 시짓기와 사유하기 '사이'의 종결되지 않는 평행관계를 언급했던 것이다. 끊임없는 차이화의 과정으로 예술과 철학의 열린 대화, 번역, 그리고 해석을 요구했던 것이다. 그런 하이데거의 해법은 예술과 철학의 유한성, 근본적으로 인간의 유한성에서 오는 필연적 귀결이다. 예술과 철학, 아니 그것을 수행하는 인간 자신이 '사이'의 산물이기 때문에 그것들은 상호의존의 열린 관계 속에 위치할 수밖에 없다.

한 줄만이라도 하이데거 텍스트를 읽어 본 사람이면 누구나 알고 있듯이, 그의 철학은 미로이자 늪이고 깊은 어둠으로 다가온다. 하이데거 연구자라면 누구라도 그러하듯이, 저자는 그 어두컴컴한 미로 속에 빠져 얼마나 많은 날들을 절망했는지 모른다. 저자의 문제의식을 하이데거 철학에 접속시키기 위해서는 하이데거 철학을 전체적으로 이해할 수 있어야 하는데, 그러기는커녕 주위만 반복해서 맴도는 것 같은 허탈감이 매번 저자를 무겁게 짓눌렀다. 그러던 차에 찾아낸 개념이 '사이'다. 그 개념은 당시 저자에게는 어둠을 가르는 한줄기 빛이자 실낱같은 희망이었다. 하이데거 전집을 다시 독서하면서 '사이' 개념의 위력을 확인했고, 점점 더 그 개념의 중요성을 확신했다. 또한 절묘하게 '사이'로 관철되는 하이데거 사유가 경탄스럽기만 했다. 그 당시 저자가 보기에 '사이'는 하이데거 사유의 숨겨진 내적 원리이자 그가 실체(주체) 중심의 서구 전통 철학에서 벗어난 장소를 뜻하는 말이었다. 특히 '사이'를 통해 비로소 예술과 철학의 관계에 대한 저자의 문제의식과 하이데거 철학이 만날 수 있었다. 하이데거는 '사이'의 논리로 저자의 화두를 정치하게 풀어내고 있었던 것이다. 그것을 다양한 저작들에서 확인함으로써 저자는 결국 이 글을 완성할 수 있었다.

하이데거 철학에서 '사이'를 발견하고, '사이'로 그의 철학을 재구성하고, 고질병처럼 저자를 괴롭혀 온 문제였던 예술과 철학의 관계를 제대로 밝힐 수 있었던 것은 크나큰 행운이 아닐 수 없다. 그러나 시간이 지날수록 조금씩 하이데거의 사이-존재론에 내적 모순이 드러나기 시작했다. 이 책에서 다듬은 사이-존재론의 기본 발상과 뼈대를 분명 하이데거가 제공하기는 했지만, 그는 그것을 수미일관되게 밀고 나가지는 않았던 것이다. 다시 말해서 사이-존재론만으로는 해석될 수 없는 부분이 나타나기 시작한 것이다. 부끄럽게도 저자는 그런 부분이 처음 발견되었을 때에는 외면했고, 또 다시 발견되었을 때에는 그것을 하이데거의 미미한 실수로 치부했다. '사이'를 통해 하이데거 철학에 눈을 떴다는 그 감격과 황홀감 때문에 보고 싶은 것만을 본 셈이다. 그러나 사이-존재론에서 벗어나는 부분은 더 이상 눈감아 줄 수 없는 모순, 비일관성으로 커져만 갔다. 글을 쓴 지 한참이 지나서야 비로소 저자는 이 문제의 심각성을 인식했고 그것의 원인을 추적했다.

이런 모순, 비일관성이 폭로되는 한 지점만을 언급해 보기로 한다. 사이-존재론에 따르면, '사이'가 선행하고 사이 양항이 추후적으로 결정된다. 여기에는 인간을 비롯한 모든 존재하는 것들이 적용된다. 그런데 『존재와 시간』에서 드러나는 현존재와 현존재의 관계는 그런 방식으로 얽혀 있지 않다. 현존재가 본래부터 '더불어 있음' Mitsein이기 때문에 현존재는 다른 현존재를 만날 수 있다. 현존재가 본래성을 회복하는 길 역시 마찬가지로 설정된다. 사이-존재론에 따르면 둘 '사이'의 본래성이 회복될 때에만 양자의 본래성이 회복될 수 있으며, '사이'의 본래성의 수준이 사이 양항 각각의 본래성의 수준을 결정한다. 하이데거도 이와 비슷하게 언급하기는 한다. 그에 따르면, "본래적인 결속성이 비로소 타인을 그의 자유에서 그 자신에게로 자유롭게 내어 주는 그런 올바른 사태성을 가능케 한다"(GA2, 163)고 말하고 있다. 그러나 이런 본래적인 결속성은 다시 자기 존재의 본래성을 확보한 다음에야 가능한 것으로 진술된다. "……본래적인 서로 함께함은 가장 먼저 결단성의 본래적인 자기 존재에서 발원한다."(GA2, 395) 타인과의 '사이'에서 서로가 본래성을 회복하는 것이 아니라, 자기 관계가 선행한 다음 타인과의 관계가 추후적으로 본래성을 확보할 수 있다는 견해이다. 이런 맥락에서 하이데거가 자신의 입장을 "실존론적인 유아론" existenziale Solipsismus (GA2, 250)이라고 언급할 수 있었던 것이다. 하지만 저자는 하이데거 철학의 사이-존재론적 재구성을 위하여 이 부분을 그저 못 본 체 외면했던 것이다. 이 사례에서도 알 수 있듯이, 하이데거는 저자의 '사이' 해석과는 달리 자기-중심적 서양 철학의 전통 위에서 '사이'를 말했던 것이다.

이미 언급했듯이, '사이'는 서구 전통 철학에서 하이데거가 벗어난 장소를 뜻하는 말이기도 하다. 하이데거는 이전의 그 누구보다 강렬하고 깊이 있게 서구 전통 철학을 비판한다. 그 비판의 잣대이자 논리가 바로

'사이'다. 그는 사이-존재론을 통해 '실체-주체-이성 중심의 서구 철학'을 비판할 수 있었던 것이다. 그러나 그런 하이데거도 여전히 그 전통의 흐름 한가운데에 있다. 하이데거는 단 한 번도 자기네 전통을 무시하거나 배반한 적이 없다. 더구나 그 전통 이외의 다른 곳에서 미래적 사유의 원천을 찾아보려 한 적이 한 번도 없다. 그의 입장에서 전통은 전유와 해체 그리고 재전유할 수밖에 없는 운명적인 존재이지 쉽게 버리거나 배반할 수 있는 대상이 아니다. '사이'로 하이데거 철학을 재구성할 때 저자가 간과한 지점이 바로 여기에 있다. 하이데거가 '사이'를 말하면서 이전 서구 전통을 넘어서지만, 여전히 그는 전형적인 서양 철학자로 남아 있다. 하이데거의 '사이'는 서구 전통과의 '차이' 속에 있지만 동시에 '동일성'의 지평 속에 있었던 것이다.

이런 점에서 하이데거의 '사이'는 궁극적으로 서양적 '사이'이고 서양의 변방인인 저자가 생각하는 '사이'와는 다를 수밖에 없었던 것이다. 앞서 언급된 내적 모순, 비일관성은 어쩌면 하이데거 철학 내부의 문제이기도 하지만, 동시에 저자와 하이데거 사이의 불일치에서 오는 문제였던 것이다. 이 책에 등장하는 '사이-존재론'은 하이데거의 존재론이자 동시에 하이데거를 통해 얻은 저자의 존재론이며 '사이'에 대한 양자의 이해는 많은 부분 일치하지만, 심각하게 차이나는 부분도 있었던 것이다. 하이데거의 사이는 여전히 서양적인 의미의 '사이'다. 그것은 과거의 전통 철학을 떠나 미래의 서양 철학에 발걸음을 옮기는 '사이'다. 그러나 하이데거 말처럼, 그의 (서양의) 미래는 시원적인 (서양의) 과거에서 유래하고 그래서 그것은 언제나 "오래된 미래"일 수밖에 없다. 이런 까닭에 하이데거의 '사이'는 고대 그리스 이래의 서양 전통 안에서 새롭게 다시 조명될 필요가 있다.

글을 회고하는 5년 사이에, 글쓴이는 새로운 문제의식을 가지게 되었다. 니체 이후의 현대 철학자들의 논의를 다시 정리할 필요성을 느낀 것이다. 그들의 뼈를 깎는 전통에 대한 비판, 서양적인 것의 정체성에 대한 논의를 다시 검토해야 할 필요성을 확인한 것이다. 그들의 진정성과 성실성을 의심하지는 않는다 하더라도, 그들의 반성은 결국에는 서구 문명 내부의 자기반성일 뿐이다. 평생 이 문제로 씨름했던 박동환의 지적처럼, 중국 문명과 마찬가지로 서양 문명은 자신을 언제나 중심이라고 이해했지 주변자로 이해한 적이 없다. 그러나 그 문명의 주변인 혹은 이방인의 시각에서 보면, 그들의 그런 내적 반성에는 분명한 한계가 존재한다. 커다란 틀 안에서 아무리 변형과 수정을 가해 보아야 그것은 기껏 그 틀 안에서 작동하는 것에 불과할 뿐이요, 그들이 틀의 이방인이 아닌 이상, 틀 자체는 근본에서 반성할 수도 없고 그래서 더더욱 틀 자체를 바꿀 수는 없다. 하이데거 철학을 연구하면서 겪은 혼선과 실수를 반복하지 않기 위해서라도, 서양 철학과 예술을 이러한 이방인의 시선으로 보다 철저하게 재구성해야만 한다.

현재까지 글쓴이가 찾은 서양 문화(대표적으로 예술과 철학)의 핵심어이자 열쇠말은 '멜랑콜리' Melancholie다. 아직 윤곽이 채 드러나지는 않았지만, 글쓴이는 서양 예술과 철학을 그 뿌리에서부터 결정짓고 있는 것이 바로 멜랑콜리라는 생각을 지울 수 없다. 투박하게 말해서, 서양 철학사와 예술사에 등장하는 사람 치고 멜랑콜리하지 않은 사람이 어디 있던가? 똑같이 '생각하는 사람' 을 조각했건만 왜 '금동미륵보살반가사유상'이 아니라 오로지 로댕의 작품에서만 진한 멜랑콜리를 느낄 수 있는가? 아리스토텔레스가 "철학과 정치, 시 또는 예술 방면의 비범한 사람들이 왜 모두 명백히 멜랑콜리커였을까?"[1]라는 질문을 제기한 지 2500년이 흐른 뒤에도 하이데거가 그 물음을 소중히 여긴 것만 보아도 그러하다. 하이데거에 따르면, 철학은 본질적으로 창작적인 활동이고, "모든 창작적인 행동은 무거운 심정Schwermut : 멜랑콜리의 순수 독일번역어 속에서 존재한다. ……
창조성과 멜랑콜리 사이의 이런 연관에 관해서 아리스토텔레스는 이미
알고 있었다."(GA29/30, 270) 하이데거는 서양 철학(및 예술)과 멜랑콜
리의 긴밀한 연관을 부정하지 않고 오히려 더욱 부각시킨다. 더 나아가
하이데거 철학 역시 전기의 고독한 유아론에서 후기 철학에 이르기까지
이런 멜랑콜리 정조에 휩싸여 있다. 후기로 갈수록 하이데거는 자신의 사
유에서 전통 철학의 흔적을 지워 내지만, 여전히 후기 철학에서도 '죽음',
'자제' Zurückhaltung, '무거운 심정' Schwermut, '슬픔' Trauer, '은둔성'
Abgeschiedenheit, '방랑자', '고독', '이별' Abschied, '단념' Verzicht 등과 같은 멜
랑콜리 모티브는 계속 이어진다. 그리고 이런 멜랑콜리는 서양의 자기-
중심적 나르시시즘 철학의 핵심과 맞닿아 있다.

　이런 이유에서 글쓴이의 차기 연구 과제는 멜랑콜리를 열쇠말로 삼
아 하이데거 철학을 비롯한 전체 서구 철학의 정체성을 보다 정치하게 규
정하는 일이 될 것이다. 동시에 멜랑콜리는 서양 예술과 철학 '사이'를
보다 정교하게 다듬는 끌과 망치가 되어 줄 것이다. 이미 글쓴이는 유구
하게 이어 온 서구의 멜랑콜리 담론을 확인했으며, 이제 그것을 통해 서
양 철학과 예술을 재해석하는 일만 남아 있다. 여기에는 전통 철학은 물
론이거니와 하이데거와 함께 서구 전통을 신랄하게 비판했던 니체와 데
리다, 들뢰즈와 레비나스 등등의 철학도 포함될 것이다. 여전히 멜랑콜리
를 지우지 못한 그들의 철학 속에서도 어쩌면 그들이 보지 못한 서구 철
학의 정체성을 밝혀낼 수 있을지도 모른다. 그리고 궁극적으로는 이 작업
을 통해 언젠가 도래하게 될 동·서 문화(철학/예술)의 진정한 만남, 그 미
래적 '사이'를 모색하게 될 것이다. 그렇다면 먼 훗날 우리의 화두는 다
시 '사이'로 돌아갈 것이다.

후주

1장_ 사이-예술론의 오래된 기획

1 1936~1938년에 작성된 『철학에의 기여』에서 사이는 여러 번 적극적으로 개진되고 있으며, 중요하게 언급되는 곳을 열거하자면 다음과 같다. GA65: 13, 14, 23, 26, 27, 29, 31, 63, 86, 223, 244, 263, 265, 285, 299, 311, 312, 317, 322, 354, 385, 387, 484, 485, 488, 509 참조. 이 밖에 「세계상의 시대」(Die Zeit des Weltbildes, 1938)에서도 사이가 언급되며(GA5, 96, 113), 「휴머니즘에 관한 서신」(Brief über den 'Humanismus', 1946)에서도 언급된다. 「휴머니즘에 관한 서신」에서는 근대 형이상학적 사이, 즉 주체와 객체 사이가 존재의 개방성, 즉 세계로 재해석되어야 함을 밝히고 있다. "오히려 인간은 먼저 본질적으로 존재의 개방성(Offenheit) 속으로 탈존한다. 그리고 이런 존재의 열림(das Offene)은 비로소 주관과 객관의 '관계'(Beziehung)가 '존재할 수 있는' 사이(Zwischen)를 밝혀 준다."(GA9, 350) 본문에서 인용하였듯이 『존재와 시간』까지만 해도 조심스러운 경계의 대상이었던 사이라는 용어를 이후 하이데거는 자신 있게 자신의 용어로 전유하여 사용한다.

2 Beda Allemann, Hölderlin und Heidegger 2. Auflage, Freiburg : Atlantis Verlag, 1956.

3 이기상, 「존재 또는 있음: 우리말에서 읽어내는 존재의 사건」, 우리사상연구소 편, 『우리말 철학사전 1: 과학·인간·존재』, 서울: 지식산업사, 2001, 339~383쪽.

4 이기상, 『존재의 바람, 사람의 길』, 서울: 철학과현실, 1999, 185쪽 참조.

5 Platon, 'Das Gastmahl",Platon, Bd.3,Darmstadt:Wissenschaftliche Buchgesellschaft, 1974[『잔치』, 조우현 옮김, 서울: 두로, 1994], 202a 이하 참조; "Phaidros", Platon, Bd.5, Darmstadt: Wissenschaftliche Buchgesellschaft, 1983[『파이드로스』, 조대호 옮김, 서울: 문예출판사, 2008], 245b~257b 참조. .

6 Immanuel Kant, Kritik der Urteilskraft, Philosophische Bibliothek Bd.39a. hrsg. Karl Vorländer, Hamburg: Felix Meiner, 1974, p. XIX(칸트의 저작은 원 텍스트의 쪽수로 표기함). "Erste Einleitung in die Kritik der Urteilskraft", hrsg. der Königlich

Preußischen Academie der Wissenschaften, Kants Gesammelte Schriften, Bd.20, Berlin: Walter de Gruyter & Co, 1942. 칸트 철학 체계 내에서 미학적 성찰, 즉 『판단력비판』의 지위를 연구한 중요 자료는 다음과 같다. Helga Mertens, Kommentar zur Ersten Einleitung in Kants Kritik der Urteilskraft: Zur systematischen Funktion der Kritik der Urteilskraft für das System der Vernunftkritik, München: Johannes Berchmans Verlag, 1975; Karel Kuypers, Kants Kunsttheorie und die Einheit der Kritik der Urteilskraft, Amsterdam/London: North-Holland Publishing Company, 1972. 특히 4§ 참조.

7 Immanuel Kant, 같은 책, p. XXVI.
8 같은 책, p. L-LI.
9 같은 책, p. LII
10 이와 관련된 자료로는 다음의 것들이 있다. Allan Megill, 『극단의 예언자들: 니체, 하이데거, 푸코, 데리다』(Prophets of Extremity: Nietzsche, Heidegger, Foucault, Derrida), 조형준 옮김, 서울: 새물결, 1996; J. M. Bernstein, The Fate of Art: Aesthetic Alienation from Kant to Derrida and Adorno, Cambridge: Polity Press, 1992; 김상환, 『예술가를 위한 형이상학』, 서울: 민음사, 2001.
11 Friedrich-Wilhelm von Herrmann, 『하이데거의 존재와 시간을 찾아서』(Interpretationen zu "Sein und Zeit": Subjekt und Dasein), 신상희 옮김, 서울: 한길사, 1997, 6장 231~247쪽 참조; Beda Allemann, "Denken, Dichten: Literaturtheoretisch", hrsg. Walter Biemel und Friedrich-Wilhelm v. Herrmann, Kunst und Technik, Frankfurt a.M.: Vittorio Klostermann, 1989, pp. 377~402; Beda Allemann, Hölderlin und Heidegger, 2. Auflage, Freiburg: Atlantis Verlag, 1956, pp. 86~89. 이 밖에 이 문제를 다룬 참고할 만한 문헌으로 Stanley Corngold, "Sein und Zeit: Implications for Poetics", ed. William V. Spanos, Martin Heidegger and the Question of Literature: Toward a Post modern Literary Hermeneutics, Bloomington/London: Indiana Univ. Press, 1979, pp. 99~112이 있다.
12 지금까지의 연구 현황을 살펴보면, 전체적으로 하이데거 예술철학을 다룬 연구물들은 국내·외를 막론하고 그리 많지 않다. 그나마 대개가 소논문 분량의 글들이 다수를 차지하고 있기 때문에, 예술, 언어, 시 그리고 시짓기와 사유하기의 사이를 연결 지어 포괄적으로 다룬 것은 극소수라 할 것이다. 비교적 최근에서야 독일에서도 묵직한 분량의 연구서들이 출판되고 있다. 최근 출간된 대표적인 저작으로 아펠한스의 것을 들 수 있다. Jörg Appelhans, Martin Heideggers ungeschriebene Poetologie, Tübingen: Max Niemeyer Verlag, 2002. 국내에서는 비교적 일찍부터 하이데거 시학을 다룬 논문들이 간헐적으로 나왔다. 다음의 글들은 초창기 하이데거 예술철학 연구의 면모를 보여 주는 글들이다. 이영춘, 「Heidegger에 있어서의 存在와 詩와 神」, 『철학연구』 1권, 1966; 정명오, 「Heidegger 詩論의 硏究: 詩의 本質에 대한 存在論的·實存論的 究明」, 『철학연구』 8권, 1973. 최근 한국하이데거학회에서 출간한 논문집 『하이데거의 예

술철학』은 그동안 축적된 연구 성과를 잘 보여 주고 있다. 이 책은 이런 연구 성과를 토대로 좀더 전체적이고 짜임새 있는 하이데거 예술철학의 재구성을 목표로 삼는다.

13 사실상 하이데거 후기 사유를 지배하는 예술은 엄밀히 말해 그리스어 테크네(τέχνη)에 해당한다. 현대에 와서 그것은 두 가지로, 즉 예술(Kunst)과 기술(Technik)로 번역된다. 하이데거는 어느 글에서 "어느 정도로 **기술**의 **본질**(Wesen der Technik)에 대한 물음이 동시에 예술에 대한 물음인가?"라고 질문을 던진 후, "예술보다 더 근원적인 어떤 것"으로서 '테크네'를 언급한다. Martin Heidegger, "Technik und Kunst: Gestell", hrsg. Walter Biemel und Friedrich-Wilhelm v. Herrmann, Frankfurt a.M.: Vittorio Klostermann, 1989, Kunst und Technik, pp. XIII~XIV. 서구의 과학기술 문명을 자신의 존재 사유와 독특하게 연결 지으며 하이데거는 테크네의 의미 변천사에 주목하고 그것의 근원적인 의미를 묻는다. 이 과정에서 예술은 기술과 공속하는 것이면서도, 기술 속에 숨겨진 또 다른 가능성으로 사유된다(물론 이 경우 예술과 기술은 인간 활동의 특정 분야, 문화Kultur의 한 영역, 부분을 지칭하지 않는다). 이런 이유로 (형이상학적 · 기술적) 사유의 "다른 시원"을 찾게 되는 1930년대에 예술에 대한 논의가 병행하는 것은 자연스러운 사유의 추이라고 할 수 있다. 이 책에서 하이데거 예술론에 존재하는 이런 측면을 간과하지는 않겠지만, 기존의 연구 성과를 종합해 보건대 대부분의 연구가 테크네의 '기술'에만 초점을 맞추고 있기 때문에, 주로 기존 연구 성과를 토대로 테크네의 '예술'에 초점을 맞추고자 한다. 위에서 언급한 자료는 하이데거 탄생 100주년을 추모하는 글을 모은 책으로, 예술과 기술의 관계를 다룬 연구 자료 가운데 가장 참고할 만하다. 그 밖의 자료로는 다음의 것이 있다. William Lovitt and Harriet Brundage Lovitt, Modern Technology in the Heideggerian Perspective, vol. I, Lewiston/Queenston/Lampeter: Edwin Mellen, 1995; 이기상, 『하이데거의 존재사건학: 존재진리의 발생사건과 인간의 응답』, 서울: 서광사, 2003, 특히 3장, 4장 참조.

14 딜타이에서 하이데거, 가다머에 이르는 다양한 서구의 '이해' 개념과 우리말 '이해' 개념을 전체적으로 조감한 연구로서 박순영 교수의 글이 있다. 박순영, 「이해 개념의 이해」, 『우리말 철학사전 1: 과학 · 인간 · 존재』, 135~176쪽. 또 다른 글에서 그는 우리말 앎과 깨달음을 이렇게 구분한다. "그래서 앎이라는 말의 '안다'는 철저한 주관성에 매여 있다. '안다'라는 말은 품에 '안는다'는 말의 '안다'와 같은 어원에서 나왔다고 한다. 그러나 깨달음은 각자의 품에 폭력적으로 안음(자기 동일화)을 의미하지 않는다. 깨달음은 '깨'라는 어근의 '깨닫'과 관련이 있고 '깨다'(破壞-解體)와 '깨우'(覺)와 같은 의미다. '깨달음'이란 말은 마치 무엇이 굳어져 있는 상태, 고착된 상태, 경직된 상태에 대해서 '깸'이다." 이와 같이 우리말 속에서 박순영 교수는 하이데거적 '이해' 개념이 함축하고 있는 '해체적인 깨달음'의 의미를 잘 해명해 주고 있다. 박순영, 「하이데거의 탈형이상학의 전략, 그 문화적 함의: 하이데거와 일본인 방문객과의 대담을 중심으로」, 한국현상학회 편, 『문화와 생활세계』, 서울: 철학과현실, 1999, 124~125쪽.

2장 예술의 본질

1 현대 예술의 이런 상황은 이와 관련된 어느 자료를 보더라도 쉽게 확인할 수 있다. 때문에 그 자료들을 하나하나 열거하며 제시할 필요는 없지만, 몇 가지 중요한 자료만 열거하면 다음과 같다. 폴란드 학자 타타르키비츠(Wladyslaw Tatarkiewicz)를 비롯한 미학사가들은 이런 상황을 역사적으로 간명하게 소개하고 있다. Wladyslaw Tatarkiewicz, 『미학의 기본 개념사』(A History of Six Ideas: An Essay in Aesthetics), 손효주 옮김, 서울: 미술문화, 1999, 특히 1장 '예술: 개념의 역사' 참조. 『미학적 근본 개념들』이란 사전에 있는 울리히(Wolfgang Ullrich)의 글도 이런 동향을 잘 보여 주고 있다. Ästhetische Grundbegriffe: historisches Wörterbuch in sieben Bänden, hrsg. Karlheinz Barck et al., Bd.3, Stuttgart/Weimar: Metzler, 2001, pp. 556~616. "열린 개념"(open concept)인 예술의 '정의 불가능성'을 주장했던 모리스 와이츠(Morris Weitz)를 비롯한 영미 철학(미학)계의 동향을 알려주는 자료로는 다음의 것들이 모범적이다. George Dickie, The Art Circle: a Theory of Art, New York: Haven, 1984[『예술사회』, 김혜련 옮김, 서울: 문학과지성사, 1998]; Noël Carroll, Philosophy of Art: a Contemporary Introduction, London/New York: Routledge, 1999, 특히 5장 참조; Richard Shusterman, 『프라그마티스트 미학: 살아있는 아름다움, 다시 생각해보는 예술』(Pragmatist Aesthetics: Living Beauty, Rethinking Art), 김광명·김진엽 옮김, 서울: 예전사, 2002.

2 '예술의 죽음' 혹은 '예술의 종언'이라 명명되는 이런 동향은 귄터 조이볼트(Günter Seubold)의 글 속에 아주 자세히 서술되어 있다. Günter Seubold, Das Ende der Kunst und der Paradigmenwechsel in der Ästhetik: Philosophische Untersuchungen zu Adorno, Heidegger und Gehlen in systematischer Absicht, Freiburg/München: Verlag Karl Alber, 1997. 그 밖에 참조할 만한 자료로는 독일 바이에른 예술아카데미(Bayerische Akdmie Schoenen Kuenste) 주최로 1984년에 개최된 '예술의 종언: 예술의 미래'라는 주제의 강좌를 엮은 책을 들 수 있다. 여기에는 가다머와 같은 철학자와 문화평론가 그리고 음악학자, 미술사학자 등의 글들이 포함되어 있어, 문제가 되는 사유 사태의 지형을 다양한 측면에서 조감할 수 있는 장점을 가지고 있다. 특히 가다머의 글(「예술의 종언?: 예술의 과거성에 관한 헤겔의 이론으로부터 오늘날의 반反예술에 이르기까지」)은 헤겔의 '예술의 종언' 테제에 대한 탁월한 해석으로 평가받고 있다. Heinz Friedrich, Hans Georg Gadamer et al., 『예술의 종언: 예술의 미래』(Ende der Kunst: Zukunft der Kunst), 김문환 옮김, 서울: 느티나무, 1993. 이외에도 최근 프랑스권의 논의 양상을 거칠지만 생동감 있게 기록한 이브 미쇼(Yves Michaud)의 책과 영미권의 단토(Arthur Coleman Danto) 그리고 이탈리아의 에코(Umberto Eco) 책이 있다. Yves Michaud, 『예술의 위기: 유토피아, 민주주의와 코메디』(La crise de l'art contemporain: utopie, démocratie et comédie), 하태환 옮김, 서울: 동문선, 1999; Arthur Coleman Danto, 『예술의 종말 이후: 컨템퍼러리 미술과 역사의 울타리』(After the End of art:

Contemporary Art and the Pale of History), 이성훈·김광우 옮김, 서울: 미술문화, 2004; Umberto Eco, 『열린 예술작품: 현대시학의 형식과 불확정성』(Opera aperta), 조형준 옮김, 서울: 새물결, 1995, 263~278쪽 참조.

3 헤겔 이후, 예술이 더 이상 정신(Geist)의 욕구를 충족시키지 못한다는 헤겔의 생각은 "예술의 종언"이라는 테제로 정식화되어 많은 철학자들의 논의 주제가 되었다. 이 테제에 대한 참고할 만한 자료로는 다음의 것들이 있다. 철학뿐 아니라 각종 저널과 예술 분야에서 수집된 광범위한 자료를 통해 이 테제를 증명하고 있는 대표적인 사람은 귄터 조이볼트이다. Günter Seubold, Das Ende der Kunst und der Paradigmenwechsel in der Ästhetik: Philosophische Untersuchungen zu Adorno, Heidegger und Gehlen in systematischer Absicht, Freiburg/München: Verlag Karl Alber, 1997. 페촐트(Heinz Paetzold)는 미학의 창시자 바움가르텐(Alexander Gottlieb Baumgarten)에서부터 독일 관념론에 이르기까지 미학적 문제의 변천을 추적하면서 헤겔의 테제를 조망한다. Heinz Paetzold, Ästhetik des deutschen Idealismus: Zur Idee Ästhetischer Rationalität bei Baumgarten, Kant, Schelling, Hegel und Schopenhauer, Wiesbaden: Steiner, 1983, 특히 4부 5장 참조. 하이데거적 관점에서 이 테제를 접근하는 존 샐리스(John Sallis)는 또 다른 해석의 가능성을 제시한다. John Sallis, Stone, Bloomington/Indianapolis: Indiana Univ. Press, 1994, 특히 3장 참조. 이 테제에 대한 가장 방대하고 집중적인 연구를 해낸 안네마리 게트만-지페르트의 논문으로는 다음의 것들이 있다. Annemarie Gethmann-Siefert, "Zur Begründung einer Ästhetik nach Hegel", Hegel-Studien Bd.13, 1978, pp. 237~289; "Eine Diskussion ohne Ende: zu Hegels These vom Ende der Kunst", Hegel-Studien Bd.16, 1981, pp. 230~243; 'Vergessene Dimensionen des Utopiebegriffs: Der 'Klassizismus' der idealistischen Ästhetik und die gesellschaftskritische Funktion des 'schönen Scheins'", Hegel-Studien Bd.17, 1982, pp. 119~167; "Kunst und Philosophie: Zur Kritik der Hegelschen Ästhetik", Zeitschrift für Ästhetik und Allgemeine Kunstwissenschaft Bd.40/1, 1995. pp. 62~85; Annemarie Gethmann-Siefert and Barbara Stemmrich-Köhler, "Faust: Die Absolute Philosophische Tragödie: und die Gesellschaftliche Artigkeit des West-Östlichen Divan", Hegel-Studien Bd.18, 1983, pp. 23~64; "Hegels These vom Ende der Kunst und der Klassizismus der Ästhetik", Hegel-Studien Bd.19, 1984, pp. 205~258; "Ästhetik oder Philosophie der Kunst: Die Nachschriften und Zeugnisse zu Hegels Berliner Vorlesungen", Hegel-Studien Bd.26, 1991, pp. 92~110; "Hegel über Kunst und Alltäglichkeit: Zur Rehabilitierung der schönen Kunst und des ästhetischen Genusses", Hegel-Studien Bd.28, 1993, pp. 215~265; Ist die Kunst tot und zu Ende?: Überlegungen zu Hegels Ästhetik, Palm & Enke, Erlangen und Jena, 1993; "Gestalt und Wirkung von Hegels Ästhetik", Vorlesungen über die Philosophie der Kunst: Berlin 1823, Nachgeschrieben von Heinrich Gustav Hotho, Vorlesungen

Ausgewälte Nachschriften und Manuskripte Bol.2, hrsg. Annemarie Gethmann-Siefert, Hamburg: Felix Meiner, 1998. 이 밖에도 다음과 같은 자료들이 있다. Gerd Wolant, "Zur Aktualit t der Hegelschen Ästhetik", Hegel-Studien Bd.4, 1967, pp. 219~234; Emil Angehrn, "Kunst und Schein: Ideengeschichtliche Überlegungen im Ausgang von Hegel", Hegel-Studien Bd.24, 1989, pp. 125~157; Günter Figal and Hans Georg Fliekinger, "Die Aufhebung des schönen Scheins: schöne und nicht mehr schöne Kunst im Anschluß an Hegel und Adorno", Hegel-Studien Bd.14, 1979, pp. 197~224; Dieter Jähnig, "Der Zusammenhang zwischen dem Ende der Kunst und dem Begin der Kunstwissenschaft bei Hegel", Zeitschrift für Ästhetik und Allgemeine Kunstwissenschaft Bd.34/1, 1989, pp. 82~89.
4 G. W. F. Hegel, Vorlesung über die Ästhetik I, Werke in zwanzig Bänden Bd.13, Frankfurt a.M.: Suhrkamp, 1986, p. 24.
5 같은 책, p. 25.
6 같은 책, p. 130.
7 같은 책, p. 82.
8 같은 책, p. 131.
9 같은 책, p. 23.
10 같은 책, p. 21.
11 같은 책, p. 21.
12 같은 책, p. 27.
13 같은 책, pp. 25~26.
14 Françoise Dastur, "Heidegger's Freiburg Version of the Work of Art", Heidegger toward the Turn: Essays on the Work of the 1930s, p. 125에서 재인용. 하이데거의 예술과 진리에 대한 생각은 니체와도 구분된다. 니체와의 차이점에 대한 논의는 다음 글을 참조. David Farrell Krell, "Art and Truth in Raging Discord: Heidegger and Nietzsche on the Will to Power", ed. William V. Spanos, Martin Heidegger and the Question of Literature: Toward a Postmodern Literary Hermeneutics, Bloomington/London: Indiana Univ. Press, 1979, pp. 39~51 참조.
15 G. W. F. Hegel, Vorlesung über die Ästhetik I, p. 141.
16 같은 책, p. 142.
17 같은 책, p. 25.
18 노년의 하이데거가 1969년 프랑스에서 강연한 『예술과 공간』에서는 예술에 대한 규정이 조금 변화한다. 거기에서 예술은 "진리의 작품-안으로-데려옴"(das Ins-Werk-Bringen der Wahrheit)이라고 규정된다. Martin Heidegger, Die Kunst und der Raum, St. Gallen: Erker-Verlag, 1996, p. 8. 물론 이것은 갑작스런 변화는 아니다. 1956년에 작성된 「예술작품의 근원」의 보탬말에서 이미 하이데거는 '정립'(setzen)이란 말에 대한 오해를 불식하기 위해 그리스어 θέσις, 즉 "빛남의 지속성", "그 빛남과

현존함 앞에 놓아둠"(Vorliegenlassen in seinem Scheinen und Anwesen)이란 의미에서 이해할 것을 제안하고 있다. 또한 그는 1960년 레클람(Reclams)판 여백주석에서 '정립' 대신 '데려옴'이란 말이 더 적합하다고 기록하고 있다(GA5, 70 각주 참조). 아마도 이런 용어 변화의 추이는 '정립'이라는 말 속에 서양 형이상학, 특히 독일 관념론의 지울 수 없는 자취가 남아 있다는 하이데거의 판단에서 유래할 것이다.

19 Hans-Georg Gadamer, 『진리와 방법 I』(Wahrheit und Methode), 이길우 외 옮김, 서울: 문학동네, 2000, 139~155쪽 참조.

20 「예술작품의 근원」은 세 차례의 강연을 바탕으로 만들어진 논문이다. 처음 1935년 11월 3일 프라이부르크 예술학학회(Kunstwissenschaftliche Gesellschaft)에서 '예술작품의 근원에 관하여'(Vom Ursprung des Kunstwerkes)라는 제목으로 강연록이 작성되었고(일명 프라이부르크 판본), 1936년 1월 취리히에서 대학생들의 초대로 강연한 것과, 같은 해 11월 17일과 24일 그리고 12월 4일에 프랑크푸르트에서 강연한 내용에 많은 수정과 첨삭이 가해진 후 「예술작품의 근원」이란 표제를 달고 발표되었으며, 1950년에 『숲길』이란 책으로 엮인다. 그리고 1936년과 1950년 사이에 후기(Nachwort)가, 1956년에 보탬말(Zusatz)이 쓰인다. 프라이부르크 판본에 대한 상세한 논의는 다음의 글을 참조할 것. Françoise Dastur, 'Heidegger's Freiburg Version of the Work of Art', Heidegger toward the Turn: Essays on the Work of the 1930s; Taminiaux Jacques, "The Origin of 'The Origin of the Work of Art'", ed. John Sallis, Reading Heidegger: Commemorations, Bloomington/Indianapolis: Indiana Univ. Press, 1993.

21 1949년 브레멘에서 '사물'이란 이름으로 강연되었던 것을 지칭한다. 뒤에 상술하겠지만 여기에서 사물은 '빔'(das Leere)으로, 세계는 '사방'(Geviert)으로 규정된다. 어떤 주석가는 「예술작품의 근원」의 사물과 브레멘 강연의 사물의 관계를 다음과 같이 서술한다. "사물-강연은 예술작품 논문과 연결될 뿐 아니라, 후자를 본질적인 점에서 교정해 주고 있다." Vladimir Vukićević, 'Die 'Realisation' und das 'Andere' Denken Heideggers", Zeitschrift für Ästhetik und Allgemeine Kunstwissenschaft, Bd.37, 1992, p. 37.

22 Immanuel Kant, Kritik der Urteilskraft, pp. 5~37 참조. 이와 관련하여 피갈의 하이데거 해석도 참조할 만하다. Günter Figal, Martin Heidegger Phänomenologie der Freiheit, Frankfurt a.M.: Athenäum, 1988, p. 392.

23 헤르만은 이것을 "실존적(existenziell) 동기"라고 명명한다. 그가 이런 명칭을 부여한 이유는 제작하는 인간의 실존적 모습과 연관되기 때문이다. "앞서 설명한 순수사물과 예술작품 사이의 도구의 사이위치와 관련하여 질료-형상-결합 구조에 대한 뛰어난 실존적 관계가……결국 모든 존재자의 존재 구성틀까지도 보도록 우리를 움직이고 있다." Friedrich-Wilhelm von Herrmann, 『하이데거의 예술철학』(Heideggers Philosophie der Kunst), 이기상·강태성 옮김, 서울: 문예출판사, 1997, 141~142쪽.

24 데리다(Jacques Derrida)는 다른 맥락에서 도구의 '사이위치'에 관해 언급한다.

Jacques Derrida, The Truth in Painting(La Vérité en Peinture), trans. Geoff Bennington and Ian McLeod, Chicago/London: Univ. of Chicago Press, 1987, pp. 297~299 참조.

25 푀겔러는 하이데거와 고흐의 그림에 관한 상세한 논의를 다음의 글에서 전개하고 있다. Otto Pöggeler, "Heidegger on Art", ed. Karsten Harries and Christoph Jamme, Martin Heidegger: Politics, Art, and Technology, New York/London: Holmes & Meier, 1994, pp. 110~121 참조.

26 프라이부르크 판본에서 하이데거는 근원(Ursprung)과 원인(Ursache)를 구분한다. 예술작품의 근원을 어떤 원인으로 파악하면, 작품은 제작물로 오해되고, 창작자는 그 제작물의 작용인으로 이해된다. 하이데거는 이런 통념을 거부하고 근원(Ur-sprung)이란 말에서 도약(Sprung)의 의미를 살려내려고 한다. 이 경우 도약은 해석학적 순환을 수행하는 방법이다. 순환에서 빠져나오는 것이 아니라, 순환 내부로 뛰어드는 것이 도약이다. 그래서 작품과 작가, 근원과 작품 사이의 순환은 순환의 중심, 그 사이로 도약함으로써 수행된다. Martin Heidegger, "Vom Ursprung des Kunstwerks", Heidegger Studien Bd.5, 1989, pp. 6~8.

27 Immanuel Kant, Kritik der Urteilskraft, pp. 46~50, 특히 pp. 182~200 참조. 번스타인(J. M. Bernstein)은 하이데거의 존재를 칸트의 '천재' 개념으로 해석할 수 있다고 본다. 그의 생각에 따르면, 칸트의 천재가 자연의 총아로서 자연이 예술가에게 보내 주는 것이라는 점에서, 하이데거의 존재역운과 연결된다. 이와 같은 방식으로 번스타인은 수미일관 하이데거를 칸트적으로 독해한다. J. M. Bernstein, The Fate of Art, 2장 '존재의 천재: 하이데거의「예술작품의 근원」', pp. 66~135 참조. 이에 반하여 가다머는 칸트 철학 체계에서의 천재 개념과 그후 그 개념의 영향사를 잘 조감해 주고는 있지만, 천재 개념의 의미를 근대의 산물로 지나치게 축소시켜 이해하고 있다. Hans-Georg Gadamer, 『진리와 방법 I』, 113~122쪽 참조.

28 존 살리스는 하이데거 이후, 하이데거 사유를 통해 전통 철학을 재해석하면서도 동시에, 역시 마찬가지로 하이데거 사유를 전통과의 관계 속에서 새롭게 전유하며 해석하려고 한다. 그는 『메아리』(Echoes)라는 책에서 그런 작업을 시도한다. 좀더 상술하면, 살리스는 하이데거의 사유와 전통 철학 사이의 메아리를 통해 양자의 새로운 해석 가능성을 열고자 한다. 이런 살리스의 입장에서 보면, 하이데거는 미메시스를 궁극적으로 부정하지 않은 사람으로 부각된다. 물론 이 경우 미메시스는 전통적 의미의 단순 모방에서 벗어나 있다. 살리스에 따르면, "진리의 미메시스"로서 예술을 이해한다는 점에서 하이데거 역시 미메시스를 전적으로 부인하였다고 볼 수는 없다. 그에 따르면, "미메시스의 흔적이 분별될 수 있는 것은 예술작품과 진리의 관계 내에서이다——진리의 미메시스로서 예술. 그것은 진리가 선행하는 미메시스는 아닐 것이며, 진리의 작품 안으로의 정립이 또한 작품의 진리 안으로의 정립이고 진리가 그것의 한계 내에로 정립한다는 점에서, 진리에게 장소를 주며 일어나는 미메시스일 것이다. 그것은 진리가 작품 안으로 정립되고 거기에서 자리 잡게 될 형태에서, 그런 형태로서 일어나게 되는

미메시스일 것이다. 그것은 작품을 선행하지 않을 것이며 예술작품과 세계와 대지의 투쟁 사이의 상호 놀이에서 이중화되는 그런 방식에서 일어날 것이다. 미메시스가 하이데거 시학 내에서 재사유될 수 있고 재기입될 수 있는 것은 이런 이중화(doubling) 안에서이다. 그 이중화를 통해 그리스 신전은 한때 세계와 대지를 투쟁하게 했으며, 이어서 신전은 그 투쟁 속으로 정립되었다." John Sallis, Echoes: after Heidegger, Bloomington/Indianapolis: Indiana Univ. Press, 1990, 7장 '시학' (특히 p. 185) 참조; Samuel Ijsseling, "Mimesis and Translation", Reading Heidegger: Commemorations, pp. 348~351 참조.

29 하이데거는 예술이 모방을 통해 설명될 수 없다고 분명히 말한다. 이 입장을 철저하게 극단에까지 더 밀고 나가려는 데리다는 하이데거 예술론에 여전히 남아 있는 모방의 흔적을 '귀속'의 측면에서 찾고 있다. 데리다에 따르면, 하이데거는 반 고흐의 「한 켤레의 구두」를 너무 쉽게 농부에게 귀속시켜 규정하였다. 미술사가 마이어 샤피로(Meyer Schapiro)의 지적이 아니더라도, 그것이 굳이 농부의 신발이어야 할 필연적 이유는 없는데 말이다. 귀속 일반을 문제시하는 데리다의 입장은 별개의 문제로 삼더라도, 이런 측면에서 데리다가 하이데거 입장의 불철저함을 지적한 것은 정당하다고 하겠다. "그[하이데거]는 최소한의 조사도 하지 않고 그려진 신발을 농부에게, 또는 심지어 촌부(村婦)에게 귀속시킨다. 이런 귀속은 그가 모방, 복사, 재현적 복제 및 적합성(adequation) 또는 일치(homoiosis)에 대해 한층 더 반대해서 말한 것과 양립할 수 없는 듯이 보인다." Jacques Derrida, The Truth in Painting, pp. 315~316.

30 몇몇 사람들의 눈에는 하이데거의 세계와 대지 개념이 철저히 새로운 개념이 아니라, 전통 형이상학의 '형식-소재' 개념틀이나, 니체의 '아폴론-디오니소스' 개념틀에서 유래하는 개념으로 비춰진다. 그러나 비록 그것들 사이의 유사 관계가 있다손 치더라도, 하이데거의 세계-대지 개념틀은 이전과는 철저히 다른 지평, 즉 탈형이상학적 지평에서 논의되어야 한다는 점은 분명하다. J. M. Bernstein, The Fate of Art, p. 118 참조.

31 1929년『근거의 본질』에서 하이데거 자신이 이미『존재와 시간』의 주위 세계 분석은 단지 세계 현상의 첫 규정일 뿐이며, 단지 "세계라는 선험적 문제"를 예비하는 장점을 갖는다고 말한다(GA9, 155 각주 참조).

32 이와 연관하여「예술작품의 근원」에서 보이는, 이전과는 다른 하이데거의 세계 개념, 즉 보편 인류를 위한 세계가 아니라 특정 민족의 세계의 특징을 다스튀(Françoise Dastur)는 '횔덜린의 세계' 개념과 연관 짓는다. Françoise Dastur, 'Heidegger's Freiburg Version of the Work of Art", Heidegger toward the Turn: Essays on the Work of the 1930s, pp. 129~130. 그의 이런 해석은 프라이부르크 판본의 다음과 같은 구절에 근거하고 있다. "세계는 보편 인류(allgemeinen Menschheit)의 전 세계적 세계(Allerweltswelt)가 결코 아니지만, 모든 세계는 언제나 전체 안에서 존재를 뜻한다." 이외에도 '세계와 진리', '세계와 언어', '세계와 사물'의 연관성에 주목하면서 베르너 맑스(Werner Marx)는 전·후기 하이데거 사유 속에서 '세계' 개념이 어떻게 변모하는

지를 모범적으로 보여 주고 있다. Werner Marx, Heidegger und die Tradition: Eine problemgeschichtliche Einführung in die Grundbestimmungen des Seins, Stuttgart: W. Kohlhammer, 1961, pp. 183~202 참조.

33 Michel Haar, The Song of The Earth(Le Chant de la terre), trans. Reginald Lilly, Bloomington/Indianapolis: Indiana Univ. Press, 1993, 특히 pp. 57~58 참조.

34 찬미함은 라틴어로 laudare이고 그것의 명사 laudes는 '가곡'(歌曲, Lied)이라는 뜻이다. 즉 '가곡을 말하는 것'이 노래하는 것(singen)이며, 시는 사유와는 달리 노래(Gesang)이다. 이렇게 찬미하는 노래는 그 자체가 "신들 도래의 축제"(GA12, 171)이다. 사유와의 중요한 변별점이기도 한 '시를 노래함'은 이렇듯 세계를 올려세우는 예술작품의 특징에서 유래한 것이다(GA12, 216 참조).

35 단지 대지뿐이 아니라, 후기 하이데거의 많은 용어들을 횔덜린의 시에서 유래한 것으로 볼 수 있다. 물론 그렇게 차용된 횔덜린 시어(詩語)는 하이데거의 해석을 통해 그 의미가 많이 변형된다. 베르나스코니(Robert Bernasconi)에 따르면, "하이데거 후기 저작들 중에 나오는 많은 말들은 횔덜린의 시로부터 나온 것임이 쉽사리 증명될 수 있다. 대지, 열림, 성스러움, 친밀성, 위험, 구원하는 것, 귀향과 같은 말들이 그것이다. '신적인 것들, 죽을 자들, 하늘, 대지(땅)'라는 개념 역시 횔덜린에게서 유래한다." Robert Bernasconi, 『하이데거의 존재의 역사와 언어의 변형』(The Question of Language in Heidegger's History of Being), 송석랑 옮김, 서울: 자작아카데미, 1995, 87쪽. 하이데거의 '대지' 개념과 횔덜린 시어와의 연속성에 관해서는 다음 글들을 참조. Beda Allemann, Hölderlin und Heidegger; Hans-Georg Gadamer, Heidegger's Ways, trans. John W. Stanley, Albany: State Univ. of New York Press, 1994, pp. 99~100; "Zur Einführung", Martin Heidegger, Der Ursprung des Kunstwerkes, Stuttgart: Philipp Reclam Jun., 1960, p. 99. 블랑쇼나 데리다 같은 현대 이론가의 예술론과 연계하여 하이데거의 '대지' 개념을 새롭게 해석하는 티머시 클라크의 글도 참조할 만하다. 그에 따르면, 낭만주의 시인 횔덜린에게서 전수받은 하이데거의 대지 개념은 낭만주의와 탈-낭만주의(post-Romantic)의 특징을 모두 가지고 있다. Timothy Clark, 『마르틴 하이데거, 너무나 근본적인』(Martin Heidegger), 김동규 옮김, 서울: 앨피, 2008, 3장 참조.

36 미셸 아(Michel Haar)는 하이데거의 대지 개념을 다음과 같이 네 가지로 요약한다. ① 대지는 **자연**과 연관된다. 더구나 그리스인들을 통해 사유되지 않은 자연의 본질, 즉 비은폐성(알레테이아)과 연관된다. 보다 정확히 말해 알레테이아에 있어, 은폐와 거부의 "레테"와 연관되는 것이 대지이다. ② 대지는 **'비역사적인'**(non-historical) 근거이다. 물론 이 말은 대지가 규정되지 않는 그 자체에서 일어난다는 것을 의미하지는 않는다. 오직 역사적인 세계와의 관계 속에서만 대지는 비역사적이다. ③ 예술작품을 해명하는 문맥에서, 대지는 이전에 작품의 '소재'(material)라고 불리던 것을 재해석한 것이다. ④ 대지는 **"고향의 근거"**(heimatlicher Grund)이다. 여기에서 근거는 형이상학적 의미의 근거가 아니라, "형이상학적 나무의 뿌리가 수액과 활력을 길러 오는, 망각된 '기

반'"을 의미한다. Michel Haar, The Song of The Earth, pp. 57~64 참조.
37 하이데거의 칸트적 독해를 시도하는 번스타인은 대지의 자기 폐쇄성을 칸트의 '천재' 또는 '물자체' 개념과 연결 짓는다. 논거가 충분치는 않지만, 칸트와 하이데거의 철학적 친밀성을 고려해 볼 때, 그의 논의는 숙고할 만한 가치가 있다. "그렇다면 대지는 선험적 불투명성의 비-역사적 원리(non-historical principle of transcendental opacity)로서, 보류의 원리(principle of reserve)로서, 칸트의 천재 개념이 자연 개념을 통해서 사유했던 것의 한 측면을 주제화한다." "하이데거의 가설은 자신을 감추는 대지가 진리를 가능케 하는 비진리의 '원천'이라는 것이다. 칸트는 인간 사유의 지평이 불변한다고 생각했기 때문에, 하이데거가 대지라고 부른 것을 물자체를 통해 사유하였다. 그 두 가지는 모두 인간의 지식에 공헌해서도, 공헌할 수도 없는 것들이다." J. M. Bernstein, The Fate of Art, pp. 119~120.
38 이것은 마치 플라톤이 예술을 "모방의 모방"이라고 격하시켰던 것과 유사한 논리이다. 이 점에서 현대의 과학주의는 플라톤 철학의 후계자임에 분명하다. 물론 근대를 지나면서 예술을 탄핵하는 죄목은 '모방'에서 '주관성'이라는 명목으로 바뀌었지만 말이다.
39 하이데거가 'herstellen'을 이와 같은 의미로 사용하는 곳은 「예술작품의 근원」에 국한된다. 대개의 경우 근대 형이상학 비판 또는 기술 비판의 문맥에서 하이데거는 이 용어를 사용한다. 「예술작품의 근원」과 함께 『숲길』에 실려 있는 「무엇을 위해 시인은」이란 강연문에서 하이데거는 대지를 이쪽으로 세우는 herstellen과는 전혀 다른 의미로, 즉 모든 것을 자기 앞으로 세워두는 표상함(Vorstellen)과 연관 지어 이 용어를 규정하고 있다. "이러한 제작함(Her-stellen)을 우리는 광범위하고 다양한 본질 속에서 생각해야만 한다. 인간은 인간의 표상을 자연이 충족시키지 못하는 곳에서 자연을 주문한다(bestellen). 인간은 새로운 사물들이 부족한 곳에서 그것들을 제작한다(herstellen). 인간은 사물들이 그를 방해하는 곳에서 그것들을 옮겨 놓는다(umstellen). 인간은 사물들이 그의 의도대로 되지 않는 곳에서 그것들을 위조한다(verstellen). 인간은 사물들을 구입하고 사용하기 위해 선전하는 곳에서 그것들을 전시한다(ausstellen)."(GA5, 288)
40 하이데거에게 비밀은 비밀로 남을 때에만 알려질 수 있다. "우리가 비밀을 안다는 것은 결코 비밀의 베일을 벗기거나 산산조각냄으로써가 아니라, 오로지 비밀을 비밀**로서**(als) 보호함으로써 아는 것이다."(GA4, 24)
41 이와 같이 세계가 대지와 대립적인 개념으로 설정되는 것 자체도, 「예술작품의 근원」 이전에는 볼 수 없었던 모습이다. Karlheinz Stierle, "AN EYE TOO FEW: Earth and World in Heidegger, and Rousseau", Martin Heidegger: Politics, Art, and Technology, pp. 154~163 참조.
42 푀겔러(Otto Pöggeler)에 따르면, 비은폐성은 하이데거를 통해 다양한 방식, 다양한 용어로 사유된다. 말하자면, 비은폐성은 "밝힘의 자유로움", "가까움", "사이", "방면", "가장 근원적인 운동", "길 자체", "고요", "정적" 그리고 "세계" 등으로 사유된다. Otto Pöggeler, 『하이데거 사유의 길』(Der Denkweg Martin Heideggers), 이기상·이말숙 옮김, 서울: 문예출판사, 1993, 286쪽 이하 참조.

43 이와 관련하여 다음의 글이 참조할 만하다. Michael Roth, The Poetics of Resistance : Heidegger's Line, Evanston : Northwestern Univ. Press, 1996, 1장과 2장 참조.
44 존재의 진리를 투쟁으로 이해하는 하이데거의 생각은 헤라클레이토스를 재해석하면서 심화된다. 주지하다시피 하이데거에게 플라톤 이전의 철학자들, 특히 아낙시만드로스, 헤라클레이토스, 파르메니데스는 형이상학 이전에 존재를 근원적으로 사유했던 사유자들이다. 특히 헤라클레이토스는 하이데거에게 중요한 개념들, 즉 투쟁, 친밀성, 로고스, 은폐 등등을 새롭게 이해하도록 만든 사유자이기도 하다. 「단편 53」의 "투쟁은 만물의 아버지이다"($Πόλεμος\ πάντων\ μὲν\ πατήρ\ ἐστι$)라는 말이 대변하듯이, 헤라클레이토스는 존재를 '불'($πῦρ$)로서, 또는 그처럼 활활 타오르는 '투쟁'으로 이해한다. 그 끊임없이 이어지는 투쟁 속에 하나($ἕν$)가 존재한다. 활과 리라($λύρα$)의 사례에서 보였듯이 헤라클레이토스는 투쟁하는 대립물의 조화($ἁρμονία$)를 주장한다. 하이데거는 조화를 독일어 Einklang으로 번역하기도 하고, 휠덜린의 시어인 Innigkeit(친밀성)로 번역하기도 한다(GA39, 123~129 참조). 1943/44년 헤라클레이토스 강의에서는 그것을 '짜맞춤'(Fügung)로 번역한다(GA55, 141쪽 이후 참조). 오이겐 핑크(Eugen Fink)의 헤라클레이토스 연구는 하이데거의 해석과 더불어 참고할 만하다. Eugen Fink, Grundfragen der antiken Philosophie, Würzburg : Königshausen+Neumann, 1985, pp. 105~190 참조.
45 Günter Figal, Martin Heidegger Phänomenologie der Freiheit, p. 399.
46 미셸 아는 '틈'과 '형태' 사이에는 존재와 존재자의 차이가 있다고 해석한다. 그의 도식에 따르면, 형태는 존재 차원의 근원-투쟁에서 마지막으로 파생된 존재자의 형태이다. 그가 보여 주는 도식은 다음과 같다. Michel Haar, The Song of The Earth, p. 98. {존재: 근원-투쟁(밝힘과 은폐 사이)} ⇒ 투쟁(세계와 대지 사이) ⇒ 틈(양자의 투쟁하는 통일)} ⇒ {존재자: 형태(특별한 예술적 '형식')}
47 번스타인은 틈의 이런 성격을 명료하게 몇 가지 용어로 표현한다. 그에 따르면, 틈은 세계와 대지의 "상보적인 불가공약성"(complementary incommensurability), "차이 속의 동일성", "활동적인 불확정성"(active indeterminacy), "제시할 수 없는 조건"(unpresentable condition), "예감"(anticipation) 등이다. J. M. Bernstein, The Fate of Art, pp. 121~22.
48 하이데거는 번역 문제에 깊은 관심을 가지고 있었다. 파비스 에머드(Parvis Emad)는 하이데거 번역론의 다섯 가지 특징을 다음과 같이 요약하고 있다. ① 한 명의 사상가로서 하이데거는 그의 작품 속 많은 곳에서 텍스트에 대한 실재 번역 활동에 몰두한다. ② 하이데거의 번역은 기존의 번역본과 확연하게 다르다. ③ 자기 번역의 관점을 말하지 않은 채 번역하는 많은 철학자들과는 달리, 하이데거는 번역의 과정을 당연한 것으로 간주하지 않는다. ④ 하이데거에게 번역은 해석의 한 형식이다. ⑤ 하이데거는 실제 번역에서도 하이픈을 애용하지만, 번역이란 말 자체도 하이픈을 통해 이해한다. 독일어 über-setzen은 너머로(über) 놓아 두는(setzen) 활동으로서 어디를 강조하느냐에 따라서 의미가 달라진다. 놓다(setzen)에 강조를 두면, 일상적 의미의 번역, 즉 두 언어

사이의 번역을 의미하고, 너머로(über)에 강조를 두면 근원적인 번역을 뜻한다. Parvis Emad, "Thinking More Deeply into the Question of Translation: Essential Translation and the Unfolding of Language", Reading Heidegger: Commemorations, pp. 323~324. 하이픈으로 구분되는 번역[über-setzen]에 관한 논의는 다음 논문을 참조. Eliane Escoubas, "Ontology of Language and Ontology of Translation in Heidegger", Reading Heidegger: Commemorations, p. 342 참조.

49 이런 의미에서 하이데거는 유일하게 논의할 만한 가치가 있는 "위대한 예술 내에서 예술가는 마치 창작이 곧 자기 자신을 부정하는 과정인 듯이 작품의 확실성에 대립해서 어떤 무관한 것(etwas Gleichgültige)으로 남아 있다"라고 말한다. M. Heidegger, "Vom Ursprung des Kunstwerks", Heidegger Studien Bd.5, 1989, p. 6. 이와 관련하여 트라클(Georg Trakl)의 시 「어느 겨울밤」을 인용하면서 하이데거는 다음과 같이 말한다. "그 시는 트라클이 지었다. 그가 시인이라는 사실은 중요하지 않다. 하나의 시가 크게 성공한 모든 다른 경우와 마찬가지로 여기에서도 그러하다. 더구나 크게 성공한 작품은 그것이 시인의 인격과 이름을 부인할 수 있다는 점에서 성립한다." (GA12, 15)

50 하이데거는 Wahrheit라는 말 자체도 새롭게 사유한다. 그에 따르면, 독일어 Wahrheit는 어원상 '눈'으로 '봄'이라는 의미를 함축하고 있다. "우리 고고 독일어 wara(여기에서 wahr, wahren, wahrheit가 유래)는 그리스어 ὁράω, ὡρά …… 와 같은 계통으로 되돌아 간다."(GA7, 49) 지금 '이론'(Theorie)이란 말은 그리스어 θεωρία(θεα+οραω)에서 유래한 말로서 진리, 즉 Wahrheit와 연결된다. 참고로 가다머의 설명에 따르면, 테오리아는 "신성한 합일"의 의미를 담고 있으며, 그 말과 연관된 "테오로스(Theoros, 참여자)는 축제 사절단에 참여하는 사람"을 뜻한다. 이런 의미에서 가다머는 다음과 같이 테오리아를 규정한다. "테오리아는 일차적으로 주관성의 태도, 주체의 자기 규정이 아니라, 주체가 직관하는 것으로부터 고려되어야 한다. 테오리아는 현실적인 참여로서, 행위가 아니라 감수하는 것(pathos), 즉 보이는 것에 마음을 빼앗겨 빠져 들어가는 것이다." Hans-Georg Gadamer, 『진리와 방법 I』, 224~225쪽 참조.

51 이런 생각은 예술가 중심의 미학적 관점에서 보면 낯설지만, 역사가 오래된 예술 이해에 속한다. 이미 아리스토텔레스는 관객의 카타르시스를 비극의 본질 규정에 포함시키고 있다. "연민과 공포를 통해 이러한 감정의 카타르시스를 완수한다." 여기에서 '완수하다'(perainein)라는 말이 중요하다. "무릇 하나의 예술작품은 작가의 정신에서 시작하여 감상자의 정신에서 완성됩니다. 여기서 아리스토텔레스가 비극이 단순히 카타르시스를 '수행한다'고 표현하지 않고 **'완수한다'** 고 표현한 것은 의미심장한 용어법입니다. 그러니까 비극은 카타르시스를 통해 비로소 완성되는 것입니다." 김상봉, 『그리스 비극에 대한 편지』, 서울: 한길사, 2003, 49쪽. 하이데거의 예술철학을 해석학적 미학으로 전환시킨 가다머도 역시 이 점에 주목하며 **"예술작품의 존재는 관객이 수용함으로써 비로소 완성되는 놀이**라는 것을 보여 줄 수 있었던 것과 같이, 죽은 의미의 흔적을 살아 있는 의미로 다시 변화시키는 일은 이해에서 비로소 일어난다는 사실은 텍스

트 일반에도 적용된다"라고 말한다. Hans-Georg Gadamer, 『진리와 방법 I』, 286쪽. 아리스토텔레스 비극론과 그리스 비극에 관해서는 230~238쪽, '비극적인 것의 범례' 참조.

52 이런 이유에서 벤야민(Walter Benjamin)은 "정치의 심미화(Ästhetisierung der Politik)가 아닌 예술의 정치화(Politisierung der Kunst)"를 주장한다. Walter Benjamin, Gesammelte Schriften I-2, hrsg. R. Tiedemann und H. Schweppenhäuser, Frankfurt a.M.: Suhrkamp, 1974, p. 469; Philippe Lacoue-Labarthe, Art and Politics: The Fiction of the Political(La fiction du politique: Heidegger, l'art et la politique), trans. Chris Turner, Cambridge, Massachusetts: Basil Blackwell, 1990, 7장 참조.

53 시와 관련하여 하이데거는 여러 가지 용어들을 사용한다. 그리스어 '포이에시스'에서 유래한 Poesie, 그리고 18세기부터 Poesie를 대신하여 보편적으로 사용된 순수 독일어 Dichtung 그리고 Dichten에서 유래한 Gedicht, Gedichtete, das zu Dichtende, 마지막으로 "노래하다"라는 의미의 Gesang, Lied가 그것이다. 여기에서는 가장 포괄적인 의미로서 Dichtung을 시(詩)로 번역하고, Poesie를 좁은 의미의 시로서 시편(詩篇)으로 번역하며, Gedicht는 시가(詩歌)로 번역하였다. 사실 이 세 용어의 한국 번역어는 기표의 차이를 위해 선택된 것일 뿐이지, 거기에 어떤 심오한 의미 차이는 없다. 그리고 Gedichtete는 '시지어진 것', das zu Dichtende는 '시지어져야 할 것', 그리고 Gesang는 '노래'로, Lied는 '가곡'(歌曲)으로 번역하였다.

54 Hans-Georg Gadamer, Heidegger's Ways, p. 108.

55 하이데거의 용어 가운데 우리말로 '말하다'라고 번역되는 용어에는 여러 가지 있다. 대표적으로 sagen, sprechen, reden 등이 그것이다. 전기 하이데거에게 reden은 sprechen의 실존론적·존재론적 기초로서 이해되며, 후기에서 sagen은 sprechen보다 더 근원적인 존재언어로 이해된다. sagen은 옛 독일어 sagan에서 유래한 것으로서, 그 명사형은 Sage이다. Sage는 사전적 의미로는 '구전, 전설, 영웅전설' 등을 의미하지만, 하이데거는 언어의 본질에 해당하는 것으로 새기고 있다. 그렇다고 구전(口傳), 즉 전해 내려오는 이야기라는 의미가 전혀 배제된 것은 아니다. 하이데거는 희랍어 뮈토스(μῦθος)를 Sage라고 번역하고 있으며(GA7, 240), 인간이 아닌 언어가 말한다는 점에서, 즉 인간을 언어의 주체로 삼지 않는다는 점에서, 이야기를 지어 낸 주체를 알 수 없는 Sage를 언어의 본질로 삼고 있다. 하이데거에 따르면, sagen은 "보이다, 현상하게 하고 보게 하고 듣게 함"(zeigen, erscheinen-, sehen-, und hörenlassen)이며(GA12, 241), "밝히며-은폐하고 베일에 가린 세계의 긴네줌"(Das lichtend-verhüllende schleiernde Reichen von Welt)이다(GA12, 188). 글쓴이는 이런 의미의 Sagen을 '말함'이라고 번역하였다. 말함의 명사형인 말(이야기Sage)은 "말함이자 그것의 말해진 것이자 말해져야 할 것"(das Sagen und sein Gesagtes und das zu-Sagende)을 의미한다(GA12, 137). 다시 말해서 말은 그저 지금 눈앞에서 보이게 하는 것이 아니라, 현재 보이는 것이자 동시에 과거에 보여졌던 것이면서 동시에 미래에 보여져야 할 것을 현상

하게 하는 말함을 뜻한다. 물론 그런 말은 "눈짓"(Winken)의 방식으로, 즉 시적 암시의 방식으로 보여 준다. 말에 대한 보다 상세한 논의는 여기에서 생략하겠지만, 한 가지만 더 첨언하면, '말' 은 시짓기와 사유하기의 가까움을 뜻한다(GA12, 188).

56 독일어 포에지(Poesie)는 희랍어 포이에시스(ποίησις)에서 온 말인데, 포이에시스라는 말은 무엇인가를 창작한다는 점에서 테크네의 창작과 같은 의미로 사용되었다. 뒤에서 상술되겠지만, 하이데거의 시는 일차적으로 우리가 상식적으로 알고 있는 문학의 한 장르로서 시를 지칭하기보다는 그리스적 의미의 포이에시스로 이해된다. 그래서 시의 탁월성은 여러 테크네 가운데 포이에시스의 탁월성으로 이해될 수 있다. 만일 포이에시스가 테크네의 감추어진 본질을 뜻한다면, 그리고 그런 포이에시스가 넓은 의미에서 퓌시스의 또 다른 모습을 뜻한다면, 그리고 퓌시스가 존재의 알레테이아를 뜻한다면, 포이에시스라는 이름을 이어받은 시(Poesie〈Dichtung)가 예술의 본질이며, 그것이 예술 장르 가운데 탁월한 지위를 점하는 것은 당연한 일이라 하겠다. 이와 관련하여 다음의 자료를 참고할 것. Michael Roth, The Poetics of Resistance: Heidegger's Line, p. 36.

57 1942~43년 겨울 학기에 행해진 강의에서 하이데거는 건축과 조각을 다음과 같이 언어와 연관 짓는다. "낱말(Wort)의 본질은 발성 가능성(Verlautbarung)에 있지 않으며, 잡담과 소음에 있지도 않고, 단지 그것의 소통기술적인(verkehrstechnisch) 전달의 기능에 있지도 않다. 입상(立像, Standbild)과 신전은 비은폐적인 것 안에서 인간과의 침묵하는 대화 속에 서 있다. 만일 **침묵하는 낱말**(das schweigende Wort)이 없다면, 입상의 모습으로서 바라보는 신과 그것의 특징적 형태들은 결코 현상하지 않을 것이며, 신전이 낱말의 탈은폐 영역 내에 서 있지 않다면, 그것은 결코 신의 집으로서 그곳에 서 있지 못할 것이다."(GA54, 172~73) 그렇다면 언어를 침묵의 수준에서 이해하는 하이데거에게 모든 비언어적 예술이라 간주되는 것들, 즉 건축·조각·회화·음악 등등은 그것이 무엇인가를 개방하는 '진리의 예술'인 한에서, 침묵하는 '낱말'의 예술이다. 이런 맥락에서 언어-예술인 시는 다른 어떤 예술장르보다 탁월한 지위를 점하지 않을 수 없다.

58 발터 비멜(Walter Biemel)에 따르면, 여기에서 어떤 변화가 일어난다. "우리는 시가 존재할 수 있기 위해서 언어가 필요하다는 견해에서 출발했다. 이런 진술을 하는 가운데 어떤 변화가 일어났던 것처럼 보인다. 개방 가능하게 하는 시는 동시에 언어를 가능하게 한다. 언어의 본질은 시의 본질로부터 이해되어야만 한다." Walter Biemel, "Poetry and Language in Heidegger", trans. & ed. Joseph J. Kockelmans, On Heidegger and Language, Evanston: Northwestern Univ. Press, 1972, p. 81.

59 「시가 속의 언어」(Die Sprache im Gedicht)에서 하이데거는 시의 탁월함에 대해 이렇게 말하고 있다. "시는 모든 것 가운데 유일하다. 왜냐하면 시 속에는 직관의 폭과 사유의 깊이, 말함의 단순함이 말할 수 없는 방식으로 언제나 **친밀하게 빛나기 때문이다.**"(GA12, 61)

60 하이데거의 유고 가운데, 「기술에 대한 물음」(Die Frage nach der Technik, 1953)이라는 강연을 했을 무렵의 글로 추정되는 단편이 있다. 거기에서 하이데거는 "도대체 어디

에서 예술의 본질은 규정되는가?"라고 묻고, 다음과 같은 암시적 답을 제시한다. "예술과 시적인 것──시적인 것과 언어." 더 이상의 설명은 없지만, 여기에서도 예술의 본질은 시이며, 예술과 언어 *사이*에 시가 놓여 있음을 확인할 수 있다. Martin Heidegger, "Technik und Kunst: Ge-stell", Kunst und Technik, p. XIII.
61 가다머는 하이데거의 이런 논의 과정을 그대로 따르고 있다. 가다머의 주저 『진리와 방법 I』의 구성을 살펴보면, 1부는 예술 경험의 진리 문제를 다루고 있고, 2부에서는 정신과학으로 그 문제를 확장하며, 3부에서는 언어를 다루고 있다. 하이데거의 편에서 보자면, 2부에 해당되는 내용은 『존재와 시간』에서 이미 다루었다. 가다머는 1부 마지막 지점에서 "문학의 경계설정"이라는 소절(小節)을 마련한다. 이 소절은 1부에서 근대 미학의 문제점을 지적하고 새롭게 놀이로서의 예술작품을 해명하려 했던 자신의 시도들을 정리하는 단락이다. 여기에서 그는 문학이 언어-예술이라는 점에서, 예술뿐 아니라 다른 영역의 텍스트(언어)에까지 이전 연구 성과를 확장시키려 한다. "문학을 경계 짓는 가장 넓은 의미는 모든 언어적인 것을 문자로 표현할 수 있는 능력이다. …… 여하간 문학 현상에 예술과 학문이 서로 중첩되는 점이 있다는 것은 우연이 아니다." 결론적으로 말하자면, 하이데거가 예술과 언어 사이에서 시를 보았듯이, 가다머는 그 사이에서 역시 언어-예술인 문학을 다루고 있다. Hans-Georg Gadamer, 『진리와 방법 I』, 280~286쪽 참조.

3장_ 차-이의 언어

1 미술사학자 빌헬름 페르페트(Wilhelm Perpeet)는 하이데거의 글, 「예술작품의 근원」과 「언어」(Die Sprache) 사이의 구조적 유사성 때문에 두 논문 사이의 미세한 차이와 비약을 무시하며, 무차별적으로 하이데거의 예술론을 전개한다. 그렇기는 하지만, 그가 그렇게 무모한 시도를 아무 거리낌 없이 감행할 수 있었던 것은 다른 한편에서 하이데거의 예술론과 언어론이 그만큼 서로 밀접하게 연관되어 있다는 것을 보여 주기도 한다. Wilhelm Perpeet, "Heideggers Kunstlehre", hrsg. Otto Pöggeler, Heidegger: Perspektiven zur Deutung seines Werks, Köln/Berlin: Kiepenheuer & Witsch, 1970, pp. 217~241 참조.
2 이 글에서 논의되는 언어론은 후기 하이데거의 언어론이다. 『존재와 시간』을 중심으로 한 전기 하이데거 언어론에 관해서는 다음의 문헌을 참조. 이기상, 『하이데거의 실존과 언어』, 서울: 문예출판사, 1991. 전·후기 하이데거 언어론을 전체적으로 조망할 수 있는 문헌으로는 한국 하이데거학회가 펴낸 『하이데거의 언어사상』이 있다. 현대 언어철학의 양대 산맥이라고 할 수 있는, 비트겐슈타인을 비롯한 영미 언어철학과 하이데거 언어론을 균형 잡힌 안목으로 조명해 주고 있는 탁월한 국내 연구로서 이승종 교수의 글이 있다. 「하이데거의 고고학적 언어철학」, 한국하이데거학회 편, 『하이데거의 언어사상』, 서울: 철학과현실, 1998; 「반시대적 고찰: 비트겐슈타인과 하이데거의 수리논리학 비판」, 한국현상학회 편, 『역사와 현상학』 제12집, 서울: 철학과현실, 1999.

3 George Pattison, The Later Heidegger, London/New York: Routledge, 2000, p. 173.
4 Hans-Georg Gadamer, Heidegger's Ways, p. 109.
5 Richard Wisser,『하이데거: 사유의 도상에서』(Martin Heidegger, Im Denken unterwegs), 강학순·김재철 옮김, 서울: 철학과현실, 2000, 267쪽.
6 Geviert라는 용어를 여기에서는 '사방'(四方)으로 번역한다. 영어 번역어는 Fourfold이다. 사실 본 논문의 해석 맥락에서 '사중'(四重)이라는 번역어가 더 어울리지만, 이미 공식적인 번역어로 정착되고 있다는 점과 이 개념이 방면(Gegend)과 연관되어 규정된다는 점에서(GA12, 200) '사방' 이란 번역어를 그대로 쓰기로 한다. 사방에 대한 상세한 설명은 디터 진의 다음 글을 참조할 것. Dieter Sinn, "Heideggers Spätphilosophie", Philosophische Rundschau 14, Heft 2/3, 1967, p. 130.
7 「예술작품의 근원」에서 본격적으로 논의되기 시작하는 하이데거의 '사물론'은 후기로 갈수록 더욱 심화된다. 그 와중에 동양 사상, 특히 노자의 도가 사상과 선불교가 하이데거에게 영향을 주었다는 연구들이 있다. 푀겔러에 따르면, 하이데거는 1946/47년에『도덕경』을 번역하기 시작했다. 특히 여기에서처럼 사물을 '빔'으로 논의하는 대목은 노자『도덕경』의 한 부분을 연상케 한다. 이와 연관하여 하이데거와 동양 사상의 영향 관계에 관한 자료로는 다음과 같은 것들이 있다. Otto Pöggeler, Neue Wege mit Heidegger, Freiburg/München: Alber, 1992, pp. 390~410; "Wächst das Rettende auch? Heideggers letzte Wege", Kunst und Technik, p. 6; Reinhard May, Heidegger's Hidden Sources: East Asian Influences on His Work, trans. Graham Parkes, London/New York: Routledge, 1996, 특히 pp. 28~30 참조; Shi-Ying Zhang, "Heidegger and Taoism", Reading Heidegger: Commemorations, pp. 307~320 참조; Hans-Peter Hempel,『하이데거와 禪』(Heidegger und Zen), 이기상·추기연 옮김, 서울: 민음사, 1995; 전동진,「하이데거의 세계이해」,『哲學』63권, 2000.
8 Martin Heidegger, Die Kunst und der Raum, p. 12.
9 소리 없는 "적막의 울림"을 언어의 본질로 이해하는 하이데거에게 몸짓은 근본적인 언어임에 틀림없다. 여기에서 '근본적'이라는 말은 '원시적'이라는 의미가 아니라, 언어의 본질에 가깝다는 의미에서 이해되어야 한다.『사유란 무엇인가』에서 하이데거는 사유를 "손으로 하는 일"(Hand-Werk)과 연관 지어 논한다. 그런 착상은 이미「예술작품의 근원」에서 잠시 언급하고 지나쳤던 것이다. "사유가 일종의 수공업(Handwerk)이라면, 이 길(순환의 길)에 들어서는 것은 사유의 강건함이고 이 길 위에 남아 있는 것은 사유의 축제이다."(GA5, 3) '손'과 '사유', '몸짓', '언어'를 연결시키면서 하이데거는 다음과 같이 말한다. "오로지 말하는, 즉 사유하는 본질만이 손을 갖고 있으며, 손으로 하는 일을 능수능란하게 관장할 수 있다. …… 손짓(Gebärden der Hand)은 언어를 통해 어디에나 스며들어 가는데, 그것도 인간이 침묵함으로써 말할 때, 가장 순수하게 스며든다. 그러나 인간은 말하는 한에서만 사유한다. 형이상학이 여전히 생각하고 있듯이 그 역은 아니다."(GA8, 51)

10 Otto Pöggeler, 『하이데거 사유의 길』, 284~285쪽.
11 사방을 신비적이고 시적인 것으로 이해하는 대신에, 우선 기술 시대의 "닦달"과 대립되는 개념으로 이해하는 것이 옳을 것이다. 하이데거에 따르면, "자기 스스로를 잘못 세운 사방의 존재사건"이 "닦달"이다(GA4, 153). 하이데거의 신비주의적 측면을 부각시키면서도 푀겔러는 이 점을 빠트리지 않고 정당하게 지적한다. Otto Pöggeler, "Wächst das Rettende auch? Heideggers letzte Wege", Kunst und Technik, p. 6; Karsten Harries, "Philosophy, Politics, Technology", Martin Heidegger: Politics, Art, and Technology, p. 230.
12 하이데거는 신(Got)과 신적인 것들(the Göttlichen)을 명쾌하게 구분하지는 않는다. 기독교의 유일신과 고대 그리스의 다신(多神)을 어느 정도 암시하기는 하지만, 확언하기는 어렵다. 푀겔러에 따르면, 『슈피겔』지와의 인터뷰에서 하이데거가 "오직 하나의 신만이 우리를 구원할 수 있다"라고 한 말에서 "하나의 신"은 전후 문맥상 기독교 유일신이라기보다는 그리스의 아테네 신에 더 가깝다. 더군다나 사방의 "눈짓하는 신성의 전령"인 신적인 것들은 고대 그리스의 신들을 암시하는 듯 보인다. Otto Pöggeler, "Wächst das Rettende auch? Heideggers letzte Wege", Kunst und Technik, pp. 8~9; David A. White, Heidegger and the Language of Poetry, Lincoln/London: Univ. of Nebraska, 1978, pp. 122~123 참조.
13 놀이의 이와 같은 성격은 다음의 자료를 참조할 것. Hans-Georg Gadamer, 『진리와 방법 I』, 196쪽.
14 Otto Pöggeler, 『하이데거 사유의 길』, 290쪽 참조.
15 이와 연관하여 다음의 데리다 글은 꼼꼼한 텍스트 독해를 통해 또 다른 하이데거 해석의 지평을 보여 준다는 점에서 참고할 만하다. Jacques Derrida, "Heidegger's Ear: Philopolemology(Geschlecht IV)", trans. John P. Leavey, Jr., Heidegger: Commemorations, pp. 163~218 참조.
16 「언어」보다 이전에 행해진 헤라클레이토스 강의(1944)에서 하이데거는 디아포라를 다음과 같이 규정한다. "디아($\delta\iota\alpha$)는 한때 '어떤 것을 통하여 내내'(durch etwas hindurch)를 뜻하였다. …… 디아는 이제 '서로 갈라져'(auseinander)라는 의미로 사용될 것이다. 마치 그것에 상응하는 명사가, 즉 $\delta\iota\alpha\phi o\rho\alpha$가 가름(Auseinandertragen), 갈라놓음(Auseinanderbringen), 갈라짐(Entzweiung), 투쟁($\check{\epsilon}\rho\iota s$)을 의미하는 바처럼 말이다: 그러나 디아포라는 보다 일반적으로도 상이성(Verschiedenheit)과 차이를 의미한다."(GA55, 319~320)
17 「예술작품의 근원」에서 작품의 통일적인 윤곽과 형태를 해명해 주는 개념으로 사용되었던 틈은 결국 차-이로 이해된다. 「언어에로의 길」에서 틈은 다음과 같이 상술된다. "틈은 금을 새기고 할퀴다(ritzen)와 같은 말이다. 우리는 여전히 단지 가치 폄하된 형식으로만, 예컨대 벽에 그어진 틈과 같이 폄하된 의미로만 '틈'을 알고 있다. 그러나 경작지를 그리고 윤곽 짓는다(Einen Acker auf- und umreißen)라는 말은 오늘날에도 여전히 방언에서 고랑을 내다(Furchen ziehen)라는 의미를 갖고 있다. …… 입면도

(Aufriß)는 언어 본질의 도안(Zeichnung)이며, 어떤 보여 줌의 틀이고, 그 속에서 말하는 자들과 그들의 말함, 말해진 것, 말해지지 않은 것이 말 건네어진 것으로부터 메워진다."(GA12, 240)

18 Dieter Sinn, "Heideggers Spätphilosophie", Philosophische Rundschau 14, pp. 134~135 비교.

19 이런 이해를 바탕으로, 미셸 아는 하이데거의 언어관에 대한 다음의 도표를 작성한다.
'근원시(Urdichtung): 성스러움의 시 또는 적막의 울림 ⇒ 근원언어(Ursprache): 시편 ⇒ 일상어(Alltagssprache)'
Michel Haar, The Song of The Earth, p. 113. 그러나 이 도식은 하이데거 언어론을 온전히 보여 주지 못한다. 차라리 존재의 "차-이"에서 조성되는 이중화 운동 개념을 통해 다음과 같이 도식화하는 것이 나을 것이다.
'① 언어 ② 존재의 언어
　　　　인간의 언어 ⇒ ③ 본래적 언어 ⇒ 시적 언어: 사유의 언어
　　　　　　　　　　　비본래적 언어 ⇒ 일상어(잡담): 인공언어(학술어)'

20 이는 「언어」 강연 이전, 헤라클레이토스 단편을 해석하면서 이미 하이데거가 고민하였던 말이다. 여기에서 하이데거는 헤라클레이토스의 "호모로게인"(ὁμολογεῖν), 즉 똑같은 것을 말함(das Gleiche sagen)을 숙고한다. 이때 똑같은 것이란 존재의 언어에 해당하는 대문자 로고스가 말한 것을 뜻한다. 그래서 "똑같은 것을 말함이란 여기에서 생각 없이 말을 반복하는 것(nachschwätzen)을 뜻하지 않고, 차라리 상이한 방식에서 같은 것(das Selbe)이 말이 되고, 더구나 어떤 방식을 통해 '따라 말함'(Nachsagen)이 앞서 말해진 것(Vorgesagte)을 뒤쫓고 따르고 즉 복종하고 유순해지는, 그래서 순종하는 방식의 따라 말함을 뜻한다."(GA55, 260) 요컨대 인간의 따라 말함은 존재언어와의 차이를 통해서 그 언어에 더욱 가까워지는 응답을 뜻한다.

4장_ 예술-언어: 시

1 샬리스는 이 점을 다음과 같은 방식으로 해명한다. "시학(시론; poetics)뿐만이 아니라 시 역시 일종의 담론 형식이어서, 시학은 담론에 관한 담론, 스스로에게 되접히고 스스로에게 부가되는 언어에 대한 담론(a discourse on discourse, language folded back upon itself, added to itself)일 것이다." 이런 점에서 본다면, 하이데거에게 시론은 결국 언어론일 수밖에 없다. 그가 언어를 논할 때면 언제나 시가 등장하는 까닭도 시가 가장 탁월한 언어이기 때문이며, 그런 언어를 사유하는 것(사유의 언어로 번역하는 것) 자체가 일종의 시론(詩論)이자 동시에 언어론(言語論)이다. 이런 의미에서 시론은 시짓기와 사유하기 사이의 사건, 또는 시적 언어를 사유의 언어로 번역하는 것을 뜻한다. 한 걸음 더 나아가, 그것은 언어의 자기 독백, 즉 언어 자신의 이중적 말함이다. 샬리스는 하이데거 시론이 아리스토텔레스의 『시학』과는 달리, 두 가지 방향으로 확장된다고 말한다. 하나는 "예술 자체"(art as such)에로 확장되고, 다른 하나는 "언어 자체"(language as such)로 확장

된다. John Sallis, Echoes : After Heidegger, pp. 168~171.
2 주지하다시피, 비록 놀이에 관한 철학적 성찰은 아니라 하더라도, 놀이에 대한 상세한 분석은 호이징하(Johan Huizinga)를 통해 본격적으로 수행되었다. 그에 따르면, 놀이란 ① 자유, ② 일상으로부터 일탈·구별, ③ 일정한 시·공간 내에서의 질서 창조, ④ 불확실하며 위태로운 긴장 등의 특징을 갖고 있다. 로제 카유아(Roger Caillois)는 호이징하 분석의 연장선상에서 놀이의 특성을 다음과 같이 제시한다. ① 자유로운 활동, ② 분리된 활동, ③ 확정되어 있지 않은 활동, ④ 비생산적인 활동, ⑤ 규칙이 있는 활동, ⑥ 허구적인 활동. 이와 별도로 카유아의 분석은 놀이를 다음과 같이 세분하였다는 점에서 탁월하다. 그에 따르면, 놀이는 아곤(Agon; 경기, 경쟁), 알레아(Alea; 우연, 요행), 미미크리(Mimicry; 흉내, 모방), 일링크스(Ilinx; 소용돌이, 현기증)의 네 가지로 구분되며, 크게는 두 가지로, 즉 "기분전환, 소란, 자유로운 즉흥, 대범한 발산"과 같은 "통제되지 않은 어떤 일시적인 기분이 표출되는" '파이디아'(Paidia)와 "바라는 결과를 획득하는 데 노력, 인내, 재주나 솜씨의 끊임없는 증대를 요구하는" '루두스'(ludus)로 구분될 수 있다. Johan Huizinga, 『호모 루덴스』(Homo Ludens), 김윤수 옮김, 서울: 까치, 1993; Roger Caillois, 『놀이와 인간』(Les jeux et lest hommes), 이상률 옮김, 서울: 문예출판사, 2003.
3 이와 관련하여 『언어의 도상』(GA12, 202)과 『철학에의 기여』(GA65, 360~361, 374~375, 384)를 참조.
4 언어의 놀이적 성격은 간과하고 있지만, 비교적 하이데거 놀이 개념을 잘 정리하고 있는 케터링(Emil Kettering)은 전통적인 놀이 이해와 구분되는 하이데거적 놀이(세계놀이 및 존재놀이)를 두 가지로 특징짓는다. 첫째 하이데거에게 놀이는 "존재진리 자체의 최고 표현"이고, 둘째 "완전히 자유로운 놀이"여서 어떤 합리적 규칙성으로도 설명될 수 없다. "존재의 유희는 탈-근거적"이다. Emil Kettering, Nähe : das Denken Martin Heideggers, Pfullingen: Neske, 1987, pp. 307~312 참조.
5 '단편 52'의 원문은 이렇다. αἰὼν παῖς ἐστι παίζων, πεσσεύων παιδὸς ἡ βασιληίη.
6 헤라클레이토스의 같은 구절을 해석하면서, 오이겐 핑크는 놀이의 이런 성격을 "무의도성"(Absichtslosigkeit), "무목적성"(Zwecklosigkeit)이라고 규정한다. 그에 따르면, "영원하고 창조적인 심연인 존재는 끊임없이 세계를 놀이한다. 그리고 이런 놀이함이 시간의 가장 심오한 본질이다." Eugen Fink, Grundfragen der antiken Philosophie, pp. 186~187.
7 이런 측면에서 하이데거와 낭만주의와의 연속성을 말할 수 있지만, 양자의 성급한 동일시는 경계해야 할 것이다. 왜냐하면 하이데거 스스로 낭만주의와 거리를 두고 있기 때문이며, 보다 중요한 점은 하이데거를 단순히 "낭만주의적"(romantisch)이라고 규정함으로써 해명되는 것이 별로 없기 때문이다. 예컨대 하이데거의 대표적인 주석가 푀겔러도 어처구니없이 이런 실수를 범하고 있다. 그에 따르면, "하이데거가 그의 작업에서 도입한 예술에 대한 모든 사례, 즉 주전자, 다리, 슈바르츠 숲의 농가" 등이 모두 "낭만주의적"이기 때문에, 하이데거 예술철학은 낭만주의적이라고 규정할 수 있다. 친절하게도 푀겔러는 자신이 규정한 낭만주의를 "루소와 빙켈만 그리고 바켄로더를 동시에 지시하

는 영국과 프랑스의 낭만주의 개념"의 의미로 사용한다고 부연한다. 그러나 철학자들이 들고 있는 사례가 단순히 일치한다는 점에서 그들 철학이 동일시될 수는 없다. 더군다나 푀겔러가 지적한 사례들은 모두 예술을 위한 사례가 아니다. 그것들은 모두 후기 하이데거가 사물을 논하면서 들고 있는 사례일 뿐이다. 철학자는 오직 동일한 사유의 사태를 어떤 방식으로 육박하는지를 통해서만 비견(比肩)될 수 있다. 하이데거가 말했던 것처럼 "~주의"(-ismus; GA9, 317)를 통해 한 철학자를 규정하려는 시도 자체가 기술적·무사유적 발상에서 유래한 것이라고 주장하지는 않더라도, 이런 시도의 한계는 분명히 인정되어야 할 것이다. Otto Pöggeler, Neue Wege mit Heidegger, pp. 172~175 참조. 독일 관념론과 낭만주의 그리고 니체의 놀이 개념에 대해 참조할 자료로는 Alexander Aichele, Philosophie als Spiel: Platon-Kant-Nietzsche, Berlin: Akademie Verlag, 2000이 있다.

8 놀이의 흔들림, 즉 놀이의 '운동'에 대한 가다머의 글을 참조할 만하다. "놀이는 운동이며, 이 운동은 끝나게 될 어떤 목표가 있는 것이 아니라, 끊임없는 반복을 통해 새롭게 시작되는 것이다. 왕복운동은 명백히 놀이의 본질을 규정하는 데 중심적 역할을 하며, 따라서 이 운동을 누가, 혹은 무엇이 수행하는가는 중요하지 않다." Hans-Georg Gadamer, 『진리와 방법 I』, 192~193쪽.

9 Immanuel Kant, Kritik der Urteilskraft, 192, 198쪽 참조. '상상력의 놀이'에 대한 상세한 논의는 다음의 글을 참조. 최소인, 「놀이와 문화: 칸트의 놀이(Spiel) 개념이 지니는 현대적 의미에 대한 성찰」, 한국해석학회 편, 『고전 해석학의 역사』 제10집, 서울: 철학과현실, 2002, 203~230쪽.

10 이와 관련해서는 리쾨르의 글이 모범적이다. Paul Ricoeur, The Rule of Metaphor(La métaphore vive), trans. R. Czerny, London/Henley: Routledge & Kegan Paul, 1978, pp. 207~215 참조.

11 주관적 능력, 곧 상상력의 놀이에서 파생되는 심미적 즐거움으로 예술을 해명하는 시도를 가다머 역시 반대한다. 가다머는 놀이 개념을 근대 철학의 주관주의와 분리시켜 존재론적으로 해명하고자 한다. "그러나 우리에게 중요한 것은 칸트와 셸러에게서 볼 수 있었고 또 근대의 미학과 인간학 전반을 지배한 주관적 의미로부터 이 놀이 개념을 분리하는 것이다. 우리가 예술 경험과 연관해서 언급하는 놀이는 창작자 내지 향유자의 태도나 마음 상태가 아니다. 또한 놀이는 결코 놀이에서 작용하고 있는 주관성의 자유가 아니라, 예술작품 그 자체의 존재방식을 의미한다." Hans-Georg Gadamer, 『진리와 방법 I』, 189쪽.

12 하이데거의 사유와 릴케 시의 연관 관계를 진지하게 추적하고 있는 연구 자료에는 부데베르크(Else Buddeberg)의 글이 있다. 여기에서 그녀는 하이데거와 릴케가 모두 공통적으로 현대 과학기술 문명 속에서 출현하는 현대인의 소외, 즉 하이데거 식으로 달리 말하자면, "존재의 멀어짐"(Seinsferne)을 철학적 문제의식의 출발 지점으로 삼고 있으며, "존재에 접근하는 가까움의 가능성"을 목표로 삼아, 각기 사유와 시를 전개하였다고 보고 있다. Else Buddeberg, Denken und Dichten des Seins, Heidegger,

Rilke, Stuttgart: Metzler, 1956, 특히 '서언'(Vorwort) 참조.

13 모든 모험은 길 위에서, 즉 낯선 곳으로 떠나는 길에서, 그것도 새롭게 길을 트는 곳에서 시작된다. "길을 준비함인 길을 냄(Wëgen)과 길 내는 운동(Be-wëgen) 그리고 도달하게 함으로서 길은 다음과 같은 동사들, 즉 '흔들다'(wiegen), '모험하다', '파도치다'(wogen)와 같은 동사들과 동일한 원천 영역과 흐름 영역에 속한다."(GA12, 187) 결국 시인은 언어를 모험함으로써 존재의 언어에 가깝게 거주할 수 있다.

14 하이데거적인 의미에서 경험은 eundo assequi, 즉 "길을 가는 도상에서 어디에 도달함, 길을 감으로써 그것에 닿음"(GA12, 159)을 의미하며, 길을 따라가는 도중 온몸으로 겪는 고뇌를 통해 경험하는 자의 존재 전체가 변모하게 되는 경험을 뜻한다(GA12: 149, 167 참조).

15 하이데거는 릴케의 '열림'에 관한 상세한 논의를 1942/43년 겨울 학기에 행한 파르메니데스 강의에서 수행한다. 그는 "**존재자 안에서 존재의 끊임없는 진행**(unaufhörlichen Fortgang des Seienden im Seienden)이라는 의미의 '열림'과 **모든 존재자와 구분되는 존재의 밝힘의 자유로움**(Freie der Lichtung des von allem Seienden sich unterscheidenden Seins)인 '열림'은 그 말의 소리에 있어서는 동일하지만, 그 말들이 명명하는 것에 있어서는 전혀 다른 것이어서 이 상이성의 균열을 암시하기 위한 어떠한 대립 공식도 불충분하다"(GA54, 226)고 말한다. 그러나 다른 한편에서 "릴케의 말에 따른 '열림'과 앞서 사유하며 알레테이아 자체의 본질과 진리로서 사유된 '열림'은 극단적으로 상이하지만, 서양 사유의 시원과 서양 형이상학의 완성이 광범위하게 대립함에도 불구하고 공속적이듯이, 양자는 동일한 것이다"(GA54, 230)라고 말하기도 한다. 1942년의 횔덜린 강의(GA53, 113)에서도 생물학주의와 니체 철학에 경도된 릴케와 하이데거 자신의 '열림' 개념을 구분하고 있다.

16 푀겔러는 자신의 책에서 흔적에 관한 상세한 논의를 전개한다. 특히 레비나스와 프로이트, 벤야민, 그리고 데리다의 '흔적' 개념을 하이데거의 그것과 비교하며 조감하고 있다. Otto Pöggeler, Neue Wege mit Heidegger, pp. 315~359 참조.

17 이런 세간의 통념과는 달리, 이기상 교수는 일상 언어의 사용 맥락에서 독일어 "성스러움"의 의미를 섬세하게 분석한다. 그에 따르면, 성스러움은 ① "온전하게 하다, 치료하다(heilen)"라는 의미와 연관하여 **상처받지 않는 것**(das Unversehrte)을 뜻한다. 그러나 성스러움은 그 이전에 "깨질 수 있는 것, 상할 수 있는 것, 상처받을 수 있는 것"과 관련된다. ② 깨질 수밖에 없는 상황에 직면했음에도 불구하고, 성스러움은 "깨지지 않고 원래의 상태대로 보존되어 있는 것"과 연관된다. ③ 매우 위험스런 상황에서도 온전하게 유지되는 성스러움은 "합리적인 생각으로는 설명하기 힘든 어떤 차원"을 지시한다. ④ 온전함을 온전하게 만들어 주고 유지시켜 주는 그런 차원은 "신비스러운 힘"을 암시한다. 이런 분석은 이후 하이데거의 성스러움을 네 가지로 정리하는 준비 과정이기도 하다. 그에 따르면, 하이데거의 성스러움은 ① "**온전함 그 자체**": 전체성, ② "**열린 장의 열려 있음**": 개방성, ③ "**자신을-숨김, 자신을-빼냄**": 은닉성, ④ "**신비로운 힘**": 작용성으로 요약될 수 있다. 이기상, 『하이데거의 존재사건학: 존재진리의 발생사건과 인간

의 응답』, 301~331쪽 참조.
18 신학자 루돌프 오토는 '성스러움'을 "누멘"(numen), "누멘적인 것"(das Numinöse)으로 이해하며 누멘적인 것의 요소를 여섯 가지로 분류한다. 그에 따르면, 누멘적인 것이란 ① 누멘적 대상에 대한 주관적 느낌의 주관적 반영으로서 '피조물의 감정', ② 두려운 신비(mysterium tremendum; 두려움, 압도성, 활력성, 전혀 다른 것), ③ 누멘적 찬송들, ④ 매혹성, ⑤ 어마어마함, ⑥ 장엄성 등이 있다. 오토는 성스러운 것을 인식하는 일은 "종교의 영역에서만 일어나는 하나의 고유한 가치 평가의 행위"라고 규정하고, 성스러움이 "합리적인 것을 벗어나며 개념적 파악으로는 전혀 접근할 수 없는 하나의 불가언적인 것"이라고 주장한다. Rudolf Otto, 『성스러움의 의미』(Das Heilige), 길희성 옮김, 경북: 분도출판사, 1999, 37~112쪽 참조.
19 혼돈에 대한 상세한 철학적 해명은 다음의 자료를 참고할 만하다. 조대호, 「카오스와 헤시오도스의 우주론」, 한국철학회 편, 『哲學』 제71집, 2002년 여름호, 51~74쪽.
20 열림으로서의 성스러움은 그 자체가 근원적인 언어이기도 하다. 베르나스코니(Robert Bernasconi)에 따르면, "횔덜린의 말 '성스러움'은 단지 근원적인 언어를 예시적으로 보여 주기 위한 것만은 아니다. 그것은 시를 포함하는 근원적 언어의 작용을 기술하는 데 쓸 수 있는 말이다." Robert Bernasconi, 『하이데거의 존재의 역사와 언어의 변형』 (The Question of Language in Heidegger's History of Being), 송석랑 옮김, 서울: 자작아카데미, 1995, 114쪽.
21 Platon, "Ion", Platon, Bd.1, Darmstadt: Wissenschaftliche Buchgesellschaft, 1977, pp. 532c~536d 참조.
22 독일어 Zwischenwesen은 '사이본질'이라 직역되지만, 여기에서는 전체 문맥상 사이존재로 옮겨 보았다. 앞서 언급한 적이 있듯이, 사이존재에 대한 역사적 선구가 되는 것은 플라톤의 『잔치』에 등장하는 '에로스'이다. 이에 관해서는 다음의 책을 참조. Susanne Ziegler, Heidegger, Hölderlin und die Ἀλήθεια: Martin Heideggers Geschichtsdenken in seinen Vorlesungen 1934/35 bis 1944, Berlin: Duncker & Humbolt, 1991, p. 47 각주 참조.
23 이 점을 잘 밝혀 놓은 자료에는 다음의 것이 있다. Dominique Janicaud, "The 'Overcoming' of Metaphysics in the Hölderlin Lectures", Reading Heidegger: Commemorations, pp. 383~391.
24 이와 관련해서 귄터 피갈의 글이 참조할 만하다. Günter Figal, Martin Heidegger Phänomenologie der Freiheit, pp. 342~361 참조. 여기에서 피갈은 존재의 '자기-빼냄'(Sich-entziehen), '탈고유화'를, 다름 아닌 시간에 있어 과거성을 특징짓는 거부와 미래를 특징짓는 억류로 규정짓고 있다. 피갈은 존재와 시간을 같은 것으로, 즉 존재역운으로 파악하는 후기 하이데거 철학을 전기 하이데거와 잘 연결 지어 설명하고 있다.
25 많은 오해를 불러일으킨 이 말을 하이데거는 다음과 같이 해명하고 있다. "학문(과학; Wissenschaft)은 철학의 차원에서 움직이지 않습니다. 그러나 과학이 알지 못하고 있

는 것은 그것이 이 차원에 의존하고 있다는 것입니다. …… '학문은 사유하지 않는다'는 명제는 어떤 비난이 아니라, 학문의 내적 구조에 대한 확정입니다. 이는 학문은 자신의 본질에 속하지만, 한편으로 철학이 사유하는 그것에 의존해 있다는 사실, 즉 사유해야 할 것을 망각하고 관심을 두지 않는다는 것을 말합니다." Richard Wisser, 『하이데거: 사유의 도상에서』, 288~289쪽.

26　Aristoteles, The Poetics, IX 1451b. "διὸ καὶ φιλοσοφώτερον καὶ σπουδαιότερον ποίησις ἱστορίας ἐστίν" 아리스토텔레스는 개연적인 시가 일대기적인 역사보다 더 보편적(καθόλου)이라고 주장한다. 그러나 결국 이런 종류의 보편성은 철학이 가장 유리하게 확보할 수 있으며, 따라서 시는 철학과 단지 유사한 것에 불과하다. 이와 관련하여 하이데거는 『시학』의 이 구절에 대한 성급한 해석을 금하고 있다. 하이데거가 보기에 이 말은 시짓기와 사유하기의 가까움을 뜻하는 말이다. 둘 모두 (역사학을 비롯한 다른 개별 학문과는 달리) 존재자가 아닌 존재를 언어화한다는 점에서, 도래하는 존재역운에 응대한다는 점에서, 동일한 문제를 떠맡고 있다. 하이데거의 해석에 따르면, "시짓기가 존재자의 탐구보다 더 참되다고 아리스토텔레스가 그의 『시학』에서 했던 말은, 거의 사유되고 있지 않은 말이지만, 여전히 유효하다."(GA9, 363)

27　하이데거는 뮈토스(신화)를 근원적인 "말하기"로 이해한다. 뮈토스를 이렇게 이해한다면, 뮈토스는 로고스와 대립적이지 않다. "뮈토스는 그것의 말에서 본재하는 것, 즉 스스로 말 걸어 옴으로써 비은폐성 안에서 빛나는 것이다. 뮈토스는 먼저 근본적으로 모든 인간 본질에 관여한 채, 말 걸어 오는 것을 말한다. …… 뮈토스와 로고스는 항간의 철학사에서 주장되듯이, 철학 자체에 의해서 서로 대립하게 된 것은 아니다. 오히려 그리스의 초기 사유자들은(파르메니데스, '단편 8') 뮈토스와 로고스를 동일한 의미로 사용한다. 그래서 뮈토스와 로고스는 그것들 모두가 시원적인 본질을 더 이상 유지하지 못하는 곳에서 비로소 갈라지고 대립하게 된 것이다. 이미 이런 일이 플라톤에서 일어났다."(GA8, 6~7) 시원적인 존재 언어로서 뮈토스는 존재가 우리에게 보내는 자신의 모습이며, 우리에게 말 걸고 요구하는 '이야기'이다. 뮈토스를 이런 의미로 이해하는 하이데거에게 로고스와 뮈토스의 대립은 존재망각의 한 증후로 보일 따름이다. 참고로 엘리아데에 따르면, 신화는 "성스러운 것이 이 세계 속으로 다양하게, 때때로 극적으로 침투하는 것을 묘사하는 것"이자, "성스러운 존재 현현(ontophany)"을 이야기하는 것이다. 그런 신화는 모든 인간 활동의 모범이 된다. "**진정한 역사**, 인간의 저간의 역사를 전하는 것은 원초적 신화이며, 따라서 신화 가운데서 모든 행동의 원리와 모범을 추구하고 찾아내야 한다." Mircea Eliade, 『성과 속』(Das Heilige und das Profane), 이은봉 옮김, 서울: 한길사, 1998, 108~113쪽.

28　'Was bleibet aber, stiften die Dichter", Friedrich Hölderlin, Sämtliche Werke und Briefe I, hrsg. Michael Knaupp, München: Hanser, 1992, p. 475.

29　이와 관련하여 가다머가 횔덜린의 시 「회상」을 접근하는 하이데거의 방식에 대해 다음과 같이 평가한 것은 정당하다. "그에 반해 하이데거의 방식, 즉 그는 횔덜린의 사유적 작품을 역사철학적이고 역사시적(geschichtspoetisch)인 통일적 전망으로서 이해하였

던 하이데거 방식이 있었다." Hans-Georg Gadamer, Gesammelte Werke: Ästhetik und Poetik II-Hermeneutik im Vollzug, Bd.9, Tübingen: Mohr, 1993, p. 43.

30 엘리아데는 "속된 시간"과 "성스러운 시간"을 구분하고, 축제의 시간은 "성스러운 시간"으로서 "기원의 시간"에 속한다고 생각한다. "축제는 항상 기원의 시간 속에서 행해진다. 이 기원의 성스러운 시간의 재통합의 힘에 의해 축제 기간 **동안**의 인간의 행위를 그 축제의 **전**과 **후**의 행위와는 구별 짓는다. …… 종교적 인간은 다른 시간 가운데 살고 있다고 믿고, 신화적인 최초의 때로 회귀하는 데 성공하였다고 믿고 있는 것이다." 종교학자 엘리아데는 "신들에게 가까이 접근하려는 욕망"으로 축제의 의미를 규정하는데, 많은 점에서 그의 분석은 하이데거의 생각과 근접해 있다. 특히 다음과 같은 진술 속에서 그것을 확인할 수 있다. "…… 원시 및 고대 사회의 인간의 본질적 특성으로 생각되는 **존재론적 강박관념**을 찾아볼 수 있다. 기원의 시간으로 복귀하려는 희망은 **신의 현존**으로 회귀하고자 하는 희망인 동시에 그때에 존재했던 **강하고 신선하고 순수한 세계**를 회복하고자 하는 희망이다. 그것은 성스러운 것에 대한 갈망인 동시에 **존재**에 대한 향수이다." Mircea Eliade, 『성과 속』, 101, 107쪽.

31 여기에서 사용된 이 개념은 하이데거의 시간 개념(Gleich-Zeitigen)이면서, 가다머의 동시성(Simultaneität)이기도 하다. 가다머는 자신의 개념을 다음과 같이 규정한다. "여하튼 예술작품의 존재는 '동시성'을 지닌다. 동시성은 '참가'의 본질을 이룬다. 동시성은 미적 의식의 공시성이 아니다. 왜냐하면 이 공시성은 상이한 미적 체험 대상들이 한 의식 속에 함께 있으면, 동등한 타당성을 지닌다는 것을 의미하기 때문이다. 이에 반해 '동시성'은 우리에게 표현되는 유일한 것이, 그 기원이 아무리 멀다 하더라도, 그 표현에서 완전한 현재성을 획득한다는 것을 의미한다. 동시성은 의식에 나타난 소여 방식이 아니라, 의식의 과제이며, 의식이 요망하는 성과이다. 동시성의 본질은 대상에 전념해서 이 대상이 '동시적'이 되는 데에, 즉 모든 매개가 총체적 현재성 속에서 지양되는 데에 있다." Hans-Georg Gadamer, 『진리와 방법 I』, 228쪽.

32 내-존재(In-Sein)는 현존재의 존재 구성틀로서 "범주적"(kategorial)으로 파악될 것이 아니라, "실존론적"(existential)으로 파악되어야 한다고 주장하면서, 하이데거는 여기서 말하는 '내'가 어원적으로 "innan-, wohnen, habitare, sich aufhalten"에서 유래한다고 보고 있다(GA2, 73).

33 "무엇이든 없는 것으로부터 있는 것으로 옮겨 가는 원인이 되는 일은 다 창작입니다. 따라서 모든 기술에 속하는 일도 창작이며, 그런 일에 종사하는 제작자는 다 창작가인 셈이죠." (ἡ γάρ τοι ἐκ τοῦ μὴ ὄντος εἰς τὸ ὂν ἰόντι ὁτῳοῦν αἰτία πᾶσά ἐστι ποίησις, ὥστε καὶ αἱ ὑπὸ πάσαις ταῖς τέχναις ἐργασίαι ποιήσεις εἰσὶ καὶ οἱ τούτων δημιουργοὶ πάντες ποιηταί) Platon, "Das Gastmahl," Platon, Bd.3, 205b~c[『잔치』, 조우현 옮김, 78쪽].

34 "Voll Verdienst, doch dichterisch, wohnet / Der Mensch auf dieser Erde." Friedrich Hölderlin, Sämtliche Werke und Briefe I, p. 908.

35 척도, 즉 시원적 의미의 메트론($μέτρον$)은 "넓은 폭, 열림, 스스로를 확장하고 넓혀가

는 밝힘"(Weite, das Offene, die sich erstreckende, weitende Lichtung)이다. 헤라클레이토스에 대한 하이데거 해석에 따르면, "시원적인 장식(Zier), 즉 코스모스(κόσμος)는 척도를 주는 것(Maß-gebende)이다."(GA55, 170~171) 퓌시스인 코스모스 자체가 척도를 준다. 그렇다면 휠덜린의 표현처럼 "자연의 품에 안긴" 시인은 자연이 선사하는 근원적 의미의 척도를 받아들여 시짓기를 한다고 할 수 있을 것이다.

5장_ 시짓기와 사유하기의 사이

1 예술에 대한 관심을 비롯하여 (특히 횔덜린의) 시와 언어에 대한 집중적인 관심 등이 모두 하이데거가 나치에 관여했던 시점(1933) 이후 시작되었다. 푀겔러는 이런 하이데거 사유의 추이를 정치적 좌절에서 비롯한 정치적 도피로 파악하는 대표적인 사람이다. 더 나아가 데리다나 해리스 같은 사람들은 그것이 단순한 도피가 아니라, 은폐된 형태의 또 다른 정치적 행보라고 파악한다. 예컨대 해리스의 다음과 같은 말은 하이데거 예술철학을 연구하는 사람에게 많은 점을 시사해 주고 있다. "하이데거가 국가사회주의의 내적 진리와 위대함이라고 불렀던 것의 호소력은 우리 곁에 남아 있다. 비록 홀로코스트 이후 하이데거를 유혹했던 것은 전혀 다른 깃발들 아래에서, 즉 시적 사유의 깃발 또는 생태주의적 현상학의 깃발 아래에서 항해를 해야만 할 것이지만 말이다." 이런 맥락에서 예술철학을 위시하여 하이데거 철학을 연구하는 사람에게는 또 다른 과제, 즉 우리 가까이에 항존하는 나치즘의 흔적을 추적하고 그것에 깨어 있어야 하는 과제가 함께 부과된다고 할 수 있겠다. Karsten Harries, "Philosophy, Politics, Technology", Martin Heidegger: Politics, Art, and Technology, p. 242.
2 특히 독일 낭만주의는 이 문제를 매우 중요한 철학적 테마로 간주하였다. 이미 슐레겔은 "시와 철학은 통일되어야 한다"(Poesie und Philosophie sollen vereinigt sein)고 선언하였으며, 노발리스는 "…… 따라서 사유하기와 시짓기는 같은 것일지 모른다"고 말하고 있다. 이런 점에서 하이데거의 '시짓기와 사유하기의 사이' 문제는 플라톤 이래 독일 관념론과 낭만주의를 거쳐 내려온 고전적인 철학적 테마를 재전유한 것일 뿐이다. 다만 이 문제의 중요성과 심각성을 근본적으로 사유하였다는 점에서 하이데거의 독특함이 있을 뿐이며, 사실 그것도 거친 형태로나마 낭만주의자들이 공유하고 있었던 점이라고 할 수 있다. Friedrich von Schlegel, Kritische Ausgabe, Bd.2, Lyceums-Fragment, pp. 115, 161; Novalis, Schriften, Bd.3, hrsg. Richard Samuel, Stuttgart: W. Kohlhammer, 1983, p. 563.
3 하이데거는 여러 곳에서 이런 의식의 흔적을 보여 준다. GA12, 34, 174, 257; GA50, 136; Jahresgabe der Martin-Heidegger-Gesellschaft, 1987, pp. 27~30 참조.
4 이 글은 하이데거의 미출간된 "철학의 본질"이란 글로서 1987년 Martin-Heidegger-Gesellschaft에서 간행하였다. 여기에는 하이데거의 친필 원고와 활자화된 원고가 함께 실려 있다. 간행자의 해설에 따르면, 이 원고는 글의 앞부분만 남아 있고 나머지는 유실되었을 것으로 추정되며, 언제 쓰였는지도 기록되어 있지 않지만, 1940년대 초반에 작

성되었을 것으로 추정된다. Martin Heidegger, Jahresgabe der Martin-Heidegger-Gesellschaft, 1987, pp. 29~30 참조.
5 이러한 생각은 후기에까지 이어진다. 예컨대 1967년 4월 4일 아테네에서 강연한「예술의 유래와 사유의 규정(사명Bestimmung)」이란 글에서도 이런 생각을 엿볼 수 있다. 이와 관련하여 푀겔러는 다음과 같이 말한다. "그[하이데거]는 사유의 시원을 시와의 가까움, 특히 비극과의 가까움에서 보았다. …… 그 강연[아테네 강연]은 예술의 유래로부터 사유의 규정을 명료하게 한다." Otto Pöggeler, "Wächst das Rettende auch? Heideggers letzte Wege", Kunst und Technik, p. 12.
6 Martin Heidegger, Jahresgabe der Martin-Heidegger-Gesellschaft, 1987, p. 27.
7 『사유의 경험에서』라는 글(외견상 시짓는 사유·das dichtende Denken의 모범처럼 보이는 글이다)에서도 "노래하기와 사유하기는 시짓기와 이웃하는 혈통이다"(Singen und Denken sind die nachbarlichen Stämme des Dichten)라고 말하면서 시를 언어와 같은 위치에 놓고 있다. 이 부분에 대한 확장된 논의는 다음의 글을 참고할 것. François Fédier, "Dichten und Denken", Jahresgabe der Martin-Heidegger-Gesellschaft, 1988, pp. 23~36.
8 기억의 여신. 므네모쉬네는 하늘의 신 우라노스와 땅의 신 가이아 사이에서 태어난 여신이다. 그녀는 모든 신들의 제왕인 제우스 신의 신부가 되어 9일 밤에 걸쳐 뮤즈들을 낳았다. "므네모쉬네의 품, 기억의 품에 연극, 음악, 무용, 시가 속해 있다."(GA8, 7) 때때로 하이데거가 과거 신화(유독 그리스 신화)에 의존해서 자신의 생각을 뒷받침하는 방식은 여러모로 설득력이 떨어진다. 왜냐하면 우리(특히 동양의 현대인)는 그와 같은 신화를 공유하고 있지 않기 때문이다. 참고로 종교역사학자인 부르케르트는 로고스와 뮈토스를 다음과 같이 구분한다. "로고스와 뮈토스: '모으다'라는 뜻의 레게인(legein)에서 유래된 로고스는 비판적이고 의심이 많은 청중들 앞에서 설명하기 위해 입증 가능한 사실들을 모으는 것(logon didonai)을 말한다. 뮈토스는 책임을 지지 않고 이야기를 하는 것이다(ouk emos ho mythos). 이것이 내 이야기는 아니지만 이것은 어디선가 들은 이야기이다." 리처드 세넷(Richard Sennett)은 이 구분을 다음과 같이 설명한다. "책임을 요구하는 말은 상호간의 불신과 의심을 야기한다. …… 화자가 책임지지 않는 말이 믿음의 연대를 형성하고 있다. 이 믿음은 신화, 즉 화자를 떠난 말의 소용돌이 …… 안에서만 만들어진다." 그렇다면 결국 말의 소용돌이에 참여할 수 없는 사람은 당연히 뮈토스를 믿을 수 없다. Richard Sennett, 『살과 돌』(Flesh and Stone: The Body and the City in Western Civilization), 임동근·박대영·노권형 옮김, 서울: 문화과학사, 1999, 83~84쪽 재인용 및 참조.
9 치글러(Susanne Ziegler)에 따르면, 하이데거는 엠페도클레스의 가르침에 따라 시짓기와 사유하기의 관계를 논증한다. "만일 시지어진 것이—하이데거가 그렇게 말하듯이—어떤 사유에 접근할 수 있어야 한다면, '횔덜린의 시짓기는 그 자체로 일종의 사유하기여야만 한다.' 여기에서 하이데거는 같은 것의 인식은 같은 것을 통해서 추구된다는 엠페도클레스 교의의 전통 내에서 논증한다." 그런데 이런 방식의 논증은 시짓기와

사유하기 양자를 무차별적으로 동일시하는 것처럼 보이게 할 뿐이다. Susanne Ziegler, Heidegger, Hölderlin und die Ἀλήθεια: Martin Heideggers Geschichtsdenken in seinen Vorlesungen 1934/35 bis 1944, p. 193.

10 하이데거의 이미지론에 대한 상세한 논의에 관해서는 다음의 자료를 참고할 만하다. John Sallis, Echoes: after Heidegger; Gerhard Faden, Der Schein der Kunst: zu Heideggers Kritik der Ästhetik; Kenneth Maly, "Imaging Hinting Showing: Placing the Work of Art", Kunst und Technik, pp. 189~203.

11 이미 살펴보았듯이, 하이데거는 예술을 모방으로 파악하는 것을 거부한다. 그럼에도 불구하고 그는 이미지(Bild) 개념을 포기하지 않는다. 이 점에서 살리스와 이젤링(Samuel Ijsseling)의 지적, 즉 또 다른 의미의 미메시스를 하이데거 예술철학에서 살릴 수 있다는 지적은 정당하다고 할 수 있다. 이젤링은 하이데거가 에나르게이아(ἐνάργεια)를 존재의 밝힘(Lichtung des Seins)이라고 번역하는데, 하이데거가 말하고 있지는 않지만, 그 에나르게이아는 미메시스의 효과라고 주장한다. 왜냐하면 에나르게이아는 "생생한 묘사"(vivid description)라는 의미로 수사학적 전통에서 이미 사용되었던 용어이기 때문이다. 이 주장은 하이데거의 이미지에 대한 세번째 입장, 즉 밝힘으로서 이미지를 이해하는 입장과 연결된다. 독특하게 미메시스와 번역을 연결하고 있는 이젤링에 따르면, 하이데거에게 진지하게 간주되는 번역하기는 '해석적' 활동이자 '미메시스' 활동이다. 그에 따르면, "그리스어 헤르메네이아(ἑρμηνεία)의 두 가지 의미에서 번역은 해석적이다. 즉 첫째 말들(words)로 번역한다는 의미 — 이것은 아리스토텔레스의 『페리 헤르메니아스』(Περί Ἑρμηνείας)의 주제이다 — 에서 해석적이고, 둘째 이미 말들로 번역된 것을 해석한다는 의미에서, 즉 그것[이미 말들로 번역된 것]을 다른 말들로, 결국 다른 언어로 말한다는 점에서 해석적이다. 또한 번역은 그 말의 두 가지 의미에서 **미메시스적**(mimetic)이다. 첫째 다른 무엇보다도 **미메시스**는 사건들과 행위들을 말로 번역 — 이것은 아리스토텔레스 『시학』의 주제이다 — 하는 것이다. …… 두번째로 미메시스는 이미 말로 번역된 것을 반복하는 것이다." Samuel Ijsseling, "Mimesis and Translation", Reading Heidegger: Commemorations, pp. 348~350 참조.

12 고·중세 철학과 근대 철학의 날카로운 차이점을 선명하게 보여 주고 있는 방대한 연구물로는 다음의 글이 있다. 장욱, 『중세철학의 정신: 존재와 영원』, 서울: 동과서, 2002; 『토마스 아퀴나스의 철학: 존재와 진리』, 서울: 동과서, 2003.

13 하이데거의 말을 직접 들어보면, "그것의 말하기가 오래전에 침묵 속으로 되돌아가 버린 그런 시적인 말(das dichtende Wort)은 일종의 수수께끼로 남아 있다."(GA12, 207)

14 "그러나 내가 미감적 이념(ästhetische Idee)이라고 하는 것은 상상력의 표상을 의미하는 것으로서, 이 표상은 많은 사유(viel zu denken)를 유발하지만, 그러나 어떠한 특정한 사상, 즉 개념도 이 표상을 감당(adäquat)할 수가 없으며, 따라서 어떠한 언어도 이 표상에 완전히 도달하여 그것을 설명할 수가 없는 것이다." Immanuel Kant, Kritik der Urteilskraft, pp. 192~193

15 『사유란 무엇인가』에서 하이데거는 "시인이 스스로를 이해하지 못하듯이, 어떤 사유자

도 스스로를 이해하지 못한다"(GA8, 113)라고 말한다. 시인과 사유자는 오직 서로 이웃하는 대화의 파트너일 경우에만 자기 자신에 대한 이해에 이를 수 있다.
16 Friedrich-Wilhelm von Herrmann, "Nachbarschaft von Denken und Dichten als Wesensnähe und Wesensdifferenz", Jahresgabe der Martin-Heidegger-Gesellschaft, 1988, p. 61.
17 "존재-사건, 비-은폐성, 차-이는 같은 것을 말한다: 같은 것은 존재-사건, 비-은폐성, 차-이를 말한다"(Er-eignis, un-concealment, and dif-ference say the Same: the Same says Er-eignis, un-concealment, and dif-ference)라는 테제를 내놓은 로트(Michael Roth)의 글은 존재사건을 이해하는 데 많은 도움을 준다. 로트는 자신의 테제를 통해서, 하이데거의 주요 개념들, 즉 존재사건, 비은폐성(알레테이아), 차이, 말함, 같음, 공속성, 전회 등등을 정합적으로 설명하고 있다. Michael Roth, The Poetics of Resistance: Heidegger's Line, 특히 2장 참조.
18 다른 곳에서 하이데거는 이렇게도 말하고 있다. "아마도 '시짓기와 사유하기'라는 용법에서 '와'가 시짓기와 사유하기의 친근성을 의미할 수도 있다는 생각이 우리에게 떠오른다면, 그것의 충만함과 규정성을 받아들일 것이다."(GA12, 176)
19 Theodore Adorno, "Erpreßte Versönung", Noten zur Literatur, Frankfurt a.M.: Suhrkamp, 2003, pp. 251~280.
20 「휴머니즘에 대한 서신」에서 하이데거는 현존재의 거기, '언어', '세계', '개방성', '밝힘', 사이를 모두 같은 수준에서 논의하면서, 밝힘 자체가 존재라고 결론짓고, 존재 역시 '관계'로 규정한다. "존재가 탈존의 실존론적인, 즉 탈자적인 본질에서 탈존을 억제하고, 존재자 한가운데 존재 진리의 장소성으로서 자기에게로 회집하는 한, 존재 자체가 관계이다."(GA9, 332)
21 이와 같은 맥락에서 권순홍 교수는 하이데거 철학을 다음과 같이 평가한다. "이렇게 보자면, 하이데거의 생기철학은, 존재 자체가 순간적·각시적 자기 완결성의 방식으로 고유한 단수로서 탈근거적으로 생기하는 덕분에, 그때마다 존재자가 자신의 고유한 존재양태에서 현상하되, 어떠한 본질적 강제나 구속도 없이 자유롭게 자신의 양태를 펼치고, 또 각 존재자에게 허여되는 존재 양태들마다 고유한 유일성이 넘실대는 만큼 어떠한 가치적·존재자적·존재론적 우열의 비교도 없이 평등의 기치를 드날리고 있거니와, 현상할 때마다 거듭거듭 새로워지게 마련인 자신만의 존재 양태의 놀라운 풍모를 평등의 깃발 아래에서 그 무엇으로 되갚을 수 없는 저마다의 고귀함과 존귀함으로 다져 나간다는 점에서, 자유의 철학, 평등의 철학, 존엄성의 철학, 새로움의 철학으로 칭해야 마땅할 것이다." 권순홍, 『존재와 탈근거: 하이데거의 빛의 형이상학』, 울산: 울산대학교출판부, 2000, 544쪽.
22 Platon, "Der Staat", Platon, Bd.4, hrsg. G. Eigler, Darmstadt: Wissenschaftliche Buchgesellschaft, 1971, p. 607 b~c.
23 우리는 이미 하이데거의 언어론에서 (차이를) "품어 냄"으로 이해된 '디아포라'를 다룬 바 있다. 이 책 3장 '차-이의 언어'의 세번째 절 참조.

24 이와 관련하여 다음의 글을 참조할 만하다. 김상봉, 『나르시스의 꿈: 서양정신의 극복을 위한 연습』, 서울: 한길사, 2002, 171~196쪽. 여기에서 저자는 그동안의 호메로스에 대한 철학적 연구를 다음과 같이 비판한다. "그러니까 사람들은 원칙적으로 호메로스를 그리스 철학의 시원이라고 인정하면서도, 구체적 서술에 있어서는 그리스 철학을 호메로스의 시적 정신으로부터 이해하려 하지 않고 불합리하게도 거꾸로 호메로스에게 철학이 미친 영향을 읽어 내려 했던 것이다." 이런 방식은 "시대착오적"이고 "아들이 아버지를 닮은 것이 아니라 아버지가 아들을 닮았다"고 말하는 것과 유사하다. 이런 비판 위에서 저자는 인류가 처음 "존재의 낯섦 앞에서 체험하는 동요를 극복하는 방식"은 철학 이외에 다른 방식(종교, 예술)도 가능하며, 그리스는 다른 문명권과는 달리, 시(예술)를 통해 세계의 낯섦을 극복하였다고 보고 있다. "그리하여 중국인들이 철학의 영원한 텍스트로서 『주역』(周易)을 남기고, 이스라엘 사람들이 영원한 종교적 경전으로 『성서』를 남겼듯이, 그리스인들은 시의 영원한 텍스트로서 『일리아드』와 『오디세이아』를 남겼던 것이다." 또 다른 관점에서 문제에 접근하는 김상환 교수의 글도 참조할 만하다. "진리의 정치성"을 강조하는 그는 "역사적 현실에 대한 최고의 입법적 지위와 권위를 다투는" 헤게모니 싸움이 최고의 심급인 진리 차원에서 발생하며, 서양의 역사는 한 시대의 패러다임을 결정하는 진리의 헤게모니를 두고 예술, 종교, 철학이 서로 다투었음을 보여 준다고 말한다. 김상환 교수도 플라톤과 헤겔의 증언에 따라, 서양 최초의 지적 헤게모니는 예술이 거머쥐었다고 보고 있다. "철학이 있기 전에 어떤 문화적 교양 세계가 이미 존재했었고, 철학 없이도 역사적 현실은 활력적으로 조형되고 있었다. 역사적 현실을 꼴 짓고 건축하던 최초의 권위는 적어도 철학이 아니었다. 그것은 신화였거나 호메로스를 비롯한 시인들이었다. 철학은 그리스 문화의 모태이자 육성자로서 먼저 군림하던 신화적 사유와 시적 사유를 시기하면서, 그 입법적 권위에 대한 도전자로서 등장하였다. 플라톤이 말하는 '철학과 시 사이의 오래된 불화'는 그런 도전의 역사를 지시하고 있다." 김상환, 『예술가를 위한 형이상학』, 135쪽.

6장_ 종결되지 않은 사이

1 하이데거 철학을 "유한성의 철학"으로 해석하는 사람들은 많다. 그런데 이런 해석의 관점에서 권순홍 교수의 책만큼 강렬한 인상을 남기는 텍스트는 찾아보기 힘들다. 그의 책 서론은 이렇게 시작된다. "적어도 기독교의 경우 신은 철학하지 않는다. 기독교적 신에게는 철학할 거리가 없다. …… 비유하건대, 신의 창조하는 지성에게는 존재자 전체 또는 세계 전체가 그의 피조물인 이상, 어떠한 어둠이나 비밀도 없이 투명하게 밝혀져 있다. 그러나 어둠이 없는 곳에서는 오류도 없겠지만, 철학도 없다." 하이데거의 "유한성"을 새롭게 해석하면서 그는 다음과 같이 말한다. "…… 유한성은 그것이 존재 자체의 유한성이든 현-존재의 유한성이든 간에 곧 그것들 자체의 내적 생산성의 무진성(無盡性)을 반증하고 있다. 유한성이 바로 존재 자체의 재산이라는 말이다." 권순홍, 『존재와 탈근거: 하이데거의 빛의 형이상학』, 9, 553쪽. 이런 의미에서 시짓기와 사유하기 사이

가 조성하는 양자의 유한성은 생산적이고 창조적인 대화, 그 대화의 "무진성"을 뜻하는 것에 다름 아니다.

2 하이데거는 "언어의 틈새"라는 표현을 직접 사용하지는 않는다. 그러나 하이데거는 빈번히 "차-이"의 언어를 해명하는 과정에서 "틈"(Riß)을 언급한다(GA12, 24). 하이데거의 주장대로 언어가 차-이의 언어라면, "언어의 틈새"라는 말도 가능할 것이다. 또한 「언어에로의 길」에서 "언어 본질의 통일성"을 "틈", "입면도"(스케치; Aufriß)라고 말하기도 한다(GA12, 240). 여기에서 "언어의 틈새"란 엄밀히 말하자면 사방세계와 사물의 틈새, 곧 차-이의 언어를 뜻한다. 이 틈새가 통상 이야기되는 언어의 성장과 다의적 풍요로움을 가능케 하며, 철학적으로는 해석과 번역을 가능케 한다. 이와 연관하여 고(故) 이규호 교수는 다양한 의미와 해석을 가능하게 해주는 언어의 본질적 성격을 "틈새를 가진 언어"라고 규정한다. 그가 보기에 인간의 관념과 객관적인 사물 사이에 제3의 중간 세계로서 언어가 위치하며, 언어는 그런 사이의 틈새로서 존재하기 때문에, 의미의 불일치(차이)를 일으킨다. 그러나 그것은 "언어의 결함"이 아니라, "언어의 자랑"이다. 왜냐하면 "만약 언어가 틈새 없이 객관적인 사물이나 주관적인 표상이 들어맞아 버리면 중간세계나 제3세계는 필요가 없게 될 것"이며, 결국 "언어의 창조적 기능도 의미가 없게 될 것"이기 때문이다. 비록 '주관-객관'이라는 전통 형이상학의 사유틀에서 자유롭지 못했지만, 그의 견해는 하이데거가 말하는 언어의 본질적 측면과 맥을 같이한다고 말할 수 있겠다. 이규호, 『거짓말 참말 그리고 침묵』, 서울: 말과창조사, 2003, 60~69쪽 참조.

에필로그_ 회고와 비판 그리고 전망

1 Aristotle, Problems II, Book XXX, trans. W. S. Hett, London/Cambridge, 1957. 953a.

참고문헌

1. 하이데거 저술

§ 전집

GA1 Frühe Schriften, hrsg. Friedrich-Wilhelm von Herrmann, Frankfurt a.M.: Klostermann, 1978.

GA2 Sein und Zeit, hrsg. Friedrich-Wilhelm von Herrmann, Frankfurt a.M.: Klostermann, 1977.

GA3 Kant und das Problem der Metaphysik, vierte, erweiterte Auflage, Frankfurt a.M.: Klostermann, 1973.

GA4 Erläuterungen zu Hölderlins Dichtung, hrsg. Friedrich-Wilhelm von Herrmann, Frankfurt a.M.: Klostermann, 1981.

GA5 Holzwege, hrsg. Friedrich-Wilhelm von Herrmann, Frankfurt a.M.: Klostermann, 1977.

GA7 Vorträge und Aufsätze, 4. Auflage, Pfullingen: Neske, 1978.

GA8 Was heißt Denken?, 3. Auflage, Tübingen: Niemeyer, 1971.

GA9 Wegmarken, hrsg. Friedrich-Wilhelm von Herrmann, Frankfurt a.M.: Klostermann, 1976.

GA10 Der Satz vom Grund, 4. Auflage, Pfullingen: Neske, 1971.

GA11 Identität und Differenz, 6. Auflage, Pfullingen: Neske, 1978.

GA12 Unterwegs zur Sprache, hrsg. Friedrich-Wilhelm von Herrmann, Frankfurt a.M.: Klostermann, 1985.

GA13 Aus der Erfahrung des Denkens, 4. Auflage, Pfullingen: Neske, 1977.

GA14 Zur Sache des Denkens, 2. Auflage, Tübingen: Niemeyer, 1976.

GA15 Seminare. hrsg. Curd Ochwadt. Frankfurt a.M.: Klostermann. 1986.

GA16 Reden und Andere Zeugnisse eines Lebensweges, 1910~1976. hrsg. Hermann Heidegger. Frankfurt a.M.: Klostermann. 2000.

GA21 Logik: Die Frage nach der Wahrheit. hrsg. Walter Biemel. Frankfurt a.M.: Klostermann. 1976.

GA24 Die Grundprobleme der Phänomenologie. hrsg. Friedrich-Wilhelm von Herrmann. Frankfurt a.M.: Klostermann. 1975.

GA29/30 Die Grundbegriffe der Metaphysik: Welt-Endlichkeit-Einsamkeit. hrsg. Friedrich-Wilhelm von Herrmann. Frankfurt a.M.: Klostermann. 1983.

GA38 Logik als die Frage nach dem Wesen der Sprache. hrsg. Günter Seubold. Frankfurt a.M.: Klostermann. 1998.

GA39 Hölderlins Hymnen Germanien und Der Rhein. hrsg. Susanne Ziegler. Frankfurt a.M.: Klostermann. 1980.

GA40 Einführung in die Metaphysik. hrsg. Petra Jaeger. Frankfurt a.M.: Klostermann. 1983.

GA43 Nietzsche: Der Wille zur Macht als Kunst. hrsg. Bernd Heimb chel. Frankfurt a.M.: Klostermann. 1985.

GA45 Grundfragen der Philosophie: ausgewählte Probleme der Logik. hrsg. Friedrich-Wilhelm von Herrmann. Frankfurt a.M.: Klostermann. 1984.

GA50 1. Nietzsches Metaphysik, 2. Einleitung in die Philosophie: Denken und Dichten. hrsg. Petra Jaeger. Frankfurt a.M.: Klostermann. 1990.

GA52 Hölderlins Hymne "Andenken". hrsg. Curd Ochwadt. Frankfurt a.M.: Klostermann. 1982.

GA53 Hölderlins Hymne "Der Ister". hrsg. Walter Biemel. Frankfurt a.M.: Klostermann. 1984.

GA54 Parmenides. hrsg. Manfred S. Frings. Frankfurt a.M.: Klostermann. 1982.

GA55 Heraklit: Seminar Wintersemester 1966/1967. hrsg. Manfred S. Frings. Frankfurt a.M.: Klostermann. 1979.

GA65 Beiträge zur Philosophie (vom Ereignis). hrsg. Friedrich-Wilhelm von Herrmann. Frankfurt a.M.: Klostermann. 1989.

GA77 Feldweg-Gespräche 1944/1945. hrsg. Ingrid Schäßler. Frankfurt a.M.: Klostermann. 1995.

GA79 Bremer und Freiburger Vorträge. hrsg. Petra Jaeger. Frankfurt a.M.: Klostermann. 1994.

§ 한국어판 단행본

『강연과 논문』(Vorträge und Aufsätze). 이기상·신상희·박찬국 옮김, 서울: 이학사, 2008.
『기술과 전향』(Die Technik und die Kehre). 이기상 옮김, 서울: 서광사, 1993.
『논리학: 진리란 무엇인가』(Logik : die frage nach der wahrheit). 이기상 옮김, 서울: 까치, 2000.
『니체와 니힐리즘』(Nietzsche : der Europäische nihilismus). 박찬국 옮김, 서울: 지성의샘, 1996.
『니체철학강의: 예술로서의 힘에의 의지』(Nietzsche). 김정현 옮김, 서울: 이성과현실, 1991.
『동일성과 차이』(Identität und Differenz). 신상희 옮김, 서울: 민음사, 2000.
『사유란 무엇인가』(Was heißt Denken?). 권순홍 옮김, 서울: 길, 2005.
『세계상의 시대』(Zeit des Weltbildes). 최상욱 옮김, 서울: 서광사, 1995.
『숲길』(Holzwege). 신상희 옮김, 서울: 나남출판사, 2008.
『詩와 哲學: 횔덜린과 릴케의 詩世界』. 소광희 편역, 서울: 박영사, 1989.
『예술작품의 근원』(Der Ursprung des Kunstwerks). 오병남·민형원 공역, 서울: 예전사, 1996.
『이정표 1』(Wegmarken). 신상희·이선일 옮김, 서울: 한길사, 2005.
『존재론: 현사실성의 해석학』(Ontologie : Hermeneutik der Faktizität). 이기상·김재철 옮김, 서울: 서광사, 2002.
『존재와 시간』(Sein und Zeit). 이기상 옮김, 서울: 까치, 1998.
『진리의 본질에 관하여: 플라톤의 동굴의 비유와 테아이테토스』(Vom Wesen der Wahrheit : zu Platons Höhlengleichnis und Theätet). 이기상 옮김, 서울: 까치, 2004.
『철학 입문』(Einleitung in die Philosophie). 김재철·이기상 옮김, 서울: 까치, 2006.
『칸트와 형이상학의 문제』(Kant und das Problem der Metaphysik). 이선일 옮김, 서울: 한길사, 2001.
『현상학의 근본문제들』(Grundprobleme der Phaenomenologie). Friedrich-Wilhelm von Herrmann 편, 이기상 옮김, 서울: 문예출판사, 1994.
『형이상학의 근본개념들: 세계-유한성-고독』(Die Grundbegriffe der Metaphysik : Welt-Endlichkeit-Einsamkeit). 이기상·강태성 옮김, 서울: 까치, 2001.
『형이상학이란 무엇인가?』(Was ist Metaphysik?). 이기상 옮김, 서울: 서광사, 1995.
『형이상학 입문』(Einfuenhrung in die Metaphysik). 박휘근 옮김, 서울: 문예출판사, 1994.
『횔덜린 송가 〈이스터〉』(Hölderlins Hymne "Der Ister"). 최상욱 옮김, 서울: 동문선, 2005.

§ 전집 외의 저술

Heidegger, Martin. "Das Wesen der Philosophie". Jahresgabe der Martin-Heidegger-Gesellschaft. Meßkirch: Martin-Heidegger-Gesellschaft, 1987.

_____. "Technik und Kunst: Ge-stell". hrsg. Walter Biemel und Friedrich-Wilhelm von Herrmann, Kunst und Technik. Frankfurt a.M.: Klostermann. 1989.

_____. "Vom Ursprung des Kunstwerks". Heidegger Studien Bd.5. Berlin: Duncker & Humblot, 1989.

_____. Die Kunst und der Raum. St. Gallen: Erker-Verlag, 1969.

_____. Der Ursprung des Kunstwerkes. Stuttgart: Philipp Reclam Jun., 1960.

2. 이차 문헌

§ 단행본

Aichele, Alexander. Philosophie als Spiel: Platon, Kant, Nietzsche. Berlin: Akademie Verlag, 2000.

Allemann, Beda. Hölderlin und Heidegger. 2. Auflage. Freiburg: Atlantis Verlag, 1956.

Bernasconi, Robert. The Question of Language in Heidegger's History of Being. New York: Humannity Books, 1985.[『하이데거의 존재의 역사와 언어의 변형』. 송석랑 옮김, 서울: 자작아카데미, 1995.]

Bernstein, Jay M.. The Fate of Art: Aesthetic Alienation from Kant to Derrida and Adorno. Cambridge: Polity, 1992.

Buddeberg, Else. Denken und Dichten des Seins: Heidegger, Rilke. Stuttgart: Metzlersche, 1956.

Caillois, Roger. Les jeux et les hommes: le masque et le virtige. Paris: Gallimard, 1958.[『놀이와 인간』. 이상률 옮김, 서울: 문예출판사, 2003.]

Carroll, Noël. Philosophy of Art : a Contemporary Introduction. London/New York: Routledge, 1999.

Clark, Timothy. Martin Heidegger. London: Routledge, 2002.[『마르틴 하이데거: 너무나 근본적인』. 김동규 옮김, 서울: 앨피, 2008.]

Danto, Arthur Coleman. After the End of Art: Contemporary Art and the Pale of History. Prinston, NJ: Princeton Univ. Press.[『예술의 종말 이후: 컨템퍼러리 미술과 역사의 울타리』. 이성훈·김광우 옮김, 서울: 미술문화, 2004.]

Derrida, Jacques. La Vérité en Peinture. Paris: Flammarion, 1978.[The Truth in

Painting, trans. Geoff Bennington and Ian McLeod, Chicago/London: Univ. of Chicago Press, 1987.]

Dickie, George. The Art Circle: a Theory of Art. Oxford/Cambridge: Blackwell, 1992.[『예술사회』, 김혜련 옮김, 서울: 문학과지성, 1998.]

Eco, Umberto. Opera aperta. Milano: Bompiani, 1962.[『열린 예술작품: 현대시학의 형식과 불확정성』, 조형준 옮김, 서울: 새물결, 1995.]

Eliade, Mircea. Das Heilige und das Profane: vom Wesen des Religiösen. Hamburg: Rowohlt, 1957.[『성과 속』, 이은봉 옮김, 서울: 한길사, 1998.]

Faden, Gerhard. Der Schein der Kunst: zu Heideggers Kritik der Ästhetik. Würzburg: Königshausen+Neumann, 1986.

Figal, Günter. Martin Heidegger: Phänomenologie der Freiheit. Frankfurt a.M.: Athenäum, 1988.

Fink, Eugen. Grundfragen der antiken Philosophie. Würzburg: Königshausen+Neumann, 1985.

Herrmann, Friedrich-Wilhelm von. Subjekt und Dasein : Interpretationen zu "Sein und Zeit". Frankfurt a.M.: Klostermann, 1985.[『하이데거의 존재와 시간을 찾아서』, 신상희 옮김, 서울: 한길사, 1997.]

_____. Heideggers philosophie der kunst: Eine systematische Interpretation der Holzwege-Abhandlung "Der Ursprung des Kunstwerks". Frankfurt a.M.: Klostermann, 1980.[『하이데거의 예술철학』, 이기상·강태성 옮김, 서울: 문예출판사, 1997.]

Gadamer, Hans-Georg. Ästhetik und Poetik II: Hermeneutik im Vollzug. GW Bd.9. Tübingen: Mohr, 1993.

_____. Heideggers Wege: Studien zum Spatwerk. Tübingen: Mohr, 1983.[Heidegger's Ways, trans. John W. Stanley, Albany: State Univ. of New York Press, 1994.]

_____. Wahrheit und Methode: Grundzüge einer philosophischen Hermeneutik. Tübingen: Mohr, 1965.[『진리와 방법 I』, 이길우 외 옮김, 서울: 문학동네, 2000.]

Gethmann-Siefert, Annemarie. Ist die Kunst tot und zu Ende?: Überlegungen zu Hegels Ästhetik. Erlangen: Palm & Enke, 1993.

Haar, Michel. Le Chant de la terre: Heidegger et les assises de l'Histoire de l'Être. Paris: L'Herne, 1980.[The Song of The Earth, trans. Reginald Lilly, Bloomington/Indianapolis: Indiana Univ. Press, 1993.]

Hegel, G. W. F.. Vorlesung über die Ästhetik I. Werke in zwanzig Bänden Bd.13. Frankfurt a.M.: Suhrkamp, 1986.

Hempel, Hans-Peter. Heidegger und Zen. Frankfurt a.M.: Athenäum, 1987.[『하이데

거와 禪』. 이기상·추기연 옮김, 서울: 민음사, 1995.]

Hölderlin, Friedrich. Sämtliche Werke und Briefe I. hrsg. Michael Knaupp, München: Hanser, 1992.

Huizinga, Johan. Homo ludens: Proeve eener bepaling van het spel-element der cultuur. Haarlem: Willink, 1938.[『호모 루덴스』. 김윤수 옮김, 서울: 까치, 1993.]

Kant, Immanuel. Kritik der Urteilskraft. Philosophische Bibliothek Bd.39a. hrsg. Karl Vorländer. Hamburg: Felix Meiner, 1974

Kuypers, Karel. Kants Kunsttheorie und die Einheit der Kritik der Urteilskraft. Amsterdam/London: North-Holland, 1972.

Lacoue-Labarthe, Philippe. La fiction du politique-Heidegger. Paris: Christian Bourgois, 1987.[Art and Politics: The Fiction of the Political. trans. Chris Turner, Massachusetts: Blackwell, 1990.]

Lovitt, William and Harriet Brundage Lovitt. Modern Technology in the Heideggerian Perspective vol. I. Lewiston/Queenston/Lampeter: Edwin Mellen, 1995.

Marx, Werner. Heidegger und die Tradition: Eine problemgeschichtliche Einführung in die Grundbestimmungen des Seins. Stuttgart: Kohlhammer, 1961.

May, Reinhard and Tomio Tezuka. Ex oriente lux: Heideggers Werk unter ostasiatischem Einfluss. Stuttgart: Steiner Verlag Wiesbaden, 1989.[Heidegger's Hidden Sources: East Asian Influences on His Work. trans. Graham Parkes. London/ New York: Routledge, 1996.]

Megill, Allan. Prophets of Extremity: Nietzsche, Heidegger, Foucault, Derrida. Berkeley: Univ. of California Press, 1985.[『극단의 예언자들: 니체, 하이데거, 푸코, 데리다』. 조형준 옮김, 서울: 새물결, 1996.]

Mertens, Helga. Kommentar zur Ersten Einleitung in Kants Kritik der Urteilskraft: Zur systematischen Funktion der Kritik der Urteilskraft für das System der Vernunftkritik. München: Berchman, 1975.

Michaud, Yves. La crise de l'art contemporain: utopie, démocratie et comédie. Paris: PUF, 1997.[『예술의 위기: 유토피아, 민주주의와 코메디』. 하태환 옮김, 서울: 동문선, 1999.]

Otto, Rudolf. Das Heilige: Über das Irrationale in der Idee des Göttlichen und sein Verhältnis zum Rationalen. Breslau: Trewendt & Granier, 1921.[『성스러움의 의미』. 길희성 옮김, 경북: 분도출판사, 1999.]

Paetzold, Heinz. Ästhetik des deutschen Idealismus: Zur Idee ästhetischer Rationalität bei Baumgarten, Kant, Schelling, Hegel und Schopenhauer.

Wiesbaden: Steiner, 1983.
Pattison, George. The Later Heidegger(Routledge Philosophy Guidebook Series). London/New York: Routledge, 2000.
Platon. "Das Gastmahl", Platon Bd.3. Darmstadt: Wissenschaftliche Buchgesellschaft, 1974.[『잔치』, 조우현 옮김, 서울: 두로, 1994.]
_____. "Der Staat". Platon Bd.4. hrsg. Gunther Eigler, Darmstadt: Wissenschaftliche Buchgesellschaft, 1971.
_____. "Ion". Platon Bd.1. Darmstadt: Wissenschaftliche Buchgesellschaft, 1977.
_____. "Phaidros". Platon Bd.5. Darmstadt: Wissenschaftliche Buchgesellschaft, 1983.
Pöggeler, Otto. Der Denkweg Martin Heideggers. Pfullingen: Neske, 1963.[『하이데거 사유의 길』, 이기상·이말숙 옮김, 서울: 문예출판사, 1993.]
_____. Neue Wege mit Heidegger. Freiburg/München: Alber, 1992.
Roth, Michael. The Poetics of Resistance: Heidegger's Line. Evanston: Northwestern Univ., 1996.
Sallis, John. Echoes: after Heidegger. Bloomington/Indianapolis: Indiana Univ. Press, 1990.
_____. Stone. Bloomington/Indianapolis: Indiana Univ. Press, 1994.
Sennett, Richard. Flesh and Stone: The Body and the City in Western Civilization. New York: W. W. Norton, 1994.[『살과 돌』, 임동근·박대영·노권형 옮김, 서울: 문화과학사, 1999.]
Seubold, Günter. Das Ende der Kunst und der Paradigmenwechsel in der Ästhetik: Philosophische Untersuchungen zu Adorno, Heidegger und Gehlen in systematischer Absicht. Freiburg/München: Verlag Karl Alber, 1997.
Shusterman, Richard. Pragmatist Aesthetics: Living Beauty, Rethinking Art. Oxford/Cambridge: Blackwell, 1992.[『프라그마티스트 미학: 살아있는 아름다움, 다시 생각해보는 예술』, 김광명·김진엽 옮김, 서울: 예전사, 2002.]
Tatarkiewicz, Wladyslaw. A History of Six Ideas: An Essay in Aesthetics. Hague: Nijhoff, 1980.[『미학의 기본 개념사』, 손효주 옮김, 서울: 미술문화, 1999.]
Waiden, Andreas. Seinsdenken im Zeichen der Kunst: Zur poetologischen Vermittlung von Fundamentalontologie und eksistenzialem Seinsdenken. Frankfurt a.M./Berlin/Bern/New York/Paris/Wien: Peter Lang, 1992.
White, David A.. Heidegger and the Language of Poetry. Lincoln/London: Univ. of Nebraska Press, 1978.

Wisser, Richard. Martin Heidegger: Im Denken unterwegs. Freiburg/München: Alber, 1987.[『하이데거: 사유의 도상에서』. 강학순·김재철 옮김, 서울: 철학과현실, 2000.]
Ziegler, Susanne. Heidegger, Hölderlin und die Ἀλήθεια: Martin Heideggers Geschichtsdenken in seinen Vorlesungen 1934/35 bis 1944. Berlin: Duncker & Humbolt, 1991.
권순홍. 『존재와 탈근거: 하이데거의 빛의 형이상학』. 울산: 울산대학교 출판부, 2000.
김상봉. 『나르시스의 꿈: 서양정신의 극복을 위한 연습』. 서울: 한길사, 2002.
_____. 『그리스비극에 대한 편지』. 서울: 한길사, 2003.
김상환. 『예술가를 위한 형이상학』. 서울: 민음사, 1999.
이규호. 『거짓말 참말 그리고 침묵』. 서울: 말과창조사, 2003.
이기상. 『하이데거의 실존과 언어』. 서울: 문예출판사, 1991.
_____. 『하이데거의 存在와 現象: 현상학을 통한 학문으로서의 철학의 정초』. 서울: 문예출판사, 1992.
_____. 「존재 또는 있음: 우리말에서 읽어 내는 존재의 사건」. 우리사상연구소 편, 『우리말 철학사전 1: 과학·인간·존재』. 서울: 지식산업사, 2001
_____. 『존재의 바람, 사람의 길』. 서울: 철학과현실, 1999.
_____. 『하이데거의 존재사건학: 존재진리의 발생사건과 인간의 응답』. 서울: 서광사, 2003.
_____ 편. 『하이데거 철학에의 안내』. 서울: 서광사, 1993.
장욱. 『중세철학의 정신: 존재와 영원』. 서울: 동과서, 2002.
_____. 『토마스 아퀴나스의 철학: 존재와 진리』. 서울: 동과서, 2003.

§ 논문

Adorno, Theodore. "Erpreßte Versönung". Noten zur Literatur, Frankfurt a.M.: Suhrkamp, 2003.
Allemann, Beda. "Denken, Dichten: Literaturtheoretisch". hrsg. Walter Biemel und Friedrich-Wilhelm von Herrmann, Kunst und Technik. Frankfurt a.M.: Klostermann, 1989.
Angehrn, Emil. "Kunst und Schein: Ideengeschichtliche Überlegungen im Ausgang von Hegel". Hegel-Studien Bd.24. Bonn: Bouvier, 1989.
Biemel, Walter. "Poetry and Language in Heidegger". trans. & ed. Joseph J. Kockelmans, On Heidegger and Language. Evanston: Northwestern Univ. Press, 1972.
Corngold, Stanley. "Sein und Zeit: Implications for Poetics". ed. William V. Spanos,

Martin Heidegger and the Question of Literature: Toward a Postmodern Literary Hermeneutics. Bloomington/London: Indiana Univ. Press, 1979.

Dastur, Françoise. "Language and Ereignis", ed. John Sallis, Reading Heidegger: Commemorations. Bloomington/Indianapolis: Indiana Univ. Press, 1993.

Derrida, Jacques. "Heidegger's Ear: Philopolemology(Geschlecht IV)", trans. John P. Leavey, Jr., Reading Heidegger: Commemorations. ed. John Sallis, Bloomington/Indianapolis: Indiana Univ. Press, 1993.

Emad, Parvis. "Thinking More Deeply into the Question of Translation: Essential Translation and the Unfolding of Language", ed. John Sallis, Reading Heidegger: Commemorations. Bloomington/Indianapolis: Indiana Univ. Press, 1993.

Escoubas, Eliane. "Ontology of Language and Ontology of Translation in Heidegger", ed. John Sallis, Reading Heidegger: Commemorations. Bloomington/Indianapolis: Indiana Univ. Press, 1993.

Fédier, François. "Dichten und Denken", Jahresgabe der Martin-Heidegger-Gesellschaft, 1988.

Figal, Günter and Fliekinger, Hans Georg. "Die Aufhebung des schönen Scheins: schöne und nicht mehr schöne Kunst im Anschluß an Hegel und Adorno", Hegel-Studien Bd.14. Bonn: Bouvier, 1979.

_____. "Ende der Kunst? Von Hegels Lehre vom Vergangenheitscharakter der Kunst bis zur Anti-Kunst von heute", hrsg. Bayerische Akademie der Schönen Künste, Ende der Kunst: Zukunft der Kunst. München: Deutscher Kunstverlag, 1985.[『예술의 종언?: 예술의 과거성에 관한 헤겔의 이론으로부터 오늘날의 반(反)예술에 이르기까지』, 『예술의 종언: 예술의 미래』, 김문환 옮김, 서울: 느티나무, 1993.]

Gethmann-Siefert, Annemarie. "Eine Diskussion ohne Ende: zu Hegels These vom Ende der Kunst", Hegel-Studien Bd.16. Bonn: Bouvier, 1981.

_____. "Gestalt und Wirkung von Hegels Ästhetik", Vorlesungen über die Philosophie der Kunst: Berlin 1823. Nach geschrieben von Heinrich Gustav Hotho, Vorlesungen Ausgewälte Nachschriften und Manuskripte Bol.2. hrsg. Annemarie Gethmann-Siefert, Felix Meiner. Hamburg: Meiner, 1998.

_____. "Hegel über Kunst und Alltäglichkeit: Zur Rehabilitierung der schönen Kunst und des ästhetischen Genusses", Hegel-Studien Bd.28. Bonn: Bouvier, 1993.

_____. "Hegels These vom Ende der Kunst und der Klassizismus der Ästhetik", Hegel-Studien Bd.19. Bonn: Bouvier, 1984.

_____. "Kunst und Philosophie: Zur Kritik der Hegelschen Ästhetik". Zeitschrift für Ästhetik und Allgemeine Kunstwissenschaft Bd.40/1. Köln: Kölner Universitäts-Verlag, 1995.

_____. "Vergessene Dimensionen des Utopiebegriffs: Der 'Klassizismus' der idealistischen Ästhetik und die gesellschaftskritische Funktion des 'schönen Scheins'". Hegel-Studien Bd.17. Bonn: Bouvier, 1982.

_____. "Zur Begründung einer Ästhetik nach Hegel". Hegel-Studien Bd.13. Bonn: Bouvier, 1978.

_____. "Ästhetik oder Philosophie der Kunst: Die Nachschriften und Zeugnisse zu Hegels Berliner Vorlesungen". Hegel-Studien Bd.26. Bonn: Bouvier, 1991.

_____. Ist die Kunst tot und zu Ende?: Überlegungen zu Hegels Ästhetik, Palm & Enke, Erlangen und Jena, 1993.

Gethmann-Siefert, Annemarie and Barbara Stemmrich-Köhler. "Faust: Die Absolute Philosophische Tragödie: und die Gesellschaftliche Artigkeit des West-Östlichen Divan". Hegel-Studien Bd.18. Bonn: Bouvier, 1983.

Harries, Karsten. "Philosophy, Politics, Technology". ed. Karsten Harries and Christoph Jamme, Martin Heidegger: Politics, Art, and Technology. New York/London: Holmes & Meier, 1994.

Ijsseling, Samuel. "Mimesis and Translation". ed. John Sallis, Reading Heidegger: Commemorations, Bloomington/Indianapolis: Indiana Univ. Press, 1993.

Jähnig, Dieter. "Der Zusammenhang zwischen dem Ende der Kunst und dem Begin der Kunstwissenschaft bei Hegel". Zeitschrift für Ästhetik und Allgemeine Kunstwissenschaft Bd.34/1. Köln: Kölner Universitäts-Verlag, 1989.

Maly, Kenneth. "Imaging Hinting Showing: Placing the Work of Art". hrsg. Walter Biemel und Friedrich-Wilhelm v. Herrmann, Vittorio Klostermann, Kunst und Technik. Frankfurt a.M.: Klostermann, 1989.

Perpeet, Wilhelm. "Heideggers Kunstlehre". hrsg. Otto Pöggeler, Heidegger: Perspektiven zur Deutung seines Werks. Köln/Berlin: Kiepenheuer & Witsch, 1970.

Pöggeler, Otto. "Heidegger on Art". ed. Karsten Harries and Christoph Jamme, Martin Heidegger: Politics, Art, and Technology. New York/London: Holmes & Meier, 1994.

_____. "Wächst das Rettende auch? Heideggers letzte Wege". hrsg. Walter Biemel und Friedrich-Wilhelm v. Herrmann, Vittorio Klostermann, Kunst und Technik.

Frankfurt a.M.: Klostermann, 1989.
Sinn, Dieter. "Heideggers Spätphilosophie", Philosophische Rundschau 14, Heft 2/3, Tübingen: Mohr, 1967.
Stierle, Karlheinz. "An Eye Too Few: Earth and World in Heidegger, and Rousseau", ed. Karsten Harries and Christoph Jamme, Martin Heidegger: Politics, Art, and Technology. New York/London: Holmes & Meier, 1994.
Taminiaux, Jacques. "The Origin of 'The Origin of the Work of Art'", ed. John Sallis, Reading Heidegger: Commemorations. Bloomington/Indianapolis: Indiana Univ. Press, 1993.
Ullrich, Wolfgang. "Kunst/Künste/System der Künste", hrsg. Karlheinz Barck et al., Ästhetische Grundbegriffe: historisches Wörterbuch in sieben Bänden Bd.3. Stuttgart/Weimar: Metzler, 2001.
Vukićević, Vladimir. "Die 'Realisation' und das 'Andere' Denken Heideggers", Zeitschrift für Ästhetik und Allgemeine Kunstwissenschaft Bd.37. Köln: Kölner Universitäts-Verlag, 1992.
Wolandt, Gerd. "Zur Aktualität der Hegelschen Ästhetik", Hegel-Studien Bd.4. Bonn: Bouvier, 1967.
Zhang, Shi-Ying, "Heidegger and Taoism", ed. John Sallis, Reading Heidegger: Commemorations. Bloomington/Indianapolis: Indiana Univ. Press, 1993.
강학순, 「존재사유와 시작」, 한국하이데거학회 편, 『하이데거와 근대성』 제4집. 서울: 철학과현실, 1999.
_____ 외, 한국하이데거학회 편, 『하이데거의 예술철학』 제7집. 서울: 철학과현실, 2002.
권순홍, 「현대기술과 구원」, 한국하이데거학회 편, 『하이데거와 근대성』 제4집. 서울: 철학과현실, 1999.
박순영, 「이해 개념의 이해」, 우리사상연구소 편, 『우리말 철학사전 1: 과학·인간·존재』. 서울: 지식산업사, 2001.
_____. 「역사: 역사이해와 역사의식」, 우리사상연구소 편, 『우리말 철학사전 2』. 서울: 지식산업사, 2002.
_____. 「하이데거의 탈형이상학의 전략, 그 문화적 함의: 하이데거와 일본인 방문객과의 대담을 중심으로」, 한국현상학회 편, 『문화와 생활세계』. 서울: 철학과현실, 1999.
박이문, 「시와 사유」, 한국하이데거학회 편, 『하이데거의 존재사유』 제1집. 서울: 철학과현실, 1995.
박찬국, 「하버마스의 하이데거 해석과 비판에 대한 고찰」, 한국철학회 편, 『철학』 55권, 1998.

배학수.「현대와 예술적 사유」. 한국하이데거학회 편,『하이데거와 근대성』제4집. 서울: 철학과현실, 1999.

이기상.「존재 또는 있음: 우리말에서 읽어내는 존재의 사건」. 우리사상연구소 편,『우리말 철학사전 1: 과학·인간·존재』. 서울: 지식산업사, 2001.

이승종.「반시대적 고찰: 비트겐슈타인과 하이데거의 수리논리학 비판」. 한국현상학회 편,『역사와 현상학』제12집. 서울: 철학과현실, 1999.

_____.「하이데거의 고고학적 언어철학」. 한국하이데거학회 편,『하이데거의 언어사상』제3집. 서울: 철학과현실, 1998.

이영춘.「Heidegger에 있어서의 存在와 詩와 神」.『철학연구』1권. 1966.

이정은.「철학과 예술의 관계: 현대를 가르는 벤야민과 헤겔의 철학적 통찰을 통해」. 한국철학사상연구회 편,『시대와 철학』통권 21호. 2000년 가을.

이종관.「공간·시적 건축·프라하의 비밀」. 한국현상학회 편,『보살핌의 현상학』제18집. 서울: 철학과현실, 2002.

이진우.「하이데거와 언어의 존재론적 이해」.『철학연구』29권. 1991.

전동진.「하이데거의 세계이해」.『철학』63권. 2000.

정명오.「Heidegger 詩論의 硏究 : 詩의 本質에 대한 存在論的·實存論的 究明」.『철학연구』8권. 1973.

정은해.「플라톤과 하이데거에서의 진·선·미의 관계」. 한국현상학회 편,『예술과 현상학』제16집. 서울: 철학과현실, 2001.

조대호.「카오스와 헤시오도스의 우주론」. 한국철학회 편,『철학』제71집. 2002년 여름호.

최상욱.「거주하기의 의미에 대하여」. 한국하이데거학회 편,『하이데거와 근대성』제4집. 서울: 철학과현실, 1999.

최소인.「놀이와 문화: 칸트의 놀이(Spiel) 개념이 지니는 현대적 의미에 대한 성찰」. 한국해석학회 편,『고전 해석학의 역사』제10집. 서울: 철학과현실, 2002.

찾아보기

【ㄱ】
가다머Gadamer, Hans-Georg 60~61, 119
같음das Selbe 16, 96, 290
게오르게George, Stefan 270
겨를Weile 14, 22, 34, 149, 155, 209, 220, 273
고향Heimat 19, 157, 227~228
고흐van Gogh, Vincent Willem 58~59, 71
근원투쟁Urstreit 93, 95, 285
기억Gedächtnis 239~240
길Weg 19, 190, 260

【ㄴ】
낱말Wort 88, 135, 146, 202, 270
놀이Spiel 148~149, 177~184, 289
니체Nietzsche, Friedrich Wilhelm 30, 53, 55, 260

【ㄷ】
다스튀Dastur, François 34
단어들Wörter 135
대지Erde 34, 64, 78, 82, 84, 86, 89, 92, 95~96, 98, 101, 139, 285~286
　~의 자기 폐쇄성 84, 86~88, 141~142
도구 66, 68~70, 110
『동일성과 차이』 266

디아포라Διαφορά 160, 278, 288
땅 141, 143, 146, 201

【ㄹ·ㅁ】
로고스logos, λόγος 27, 102, 268, 271
릴케Rilke, Rainer Maria 118, 189~191, 193, 196
말die Sage 120, 203, 263, 265
말함Sagen 131, 153, 155, 162, 166, 271
매개Vermittelung 160, 101~202, 267, 272
명명함das Nennen 120, 133, 135~136, 287
명함Heißen 137~138
『미학 강의』 47, 52
민족Volk 79~80, 143, 211, 290

【ㅂ】
밝힘Lichtung 23, 26, 72, 95, 140, 273
번-역Über-setzen 19, 32, 101, 264, 278~280, 291, 295
부름Rufen 133, 136~138, 153, 155, 287
불화διαφορά 277~278, 291

【ㅅ】
사물Ding 34, 59, 62, 66, 68, 72, 83, 92, 138~140, 151, 155, 162, 225, 287
　~의 빔 140, 142, 151~152, 158, 287

사방Geviert 139~144, 147, 224, 287~288
사유Denker 19, 239, 241, 253, 294
『사유란 무엇인가』 138
사유자Denker 165~166, 198, 229, 235, 254, 293
설명Erklären 40~41, 84, 85
성스러움 26, 81, 165, 171, 198~199, 203, 207, 217, 247
세계 34, 78~79, 80, 82, 89, 92, 95~96, 98, 101, 139, 143, 155, 162, 225, 285
　　~의 베풂(호의) 153~155, 158~159
　　~의 '올려세움' Aufstellen 78~82
세잔Cézanne, Paul 157
소재Stoff 62, 64, 65, 87
시詩, Dichtung, ποίησις 35, 39, 119~120, 131, 170~171, 173, 183, 204, 216, 252
시가詩歌, das Gedicht 131~132, 170, 254
시어詩語 136, 172~173, 176
시원Anfang 13, 217~222
시인Dichter 19, 26, 165~166, 182, 191, 193, 195~196, 198, 203~206, 229, 247, 254, 289, 293
시적 언어 172~173, 176, 184, 289
시짓기Dichten 33~34, 37, 119~120, 135, 165, 172, 209, 220, 226, 228~229, 241, 247, 267
　　~와 사유하기의 관계 242, 247, 261~269, 275
　　~와 사유하기의 대화 279, 293
　　~와 사유하기의 사이 34, 166, 235, 290
『시학』 216, 277
신神 80~81, 199, 230
『실천이성비판』 28

【ㅇ】
아낙시만드로스Anaximandros 54, 241, 282
아리스토텔레스Aristoteles 55, 216, 274, 277

알레고리Allegorie 60, 182, 245
알레만Allemann, Beda 26
알레테이아Ἀλήθεια 94, 140, 285
언어 19, 37, 120, 151, 163, 165, 172, 193~194, 237, 259, 268, 270, 275
　　~의 모험 187~197
　　~의 본질 88, 130~133, 163~164, 172, 226, 241, 263, 265
『언어에로의 도상』 27, 35
언어-예술Sprachkunst 39, 119, 121, 132, 166
열림das Offene 95, 190, 201, 207
염려Sorge 34, 251
예술τέχνη 30~31, 35, 37~38, 49, 106, 117, 119~120, 251, 285
　　~의 본질 38~40, 52, 55, 119, 209, 214
　　~의 정의 불가능성 44~45
『예술과 공간』 35
예술-언어 39, 121, 166
예술의 종언Ende der kunst 테제 47~51, 54, 277, 283, 291
예술작품 68~72, 82, 86, 104
「예술작품의 근원」 33, 35, 37, 44, 51~54, 81, 88, 94, 102, 117, 132, 142, 146, 160, 166, 211, 249, 285
운명Schicksal 212~213
　　공동체의 ~ 152, 216
　　민족의 ~ 211~213
유용성Dienlichkeit 62, 65~66
윤곽 100, 264, 286
윤무Reigen 148~150, 288
은유Metapher 101~102, 182
은폐Verbergung 94~95, 182, 285
의지에로의 의지der Wille zum Willen 191, 195
이미지bild 242~246
이야기μῦθος 211, 216, 289
『이온』 204

이웃Nachbar 19, 253, 257, 259, 265, 291
이중 접힘Zwiefalt 276, 293~294
이해Verstehen 40~41
인간 38~39, 62, 69, 144~146, 166~167, 177~178, 187, 191, 221
일면적이지 않은 것Nicht-Einseitige 147

【ㅈ】
자기 동일성Selbstidentität 57, 96
자생성das Eigenwüchsige 62
자연Φύσις 28, 83, 99, 181, 199~200, 204
자유 28~29, 34, 182
자율성Autonomie 29
작품 34, 112, 59, 66~69, 80, 82~83, 87, 89, 97
 ~의 고요함 91, 97~98
 ~의 보존Bewahrung 113~114
 ~의 '있음' 78, 103~104
 ~의 통일성 89~91
 ~의 현실성 59, 78
작품 세계 80~82, 87
작품존재 80, 91, 104, 113
 ~의 충격 108, 111
작품 창작론 105
잡담Gerede 175, 177
적막의 울림das Geläut der Stille 19, 190, 164~165, 279, 286, 289
전율스런 것das Un-heimliche 178, 228
전통 형이상학 23, 25, 30, 49, 97, 103, 115, 267
절대정신absoluter Geist 27, 48, 277
접힘Falt 15, 148, 157
제작Anfertigen 66, 104~105
조언Raten 251~252
존재Sein 26, 59, 93, 106, 188, 191, 194, 212, 271, 275
 ~의 개방성 143, 146, 179
 ~의 언어 39, 164, 166~167, 184, 190, 263, 279~280, 293~294
 ~의 집Haus des Seins 19, 32, 194~195, 207, 223
 ~의 충격Stoß 110, 213, 286
존재망각 51, 94, 158, 177, 249, 282
존재사건Ereignis 22, 26, 53~54, 93, 109, 148, 162, 203, 207, 219, 264~265, 275
『존재와 시간』 25~26, 33, 78, 92, 143, 145, 175, 177, 212, 221
존재자Seienden 26, 62, 65, 67, 79, 92, 95, 120, 183, 191, 244, 282
죽을 자들可死者, die Sterbliche 81, 141, 143~146, 158, 196, 222, 224
죽음 80, 144, 146, 192, 212
진리Wahrheit 26, 37, 39, 95, 111~112
 ~의 작품 안으로의 정립 55~56, 94, 105, 285
 ~의 토포스 38, 54, 56, 122, 165~166, 215, 285
짓기Bauen 222~223, 225, 290

【ㅊ】
차-이Unter-Schied 15, 23, 27, 34, 153, 159~162, 163, 268, 273, 276~279
창작Schaffen 104~105, 107
『철학에의 기여』 26, 53
축제 209, 218~219, 290

【ㅋ·ㅌ】
칸트Kant, Immanuel 27~28, 33, 67, 105, 182, 204, 253
테크네τέχνη 28, 30, 38, 99, 106, 223, 226, 271
투쟁ἔρις 23, 89, 93~94, 96, 98, 100, 182, 285
트라클Trakl, Georg 118, 152, 162
틈der Riß 98, 100~101, 162, 201, 264, 273, 286

【ㅍ·ㅎ】
파르메니데스Parmenidēs 17, 54, 282
『판단력비판』 28~30, 204
포이에시스ποίησις 38, 106, 222~223, 271
플라톤Platon 27~28, 55, 203, 223, 244, 274~277, 282, 291
하이데거Heidegger, Martin
　~의 시간론 214
　~의 시인론 105
　~의 언어론 120~122, 124, 127
　~의 예술 창작론 105~109, 183
　~의 예술철학 39, 103, 283, 296
　~의 헤라클레이토스 강의 100, 158, 181
　~의 횔덜린 강의 209, 218
「한 켤레의 구두」 58~59, 71
헤겔Hegel, Georg Wilhelm Friedrich 27, 46~49, 52, 55, 277, 291
헤라클레이토스Herakleitos 53, 97, 102, 158, 160, 180, 182, 202, 282
헤르만Hermann, F.-W. v. 34, 263
현존재Dasein 25, 39, 107, 114, 175, 177~179, 211, 229
형식Form 62, 64~65
횔덜린Hölderlin, Johann C. F. 26, 34, 39, 53, 81, 83, 88, 107, 118, 143, 147, 156, 175, 180, 182, 187, 196, 198~199, 203, 205~206, 213, 219, 221, 226, 230, 289